RESTITUIÇÃO DO INDÉBITO TRIBUTÁRIO:
LEGITIMIDADE ATIVA NAS INCIDÊNCIAS INDIRETAS

Bibliotecária responsável: Maria Erilene de Alencar, CRB-8/ 9677

M614r

Minatel, Andréa Medrado Darzé. Restituição do indébito tributário: legitimidade ativa nas incidências indiretas / Andréa Medrado Darzé Minatel. – São Paulo : Noeses, 2015.

Inclui bibliografia.
466 p.
ISBN: 978-85-8310-050-8

1. Direito tributário. 2. Restituição - indébito tributário. 3. Validade - restituição. 4. Indébito tributário. 5. Tributos. I. Título.

CDU - 336.2.028

Andréa Medrado Darzé Minatel

Doutora e Mestra em Direito Tributário pela PUC-SP. Professora dos cursos de especialização em Direito Tributário da PUC-SP/COGEAE e do IBET. Foi Conselheira Titular do Conselho Administrativo de Recursos Fiscais – CARF do Ministério da Fazenda e Juíza do Tribunal de Impostos e Taxas de São Paulo – TIT/SP.

RESTITUIÇÃO DO INDÉBITO TRIBUTÁRIO:
LEGITIMIDADE ATIVA NAS INCIDÊNCIAS INDIRETAS

2015

Fundador e Editor-chefe: Paulo de Barros Carvalho
Gerente de Produção Editorial: Rosangela Santos
Arte e Diagramação: Renato Castro
Revisão: Vanessa Faullame Andrade
Designer de Capa: Aliá3 - Marcos Duarte
Autor: Sérgio Rabinovitz
Título: s/ título
Técnica: Acrílico s/ tela
Dimensão: 120x120 cm
Ano: s/ data

TODOS OS DIREITOS RESERVADOS. Proibida a reprodução total ou parcial, por qualquer meio ou processo, especialmente por sistemas gráficos, microfílmicos, fotográficos, reprográficos, fonográficos, videográficos. Vedada a memorização e/ou a recuperação total ou parcial, bem como a inclusão de qualquer parte desta obra em qualquer sistema de processamento de dados. Essas proibições aplicam-se também às características gráficas da obra e à sua editoração. A violação dos direitos autorais é punível como crime (art. 184 e parágrafos, do Código Penal), com pena de prisão e multa, conjuntamente com busca e apreensão e indenizações diversas (arts. 101 a 110 da Lei 9.610, de 19.02.1998, Lei dos Direitos Autorais).

2015

Editora Noeses Ltda.
Tel/fax: 55 11 3666 6055
www.editoranoeses.com.br

AGRADECIMENTOS

Aos meus pais, Cristina e Paulo; às minhas irmãs, Thais e Carla, e a Gustavo, razões de minha vida. Sem vocês nada disso seria possível.

A Paulo de Barros Carvalho, pelo exemplo de seriedade e excelência acadêmica.

A Maria Leonor Leite Vieira, Maria Rita Ferragut, Tácio Lacerda Gama, Robson Maia Lins e Fabiana Del Padre Tomé pelos ensinamentos ao longo de toda essa trajetória e pela amizade.

A Juliana Furtado Costa Araújo, Leticia Tourinho Dantas, Daniele Rodrigues, Isabella Tralli, Paulo Pereira Leite, Lucia Paoliello Guimarães, Rodrigo Antônio Dias, Tatiana Aguiar, Rodrigo Forcenette, Klaus Eduardo Rodrigues Marques, Marcos Vinícius Neder de Lima, Aldo de Paula Júnior, Silvia Gomes Piva, Priscila de Souza, Neiva Baylon, Marcela Conde Acquaro e Marina Vieira de Figueiredo, amigos queridos, pelo apoio e pelo aprendizado nascido, em sua maioria, das conversas nos corredores da PUC/SP e que hoje têm lugar de destaque em minha vida.

A Minatel e Raquel, pelo carinho e confiança. É um privilégio conviver pessoal e profissionalmente com vocês.

Aos meus familiares, que, ao longo de todos esses anos, mesmo a distância, contribuíram, ainda que inconscientemente, para a realização deste trabalho. Sem vocês, sequer iniciaria esta caminhada.

SUMÁRIO

PREFÁCIO XIII

INTRODUÇÃO 01

CAPÍTULO 1 — FUNDAMENTO DE VALIDADE DA RESTITUIÇÃO DO INDÉBITO TRIBUTÁRIO.......... 05

1.1 Metodologia da pesquisa 05

1.2 O princípio constitucional da legalidade tributária como fundamento do direito à restituição do indébito tributário... 06

1.3 Outros princípios constitucionais que corroboram a fundamentação do direito à restituição do indébito tributário 16

1.3.1 O princípio constitucional que veda a tributação com efeitos de confisco 17

1.3.2 O princípio constitucional da vedação ao enriquecimento sem causa... 25

VII

RESTITUIÇÃO DO INDÉBITO TRIBUTÁRIO:
LEGITIMIDADE ATIVA NAS INCIDÊNCIAS INDIRETAS

CAPÍTULO 2 — DISCIPLINA LEGAL DO DIREITO À RESTITUIÇÃO DO INDÉBITO TRIBUTÁRIO...... 35

2.1 A natureza jurídica do indébito tributário 35

2.2 A regra geral do art. 165 do CTN 42

2.2.1 O pressuposto fático do direito à restituição do indébito tributário: Apenas o "pagamento" indevido? 48

2.2.1.1 O pressuposto fático do direito à restituição do indébito nos casos em que o crédito tributário é constituído por ato do particular: A questão da homologação.... 53

2.2.2 O pressuposto de direito da restituição do indébito tributário: Vícios na positivação da obrigação ou do pagamento – erro de fato ou erro de direito.. 68

2.2.2.1 Erro de fato e erro de direito 73

2.2.3 O sujeito legitimado a pedir a restituição do indébito tributário nos termos do art. 165 do CTN 76

2.3 A regra de exceção: o art. 166 do CTN 93

2.3.1 Diálogo com a doutrina sobre o art. 166 do CTN 96

2.3.2 Diálogo com a jurisprudência sobre o art. 166 do CTN 121

2.3.2.1 Diálogo com a jurisprudência do Supremo Tribunal Federal sobre o art. 166 do CTN... 121

2.3.2.2 Diálogo com a jurisprudência do Superior Tribunal de Justiça sobre o art. 166 do CTN... 130

VIII

ANDRÉA MEDRADO DARZÉ MINATEL

CAPÍTULO 3 — DECOMPOSIÇÃO ANALÍTICA DO ART. 166 DO CTN 133

3.1 Metodologia da abordagem 134

3.2 O conteúdo e alcance da expressão *restituição de tributos* no contexto do art. 166 do CTN 135

3.2.1 Algumas situações que provocam dúvida a respeito da possibilidade de incluí-las no gênero "restituição de tributos" 144

3.2.1.1 A questão do levantamento de depósito . 144

3.2.1.2 Os pedidos exclusivos para deixar de pagar tributos indevidos 151

3.2.1.3 A apropriação de crédito extemporâneo ou tempestivo de tributos 153

3.3 O conteúdo e alcance da expressão *por sua natureza* no contexto do art. 166 do CTN 158

3.4 A expressão *transferência do respectivo encargo financeiro* no contexto do art. 166 do CTN: a repercussão jurídica 171

3.4.1 As modalidades de repercussão jurídica 177

3.4.1.1 A repercussão jurídica na responsabilidade tributária 177

3.4.1.1.a A repercussão jurídica e a substituição tributária 185

3.4.1.2 A regra da não cumulatividade: outra modalidade de repercussão jurídica? 195

3.4.1.2.a A não cumulatividade do ICMS e do IPI: o método subtrativo, imposto contra imposto, exógeno 205

RESTITUIÇÃO DO INDÉBITO TRIBUTÁRIO:
LEGITIMIDADE ATIVA NAS INCIDÊNCIAS INDIRETAS

3.4.1.2.b A regra de não cumulatividade aplicável à contribuição para o PIS e à CO-FINS: mais uma hipótese de repercussão jurídica?... 220

3.4.1.3 Demais situações: repercussão meramente econômica..................................... 229

3.4.2 Repercussão jurídica: a tradicional classificação dos tributos em diretos e indiretos.............. 236

3.4.2.1 Propostas teóricas de classificação dos tributos em diretos e indiretos................... 239

3.4.2.1.a A teoria fisiocrática................................. 239

3.4.2.1.b A teoria da contabilidade nacional....... 242

3.4.2.1.c A teoria da capacidade contributiva..... 243

3.4.2.1.d A teoria do lançamento.......................... 246

3.4.2.1.e A teoria do cadastro administrativo ou do rol nominativo..................................... 247

3.4.2.1.f A teoria da natureza do fato gerador 248

3.4.2.1.g A teoria das técnicas de tributação da renda... 251

3.4.2.1.h A proposta teórica que prevalece na doutrina nacional: classificação dos tributos em diretos e indiretos com base na investigação do sujeito que suporta em definitivo o ônus financeiro do tributo 255

3.4.3 Mais uma classificação correlata: *contribuinte de fato* e *contribuinte de direito*............................ 259

3.5 Os sujeitos legitimados a pleitear a restituição do indébito tributário e a prova da assunção do encargo
financeiro do tributo no contexto do art. 166 do CTN   264

3.5.1 Os meios de prova da assunção do encargo financeiro do tributo no contexto do art. 166 do
CTN 279

3.5.3 A legitimidade ativa para pleitear a restituição
do indébito nas situações em que o tributo é de-
vido pelo responsável 291

3.5.3.1 A legitimidade ativa para pleitear a restituição do indébito nos casos em que a
obrigação tributária é marcada pela soli-
dariedade 313

3.5.3.1.a Solidariedade passiva 315

3.5.3.1.b Classificação da solidariedade passiva:
paritária e dependente 316

3.5.3.1.c Solidariedade: relação jurídica única
ou múltipla? 317

3.5.3.1.d Solidariedade tributária: o art. 124 do
CTN 325

3.5.3.1.e Conclusões a respeito dos legitimados
a pleitear a restituição nos casos de so-
lidariedade 332

3.5.4 Evolução da jurisprudência a respeito da legitimidade ativa para pleitear a restituição dos
indébitos relativos a tributos e/ou incidências
indiretas 336

3.5.4.1 A questão da legitimidade ativa nos pedidos de restituição de indébitos de ICMS
sobre a demanda reservada de energia
elétrica 347

RESTITUIÇÃO DO INDÉBITO TRIBUTÁRIO:
LEGITIMIDADE ATIVA NAS INCIDÊNCIAS INDIRETAS

3.5.4.2 Efeitos da não cumulatividade do PIS e da COFINS em relação aos serviços de distribuição de energia elétrica 356

CAPÍTULO 4 — OS TRIBUTOS QUE SE SUBMETEM AO ART. 166 DO CTN 363

4.1 Considerações iniciais 363

4.2 Imposto sobre Produtos Industrializados – IPI – e Imposto sobre a Circulação de Mercadoria e Serviços – ICMS 364

4.3 Imposto Predial e Territorial Urbano – IPTU 370

4.4 Imposto sobre Serviços – ISS 375

4.5 Imposto sobre Operações Financeiras – IOF 382

4.6 Imposto sobre a Transmissão de Bens Imóveis – ITBI . 385

4.7 Imposto de Importação – II 386

4.8 Imposto sobre a Renda – IR 388

4.9 Contribuições previdenciárias patronais 390

4.10 Contribuição ao Programa de Integração Social – PIS – e a Contribuição para Financiamento da Seguridade Social – COFINS 396

CONCLUSÕES 401

REFERÊNCIAS BIBLIOGRÁFICAS 423

PREFÁCIO

É uma satisfação prefaciar o texto que provém da tese de doutoramento de Andréa Medrado Darzé Minatel. Não é sempre que passa em minhas mãos escrito lavrado com tanta fluência, estruturando-se sobre eixos que lhe garantem coesão e consistência expositiva. A despeito de conhecê-la bem, sabedor de suas potencialidades e admirador da maneira habilidosa com que articula os conceitos e constrói retoricamente o discurso, não deixa de surpreender a eficácia persuasiva de seu estilo argumentativo, invariavelmente forte e expressivo. Em outras palavras, locomove-se com desenvoltura no plano teórico e enfrenta, com firmeza, as questões que o processo de positivação vai suscitando nas várias manifestações da experiência jurídica.

O tema escolhido como núcleo de sua pesquisa é a Restituição do Indébito Tributário: legitimidade ativa nas incidências indiretas, dando curso ao trabalho na perspectiva do Constructivismo Lógico-Semântico, vale dizer, naquele instrumento metodológico que pretende ajustar a precisão da forma à pureza e à nitidez do pensamento, funcionando como poderoso modelo para orientar a produção de mensagens dotadas de rigor e determinação.

Com efeito, desde sua obra Responsabilidade Tributária: solidariedade e subsidiariedade (2010), livro com que estreou nas letras jurídicas brasileiras, já revelara toda a disposição analítica de sua proposta, explicitando bem as premissas e conduzindo o raciocínio de tal modo que a aceitação dos enunciados conclusivos se tornava quase que uma consequência natural e espontânea por parte do leitor.

RESTITUIÇÃO DO INDÉBITO TRIBUTÁRIO:
LEGITIMIDADE ATIVA NAS INCIDÊNCIAS INDIRETAS

Agora, passados 5 (cinco) anos, vividos com intensa atividade docente e profissional, sobretudo, com a continuidade e aprofundamento dos seus estudos, participando da aplicação das normas gerais e abstratas aos casos concretos da realidade social, pois integrou o Conselho Administrativo de Recursos Fiscais (CARF) do Ministério da Fazenda, sua cosmovisão jurídica está sensivelmente enriquecida e sua experiência mais densa e maturada.

Além da introdução e das sínteses conclusivas, a matéria está distribuída em quatro capítulos, assim tratados por ela, com seus itens e subitens: (i) fundamento de validade da restituição do indébito tributário; (ii) disciplina legal do direito à restituição do indébito tributário; (iii) decomposição analítica do art. 166 do CTN e (iv) os tributos que se submetem ao art. 166 do CTN.

Pondo entre parênteses as relações de amizade e, quero enfatizar, a sempre crescente admiração que tenho pelo talento da jovem conferencista e advogada, o presente volume é de excelente qualidade intelectual, acadêmica e profissional, a ponto de me permitir recomendá-lo, incisivamente, a todos aqueles que tenham interesse em conhecer o assunto, de maneira mais específica e rigorosa. Aliás, poucas vezes li texto tão bem equilibrado sobre o tema. Nele, o direito posto pelo Poder Legislativo, pelo Poder Judiciário, pelo Poder Executivo e pelo Setor Privado, banhados pelas manifestações da doutrina e pela pragmática das comunicações jurídicas, encontramse mencionados com adequação e propriedade.

Quero cumprimentar, por isso mesmo, a Autora, seus leitores e a Pontifícia Universidade Católica de São Paulo por este significativo acréscimo à literatura jurídica brasileira.

São Paulo, 21 de setembro de 2015

Paulo de Barros Carvalho
Professor Emérito e Titular da PUC-SP e da USP

INTRODUÇÃO

Muitas são as dúvidas que giram em torno do tema da restituição dos valores indevidamente pagos a título de tributos. Sequer há um consenso quanto à natureza jurídica dessas parcelas, se tributárias ou não. Mas, inquestionavelmente, é a legitimidade ativa para pleitear a repetição *dos tributos que comportem, por sua natureza, transferência do respectivo encargo financeiro,* a questão que suscita as maiores e mais complexas divergências doutrinárias e jurisprudenciais.

Com efeito, o estudo da restituição envolvendo a "tributação indireta" tem se mostrado extremamente paradoxal e circular. Não são poucos os juristas que rejeitam a classificação dos tributos em diretos e indiretos, afirmando tratar-se de dicotomia baseada em critérios atécnicos e sem sustentação científica. O que é curioso notar, todavia, é que esses mesmos autores usam indiscriminadamente as figuras dos contribuintes *de fato* e *de direito* para definir a legitimidade ativa para a restituição do indébito tributário, olvidando-se que a presente dualidade é mero desdobramento lógico daquel'outra classificação.

Outro fator que torna o presente tema muito sensível é a forma demasiadamente casuística como vem sendo tratado. Isso fica bem sintetizado nas palavras de José Mörschbächer ao defender

RESTITUIÇÃO DO INDÉBITO TRIBUTÁRIO:
LEGITIMIDADE ATIVA NAS INCIDÊNCIAS INDIRETAS

> (...) que cada caso prático de pagamento indevido de imposto indireto apresenta, na realidade, quanto à forma de transferência do respectivo encargo financeiro ou quanto aos meios de comprovação de sua assunção, particularidade ou conotações muito especiais.[1]

Com o devido respeito aos que pensam em contrário, não nos parece que o art. 166 do CTN possa contemplar, como requisito para sua incidência, todas as facetas do caso concreto, em especial as particularidades relativas ao efetivo repasse do ônus econômico do tributo no plano da realidade. A nosso ver, essas indagações são temas que refogem da regulação normativa, não sendo relevantes para a aplicação da presente norma. Mais que isso, admitir interpretação nesse sentido implica chancelar a tão aclamada inconstitucionalidade útil, por verdadeira impossibilidade pragmática de comprovar todos os supostos requisitos para a restituição dos tributos indiretos.

Mas a gravidade do problema se acirra mesmo no plano pragmático. De fato, é na jurisprudência que vamos encontrar os mais discrepantes posicionamentos e, o que é pior, as maiores inconsistências e incoerências. Para ter uma noção do caos que anunciamos, tomemos como exemplo uma das tantas tentativas de pesquisa sobre o tema. Identificamos só no Superior Tribunal de Justiça 1309 (um mil trezentos e nove) acórdãos versando, direta ou indiretamente, sobre o campo de aplicação do art. 166 do CTN. Dentro deste rol, todavia, verificamos divergências entre as Turmas, divergências dentro das Turmas e, o que é mais preocupante, inúmeras modificações abruptas de entendimento, passando os Ministros a adotar posição diametralmente oposta à defendida pouco tempo antes, sem que, aparentemente, fosse constatada qualquer mudança legislativa ou de outra natureza para justificá-las. Aliás, é digno de nota que, num lapso de menos de três anos, tenham sido proferidos três acórdãos sob o regime do art. 543-C do CPC, com posições conflitantes, todos a pretexto

---

1. MÖRSCHBÄCHER, José. *Repetição do indébito tributário indireto.* 3. ed. São Paulo: Dialética, 1998. p. 14.

de uniformizar a posição do Tribunal sobre a matéria. Isso, sem falar nas duas súmulas editadas pelo Supremo Tribunal Federal a respeito do tema.

Como muito bem pontuou Geraldo Ataliba, saber o que significa tributos que, por sua natureza, comportem transferência do respectivo encargo financeiro, "é tema que, nos últimos trinta anos [hoje já passa dos sessenta e cinco], *foi colocado, resolvido, esquecido, discutido e rediscutido inúmeras vezes*"[2] e, como se pode perceber, não alcançou os avanços e o amadurecimento que o transcurso de tão vasto tempo merecia proporcionar. É, no mínimo, inusitado que um dispositivo com redação original inalterada do Código Tributário Nacional continue, ainda hoje, sendo foco de tanto dissenso doutrinário e jurisprudencial.

Assim, o que motivou o presente estudo foi a indignação. Indignação com as "respostas" que têm sido dadas aos cidadãos, em especial pela jurisprudência, aos pedidos de restituição de tributos manifestamente indevidos. Não bastasse a total falta de segurança em face da constante oscilação do posicionamento em torno do tema, escudam-se na defesa do interesse público, quando na verdade o que se vê é a chancela à inconstitucionalidade útil, para não dizer conveniente.

Em nosso sentir, bem interpretado, o art. 166 do CTN desempenha um papel importantíssimo, que é justamente evitar que se propaguem novas patologias no sistema, desta vez derivadas da própria devolução dos valores indevidamente pagos a título de tributos indiretos. O presente enunciado normativo, portanto, não é apenas constitucional, como necessário para impedir que a restituição do indébito tributário, em situações excepcionais e bem definidas, seja causa de novos pagamentos indevidos, o que, certamente, ocorreria diante da outorga de tratamento uniforme para os casos em que a tributação envolve a repercussão jurídica do seu ônus

---

2. MÖRSCHBÄCHER, José. *Repetição do indébito tributário indireto.* Prefácio. 3. ed. São Paulo: Dialética, 1998.

RESTITUIÇÃO DO INDÉBITO TRIBUTÁRIO:
LEGITIMIDADE ATIVA NAS INCIDÊNCIAS INDIRETAS

e para aqueles que este fenômeno não ocorre. Mas, para assim concluir, é necessário interpretar este enunciado sem os resquícios do Direito Financeiro, sem interferências de outras Ciências.

No fundo, o grande dilema sobre o art. 166 do CTN é aplicá-lo corretamente, de acordo com a sua própria normatização, mas sem ignorar o que dispõe o art. 165 deste mesmo diploma legal e as demais normas que lhe são correlatas. E é justamente este o desafio do presente trabalho: apresentar uma interpretação do art. 166 do CTN conforme a Constituição da República e as próprias normas gerais sobre a matéria.

Em nosso sentir, o ponto de partida para construir uma interpretação genuinamente jurídica deste enunciado legal é definir o conteúdo e o alcance dos seus principais signos e locuções compositivas. Por conta disso, o enfoque principal da presente investigação está justamente na identificação dos limites semânticos da expressão *tributo que, por sua natureza, comporta a transferência do respectivo encargo financeiro.*

Obviamente, não temos como objetivo oferecer uma resposta definitiva ao tema tratado, pela própria complexidade de que se reveste, mas tão somente apresentar uma interpretação possível ao fenômeno em questão, procurando contribuir para o desenvolvimento do seu estudo.

CAPÍTULO 1

FUNDAMENTO DE VALIDADE DA RESTITUIÇÃO DO INDÉBITO TRIBUTÁRIO

Sumário: 1.1 Metodologia da pesquisa. 1.2 O princípio constitucional da legalidade tributária como fundamento do direito à restituição do indébito tributário. 1.3 Outros princípios constitucionais que corroboram a fundamentação do direito à restituição do indébito tributário. 1.3.1 O princípio constitucional que veda a tributação com efeitos de confisco. 1.3.2 O princípio constitucional da vedação ao enriquecimento sem causa.

1.1 Metodologia da pesquisa

Antes de avançarmos propriamente no exame dos enunciados infraconstitucionais que regulam o direito à restituição do indébito tributário, entendemos necessário identificar qual o seu verdadeiro fundamento de validade. Responder a esta pergunta é essencial para, num segundo momento, verificarmos eventuais desvios e arbitrariedades incorridas pelo legislador na sua regulamentação. Todo o esforço se dirige, portanto, a sintetizar os contornos traçados já na Constituição Federal na delimitação dessa prerrogativa.

1.2 O princípio constitucional da legalidade tributária como fundamento do direito à restituição do indébito tributário

Como regra, o veículo introdutor de comandos inaugurais no sistema de direito positivo há de ser sempre a lei[3] (art. 5º, II, da CF). Essa máxima, conquista do Estado Democrático de Direito, afasta a possibilidade de se cogitar o estabelecimento de direitos subjetivos e deveres correlatos em qualquer domínio do direito senão em decorrência da manifestação de vontade do povo, concretizada em comandos legais.[4]

O princípio da estrita legalidade tributária, por sua vez, vem acrescer rigores procedimentais em matéria tributária, dizendo mais do que isso: estabelece que a lei instituidora do tributo prescreva tanto os elementos que compõem a descrição do fato jurídico, como os dados que integram a relação obrigacional, delineando exaustivamente todos os contornos da norma tributária em sentido estrito. Como se nota da própria redação do art. 150, I, da CF, esse requisito se estende às situações em que se pretende aumentar os tributos já existentes, majorando a base de cálculo ou a alíquota.

Em outras palavras, qualquer das pessoas políticas de direito constitucional interno somente poderá instituir tributos, isto é, estabelecer a regra-matriz de incidência tributária ou

---

3. "E lei, no regime republicano adotado pela nossa Constituição (em que há expressa referência constitucional à denominada 'tripartição dos poderes'), deve ser entendida como ato normativo regularmente editado pelo Poder Legislativo (órgão de representação popular por excelência), segundo (i) o procedimento formal estabelecido para a criação de tributo e (ii) dentro do âmbito material de validade da competência impositiva outorgada ao legislador infraconstitucional". (GONÇALVES, José Artur Lima; MARQUES, Márcio Severo. O direito à restituição do indébito tributário. In: MACHADO, Hugo de Brito (Coord.). *Repetição do indébito e compensação no direito tributário*. São Paulo: Dialética; Fortaleza: Instituto Cearense de Estudos Tributários – ICET, 1999, p. 200)

4. "O princípio da legalidade é o antídoto natural do poder monocrático ou oligárquico, pois tem como raiz a ideia de soberania popular, da exaltação da cidadania" (MELLO, Celso Antônio Bandeira de. *Curso de direito administrativo*. 30. ed. São Paulo: Malheiros, 2013. p. 59).

ANDRÉA MEDRADO DARZÉ MINATEL

aumentar os já existentes, mediante expedição de lei em sentido formal.

Assim, em face desta expressa deliberação do constituinte originário, exige-se edição de lei para dispor sobre qualquer dos aspectos que informam a regra-matriz de incidência do tributo. Eis aqui um dos mais importantes limites constitucionais da norma de competência tributária,[5] não alterável sequer pelo exercício do poder constituinte derivado. Esse *plus* caracteriza a tipicidade tributária.[6]

Neste ponto, vale ressaltar que o presente limite não se dirige exclusivamente ao legislador de normas gerais e abstratas, mas, igualmente, ao aplicador da lei: autoridade administrativa, juiz ou mesmo o particular. Estes sujeitos, ao emitirem normas individuais e concretas, devem observar fielmente este comando constitucional, sob pena de produzirem atos viciados. Quanto ao tema, são bastante elucidativas as lições de Roque Antonio Carrazza:

---

5. Segundo Tácio Lacerda Gama, a norma de competência tributária é "juízo hipotético condicional que prescreve, no seu antecedente, os elementos necessários à enunciação válida e, no seu consequente, uma relação jurídica que tem como objeto a validade do texto que verse sobre determinada matéria ou comportamento". E acrescenta: "A forma, já vimos, é descrita pela hipótese da norma de competência; a matéria, por seu turno, encontra-se delineada no objeto da relação jurídica. O vínculo entre ambas, então, só pode ser estabelecido pelo conectivo deôntico neutro (→), aquele que vincula o acontecimento A à consequência B. Destarte, o encontro entre forma e matéria é sintetizado pelo "dever ser" que vincula a previsão hipotética do fato – enunciação da norma – à relação jurídica entre sujeito competente e os demais que integram a sociedade, tendo como objeto a possibilidade de inserir texto jurídico versando sobre certa matéria. E esse conectivo interproposicional sintetiza a decisão, positivada na norma de competência, de submeter determinada matéria à enunciação de certo tipo". (GAMA, Tácio Lacerda. *Competência tributária*. Fundamentos para uma teoria da nulidade. São Paulo: Noeses, 2009, p. 93-107).

6. Quanto ao tema, esclarece Roque Carrazza que, "para que nasça o tributo, deve um fato corresponder fielmente à figura delineada na lei (Tatbestand), o que implica tipicidade (Typizi-tät). Por isso, todos elementos essenciais do tributo (hipótese de incidência sujeito ativo, sujeito passivo, alíquota e base de cálculo) devem ser previstos abstratamente na lei". (CARRAZZA, Roque Antonio. *Curso de direito constitucional tributário*. 23. ed. São Paulo: Malheiros, 2007, p. 423).

RESTITUIÇÃO DO INDÉBITO TRIBUTÁRIO:
LEGITIMIDADE ATIVA NAS INCIDÊNCIAS INDIRETAS

> A reserva absoluta, como explicam Cerretti e Lavagna, não só exige que certas matérias sejam disciplinadas por meio de lei, como também os atos da Administração Pública e do Judiciário nela venham expressamente previstos, consentidos e regulados. Cuida-se, pois, de uma reserva que inibe a ação de fontes diversas da lei e que torna impossível ou ilícito o exercício de qualquer atividade pública (em especial a administrativa) que nela não encontre total respaldo. Entre as matérias reservadas, de modo absoluto, merece destaque a tributária. Portanto, o princípio da legalidade, no Direito Tributário, não exige, apenas, que a atuação do Fisco rime com uma lei material (simples preeminência da lei). Mais do que isto, determina que ato concreto do Fisco, que importe exigência de tributo, seja rigorosamente autorizado por uma lei. É o que se convencionou chamar de reserva absoluta de lei formal (Alberto Xavier) ou de estrita legalidade (Geraldo Ataliba).[7]

De fato, a estrita legalidade ou tipicidade tributária significa exata adequação do fato à norma. Com efeito, o surgimento da obrigação fica condicionado à subsunção, que é a plena correspondência entre o evento, concretamente ocorrido no plano da realidade social, e sua descrição normativa, a hipótese de incidência.

Não se verificando o perfeito quadramento do fato à norma, inexistirá obrigação tributária válida. Nesse percurso, ou ocorre a subsunção ou não ocorre, afastando-se terceira possibilidade. Por outro lado, ocorrido o fato, a relação obrigacional que dele decorre há de corresponder exatamente às notas estipuladas conotativamente no consequente normativo.

Neste ponto, já é possível perceber que a legalidade que condiciona a atuação da Administração Pública[8] não se confunde com a aplicável aos administrados: enquanto a estes é permitido fazer tudo que não é proibido por lei, aquela apenas pode fazer o que a lei expressamente autoriza. Essa diferença no conteúdo e alcance do princípio da legalidade,

---

7. Idem, p. 177.

8. No que se inclui o ato do particular na confecção de "ato administrativo", como ocorre, por exemplo, na realização do ato do lançamento por homologação.

variável a depender do seu destinatário, foi bem ressaltada por Celso Antônio Bandeira de Mello:

> A atividade administrativa é uma atividade muito mais assujeitada a um quadro normativo constritor do que atividade dos particulares. Essa ideia costuma ser sinteticamente expressada através das seguintes averbações: enquanto o particular pode tudo aquilo que não lhe é proibido, estando em vigor, portanto, o princípio geral da liberdade, a Administração só pode fazer o que é permitido. Logo, a relação existente entre um indivíduo e a lei é meramente uma relação de não contradição, enquanto que a relação existente entre a Administração e a lei é não apenas uma relação de não contradição, mas também uma relação de subsunção.[9-10]

Em síntese, sem lei anterior que descreva todos os contornos da hipótese de incidência, a obrigação tributária não nasce; sem subsunção do evento descrito à hipótese normativa, também não; havendo previsão legal e a correspondente subsunção do fato à norma, os elementos do liame jurídico irradiado devem equivaler àqueles prescritos na lei (princípio da tipicidade). São essas as condições necessárias para o estabelecimento de vínculo tributário válido. O desrespeito a esses cânones fulminará, decisivamente, qualquer pretensão de cunho tributário.

Ao analisar o princípio da legalidade, Alberto Xavier chama à atenção para o fato de este princípio possuir conteúdo bem mais restrito na esfera tributária, convertendo-se em verdadeira reserva absoluta de lei. Nas palavras do autor:

---

9. MELLO, Celso Antônio Bandeira de. *Discricionariedade e controle jurisdicional*. 2. ed. 10. tir. São Paulo: Malheiros, 2010, p. 14.

10. Quanto ao tema, também são muito precisas as lições de Fernando Serrano Anton. Nas suas palavras: *"La Administración en ningún momento, por tanto, podrá actuar con un poder libre. Los actos y disposiciones administrativas han de someterse al Derecho. La contravención del Derecho produce una violación del ordenamiento jurídico y les priva actual o potencialmente de validez"*. (ANTÓN, Fernando Serrano. *Las devoluciones tributarias*. Madri: Marcial Pons, 1996. p. 87).

RESTITUIÇÃO DO INDÉBITO TRIBUTÁRIO:
LEGITIMIDADE ATIVA NAS INCIDÊNCIAS INDIRETAS

> No Direito Tributário, o princípio da legalidade revestiu sempre um conteúdo bem mais restrito. Com vista a proteger a esfera dos direitos subjetivos dos particulares do arbítrio e do subjetivismo do órgão de aplicação do direito – juiz e administrador – e, portanto, a prevenir a aplicação de tributos arbitrários, optou-se nesses ramos do direito por uma formulação mais restrita do princípio da legalidade, convertendo-o numa reserva absoluta de lei, no sentido de que a lei, mesmo em sentido material, deve conter não só o fundamento da conduta da administração, mas também o próprio critério da decisão no caso concreto. Se o princípio da reserva de lei formal contém em si a exigência da *lex scripta*: o princípio da reserva absoluta coloca-nos perante a necessidade de uma *lex scripta*: a lei deve conter em si mesma todos os elementos da decisão no caso concreto, de tal modo que não apenas o fim, mas também o conteúdo daquela decisão sejam por ele diretamente fornecidos.[11]

O dever de restituir o indébito tributário surge, portanto, como decorrência implícita do princípio da estrita legalidade tributária. Ter direito à devolução do que fora pago em descompasso com o sistema é outra forma de dizer que o particular somente poderá ser legitimamente tributado nos estritos limites prescritos pela lei.

Com efeito, a estrita legalidade tributária tem como contrapartida[12] a necessidade premente de ser devolvida ao particular aquela quantia que, por qualquer motivo, não guarda correspondência com a regra-matriz de incidência tributária ou mesmo com as normas de superior hierarquia (Constituição Federal e normas gerais), que são seu fundamento último de validade.[13] É, pois, decorrência lógica, corolário do princípio

---

11. XAVIER, Alberto Pinheiro. *Os princípios da legalidade e tipicidade da tributação*. São Paulo: Revista dos Tribunais, 1978. p. 37.

12. "*La obligación del Estado de devolver lo indebidamente cobrado seía um contrapunto de la obligacíon tributária, explicandose su régimen sustantivo – nacimento, elementos subjetivos y objetivos y extinción – em ralcíon a esta.*" (NOVOA, Cesar Garcia. *La devolucion de ingressos tributarios indebidos*. Madri: Instituto de Estudios Fiscales – Marcial Pons, Ediciones Juridicas S.A, 1993. p. 18).

13. "Neste diapasão, o fundamento último do direito à restituição sempre é a

da estrita legalidade, representando uma espécie de sanção,[14] imposta pelo sistema para o caso de não serem cumpridos seus comandos. Trata-se, portanto, de um dentre os tantos mecanismos existentes para sanar os efeitos decorrentes da introdução no sistema de comandos defeituosos: desfaz-se o ato e restaura-se (dentro do possível) o *statu quo ante*.

A existência de cláusula constitucional vedando aos entes tributantes exigir ou aumentar tributo sem lei que o estabeleça conduz, necessariamente, à conclusão de que o Estado tem o dever de ressarcir o que fora pago sem fundamento legal. Afinal, como bem pontuado por Gabriel Troianelli, "não seria razoável imaginar um princípio da legalidade temporalmente limitado, pelo que o Estado não pudesse cobrar tributo sem lei, mas pudesse tranquilamente, após eventual cobrança de tributo ilegal, manter em sua posse os recursos oriundos desse tributo".[15]

Constituição Federal, embora seu fundamento imediato possa ser a inobservância de disposição legal infraconstitucional, ou seja, um tributo pode requerer restituição por uma causa imediata que represente uma ruptura de preceito constitucional, sem ter havido violação de lei ordinária ou a causa imediata pode ser a violação direta de uma norma infraconstitucional." (OLIVEIRA, Ricardo Mariz de. Repetição do indébito, compensação e ação declaratória. In: MACHADO, Hugo de Brito (Coord.). *Repetição do indébito e compensação no direito tributário*. São Paulo: Dialética; Fortaleza: Instituto Cearense de Estudos Tributários – ICET, 1999. p. 356).

14. Para o professor Souto Maior Borges, a cobrança de tributo indevido é ato ilícito da Administração Pública, cuja sanção corresponde ao dever de restituir. Nas suas palavras, "o art. 3º do CTN não é uma norma autônoma, uma vez que não prevê diretamente uma sanção. Este dispositivo só tem sentido jurídico se posto em conexão com outros dispositivos que prescrevem a sanção para as hipóteses de descumprimento das prestações tributárias contidas nas leis instituidoras dos diversos tributos, especificamente considerados". (BORGES, José Souto Maior. *Tratado de direito tributário brasileiro*. v. IV. Lançamento tributário. Rio de Janeiro: Forense, 1981. p. 212).

15. TROIANELLI, Gabriel Lacerda. *Compensação do indébito tributário*. São Paulo: Dialética, 1998. p. 21.

RESTITUIÇÃO DO INDÉBITO TRIBUTÁRIO:
LEGITIMIDADE ATIVA NAS INCIDÊNCIAS INDIRETAS

Como decorrência lógica do princípio hermenêutico da máxima efetividade da norma constitucional,[16] o princípio da estrita legalidade tributária não pode ser interpretado como mera proibição para que o Estado adote medidas no sentido de exigir tributos sem amparo legal, mas também como comando que impõe, nos casos em que já tenha sido realizado o pagamento indevido, a sua imediata restituição ao particular.

Assim, certificado que o ente tributante não era portador de direito subjetivo à percepção do gravame ou que o seu direito se limitava à parte do que efetivamente recebeu, há de devolver o valor total ou a parcela a maior que detém em seu poder, uma vez que não tem título jurídico que justifique a incorporação dessas quantias ao seu patrimônio. É o que, há muito tempo, já esclarecia Brandão Machado:

> Se o Estado não pode exigir ou receber tributo, senão com base em lei, não pode logicamente reter consigo o que receber ilegalmente, porque a *solutio indebita* e a *solutio tetentio* **são produtos da mesma violação de um direito do contribuinte.**[17]

Como é possível perceber, o dever de restituir o indébito é um dos muitos instrumentos de autoconservação do ordenamento; é ferramenta que viabiliza a sua permanência enquanto tal, na medida em que reestabelece o seu equilíbrio. Isso porque, a despeito de ser inevitável conviver, ainda que temporariamente, com normas criadas com vícios, a manutenção da sua integridade enquanto sistema demanda a previsão de

---

16. "Este princípio, também designado por princípio da eficiência ou princípio da interpretação efectiva, pode ser formulado da seguinte maneira: a uma norma constitucional deve ser atribuído o sentido que maior eficácia lhe dê. É um princípio operativo em relação a todas e quaisquer normas constitucionais, (...) hoje sobretudo invocado no âmbito dos direitos fundamentais (no caso de dúvidas deve preferir-se a interpretação que reconheça maior eficácia aos direitos fundamentais)." (CANOTILHO, José Joaquim Gomes. *Direito constitucional*. 5. ed. Coimbra: Almedina, 1991. p. 233).

17. MACHADO, Brandão. Repetição do Indébito no direito tributário. In: _____ (Coord.). *Direito Tributário* – Estudos em homenagem ao Prof. Ruy Barbosa Nogueira. São Paulo: Saraiva, 1984. p. 68.

mecanismos hábeis a expulsá-las do ordenamento. Do contrário, de nada adiantaria tanta rigidez. Neste ponto, são muito elucidativas as lições de Marcelo Fortes de Cerqueira:

> O instituto da repetição do indébito tributário, tem assim, uma justificação clara ante ao fenômeno impositivo tributário. Pelo seu intermédio, equacionam-se situações nas quais da aplicação da norma geral e abstrata ao caso concreto resultou um pagamento indevido. Assim é expediente útil à restauração do equilíbrio do sistema jurídico.[18]

Com supedâneo nessas meditações, podemos notar, com hialina clareza, que os arts. 165 e 166 do CTN são regras que apenas tornaram explícito o que já estava na implicitude do texto constitucional. O direito à restituição do indébito tem, portanto, sua origem na Constituição da República, em face da existência de princípios jurídico-tributários que imprimem, ainda que implicitamente, a obrigação de devolver aquilo que fora cobrado sem fundamento de validade. Portanto, mesmo que as referidas normas gerais não tivessem sido positivadas, ainda assim persistiria o direito à devolução dos valores indevidamente recolhidos aos cofres públicos como desdobramento da estrita legalidade tributária. Não fosse assim, tal princípio seria letra morta.

Por conseguinte, verifica-se que, quando o Código Tributário Nacional trouxe disposições específicas e expressas sobre a restituição de tributos indevidamente pagos (arts. 165 a 169), não o fez com o intuito de conferir direitos novos aos particulares. Sem dúvidas, seu objetivo foi estabelecer regras gerais nesta matéria, fixando limites procedimentais e materiais mínimos, de observância obrigatória por todos os entes federativos, procurando, com isso, "pôr a salvo os cidadãos contra inúmeros e muitas vezes abusivos entendimentos diferentes com respeito à mesma matéria".[19]

---

18. CERQUEIRA, Marcelo Fortes de. *Repetição do indébito tributário:* delineamentos de uma teoria. São Paulo: Max Limonad, 2000. p. 234-235.

19. MÖRSCHBÄCHER, José. *Repetição do indébito...* cit., p. 254.

RESTITUIÇÃO DO INDÉBITO TRIBUTÁRIO:
LEGITIMIDADE ATIVA NAS INCIDÊNCIAS INDIRETAS

Ao dispor sobre o presente tema, Schubert de Farias Machado alcança idêntica conclusão:

> Sendo assim, se nem mesmo o *poder constituinte derivado* pode restringir o direito do sujeito passivo pagar tributos nos termos da lei, não é o legislador ordinário que, restringindo o direito de repetir o indébito, pode esvaziar por completo essa garantia fundamental. Assim, podemos afirmar, não é o art. 165 do Código Tributário Nacional que dá ao contribuinte o direito de repetir o indébito. Esse dispositivo de *lei complementar* apenas regula o exercício desse direito, e, por isso mesmo, não pode suprimi-lo.[20]

Neste contexto, adotada a premissa de que o fundamento do direito à restituição do indébito tributário tem sede constitucional, a conclusão só pode ser uma: nenhuma norma de inferior hierarquia poderá vedar, nem mesmo restringir tal direito. Em outras palavras, qualquer regra infraconstitucional que negue ou, de alguma forma, torne impraticável o direito à restituição do que fora pago ou exigido sem fundamento legal será necessariamente inconstitucional.[21]

Reforça o entendimento de que o direito à restituição não pode ser restringido por normas inferiores a circunstância de seu fundamento, a estrita legalidade, ser um daqueles princípios fundamentais que, por força do que prescreve o § 1º do art. 5º da Constituição da República, tem aplicação imediata. Com efeito, a legalidade incide independentemente de qualquer lei que o regulamente, não podendo, nos termos do art. 60, § 4º, IV, da CF, ser maculada, sequer por meio de emenda

---

20. MACHADO, Schubert de Farias. O Direito à Repetição do Indébito Tributário. In: MACHADO, Hugo de Brito (Coord.). *Repetição do Indébito e Compensação no Direito Tributário*. São Paulo: Dialética; Fortaleza: Instituto Cearense de Estudos Tributários – ICET, 1999, p. 402.

21. Também é essa a conclusão de José Artur Lima Gonçalves e Márcio Severo Marques: "E no caso de edição de legislação infraconstitucional sobre a matéria, pelas razões aduzidas, há de se descartar a possibilidade de que suas disposições possam vir a restringir ou de alguma forma amesquinhar o exercício desse direito subjetivo (à restituição do indébito tributário), que é assegurado diretamente pela Constituição". (GONÇALVES, José Artur Lima; MARQUES, Márcio Severo. *O direito à restituição...* cit., p. 201).

constitucional. Trata-se, na classificação adotada por Maria Helena Diniz, de norma supereficaz ou com eficácia absoluta, que se apresenta sob o aspecto positivo e negativo:

> Tais normas possuem eficácia positiva ou negativa. Têm eficácia positiva, por terem incidência imediata e serem inatingíveis, ou não emendáveis, visto não poder ser modificadas por processo normal de emenda. Têm eficácia negativa por vedarem qualquer lei que seja contrastante, daí a sua força paralisante total e imediata, permanecendo intangíveis, ou não emendáveis, exceto por meio de revolução.[22]

Tratando-se o direito à restituição do indébito tributário de mero desdobramento ou corolário da estrita legalidade, possui o mesmo grau de eficácia deste princípio. Por conseguinte, no que se refere à eficácia positiva, independe o direito ao ressarcimento do indébito tributário da existência de qualquer norma infraconstitucional, sendo, portanto, desnecessário o art. 165 do CTN, que meramente explicita um direito. Já quanto à eficácia negativa do direito ao ressarcimento, impede que qualquer norma legal – e mesmo emenda à Constituição – impossibilite ou dificulte desarrazoadamente o exercício desse direito.[23]

Isso, todavia, não equivale a dizer que o legislador infraconstitucional não tenha qualquer liberdade na fixação dos critérios da norma de devolução do indébito tributário, em especial, no que se refere à definição do seu sujeito ativo, que é justamente o tema que mais de perto interessa à presente investigação. Assim, concluímos por uma razão singela, mas decisiva: a Constituição Federal assegura o direito à restituição, mas não diz quem poderá exercitar esse direito. Ademais, como veremos com mais vagar nos itens seguintes, em algumas situações, outorgar, invariavelmente, ao sujeito passivo do tributo indevidamente pago o direito à restituição é perpetuar o indébito no sistema.

---

22. DINIZ, Maria Helena. *Norma constitucional e seus efeitos*. 6. ed. São Paulo: Saraiva, 2003. p. 97.

23. TROIANELLI, Gabriel Lacerda. Op. cit., p. 23-24.

RESTITUIÇÃO DO INDÉBITO TRIBUTÁRIO:
LEGITIMIDADE ATIVA NAS INCIDÊNCIAS INDIRETAS

1.3 Outros princípios constitucionais que corroboram a fundamentação do direito à restituição do indébito tributário

Naturalmente, outros preceitos constitucionais de observância necessária, como o princípio da isonomia, a vedação ao confisco e o direito de propriedade, também servem para fundamentar o direito à restituição do indébito tributário. Entretanto, do nosso ponto de vista, a estrita legalidade é, para a questão aqui estudada, o elemento fundamental que justifica o vínculo direto entre o direito à restituição e a Carta Magna, uma vez que a sua inobservância implica, invariavelmente, cobrança inconstitucional de tributo, sem que, para esta constatação, sejam necessárias maiores indagações.

Em verdade, o que se percebe é que os demais preceitos constitucionais a que nos referimos podem ser reconduzidos à estrita legalidade. Afinal, exigência além dos patamares autorizados pela lei, invasão do patrimônio sem autorização legal, estabelecimento de tratamento diferenciado sem permissão legislativa etc. são, em última instância, modalidades de cobrança de tributo sem respaldo legal. Daí a razão de entendermos ser a estrita legalidade o fundamento último do dever de restituir o indébito tributário. Todavia, dada a relevância de alguns desses outros preceitos, os quais são, recorrentemente, tratados nos principais textos doutrinários e na jurisprudência relativa à matéria, teceremos alguns breves comentários sobre eles nos itens seguintes.

Todo o esforço se dirige a traçar os contornos constitucionais da norma que determina o dever de restituir o tributo indevidamente pago, munindo-nos de material seguro para proceder à análise da constitucionalidade (ou não) dos requisitos definidos pelo art. 166 do CTN para o exercício deste direito.

ANDRÉA MEDRADO DARZÉ MINATEL

1.3.1 O princípio constitucional que veda a tributação com efeitos de confisco

O princípio que veda a tributação com efeitos de confisco, impropriamente denominado "princípio do não confisco", está previsto expressamente no art. 150, IV, da CF, nos seguintes termos:

> Art. 150. Sem prejuízo de outras garantias asseguradas aos contribuintes, é vedado à União, aos Estados, ao Distrito Federal e aos Municípios:
>
> (...)
>
> IV - utilizar tributo com efeitos de confisco; (...)

Tamanha foi a clareza com que foi vazado o referido texto, que a comunidade do discurso jurídico se posiciona invariavelmente no sentido de que o presente princípio impede a elevação excessiva da carga tributária a ponto de comprometer, ainda que indiretamente, toda a manifestação de riqueza denotada pelo fato jurídico tributário.[24] Nas lições de Aliomar Baleeiro, tributo confiscatório é aquele "que absorve parte

---

24. Antônio Roberto Sampaio Dória chama à atenção para o seguinte ponto: "Em teoria, a cobrança de impostos só encontra limites nos valores por que se expressa a totalidade do produto nacional. Todavia, os níveis da pressão tributária se mantêm, via de regra, muito abaixo desse teto, pois a absorção de todas as rendas obrigaria o Estado a suprir os indivíduos de suas necessidades vitais, desde alimentação, vestuário, habitação, educação, saúde, até entretenimento". (DÓRIA, Antônio Roberto Sampaio. *Direito constitucional tributário e "due process of law"*. 2. ed. Rio de Janeiro: Forense, 1986. p. 176).
Também nesse sentido se posiciona a jurisprudência do Supremo Tribunal Federal: "A proibição constitucional do confisco em matéria tributária nada mais representa senão a interdição, pela Carta Política, de qualquer pretensão governamental que possa conduzir, no campo da fiscalidade, à injusta apropriação estatal, no todo ou em parte, do patrimônio ou dos rendimentos dos contribuintes, comprometendo-lhes, pela insuportabilidade da carga tributária, o exercício do direito a uma existência digna, ou a prática de atividade profissional lícita ou, ainda, a regular satisfação de suas necessidades vitais (educação, saúde e habitação, por exemplo)". (ADI 2010 – QO/ DF, Tribunal Pleno, Rel. Celso de Mello, DJ 12.04.2012). Outros precedentes neste sentido: RTJ 33/647 Rel. Min. Luiz Gallotti; RTJ 44/661, Rel. Min. Evandro Lins; RTJ 73/548, Rel. Min. Aliomar Baleeiro; RTJ 74/310, Rel. Min. Xavier de Albuquerque; RTJ 96/1354, Rel. Min. Moreira Alves.

RESTITUIÇÃO DO INDÉBITO TRIBUTÁRIO:
LEGITIMIDADE ATIVA NAS INCIDÊNCIAS INDIRETAS

considerável do valor da propriedade, aniquila a empresa ou impede exercício da atividade lícita e moral".[25]

Dito isso, é até intuitivo reconhecer que a atuação do legislador, em desrespeito aos limites impostos pela capacidade contributiva, equivale, em última análise, à instituição de tributo com efeitos de confisco. Trata-se, portanto, de princípios complementares que, simultaneamente, limitam a atividade estatal de criação e majoração de tributos, imprimindo maior efetividade ao princípio da isonomia tributária e ao próprio direito de propriedade. Neste ponto, são precisas as lições de Roque Antonio Carrazza:

> O legislador encontra outro limite nos grandes princípios constitucionais. Também a norma constitucional que proíbe 'utilizar tributo com efeito de confisco' (art. 150, IV) encerra um preceito vinculante, que inibe o exercício da competência tributária. O que estamos querendo dizer é que será inconstitucional a lei que imprimir à exação conotações confiscatórias, esgotando a "riqueza tributável" dos contribuintes. (...) Logo, a Constituição limita o exercício da competência tributária, seja de modo direto, mediante preceitos especificamente endereçados à tributação, seja de modo indireto, enquanto disciplina outros direitos, como o de propriedade, o de não sofrer confisco, o de exercer atividades lícitas, o de transitar livremente pelo território nacional etc.[26]

Mas, se a definição do seu conceito não desperta maiores divergências, este consenso praticamente desaparece quando o assunto é fixar suas linhas demarcatórias, separando o que é confisco do que não o é, especialmente quando o intérprete se depara com a necessidade de confrontá-lo com outros valores igualmente prestigiados pela Constituição, como a progressividade, a seletividade, o fim social da propriedade etc. E as dificuldades se multiplicam quando se está diante de tributos cuja repercussão do ônus tributário é juridicamente

---

25. Apud SILVA, José Afonso da. *Curso de direito constitucional positivo.* 19. ed. São Paulo: Malheiros, 2001. p. 695-696.

26. CARRAZZA, Roque Antônio. *Curso de direito constitucional tributário...* cit., p. 488.

autorizada. Daí a razão de muitos doutrinadores classificarem a vedação ao confisco como conceito indeterminado.[27]

As dúvidas mais recorrentes são as seguintes: em que medida o tributo pode ser qualificado como confiscatório? A análise deve ser feita para cada tributo, isoladamente considerado, ou deve-se ter como referência o conjunto global de todos os tributos a que a pessoa está sujeita? Compete ao legislador infraconstitucional definir os parâmetros para que se possa qualificar determinada incidência tributária como confiscatória ou a análise é meramente casuística, de competência exclusiva do Poder Judiciário? Independentemente da espécie tributária que se trate, é possível fixar um limite percentual máximo para a carga tributária a partir do qual se terá tributação com efeitos de confisco ou esse limite deve variar de acordo com a específica natureza do tributo? A progressividade, a seletividade, o fim social da propriedade e até mesmo a não cumulatividade podem interferir na presente vedação? Nos casos em que o sistema jurídico assegura a repercussão do ônus tributário – e aqui incluímos não apenas os usualmente denominados *tributos indiretos*, mas também os casos de responsabilidade tributária –, há que se falar em necessidade de observância do presente limite constitucional? Essas e tantas outras perguntas permanecem à espera de respostas sólidas, baseadas em argumentos jurídicos.

Como se percebe, o presente tema tem se mostrado sobremodo árido, podendo-se até mesmo afirmar que, nesta matéria, doutrina e jurisprudência ainda engatinham, estando pendente a elaboração de uma teoria jurídica que apresente critérios objetivos para a identificação dos contornos

---

27. Ricardo Lobo Torres esclarece que "a vedação de tributo confiscatório, que erige status *negativus libertatis*, se expressa em cláusula aberta ou conceito indeterminado. Inexiste possibilidade prévia de fixar os limites quantitativos para a cobrança, além dos quais se caracterizaria o confisco, cabendo ao critério do prudente juiz tal aferição, que deverá se pautar pela razoabilidade. A exceção deu-se na Argentina, onde a jurisprudência, em certa época, fixou em 33% o limite máximo da incidência tributária não-confiscatória". (TORRES, Ricardo Lobo. *Curso de direito financeiro e tributário*. 6. ed. Rio de Janeiro: Renovar, 1999. p. 56).

do confisco. Neste ponto, Paulo de Barros Carvalho esclarece que este problema não é particularidade do ordenamento brasileiro. Pelo contrário, as tentativas frustradas de se estabelecer parâmetros para a lícita fixação da carga tributária atormentam toda a comunidade jurídica. Nas suas palavras:

> A temática sobre as linhas demarcatórias do confisco, em matéria de tributo, decididamente não foi desenvolvida de modo satisfatório, podendo-se dizer que sua doutrina está ainda por ser elaborada. Dos inúmeros trabalhos de cunho científico editados por autores do assim chamado direito continental europeu, nenhum deles logrou obter as fronteiras do assunto, exibindo-as com a nitidez que a relevância da matéria requer. Igualmente, as elaborações jurisprudenciais pouco têm esclarecido o critério adequado para isolar-se o ponto de ingresso nos territórios do confisco. Todas as tentativas até aqui encetadas revelam a complexidade do tema e, o que é pior, a falta de perspectiva para o encontro de uma saída dotada de racionalidade científica. (...)
>
> Intrincado e embaraçoso, o objeto da regulação do referido art. 150, IV, da CF, acaba por oferecer unicamente um rumo axiológico confuso, cuja nota principal repousa na simples advertência ao legislador dos tributos, no sentido de comunicar-lhes que existe limite para a carga tributária. Somente isso.[28]

Aliomar Baleeiro é contundente ao afirmar que se trata de problema insolúvel, "entretanto, sobre base científica e não arbitrária, o de fixar-se o mínimo de existência ou os elementos de personalização acerca de cada tributo. A solução há de ser sempre política, segundo estimações aproximativas do legislador".[29]

Com efeito, é muito tênue a linha que separa o tributo tolerável do não tolerável. Não bastasse essa circunstância que, sozinha, seria suficiente para justificar esse quadro de confusões e inconsistências, outras nuanças intensificam as

---

28. CARVALHO, Paulo de Barros. *Curso de direito tributário.* 25. ed. São Paulo: Saraiva, 2013. p. 158-159.

29. BALEEIRO, Aliomar. *Limitações constitucionais ao poder de tributar.* 21. ed. Atualizada por Misabel Abreu Machado Derzi. Rio de Janeiro: Forense, 2006. p. 352-353.

dúvidas que o presente tema suscita.

A primeira delas está no fato de a vedação genérica ao confisco conviver no sistema jurídico com previsão expressa autorizando a tributação excessivamente elevada em casos específicos. A título de exemplo, podemos citar a possibilidade de estabelecer alíquotas progressivas do IPTU e do ITR, nas situações em que a propriedade é utilizada contra a sua função social (art. 182, § 4º, II, da CF). Da mesma forma, permite-se a majoração da carga tributária do ICMS e do IPI em razão inversa à essencialidade da mercadoria ou dos serviços adquiridos (art. 155, § 2º, III e 153, § 3º, I, da CF, respectivamente), e, ainda, admitem-se alíquotas progressivas sobre o consumo exagerado de energia elétrica e combustível (excepcionado os casos de consumo obrigatório, como nas indústrias e fábricas), dentre outras.

Em todas essas situações, depara-se o intérprete com típicos exemplos de antinomia[30] normativa aparente. Estando a mesma conduta – no caso, fixar a carga tributária – sujeita a duas normas igualmente obrigatórias, porém, com conteúdos jurídicos contraditórios (proibição ao confisco e autorização para a significativa elevação do gravame), a inferência é imediata: é impossível aplicar um dos princípios sem que isso implique, ainda que com graus diferentes, o desrespeito do outro.

Ao dispor sobre o problema das antinomias aparentes, Carlos Maximiliano explica que sempre que se descobre uma contradição, o intérprete deve analisar se é possível

> (...) considerar um texto como afirmador de princípio, regra geral; o outro, como dispositivo de exceção; o que estritamente não cabe neste, deixa-se para a esfera do domínio daquele. Procura-se encarar as duas expressões do Direito como parte de um só

---

30. Segundo Hans Kelsen, existe antinomia quando "uma norma determina uma certa conduta como devida e outra norma determina também como devida uma outra conduta, inconciliável com aquela". (KELSEN, Hans. *Teoria geral das normas*. Tradução Jose Florentino Duarte. Porto Alegre: SafE, 1986. p. 157).

RESTITUIÇÃO DO INDÉBITO TRIBUTÁRIO:
LEGITIMIDADE ATIVA NAS INCIDÊNCIAS INDIRETAS

todo, a complementarem-se mutuamente, de sorte que a generalidade de uma seja restringida e precisada pela outra.[31]

É justamente isso que se verifica nas situações acima identificadas. A regra geral é a que proíbe a fixação da carga tributária em níveis desarrazoados. Em condições comuns, esta é a única norma que pode ser validamente aplicada. Porém, quando, circundando o suporte factual eleito como hipótese tributária, concorrerem outros elementos tratados pelo próprio constituinte como juridicamente relevantes, abre-se espaço para a relativização do referido enunciado, autorizando-se, via transversa, a exigência tributária em patamares mais elevados.[32]

Assim, o que se percebe é que a própria Carta Magna, em ocasiões bem definidas, excepcionou a aplicação do presente princípio, fazendo prevalecer, *a contrario sensu*, vetores que são suas contrafaces. Tudo isso como instrumento de política extrafiscal que visa a dar efetividade a outros valores que o constituinte entendeu mais relevantes, tais como a função social da propriedade, a proteção ao meio ambiente, o fomento à produção nacional, o desestímulo ao desperdício, a redistribuição da renda etc.

Ao analisar os efeitos que a extrafiscalidade projeta sobre este princípio, Sacha Calmon Navarro Coêlho[33] conclui que, mesmo nesses casos, não desaparece por completo a vedação

---

31. MAXIMILIANO, Carlos. *Hermenêutica e aplicação do direito*. 16. ed. Rio de Janeiro: Forense, 1996. p. 134.

32. Ao dispor sobre as condições para a instituição dos impostos proibitivos (definidos pelo autor como aqueles que destroem a atividade tributada, tendo grau maior do que o tributo excessivo), Antônio Roberto Sampaio Dória assevera que "a segunda condição é a de que a atividade, que se visa coibir, seja realmente prejudicial e nociva à coletividade e que, por conseguinte, a tributação proibitiva não constitua mero disfarce ou subterfúgio para o exercício de um poder vedado ao legislativo, e sim legítimo sucedâneo da regulamentação direta permitida, cuja adoção, por várias razões, se afigure desaconselhável num caso particular". (DÓRIA, Antônio Roberto Sampaio. *Direito constitucional tributário...* cit., p. 183-184, 191).

33. COÊLHO. Sacha Calmon Navarro. *Curso de direito tributário brasileiro*. 12. ed. Rio de Janeiro: Forense, 2012. p. 278.

ao confisco, preservando-se um limite mínimo: o Estado permanece proibido de se apropriar integralmente do patrimônio e da renda dos particulares por meio da cobrança de tributo. Em verdade, há apenas a flexibilização da sua abrangência, autorizando-se a definição de carga tributária de tal modo elevada, que, em condições normais, seria ilícita.

Outra particularidade que interfere no estabelecimento de balizas objetivas para o presente princípio é a repercussão do ônus tributário. Por certo que todos concordariam que a aplicação de uma alíquota de 25% sobre uma base de cálculo que toma o valor do imóvel como referência caracteriza hipótese de confisco, visto que, tratando-se de imposto que incide periodicamente sobre o mesmo bem, em apenas quatro anos ter-se-ia recolhido aos cofres públicos o equivalente ao valor integral do imóvel. Isso é claro, pressupondo-se que a propriedade está sendo regularmente utilizada.

Já, em se tratando de tributos que gravam o consumo, é bem possível que ninguém se surpreenda com uma alíquota de 35% sobre o valor da operação de compra e venda. Isso por que nesses tributos é muito comum a inclusão direta da carga tributária no preço da operação, o que é transferido para o consumidor final juntamente com as demais despesas. Nesses casos, o intérprete se depara com muita dificuldade em responder a pergunta formulada, já que não há muitos parâmetros para aferir a efetiva dilapidação do patrimônio ou renda do sujeito que realiza o fato tributário. Qual seria a alíquota máxima nesse caso: 10%, 50%, 100%? Ou simplesmente não haveria qualquer limite, tendo em conta que o encargo financeiro não é por ele suportado, já que é sempre repassado economicamente para o consumidor?

E a presente questão se complica ainda mais nas situações em que a repercussão que se considera é a jurídica, não a econômica, como nos exemplos acima. Nos capítulos seguintes, teremos a oportunidade de nos debruçar sobre o tema da *repercussão jurídica,* por se tratar de elemento nuclear para o desenvolvimento do presente trabalho. Desde já, todavia,

RESTITUIÇÃO DO INDÉBITO TRIBUTÁRIO:
LEGITIMIDADE ATIVA NAS INCIDÊNCIAS INDIRETAS

podemos deixar registrado que se trata de norma de direito positivo que autoriza o sujeito passivo da obrigação a trasladar o impacto financeiro do tributo, a ser por ele pago, a um terceiro, pré-definido pelo sistema, imprimindo-lhe efeitos jurídicos tributários típicos, o que ocorre nos casos de fixação de regra de responsabilidade ou de não cumulatividade externa, exógena. Nessas situações, a transferência do ônus é disciplinada pelo próprio direito tributário e tem destinatário certo e determinado, tratando-se, portanto, de norma que integra o específico regime jurídico desses tributos.

Diante dessas peculiaridades, indaga-se: estaria o legislador autorizado a desprestigiar o presente princípio pela simples circunstância de estabelecer regra de repercussão, o que se verifica nos casos em que a obrigação tributária é imputada a *terceiro* (responsável) ou mesmo nas situações em que a exigência do tributo é marcada por regra de não cumulatividade?

Em nossa singela opinião, a existência de regra de repercussão jurídica não subverte os limites da competência tributária. Pelo contrário, a obrigação de observar a norma que veda a tributação com efeitos de confisco atua nessas situações com ainda mais vigor.

Com efeito, conforme teremos a oportunidade de demonstrar com mais vagar adiante, a válida instituição de regra de responsabilidade tributária está condicionada ao estabelecimento de mecanismos jurídicos que assegurem que o sujeito que realizou o fato tributário, dando causa à incidência do tributo, é quem deva ter seu patrimônio ou sua renda efetivamente desfalcados, ainda que, empiricamente, isso não venha a se verificar. Disso implica a necessidade de submeter a exigência tributária ao mesmo regime jurídico a que estaria submetida, acaso cobrada da figura do contribuinte.

Por outro lado, a não cumulatividade externa ou exógena, que corresponde à outra modalidade de repercussão jurídica, visa, justamente, a imprimir maior justiça à tributação, na medida em que seu comando implementa técnica com sentido

24

ANDRÉA MEDRADO DARZÉ MINATEL

único, objetivo, exigindo que não haja impacto econômico em "cascata" pela natural incidência plurifásica da regra em cada operação, de tal forma que a cobrança do tributo não venha onerar os intervenientes da cadeia produtiva.

Daí a razão de concluirmos que, mesmo nas circunstâncias de repercussão jurídica do tributo, permanece obrigatória a observância dos limites constitucionais ao poder de tributar e aos direitos e garantias dos sujeitos passivos tributários, tornando a tributação acima dos patamares permitidos viciada e surgindo, por conta disso, o dever de devolver aquilo que fora ilegitimamente exigido.

Assim, para o que interessa à presente investigação, basta que mantenhamos firme a seguinte ideia: em situações regulares, a carga tributária deverá ser fixada de forma razoável e moderada, como forma de não comprometer a existência do patrimônio ou das fontes de renda dos administrados, assertiva esta que não é afetada, pelo contrário, é intensificada nas ocasiões em que se exige tributo daquele que não realizou o fato jurídico tributário ou diante de incidências que, dada a sua configuração legal, implicam transferência do ônus do tributo para outro elo da cadeia produtiva.

1.3.2 O princípio constitucional da vedação ao enriquecimento sem causa

O instituto da restituição do indébito tributário, como bem pontuou Ylves José de Miranda Guimarães, "sempre foi consagrado, aceito e respeitado em todas as legislações, embora seu fundamento seja alvo de muitas discussões".[34]

A despeito disso, é muito comum verificar nos textos que se propõem a enfrentar o presente tema a remissão aos

_____

34. GUIMARÃES, Ylves José de Miranda. Repetição do Indébito. In: MARTINS, Ives Gandra da Silva (Coord.). *Caderno de Pesquisas Tributárias* n.º 8. São Paulo: Coedição Centro de Estudos de Extensão Tributária e Resenha Tributária, 1983, p. 389.

RESTITUIÇÃO DO INDÉBITO TRIBUTÁRIO:
LEGITIMIDADE ATIVA NAS INCIDÊNCIAS INDIRETAS

ensinamentos de Aliomar Baleeiro, que defende que o direito à restituição de tributos tem por fundamento o "velho e universal princípio do Direito, atribuído a Pompônio, que não tolera locupletamento indevido com alheia jactura".[35]

De fato, não são poucos os doutrinadores que buscam justificar o direito à restituição do indébito tributário no princípio que veda o enriquecimento sem causa. Geraldo Ataliba, por exemplo, foi implacável ao defender que o presente princípio "está na teoria geral do direito e se dirige ao direito privado como ao público; neste encontrando expressão, entre outros, no direito financeiro, servindo de fundamento ao instituto da restituição do indébito tributário".[36]

Jorge Sylvio Marquezi Junior também é enfático ao sustentar ser este o fundamento da restituição do indébito em matéria tributária. Nas suas palavras:

> O enriquecimento sem causa que o art. 166 busca evitar, prestigiando o princípio constitucional da propriedade, todavia, é o que ocorre especificadamente em matéria tributária e no qual o ordenamento mesmo dá mecanismos para que o sujeito que deve concretizar a obrigação de dar tributária faça isso não com seu próprio patrimônio, mas sim atingindo patrimônio de outrem.[37]

Cesar Garcia Novoa, no Direito comparado, defende que o princípio do enriquecimento sem causa apresenta três acepções diferentes, relacionadas à ética, à equidade e propriamente ao acréscimo patrimonial desprovido de fundamento. Sustenta, por outro lado, que apenas esta terceira acepção se compagina com a estrita legalidade tributária

---

35. BALEEIRO, Aliomar. *Direito tributário brasileiro*. Atualizada por Misabel Abreu Machado Derzi. 12. ed. Rio de Janeiro: Forense, 2013. p. 558.

36. ATALIBA, Geraldo. Relatório Geral das VIII Jornadas Hispano Luso-americanas de Derecho Tributário, Buenos Aires, 1978. p. 8.

37. MARQUEZI JUNIOR, Jorge Sylvio. Uma análise conforme a Constituição Federal do artigo 166 do CTN e a jurisprudência do STJ. *Revista Dialética de Direito Tributário – RDDT*, n. 211, *São Paulo, Dialética*, p. 94, abr. 2013.

e, por conseguinte, com o direito à devolução do indébito tributário.[38]

Com o devido respeito aos que defendem o contrário, ousamos afirmar que grande parte do atraso no desenvolvimento do estudo do tema da restituição do indébito tributário se deve justamente à definição deste princípio como seu fundamento validade e, mais precisamente, do conteúdo e alcance que se deve atribuir à expressão *enriquecimento sem causa* nesse âmbito.

A devida compreensão do presente tema exige, portanto, uma tomada de posição firme perante o nosso sistema jurídico, em termos de vê-lo como um todo unitário, distanciando-se de construções precipitadas ou apegadas a conceitos forjados para outros ramos do Direito, especialmente do direito privado. Do contrário, teremos versões meramente parciais sobre a matéria, que não refletem o fenômeno do indébito tributário e do correlato direito à sua restituição em sua integridade.

Pois bem. O grande equívoco daqueles que sustentam, sem maiores restrições, que o presente princípio seria, por excelência, o fundamento de validade da repetição do tributo pago indevidamente reside numa razão singela, mas decisiva: o enriquecimento e seu correlato empobrecimento, em si mesmos considerados, são temas irrelevantes para o surgimento do direito subjetivo à devolução.

Como bem pontuou Gilberto Ulhôa Canto, "nenhum requisito mais se pode exigir além da prova do pagamento antijurídico do tributo; o fundamento da devolução reside assim na simples demonstração da ilegalidade da cobrança efetuada".[39] Como regra, basta a prova da ilegalidade do pagamento para justificar o pedido de repetição do indébito, não importando se dele tenha decorrido enriquecimento do Fisco ou,

---

38. NOVOA, Cesar Garcia. *La devolucion de ingressos tributarios...* cit.. p. 7.

39. CANTO, Gilberto Ulhôa. Natureza jurídica da taxa de despacho aduaneiro – repetição do imposto indireto. *Revista de Direito Administrativo*. v. 75. São Paulo, Revista dos Tribunais, 1980, p. 112-114.

RESTITUIÇÃO DO INDÉBITO TRIBUTÁRIO:
LEGITIMIDADE ATIVA NAS INCIDÊNCIAS INDIRETAS

sob outro ângulo, empobrecimento do particular em favor do Estado.

Com efeito, em situações regulares, não se pode condicionar o direito à repetição à prova do efetivo empobrecimento do sujeito passivo tributário ou de qualquer outra pessoa envolvida, de forma mais ou menos direta, com o pagamento de tributo sem fundamento de validade, legal ou factual. Em nossa singela opinião, atitude como esta implica o estabelecimento de requisito novo, não previsto pela Constituição da República, que prescreve expressamente que somente é legítima a exigência de tributos nos patamares definidos pela lei.

Com o perdão do trocadilho, a causa da repetição é, pura e simplesmente, a ausência de causa para a sua cobrança, sendo irrelevantes seus efeitos: *empobrecimento do particular x enriquecimento do Fisco.* Trata-se de elementos estranhos à estrutura normativa da regra de restituição, irrelevantes, por este mesmo motivo, para o surgimento deste direito subjetivo.

Assim, o que se nota é que o princípio do enriquecimento sem causa, em especial, com influências privatistas[40] que exigem a efetiva demonstração de dano, não se presta para fundamentar o direito à restituição do indébito na esfera tributária, ao menos em nosso sistema jurídico.[41]

---

40. Há muito tempo a doutrina alemã refuta a possibilidade de buscar no direito privado o fundamento jurídico para a repetição do indébito tributário. Gerhard Lassar, já na década de vinte, defendia que as normas civilistas sobre o enriquecimento sem causa não se enquadram na categoria de princípios gerais de direito, sendo, por esta mesma razão, inaplicáveis ao direito público. (LASSAR, Gerhard. *Der erstattungsanspruch im verwaltung und finanzrecht.* Berlin: O. Liebmann, 1921. p. 99).

41. "Em princípio, cabe refutar a assertiva de que tal fundamento adviria do princípio do enriquecimento sem causa, já que este primado adquire configuração bem delimitada no direito tributário e, pelas suas peculiaridades, pode ser reduzido à legalidade tributária, a causa relevante ao direito tributário é a jurídica, e esta nada mais é, numa obrigação *ex lege* com a tributária, que a própria lei. Se assim o é, por que, então, trabalhar com o princípio do enriquecimento sem causa, se é bem mais típico e prestigiado no direito tributário o primado da legalidade?" (CERQUEIRA, Marcelo Fortes de. Op. cit., p. 308).

Por outro lado, vale insistir que defender a aplicabilidade desse princípio, com todo seu vigor, sob a justificativa de que entre o enriquecimento sem causa do Estado ou do administrado, aquele deva prevalecer, na medida em que, ao menos, se prestigia o interesse de todos é, com o devido respeito a quem pensa em sentido contrário, uma grande falácia, demagogia que não se deve aceitar. O bem de todos só é respeitado quando há estrita observância das leis, não se legitimando arbitrariedades por parte do Estado. Afinal, os comandos legais nada mais são do que a manifestação de vontade do povo.

Ninguém ousaria ignorar que a Constituição da República confere ao Poder Público algumas prerrogativas relativamente aos particulares, visando à satisfação dos interesses de toda a coletividade. Tais prerrogativas, todavia, devem ser exercidas em perfeita harmonia com os direitos individuais, igualmente protegidos constitucionalmente. Diversamente do que sustentou durante muito tempo a jurisprudência dos Tribunais Superiores, em especial o Supremo Tribunal Federal, o que teremos a oportunidade de ver mais adiante, não existe no ordenamento jurídico brasileiro base axiológica que fundamente a iniciativa de sobrepor as necessidades do Estado aos direitos e garantias dos cidadãos. Nem mesmo o princípio da supremacia do interesse público ao do particular se presta como justifica para tal, uma vez que apenas permite ao Estado exigir dos administrados determinadas condutas, favoráveis à sociedade como um todo, mas sem que para isso comprometam-se os direitos e garantias individuais assegurados constitucionalmente, inclusive, com *status* de cláusula pétrea.

Os Poderes do Estado distam de ser ilimitados, devendo ajustar-se aos valores prestigiados pela ordem jurídica. Não obstante a Constituição da República permita, em situações que enumera, a apropriação de parcela do patrimônio dos administrados, mediante a exigência de tributos, traz limites bem definidos para esta atuação, estabelecendo parâmetros,

RESTITUIÇÃO DO INDÉBITO TRIBUTÁRIO:
LEGITIMIDADE ATIVA NAS INCIDÊNCIAS INDIRETAS

seja no que respeita ao próprio cabimento da imposição, seja no que se refere à mensuração do gravame.

Enquanto a moralidade é para o particular uma questão de consciência, para o Estado é um imperativo jurídico. O mesmo ocorre com a legalidade, que, para o cidadão, significa poder fazer ou deixar de fazer tudo que a lei não proíba e, para o Estado, fazer somente aquilo que a lei permita. Daí resulta que, embora o enriquecimento injustificado por parte do administrado possa ser imoral, não será, necessariamente, ilícito. Já para o Estado, além de imoral, será invariavelmente ilícito, pois constitucionalmente vedado. Isso, por si só, impede que o Fisco se aproprie de qualquer importância fora dos parâmetros legais, por mínima que seja e mesmo que não represente qualquer impacto no patrimônio do sujeito passivo. Nesses casos, terá, necessariamente, que devolver o que recebeu indevidamente, sob pena de ruir toda a repartição constitucional da competência tributária.

Nessa linha, infere-se que o interesse "particular" do cidadão à pronta restituição do indébito tributário é, pois, o mais puro reflexo, na esfera do Direito Tributário, do interesse público do Estado de ver respeitada a Constituição da República.

Também é este o entendimento defendido por Gabriel Lacerda Troianelli:

> De fato, se a República Federativa do Brasil constitui-se um Estado Democrático de Direito, cuja essência é, em última análise, a submissão, por parte do Estado, às regras que ele mesmo cria, volta-se o Estado contra a sua própria essência quando não busca, do modo mais perfeito possível, reparar as consequências do indébito tributário. Se o indébito tributário anda necessariamente de mãos dadas com a insubmissão do Estado às próprias normas por ele criadas, ele é a negação do Estado Democrático de Direito, do que resulta ser uma finalidade intrínseca a reparação do indébito tributário. Do mesmo modo, sendo um dos objetivos fundamentais da República Federativa do Brasil, nos termos do art. 3º da CF, constituir uma sociedade justa, e tratando-se a perpetuação do indébito tributário de algo imoral e,

30

portanto, injusto, é igualmente finalidade do Estado combater tal situação, fazendo o indébito tributário regressar à posse do seu legítimo dono, o contribuinte. (...) Assim, por qualquer caminho que se percorra, a conclusão é uma só: a finalidade do Estado, e, portanto, interesse público, fazer regressar o indébito tributário ao domínio do contribuinte, seu legítimo dono.[42-43]

Efetuados esses esclarecimentos, o que se percebe é que grande parte dos equívocos que giram em torno da presente matéria não reside propriamente na definição do "princípio do enriquecimento sem causa" como fundamento para a repetição do indébito tributário, mas na eleição do enriquecimento como requisito para o exercício desse direito. Em outras palavras, a problemática central quando o tema é restituição de tributos indevidos está na utilização indistinta do correlato empobrecimento sem causa como condição *sine qua non* para o surgimento deste direito. Isso porque, como o direito à restituição do indébito tributário tem sede constitucional, não se pode admitir como válido requisito não contemplado ou que não se amolde aos contornos definidos pela própria Carta Magna. A presente questão, todavia, é relativamente contornável, desde que se interprete o presente cânone como mero ingresso de divisas nos cofres públicos sem que haja lei válida o legitimando.

O princípio que veda o enriquecimento sem causa tem que ser tratado, portanto, como uma outra maneira de se referir ao próprio princípio da estrita legalidade, o que pressupõe tomar a expressão *sem causa* como sinônima de ausência de

---

42. TROIANELLI, Gabriel Lacerda. Repetição do Indébito, Compensação e Ação Declaratória. In: MACHADO, Hugo de Brito (Coord.). *Repetição do Indébito e Compensação no Direito Tributário*. São Paulo: Dialética; Fortaleza: Instituto Cearense de Estudos Tributários – ICET, 1999, p. 130.

43. Eduardo Domingos Bottallo também chama à atenção para esta questão. De acordo com este jurista, "quando o *accipiens* é o Poder Público, ele deve ser até mais diligente que o particular em não exigir e, se o fizer, no restituir o indébito, até em função do princípio da moralidade que informa e condiciona o seu agir nos termos do art. 37, *caput*, da CF". (BOTTALLO, Eduardo Domingos. *IPI – Princípios e estrutura*. São Paulo: Dialética, 2009. p. 106).

RESTITUIÇÃO DO INDÉBITO TRIBUTÁRIO:
LEGITIMIDADE ATIVA NAS INCIDÊNCIAS INDIRETAS

pressuposto de direito – ou mesmo de fato – para a tributação e *enriquecimento*, como mera entrada de divisas, sem que seja necessária a configuração do seu contraponto, o empobrecimento da parte adversa.

Esta posição é perfilhada por Eduardo Domingos Bottallo, que afirma:

> A esses fundamentos constitucionais explícitos, deve ser acrescentado o princípio universal segundo o qual a ninguém é dado experimentar enriquecimento sem causa. Tal ocorre toda vez que o pagamento efetuado não decorre de uma obrigação que o justifique. Quando uma pessoa paga a outra algo que não deve, o enriquecimento desta última é ilegítimo, por apresentar-se destituído de fundamento jurídico.[44]

Geraldo Ataliba, da mesma forma, defende que a "ausência de lei importa inexistência de causa, ensejando configurar-se enriquecimento sem causa em favor da entidade tributante".[45]

Por fim, importa registrar que essas considerações não podem ser tomadas como equivalentes à conclusão de que o art. 166 do CTN é inconstitucional, tampouco de que o legislador, em nenhuma situação, estaria autorizado a outorgar a legitimidade ativa da repetição do indébito a um terceiro, que não o obrigado ao pagamento do tributo.

Como teremos a oportunidade de explicar mais adiante, a regra geral é a legitimidade ativa do sujeito que figurou no polo passivo da obrigação tributária que resultou no pagamento indevido para pleitear a restituição do indébito tributário. Todavia, em algumas situações bem definidas, manter a regra geral equivaleria a perpetuar distorções no sistema, decorrentes da própria cobrança indevida de tributos. Daí a necessidade de alterar o enunciado que define a sujeição

---

44. BOTTALLO. Eduardo Domingos. Idem. p. 106.

45. ATALIBA, Geraldo. Relatório Geral das VIII Jornadas Hispano Luso-americanas de Derecho Tributario, Buenos Aires, 1978. p. 13.

ativa, fazendo-a recair sobre aquele que juridicamente suportou o ônus do tributo, mesmo sem figurar no polo passivo da obrigação tributária. Vale desde já advertir, todavia, que essas situações são excepcionais e especialíssimas, admitidas apenas nos casos em que a regra de tributação convive com regra de repercussão jurídica.

Assim, para o que interessa à presente investigação, basta que fixemos as seguintes premissas: em situações regulares, deve haver identidade entre o sujeito passivo da obrigação tributária e o sujeito ativo da relação de repetição do indébito tributário. Entretanto, essa regra geral pode e deve ser excepcionada nas situações em que a repercussão jurídica é norma que integra o regime jurídico da tributação, o que se verifica (i) nas ocasiões em que se exige tributo daquele que não realizou o fato jurídico tributário e (ii) nos casos em que, para a apuração do valor devido a título de tributo, é levada em consideração a carga tributária de um terceiro. Defender que a regra geral jamais poderá ser modificada é atitude simplista, que não considera o sistema como um todo.

Note-se, por fim, que, sob esta perspectiva, o princípio do enriquecimento sem causa se apresenta como mero desdobramento da estrita legalidade tributária, justamente pela superação da necessidade da presença de um elemento intercalar para a sua configuração: o empobrecimento.

CAPÍTULO 2

DISCIPLINA LEGAL DO DIREITO À RESTITUIÇÃO DO INDÉBITO TRIBUTÁRIO

Sumário: 2.1 A natureza jurídica do indébito tributário. 2.2 A regra geral do art. 165 do CTN. 2.2.1 O pressuposto fático do direito à restituição do indébito tributário: apenas o "pagamento" indevido? 2.2.1.1 O pressuposto fático do direito à restituição do indébito nos casos em que o crédito tributário é constituído por ato do particular: a questão da homologação. 2.2.2 O pressuposto de direito da restituição do indébito tributário: vícios na positivação da obrigação ou do pagamento – erro de fato ou erro de direito. 2.2.2.1 Erro de fato e erro de direito. 2.2.3 O sujeito legitimado a pedir a restituição do indébito tributário nos termos do art. 165 do CTN. 2.3 A regra de exceção: o artigo 166 do CTN. 2.3.1 Diálogo com a Doutrina sobre o art. 166 do CTN. 2.3.2 Diálogo com a jurisprudência sobre o art. 166 do CTN. 2.3.2.1 Diálogo com a jurisprudência do Supremo Tribunal Federal sobre o art. 166 do CTN. 2.3.2.2 Diálogo com a jurisprudência do Superior Tribunal de Justiça sobre o art. 166 do CTN.

2.1 A natureza jurídica do indébito tributário

Alcançamos o primeiro ponto fundamental para o desenvolvimento do presente trabalho: o direito à repetição do indébito tributário tem seu fundamento de validade na Carta

RESTITUIÇÃO DO INDÉBITO TRIBUTÁRIO:
LEGITIMIDADE ATIVA NAS INCIDÊNCIAS INDIRETAS

Magna. Disso decorre que o legislador não é livre na sua disciplina, sob pena de incorrer em inconstitucionalidades.

Também deixamos claro que o fato de o direito à repetição do tributo indevidamente pago ter fundamento direto na Constituição da República não é suficiente para concluir, indistintamente, pela inconstitucionalidade do art. 166 do CTN. Isso porque deslocar a legitimidade ativa da regra geral do direito à restituição nos casos de tributos repercutidos ou mesmo exigir prova da ausência de repercussão nas hipóteses em que há presunção legal da sua existência não implica, necessariamente, limitação ou restrição do direito à restituição. Pelo contrário, bem aplicada, é medida indispensável para impedir que se perpetuem distorções no sistema decorrentes da indevida exigência de tributos, o que não seria viável mediante a aplicação indiscriminada da regra geral que legitima o sujeito passivo do tributo a pleitear a devolução do indébito.

Entretanto, algumas questões importantíssimas, sem as quais não conseguiremos avançar na presente investigação, permanecem inexplicadas: Mas quando é possível falar em indébito tributário? Qual a sua natureza jurídica? E mais, quais são os requisitos, fáticos e jurídicos, para a sua configuração? São justamente estas perguntas que pretendemos responder, ainda que de revista, neste capítulo, para, só num segundo momento, analisarmos a disciplina infraconstitucional conferida pelo nosso sistema jurídico ao direito à repetição do indébito tributário. Comecemos, pois, pela própria definição de pagamento indevido.

Pois bem. Pagamento é um fato jurídico consistente na prestação que o devedor, ou alguém por ele, faz ao sujeito pretensor, da importância pecuniária correspondente ao débito. Considerada a esfera do Direito Tributário, o pagamento é devido quando efetuado em perfeita sintonia com as leis que lhe determinam a forma e o conteúdo. Em contraposição, será indevido toda vez que se apresentar em desconformidade com os preceitos firmados em lei para sua realização.

36

Os valores pagos a título de tributo podem ser indevidos pelas mais diversas razões de fato e de direito: por exceder o montante efetivo da dívida; por não ter ocorrido o fato tomado como causa para a tributação; por inexistir dever jurídico de índole tributária; por o realizador do fato, ou mesmo o fato em si, ser imune ou isento etc. Surge, então, a controvertida figura do *tributo indevido*, que muitos entendem não ser verdadeiramente tributo, correspondendo, antes, à mera prestação de fato. Aliás, quando o tema é a natureza jurídica dessas quantias não se pode absolutamente falar em consenso, havendo posições das mais variadas e conflitantes.

Por conta disso, antes de avançarmos no exame dos enunciados normativos infralegais que disciplinam o direito à restituição do indébito, é preciso superar a presente polêmica. Afinal acreditamos ser estéril a tentativa de identificar o regime jurídico de um instituto antes da definição da sua natureza.[46]

Alfredo Augusto Becker defende que o "pagamento de indevido não é pagamento de tributo, mas simplesmente prestação indevida".[47] Para este autor, como o que se paga não se conforma com as exigências do sistema, não é possível atribuir-lhe natureza de tributo, muito menos ao que se devolve sob este fundamento.

Na linha deste pensamento, Ricardo Lobo Torres também rejeita a natureza tributária do *"indébito tributário"*, classificando-o como mera prestação de fato:

> Se o cidadão recolhe uma importância não prevista em lei ou exigida pela autoridade administrativa em desconformidade

---

46. Diversamente do que se verifica no Brasil, o direito positivo alemão reconhece expressamente a natureza tributária dessas relações. (NOGUEIRA, Ruy Barbosa: com índices sistemático e analítico. Apresentação do Professor Ruy Barbosa Nogueira. Tradução de Alfred J. Schmid et al. Rio de Janeiro: Forense; São Paulo: Instituto Brasileiro de Direito Tributário, 1978).

47. BECKER, Alfredo Augusto. *Teoria geral do direito tributário*. 4. ed. São Paulo: Noeses, 2007. p. 526.

RESTITUIÇÃO DO INDÉBITO TRIBUTÁRIO:
LEGITIMIDADE ATIVA NAS INCIDÊNCIAS INDIRETAS

> com a lei, aquela prestação não será tributo, mas erro, violência, engano, excesso, em suma, prestação de fato. De observar, por outro lado, que tributo é categoria de receita pública, definida no Código Tributário Nacional (art. 3º) como prestação pecuniária compulsória, que não constitua sanção de ato ilícito, instituído e cobrado mediante atividade administrativa vinculada. O tributo, como categoria de receita, se distingue com clareza do quantum que, como despesa para o ente público, será devolvido para o contribuinte por ter sido indevidamente recebido. Íntimo, portanto, é o relacionamento entre a obrigação tributária e a obrigação de direito público que consiste na restituição. Nada obstante o indébito não é tributo, nem obrigação de restituir uma obrigação tributária.[48]

Esse entendimento é compartilhado, ainda, por Ives Gandra da Silva Martins, para quem *"tributo indevido é indevido, mas não é tributo"*.[49] Para este autor, não há como conferir natureza tributária ao indébito, devendo ser qualificado apenas como pagamento indevido de importância inominada.[50]

Num resumo, para os adeptos desta posição teórica, a qual, inclusive, conta com doutrinadores filiados às mais distintas correntes de pensamento, prevalece o entendimento de que os valores pagos indevidamente a título de tributo não têm natureza tributária.

A despeito de reconhecermos tratar-se de interpretação que prevalece na doutrina nacional, com ela não compartilhamos, tampouco estamos sozinhos nesta tomada de posição. Paulo de Barros Carvalho, por exemplo, é enfático ao defender a natureza tributária do *tributo indevido*:

> As quantias exigidas pelo Estado, no exercício de sua função impositiva, ou espontaneamente pagas pelo administrado, na convicção de solver um débito fiscal, têm a fisionomia própria das

---

48. TORRES, Ricardo Lobo. *Restituição dos tributos*. Rio de Janeiro: Forense, 1983. p. 32.

49. MARTINS, Ives Gandra da Silva. *Teoria da imposição tributária*. São Paulo: Saraiva, 1983. p. 93.

50. Idem, p. 92.

entidades tributárias, encaixando-se bem na definição do art. 3º do Código Tributário Nacional. A contingência de virem a ser devolvidas pelo Poder Público não as descaracteriza como tributo e para isso é que existem os sucessivos controles de legalidade que a Administração exerce e dos quais também participa o sujeito passivo, tomando a iniciativa ao supor descabido o que lhe foi cobrado, ou postulando a devolução daquilo que pagara indebitamente. Não sendo suficiente o procedimento administrativo que para esse fim se instale, terá o interessado acesso ao Poder Judiciário, onde poderá deduzir, com os recursos inerentes ao processo judicial, todos os argumentos e provas que deem substância aos seus direitos.[51]

Marcelo Fortes de Cerqueira adota idêntica opinião:

> O denominado tributo indevido ou ilegal também é tributo, pois determinada exigência tributária, mesmo contrariando o ordenamento, terá índole tributária até que esta norma incompatível portadora de validade relativa seja retirada do sistema. Enquanto não expulsa do sistema a norma tributária individual e concreta, não se poderá empregar a terminologia "tributo indevido". É importante essa assertiva, pois somente outra norma individual e concreta, judicial ou administrativa – que reconhece o indébito tributário – que qualificará o tributo como pago indevidamente, isto é, "indevido". Determinada como tributária a sua cobrança indevida, a mesma regra vale para efeito de devolução do indébito, pois advém de uma mesma relação jurídica tributária. É, portanto, obrigação *ex lege* do Estado em devolver os ingressos pecuniários indevidos. Se as importâncias pagas em consequência de uma exigência ilegal é tributo, o que será devolvido ao particular numa relação jurídica de devolução do indébito será "tributo indevido". A locução "tributo indevido" é conferida para denotar aquelas exigências já qualificadas pelo sistema, por intermédio de regra individual e concreta, como indevida.[52]

Com efeito, o ponto de partida para definir a fisionomia jurídica de qualquer relação, e não diferente das relações que culminam no pagamento indevido de tributos, reside na identificação de suas características essenciais. Somente de posse

---

51. CARVALHO, Paulo de Barros. *Curso de direito tributário...* cit., p. 303.

52. CERQUEIRA, Marcelo Fortes de. Op. cit., p. 237.

RESTITUIÇÃO DO INDÉBITO TRIBUTÁRIO:
LEGITIMIDADE ATIVA NAS INCIDÊNCIAS INDIRETAS

desses critérios será possível saber tratar-se, efetivamente, de relação de natureza tributária ou não. E foi justamente esse o caminho seguido por Cesar Garcia Novoa,[53] o qual, ao analisar as particularidades do nosso sistema jurídico, enumerou as seguintes características das relações de indébito tributário:

(i) trata-se de obrigações *ex lege*, que têm como pressuposto fático um pagamento indevido (art. 165 do CTN);

(ii) têm como conteúdo uma prestação pecuniária;

(iii) possuem índole pública em face do interesse indisponível que tutelam, sendo irrelevante a qualidade privada do ente credor (arts. 165 a 169 do CTN); e

(iv) consistem, antes de mais nada, em verdadeiro instrumento de proteção do interesse coletivo pela correta aplicação da lei.

Sendo essas as características da relação do indébito, deve-se concluir, como fez o jurista argentino, que sua natureza é tributária, não exatamente pelo regime a que está submetida (regulada pelo Código Tributário Nacional), mas, justamente, por estar vinculada ao desembolso de valores a título de tributo. A circunstância de, em momento posterior, ser declarado como indevido e, como consequência, determinada a sua devolução ao particular não tem o condão de infirmar esta assertiva, uma vez que se mantém inalterado o fato que o motivou: a convicção de solver um débito fiscal.

De fato, a despeito de as prestações pecuniárias em análise não guardarem estrita compatibilidade com o sistema, seja porque a lei que as instituiu desrespeita normas de superior hierarquia, seja porque a cobrança em si não tem respaldo legal, seja, ainda, porque não ocorreu o fato eleito pela lei como

---

53. NOVOA, Cesar Garcia. Repetição do indébito. In: *Caderno de Pesquisas Tributárias* n. 08. São Paulo: Resenha Tributária; co-edição Centro de Estudos de Extensão Universitária, 1983, p. 114.

40

hipótese de incidência tributária, certo é que elas são exigidas ou espontaneamente pagas a título de tributo, tendo, por conseguinte, fisionomia própria das entidades tributárias, encaixando-se bem na definição do art. 3º do CTN.

Assim, embora o indébito tributário não seja tecnicamente tributo, é cobrado pelo Fisco ou simplesmente recolhido pelo sujeito passivo como se o fosse. Trata-se, parafraseando Gabriel Lacerda Troianelli, *de simulacro de tributo, idêntico a um verdadeiro tributo, exceto na legalidade*.[54]

Neste ponto, também são precisas as lições de Brandão Machado:

> (...) é tributária a natureza jurídica do pleito de quem repete imposto indevido, já que ontologicamente ligado à relação de débito do tributo. Este surge da ocorrência in concreto do seu pressuposto, a partir do que se realiza o recolhimento do *quantum* devido.[55]

Por outro lado, não nos parece sustentável a alegação de que *tributo indevido* não teria natureza tributária por, supostamente, refugir do campo de especulação do Direito Tributário. Ora, o presente ramo do Direito não inclui apenas as normas que regulam desde a criação até a extinção do tributo; alcança igualmente as regras que disciplinam situações reflexas, em especial aquelas que, de alguma forma, interferem no ciclo de positivação do tributo. Em síntese, incluiu todas as regras relacionadas direta ou indiretamente ao conceito de tributo, dentre as quais se enquadra perfeitamente a relação de indébito.

De outra parte, vale lembrar que a controvertida figura do *tributo indevido* permanecerá correspondendo a tributo válido, vigente e eficaz, mesmo nos casos de flagrante ilegalidade ou inconstitucionalidade, enquanto não for emitida

---

54. TROIANELLI, Gabriel Lacerda. Op. cit., p. 15.

55. MACHADO, Brandão. *Repetição do indébito no direito tributário...* cit., p. 64.

RESTITUIÇÃO DO INDÉBITO TRIBUTÁRIO:
LEGITIMIDADE ATIVA NAS INCIDÊNCIAS INDIRETAS

linguagem competente reconhecendo-o como tal e expulsando-o do ordenamento. Aliás, tecnicamente, sequer é possível falar em *indébito tributário* antes deste instante. De fato, a locução *tributo indevido* é própria apenas para denotar aquelas exigências já assim qualificadas pelo sistema, por conta da emissão, pela autoridade competente, de regra individual e concreta que relata este fato em seu antecedente. Mais uma razão para defendermos sua natureza tributária.

A insistência em definir a natureza jurídica do presente instituto, é bom registrar, não é exigência ditada para a mera beleza do estilo, como diria Norberto Bobbio.[56] Trata-se, como pensamos ter deixado claro, de classificação fundamental para a construção da Ciência do Direito, na medida em que irá determinar o regime jurídico a ser outorgado a referidas parcelas, sendo, pois, índice seguro para a identificação de eventuais excessos da legislação infraconstitucional.

Assim, definida a natureza tributária da presente relação de indébito, passemos à análise das normas infraconstitucionais que a disciplinam.

2.2 A regra geral do art. 165 do CTN

O Código Tributário Nacional regula a questão do pagamento indevido, prescrevendo, no seu art. 165, que o sujeito passivo tem direito, independentemente de prévio protesto,[57]

---

56. BOBBIO, Norberto. *Teoria della scienza giuridica*. Torino: G. Giappichelli, 1950. p. 200.

57. "Como o direito à restituição decorre de dispositivos constitucionais, é irrelevante o fato de o tributo ter sido pago voluntariamente ou de não ter sido pago sob protesto. Diferentemente do Direito Civil, no qual a restituição está subordinada à prova de que o sujeito passivo realizou o pagamento por erro, nos termos do art. 965 do CC, no Direito Tributário o contribuinte, ainda que tenha ciência de ser o tributo indevido, se realiza o pagamento, tem direito à restituição, desde que comprove o indébito tributário." (XEREZ, Rafael Marcílio. Direito ao ressarcimento do indébito tributário. In: MACHADO, Hugo de Brito (Coord.). *Repetição do indébito e compensação no direito tributário*. São Paulo: Dialética; Fortaleza: Instituto Cearense de Estudos Tributários – ICET, p. 341, 1999).

à restituição total ou parcial do tributo, seja qual for a modalidade do seu pagamento, reportando-se ao disposto no art. 162, § 4º, que versava sobre a extinta hipótese de recolhimento por meio de estampilhas, a qual, acaso ainda existente, ficaria ressalvada.

O referido dispositivo legal relaciona, ainda, três situações que geram o direito à restituição: (i) cobrança ou pagamento espontâneo de tributo indevido em face da legislação tributária aplicável, ou da natureza ou circunstâncias materiais do evento efetivamente ocorrido; (ii) erro na identificação do sujeito passivo, na determinação da alíquota aplicável, no cálculo do montante do débito ou na elaboração ou conferência de qualquer documento relativo ao pagamento e (iii) reforma, anulação, revogação ou rescisão de decisão condenatória. Eis a fórmula literal deste enunciado normativo:

> Art. 165. O sujeito passivo tem o direito, independentemente de prévio protesto, à restituição total ou parcial do tributo, seja qual for a modalidade do seu pagamento, ressalvado o disposto no § 4º do art. 162, nos seguintes casos:
>
> I – cobrança ou pagamento espontâneo de tributo indevido ou maior que o devido em face da legislação tributária aplicável, ou da natureza ou circunstâncias materiais do fato gerador efetivamente ocorrido;
>
> II – erro na edificação do sujeito passivo, na determinação da alíquota aplicável, no cálculo do montante do débito ou na elaboração ou conferência de qualquer documento relativo ao pagamento;
>
> III – reforma, anulação, revogação ou rescisão de decisão condenatória.

Nessas situações, assegura o ordenamento jurídico a devolução daquilo que o sujeito passivo pagou indevidamente. Assim o faz mediante norma geral e abstrata cuja hipótese descreve, conotativamente, o pagamento indevido, e o consequente prescreve uma relação jurídica obrigacional, na qual o Fisco ocupa o polo passivo, assumindo o dever de restituir o indébito, enquanto o sujeito passivo do tributo figura como

RESTITUIÇÃO DO INDÉBITO TRIBUTÁRIO:
LEGITIMIDADE ATIVA NAS INCIDÊNCIAS INDIRETAS

sujeito ativo desta nova relação, com o direito de exigir a restituição. Como se vê, os sujeitos, comparativamente à obrigação tributária, invertem a posição. O então sujeito passivo passa a ser credor, enquanto o ente tributante passa ser o devedor.

E não poderia ser diferente. De fato, certificado, por meio de linguagem competente, que o Fisco não tinha direito subjetivo à percepção do gravame, por qualquer das variáveis previstas no sistema, ou que o seu direito se limitava apenas à parte do que efetivamente recebeu, há de devolver, em regra, ao sujeito passivo do tributo, o valor integral ou a parcela a maior por ele paga. Afinal, não tinha título jurídico que legitimasse a manutenção dessas quantias no seu patrimônio.

E a restituição total ou parcial do valor principal gera também a devolução dos juros de mora e das penalidades pecuniárias na mesma proporção, nos termos prescritos pelo art. 167 do CTN. Neste dispositivo, o legislador, inadvertidamente, excepciona os valores relativos ao descumprimento de deveres instrumentais, cuja obrigação independe do efetivo dever de pagar o tributo. Não deveria fazê-lo. Como o ilícito formal é autônomo, não fica comprometido pela causa que motivou a restituição, não se podendo, por conseguinte, vislumbrar qualquer razão para que o valor relativo à multa dessa natureza seja devolvido.

Ao analisar o art. 165 do CTN, Ricardo Mariz de Oliveira esclarece o seguinte:

> (...) o art. 165 do CTN, em absoluta consonância com o direito constitucional à restituição de tributo indevidamente pago, descreve esse direito de forma amplíssima, reconhecendo-o como existente em toda e qualquer situação de pagamento indevido, inclusive independentemente de protesto, da modalidade de pagamento, de ter sido o tributo cobrado pelo fisco ou pago espontaneamente pelo sujeito passivo, de ter havido erro na edificação do sujeito passivo, na determinação da alíquota aplicável, no cálculo do montante devido ou na elaboração ou conferência de qualquer documento relativo ao pagamento. Mais, o art. 165 reconhece o direito à restituição de tributo pago indevidamente ou a maior que o devido, seja em face da legislação aplicável,

44

seja em face da natureza ou das circunstâncias materiais do fato gerador efetivamente ocorrido, e o reconhece também em casos de reforma, anulação, revogação ou rescisão de decisão condenatória.[58]

Não é essa, todavia, a nossa percepção sobre os comandos do art. 165 do CTN. Acreditamos que o Código pecou ao especificar as hipóteses em que cabe a restituição, uma vez que existem situações que não foram contempladas especificamente pela lei, tampouco podem ser reconduzidas a qualquer das hipóteses relacionadas nos incisos do art. 165 e, ainda assim, geram o direito em questão. Teria contribuído muito mais se tivesse apenas explicitado o comando que já está na implicitude da Constituição da República, ou seja, que se deve assegurar a restituição do tributo sempre que o seu pagamento for indevido, seja por questões de fato, seja por questões de direito.

Por conta disso, e já fixada a premissa de que o direito à restituição do indébito tributário tem sede constitucional, concluímos que o rol apresentado pelo art. 165 do CTN é meramente exemplificativo, havendo outras tantas hipóteses que não podem exatamente ser reconduzidas aos seus incisos,[59] mas que geram igualmente o direito à restituição do indébito tributário.

---

58. OLIVEIRA, Ricardo Mariz de. *Repetição do indébito, compensação e ação declaratória...* cit., p. 358.

59. Também é esta a conclusão de Fábio Fanucchi: "O Código pecou pela especificação dos casos em que cabe a restituição, pois é muito possível, em tal elenco de casos, não ter citado algum ou alguns, que, embora não mencionados, ainda geram direito à restituição. Bastaria ter delineado que a restituição cabe sempre que o encargo tido como tributável não se manifeste como tal, face à legislação aplicável à espécie. Aliás, nem pode ser considerada como taxativa a enumeração do art. 165, nem pode ser considerada tecnicamente perfeita". (FANUCCHI, Fábio. *Curso de direito tributário brasileiro*. 4. ed. São Paulo: Resenha Tributária, 1980. p. 234).

RESTITUIÇÃO DO INDÉBITO TRIBUTÁRIO:
LEGITIMIDADE ATIVA NAS INCIDÊNCIAS INDIRETAS

Apenas para ilustrar, verifica-se que o referido dispositivo legal não contemplou, por exemplo,[60] as hipóteses em que a ilegalidade da exigência só se consubstancia posteriormente ao pagamento do tributo. Como bem pontuou Ricardo Lobo Torres, "se o recolhimento do tributo opera de forma procedimentalmente correta e se coincide com diversos elementos do fato gerador, a restituição ditada por motivos supervenientes não se subordina àquelas normas".[61]

O desnecessário e inoportuno detalhamento atinge o ápice no inciso II, o qual, para além de indicar o erro na edificação do sujeito passivo e na determinação da alíquota aplicável, prevê o erro de cálculo do tributo e o erro na elaboração ou conferência de qualquer documento relativo ao pagamento. Ora, se a quantia paga foi maior que a devida[62] ou mesmo

---

60. José Artur Lima Gonçalves e Márcio Severo Marques defendem que o enunciado em análise também não teria contemplado as hipóteses em que o pagamento é indevido por violar diretamente a Constituição Federal. Nas palavras desses autores: "entendemos que essas disposições do CTN não alcançam os casos de pagamento indevido de tributo inconstitucional, isto é, de valores que tenham sido recolhidos ao erário a título de tributo, cuja existência tenha sido baseada em atos normativos que não se conformem às disposições constitucionais que delimitam as competências tributárias outorgadas ao legislador derivado. (...) Em outras palavras, tratando-se de exação inconstitucional não será hipótese de pagamento espontâneo de tributo indevido ou maior que o devido em face da legislação tributária aplicável, pois segundo a legislação aplicável o tributo era devido, de forma que o pagamento foi compulsório até o reconhecimento judicial da inconstitucionalidade dessa legislação, cuja aplicação resultou no pagamento indevido". (GONÇALVES, José Artur Lima; MARQUES, Márcio Severo. Op. cit., p. 201).
Particularmente, não concordamos com o presente *discrímen*. Ao se referir à "legislação tributária", o legislador abrangeu todas as espécies normativas, incluindo desde as de menor escalão hierárquico até as de superior hierarquia, como é justamente o caso da Constituição da República. Ademais, ainda que a irregularidade decorra de uma disposição de uma mera Portaria ou Instrução Normativa, o legitimado (sujeito passivo do tributo ou não) terá que obter a manifestação expressa de que o pagamento foi indevido ou maior que o devido em face da legislação tributária aplicável, seja na esfera administrativa, seja na esfera judicial. Independentemente do "grau de ilegalidade" da exigência (ilegalidade em sentido estrito ou inconstitucionalidade), será sempre necessária linguagem competente para certificá-la, judicial ou administrativamente.

61. TORRES, Ricardo Lobo. *Restituição dos tributos...* cit., p. 13.

62. "O mesmo item prevê, em consonância com o equívoco do *caput*, a restituição de 'tributo indevido ou maior que o devido'. Ora, o que se repete não é o 'tributo

se nada era devido, "o indébito é restituível independente de se mostrar que houve erro de conta, ou de elaboração de documento, ou de leitura da lei".[63]

Mas não param por aqui as críticas ao presente enunciado normativo. Também o inciso III é alvo de censura, por não constituir propriamente hipótese autônoma de restituição – o que, em regra, é característico das previsões em incisos –, mas, em verdade, mera disposição de natureza adjetiva. Também nesses casos a restituição terá como causa o recolhimento indevido por erro de fato ou de direito, o que, por si só, dispensaria previsão em inciso específico. A diferença reside apenas na circunstância de existir, num primeiro momento, *decisão condenatória* certificando o pagamento como devido, mas que, posteriormente, é *reformada, anulada, revogada ou rescindida*, seja pela própria autoridade fiscal, seja pelo Poder Judiciário. Assim, o que se percebe nesses casos é que a certificação do *erro de fato* ou *de direito* no pagamento do tributo é dada por uma linguagem de terceiro nível (1º: pagamento "indevido" – sem qualquer linguagem jurídica o reconhecendo como tal; 2º: norma individual e concreta que declara como correto o pagamento supostamente indevido;[64] 3º: decisão que substitui a segunda norma, reconhecendo, por meio de linguagem competente, o pagamento como indevido), nada mais. De qualquer forma, a causa em si do pleito da repetição continua sendo o erro de fato ou de direito no recolhimento do tributo.[65]

---

maior que o devido' mas somente a parte que exceda o valor devido, pois tal parte configura *tributo indevido*". (AMARO, Luciano. *Direito Tributário Brasileiro*. 11. ed. São Paulo: Saraiva, 2005, p. 394-395).

63. AMARO, Luciano. *Direito tributário brasileiro*. 11. ed. São Paulo: Saraiva, 2005. p. 395.

64. A linguagem de segundo nível pode corresponder também à norma individual e concreta que efetivamente condena o particular ao pagamento, ainda não realizado em face da existência de alguma causa suspensiva de sua exigibilidade. Nestas situações, inverte-se a cronologia entre a linguagem de primeiro e segundo nível.

65. Nesse sentido também se posiciona Ricardo Lobo Torres, o qual pondera que "essa não constitui hipótese autônoma de restituição, senão que é dispositivo de

RESTITUIÇÃO DO INDÉBITO TRIBUTÁRIO:
LEGITIMIDADE ATIVA NAS INCIDÊNCIAS INDIRETAS

Tecidos esses breves comentários, surge o contexto para indagar: quais seriam, portanto, os pressupostos do direito subjetivo à restituição do indébito tributário? É o que pretendemos esclarecer nos itens seguintes, dividindo-os, todavia, em pressupostos de fato e de direito para facilitar a compreensão do tema.

2.2.1 O pressuposto fático do direito à restituição do indébito tributário: apenas o "pagamento" indevido?

Uma das tantas dúvidas que gravitam em torno do presente tema diz respeito ao pressuposto de fato do direito à restituição do indébito tributário: Apenas o pagamento *stricto sensu* realizado em descompasso com o ordenamento ou também outras formas de extinção do crédito tributário contempladas pelo Sistema Tributário Nacional ensejam o direito à repetição? É justamente esta pergunta que pretendemos responder neste tópico.

Pois bem. O Código Tributário Nacional, em seu art. 156, enumera as formas de extinção do crédito tributário:

Art. 156 - Extinguem o crédito tributário:

I - o pagamento;

II - a compensação;

III - a transação;

IV - remissão;

V - a prescrição e a decadência;

VI - a conversão de depósito em renda;

VII - o pagamento antecipado e a homologação do lançamento

---

natureza adjetiva. Restituir-se-á o tributo indevidamente recolhido por erro de direito ou de fato, desde que, *existindo decisão condenatória*, consiga o interessado a sua reforma, anulação, revogação ou rescisão. A rescisão do lançamento ou da sentença judicial tornam-se pressupostos impostergáveis para o pleito da repetição". (TORRES, Ricardo Lobo. *Restituição dos tributos...* cit., p. 10).

ANDRÉA MEDRADO DARZÉ MINATEL

nos termos do disposto no artigo 150 e seus §§ 1º e 4º;

VIII - a consignação em pagamento, nos termos do disposto no § 2º do artigo 164;

IX - a decisão administrativa irreformável, assim entendida a definitiva na órbita administrativa, que não mais possa ser objeto de ação anulatória;

X - a decisão judicial passada em julgado.

XI – a dação em pagamento em bens imóveis, na forma e condições estabelecidas em lei.

A leitura atenta do referido dispositivo legal nos permite concluir que o legislador agrupou modalidades jurídicas distintas, imputando-lhes, todavia, o mesmo efeito: extinguir a obrigação tributária e, como consequência, todos os seus elementos compositivos, dentre os quais o direito subjetivo ao crédito.

O traço distintivo das realidades prestigiadas pela lei, entretanto, não está presente entre todas as causas relacionadas pelo legislador. Como bem pontuou Paulo de Barros Carvalho, "as hipóteses de conversão de depósito em renda (item VI), de pagamento antecipado e homologação do lançamento (item VII) e a consignação em pagamento (item VIII), acreditamos sejam formas diferentes de u'a mesma realidade: o pagamento (item I)".[66]

Assim, o que se percebe é que, a despeito da enumeração em incisos, muitas das hipóteses trazidas pelo art. 156 do CTN podem ser reconduzidas à figura do pagamento, que é definido pelo Direito Civil como forma de extinção da obrigação caracterizada pelo seu cumprimento pelo devedor, geralmente por meio da entrega de quantia em dinheiro ao credor.

Tecidos esses esclarecimentos, podemos concluir que, tecnicamente, para que surja o direito à restituição, o sistema exige extinção "indevida" da obrigação tributária, via satisfação do crédito, o que inclui tanto a figura do pagamento em

---

66. CARVALHO, Paulo de Barros. *Curso de direito tributário...* cit., p. 522.

RESTITUIÇÃO DO INDÉBITO TRIBUTÁRIO:
LEGITIMIDADE ATIVA NAS INCIDÊNCIAS INDIRETAS

sentido estrito, como do pagamento antecipado, da compensação, da dação em pagamento em bens, da conversão em renda do depósito, da transação, da consignação em pagamento ou qualquer outra modalidade que venha a ser acrescida a este rol, desde que se enquadre no conceito de *forma extintiva da relação jurídica pelo desaparecimento do objeto da prestação*.[67]

Alguns doutrinadores, todavia, defendem que o pagamento indevido em sentido estrito seria o único pressuposto de fato eleito pelo sistema como causa para legitimar a repetição do indébito. Marcelo Fortes de Cerqueira é bem enfático ao afirmar que a realização do denominado evento jurídico do *"pagamento indevido é pressuposto lógico para a repetição do indébito. Sem pagamento não haverá repetição."*[68]

Interpretação precipitada como esta, presa à literalidade do texto, leva, em nosso sentir, à restrição não prescrita pelo direito positivo brasileiro. O que se exige para a devolução é a efetiva satisfação da dívida, por qualquer das modalidades prescritas pelo próprio ordenamento, as quais não se resumem ao pagamento em sentido estrito.

---

67. Quanto ao tema, são muito elucidativas as lições de Paulo de Barros Carvalho: "Se a unidade irredutível das relações jurídicas é formada por dois sujeitos (pretensor e devedor) e um objeto, presos entre si por nexos que conhecemos, parece-nos que o melhor caminho para sabermos da desintegração dessa entidade é procurarmos indagar o modo pelo qual desaparecem seus elementos integrativos, bem como as relações que os unem, posto que tais elementos e tais vínculos dão a compostura atômica dos liames jurídicos que fazem surdir direitos e deveres correlatos. (...) Qualquer hipótese extintiva da relação obrigacional que possamos aventar estará contida, inexoravelmente, num dos cinco itens que enumeramos. Carece de possibilidade lógica imaginar uma sexta solução, precisamente porque esta é a fisionomia básica da existência de um vínculo de tal natureza. Advertimos que, no direito positivo brasileiro, no que se refere às obrigações tributárias, não há prescrições que contemplem a extinção do objeto prestacional, estritamente considerado. Entretanto, todos os demais casos de desaparecimento de elementos integrativos ou dos nexos que os enlaçam se encontram previstos, indicados pelo legislador pelos nomes técnicos correspondentes. Ao analisarmos as fórmulas extintivas gravadas no Código Tributário Nacional, teremos a oportunidade de convocar a atenção do leitor, relembrando essa proposta teórica de enorme utilidade prática". (CARVALHO, Paulo de Barros. Idem, p. 518-519).

68. CERQUEIRA. Marcelo Fortes de. Op. cit., p. 242.

É bem verdade que o legislador usou a expressão *seja qual for a modalidade do seu pagamento*, ao se referir às situações que autorizam a repetição do indébito tributário. Isso, num primeiro momento, até poderia sugerir que a lei colocou na classe dos pressupostos de fato da repetição apenas o pagamento em sentido estrito. Todavia, o intérprete não se pode manter preso a um único dispositivo legal, esquecendo-se do contexto normativo do qual faz parte. Afinal, espera-se um mínimo de racionalidade do sistema.

Assim, resta evidente que o legislador não agiu com rigor terminológico ao empregar a referida expressão no art. 165 do CTN, justamente por contemplar *discrímen* que não resiste a uma interpretação sistemática. O que é relevante, reafirme-se, é a presença de alguma modalidade de extinção da obrigação pelo particular, pela efetiva satisfação do crédito.

O que pretendemos ressaltar com essas ponderações é que o desembolso de valores em espécie não é requisito necessário, tampouco, suficiente para a configuração do direito à restituição do indébito tributário; afinal, na compensação, por exemplo, ele não está presente, mas há suporte fático suficiente para legitimar a restituição; já no depósito (puro e simples) existe o referido desencaixe, mas não há pressuposto de fato que autorize a restituição, uma vez que, nessas situações, não se verifica extinção da obrigação pela satisfação do crédito (exceto, é claro, se ele vier a ser convertido em renda).

Fazendo súmula do que acabamos de expor, podemos afirmar que o direito à devolução do tributo indevido está condicionado à efetiva satisfação do crédito tributário pelo administrado, o que, todavia, não se verifica apenas com o pagamento em sentido estrito, mas também com a realização de outros fatos que fulminam a relação jurídica, justamente pelo desaparecimento do objeto da prestação. São eles: a conversão de depósito em renda (inciso VI,); o pagamento antecipado e homologação do lançamento (inciso VII); e a consignação em pagamento (inciso VIII), os quais são, em verdade, meras modalidades do gênero pagamento (inciso I), bem como a

RESTITUIÇÃO DO INDÉBITO TRIBUTÁRIO:
LEGITIMIDADE ATIVA NAS INCIDÊNCIAS INDIRETAS

compensação (inciso II) e a transação (inciso III), as quais pressupõem o pagamento.

Não se pode perder de vista, todavia, que, para que qualquer uma dessas ocorrências possa efetivamente implicar o direito à restituição, é necessário que seja vertida em linguagem competente, produzida por um dos sujeitos legitimados pelo sistema, por meio de um procedimento normativamente regulado, seja em processo judicial, seja em procedimento administrativo. Com efeito, diversamente do que se verifica em relação ao crédito tributário, em que o ordenamento outorga competência também ao particular para a sua constituição, em se tratando de indébito tributário, a competência para a sua certificação, ou seja, para a constituição do fato jurídico do pagamento indevido é, atualmente, privativa do Poder Público (Executivo ou Judiciário).

Por outro lado, é importante divisar no catálogo do art. 156 do CTN a existência de motivos que, a despeito de terem a virtude de extinguir o liame obrigacional, não podem ser qualificados como *pressuposto de fato* da repetição tributária, pela simples circunstância de não ter se configurado o prévio ingresso, financeiro ou contábil, de valores indevidos nos cofres públicos. Isso acontece porque existem modalidades de extinção do crédito que não afetam diretamente o objeto da prestação, dissolvendo-se o vínculo por outras razões, tais com o desaparecimento do sujeito passivo (sem que haja bens, herdeiros e sucessores, ou mesmo pela confusão, em que se misturam, na mesma pessoa, as condições de credor e de devedor); o transcurso do tempo para verter o evento e a relação dele decorrente em linguagem competente; ou, ainda, o transcurso do prazo para exigir a obrigação legitimamente em juízo, dentre outras.

Para o que interessa à presente investigação, basta que mantenhamos a seguinte ideia: ou se entende que pagamento indevido é gênero que compreende, ainda que impropriamente, algumas espécies (pagamento em sentido estrito, dação em pagamento, pagamento antecipado, conversão de depósito

ANDRÉA MEDRADO DARZÉ MINATEL

em renda, e também figuras que o pressupõem, como a compensação e a transação) ou que o uso desta expressão é demasiadamente restritiva, já que há outros fatos credenciados pelo sistema como pressuposto de fato para a devolução.

O que não se pode admitir, sob qualquer color, é que se restrinja o pressuposto fático do direito à restituição do indébito tributário apenas às situações em que haja pagamento *stricto sensu*.

2.2.1.1 O pressuposto fático do direito à restituição do indébito nos casos em que o crédito tributário é constituído por ato do particular: a questão da homologação

Durante muito tempo, foi palco de divergência doutrinária e jurisprudencial a identificação do pressuposto fático do indébito nos tributos sujeitos ao lançamento por homologação. Não havia um consenso quanto ao ato que extinguia o crédito nessas situações: o mero pagamento antecipado ou apenas a sua homologação. É bem verdade que essa discussão perdeu força com a edição da Lei Complementar nº 118/2005, a qual prescreveu, categoricamente, em seu art. 3º o seguinte:

> Art. 3º. Para efeito de interpretação do inciso I do art. 168 da Lei nº 5.172, de 25 de outubro de 1966 – Código Tributário Nacional, a extinção do crédito tributário ocorre, no caso de tributo sujeito a lançamento por homologação, no momento do pagamento antecipado de que trata o § 1º do art. 150 da referida Lei.

Todavia, tendo em vista a impossibilidade de aplicação deste novo comando aos fatos pretéritos, assim entendidos como os indébitos tributários em relação aos quais o titular pleiteou a sua devolução antes do dia 09 de junho de 2005, entendemos oportuno manter a discussão sobre o tema.

RESTITUIÇÃO DO INDÉBITO TRIBUTÁRIO:
LEGITIMIDADE ATIVA NAS INCIDÊNCIAS INDIRETAS

Pois bem. Na esfera do Direito Tributário, duas são as alternativas regulares[69] para a expedição de norma individual e concreta que constitui o crédito tributário. O critério de *discrímen* adotado pelo Código Tributário Nacional reside no grau de participação do sujeito passivo com vistas à sua realização. Assim, inexistindo atuação do particular, vez que a integralidade das providências necessárias à apuração do débito é atribuída à própria Administração Pública, teremos lançamento direto ou de ofício. Se, por outro lado, quase todo o trabalho é cometido ao sujeito passivo, teremos lançamento por homologação ou autolançamento.[70]

A maior parte dos tributos hoje existentes no Brasil é constituída mediante ato do administrado. Nesses casos, determina a lei que, praticado o evento que se subsome ao critério descrito na hipótese da regra-matriz, já com a interferência das regras de responsabilidade, cabe ao próprio sujeito passivo a tarefa de emitir a norma que relata o fato jurídico tributário e o fato da responsabilidade e constituir a respectiva obrigação para, em seguida, proceder ao pagamento antecipado do montante devido.

A função do Poder Público, nessas situações, resume-se a controlar a regularidade da linguagem emitida pelos particulares, rejeitando-a ou homologando-a, expressa ou tacitamente (art. 150 do CTN). Assim, o *lançamento,* quando existente, aparece apenas como sobrelinguagem, que substitui aquela inicialmente emitida pelo administrado ou que saneia a sua omissão. Daí o motivo de a manifestação expressa da Fazenda Pública alusiva aos créditos tributários submetidos a esta modalidade de constituição vir, em regra, acompanhada da aplicação de uma penalidade, objetivada num auto de infração e imposição de multa.

---

69. Apesar de o Código Tributário Nacional também se referir, no art. 148, ao lançamento por declaração, dada a dificuldade de identificarmos, nos dias atuais, tributos sujeitos a esta modalidade de constituição, não o abordaremos.

70. SANTI, Eurico Marcos Diniz de. *Lançamento tributário.* 2. ed. 2. tir. São Paulo: Max Limonad, 2001, p. 175.

Quanto à natureza do ato de homologação, são muito elucidativas as lições de Paulo de Barros Carvalho:

> Quero insistir na proposição segundo a qual o ato homologatório exercitado pela Fazenda, 'extinguindo definitivamente o débito tributário', não passa de um ato de fiscalização, como tantos outros, em que o Estado, zelando pela integridade de seus interesses, verifica o procedimento do particular, manifestando-se expressa ou tacitamente sobre ele. Além disso, é bom lembrar que esse expediente se consubstancia num controle de legalidade, que o fisco pratica, iterativamente, também com relação a seus próprios atos. Os lançamentos celebrados pela Administração submetem-se, mesmo que o devedor não os impugne, a vários controles de legalidade, que, nem por isso, representariam novos lançamentos.[71]

Caso a omissão do particular se resuma ao não pagamento integral do montante exigido, o débito deverá ser encaminhado diretamente à Procuradoria da Fazenda para inscrição em Dívida Ativa, sem que seja necessária a prática de qualquer outro ato pelo Fisco. Afinal, nestas hipóteses, a constituição já foi realizada pelo sujeito competente, em estrita consonância com os preceitos legais.

A despeito de ser este o procedimento aplicável à maior parte dos tributos, para alguns outros definidos em lei é imprescindível o lançamento, operando-se a incidência mediante ato exclusivo do Poder Público. É o que se depreende dos arts. 142, 145 e 149 do CTN c/c os arts. 10 e 11 do Decreto Federal nº 70.235/72.

Esses enunciados normativos denunciam que a competência das Autoridades Fiscais para realizar o lançamento está sujeita a limites de ordem formal e material. O legislador estabeleceu uma série de dados imprescindíveis à compostura do ato, bem como o procedimento que deve ser observado na sua confecção.

---

71. CARVALHO, Paulo de Barros. *Curso de direito tributário...* cit., p. 503-504.

RESTITUIÇÃO DO INDÉBITO TRIBUTÁRIO:
LEGITIMIDADE ATIVA NAS INCIDÊNCIAS INDIRETAS

Com efeito, o lançamento, além de vinculado, é obrigatório. Assim, ciente da ocorrência de eventos tributários, impõe-se à autoridade administrativa o dever de realizá-lo, atendendo a todos os elementos que o tipo legal encerra, sem qualquer liberdade, seja no que se refere ao procedimento, seja no que toca ao conteúdo do ato que irá inserir no sistema, seja, ainda, no que diz respeito ao momento de expedi-lo.

É importante que se perceba que, para certificar a validade do ato de lançamento, não é suficiente que este tenha sido celebrado mediante a conjugação de todos os aspectos tidos como substanciais. É imprescindível que esses mesmos elementos subsumam-se completamente aos critérios definidos conotativamente na lei que lhe empresta fundamento.

Assim, não basta, por exemplo, que o lançamento do IPTU indique uma das tantas perspectivas dimensíveis de determinado imóvel urbano. É necessário que esse valor mantenha perfeita consonância com os contornos do critério quantitativo prescrito pela regra-matriz (valor venal do imóvel). Do contrário, ter-se-á, igualmente, comprometida a sua validade.

Vale ressaltar que, ontologicamente, não há qualquer traço que distinga o ato emitido pelo Órgão Público daquele confeccionado pelo particular. Em nossa singela opinião, o produto desses atos será sempre idêntico: uma norma individual e concreta que constitui a relação jurídica tributária; a diferença entre eles reside no processo (sujeito competente e procedimento). Por conta disso, entendemos que (i) todas as disposições relativas aos requisitos materiais do lançamento estendem-se ao lançamento por homologação e (ii) que o pagamento antecipado, assim como o pagamento realizado relativamente ao lançamento de ofício, tem o condão de extinguir a obrigação tributária.

Ocorre que, ao disciplinar as modalidades extintivas do crédito tributário, o Código Tributário Nacional indicou, ao lado do pagamento antecipado, a homologação, nos termos do disposto no art. 150, §§ 1º e 4º. Eis a orientação veiculada pelo art. 156, VII, do Código:

56

ANDRÉA MEDRADO DARZÉ MINATEL

Art. 156. Extinguem o crédito tributário: (...)

VII - o pagamento antecipado e a homologação do lançamento nos termos do disposto no artigo 150 e seus §§ 1º e 4º.

Em face da ambiguidade do texto, instalou-se fervorosa discussão doutrinária e jurisprudencial acerca do seu conteúdo e alcance. Teria o legislador relacionado, neste inciso, duas hipóteses de extinção do crédito tributário – pagamento antecipado e a homologação do lançamento – ou apenas uma única hipótese – pagamento antecipado –, a qual, todavia, estaria condicionada à sua homologação?

Tudo começou com o reconhecimento da inconstitucionalidade de parte do art. 10 do Decreto-Lei nº 2.288/86, que instituiu o controvertido empréstimo compulsório sobre consumo de combustíveis. Já, naquela oportunidade, o Egrégio Superior Tribunal de Justiça se posicionou no sentido de que a extinção do crédito tributário realiza-se somente com a ulterior homologação do pagamento, conforme se depreende do julgado abaixo:

> TRIBUTÁRIO. EMPRÉSTIMO COMPULSÓRIO. CONSUMO DE COMBUSTÍVEL. DECADÊNCIA. PRESCRIÇÃO. INOCORRÊNCIA. O tributo arrecadado a título de empréstimo compulsório sobre o consumo de combustíveis é daqueles sujeitos a lançamento por homologação. Em não havendo tal homologação, faz-se impossível cogitar em extinção do crédito tributário. A falta de homologação, a decadência do direito de repetir o indébito tributário somente ocorre, decorridos cinco anos, desde a ocorrência do fato gerador, acrescidos de outros cinco anos, contados do termo final do prazo deferido ao Fisco, para apuração do tributo devido.[72]

Com o passar dos anos, foi se consolidando esta posição no E. Superior Tribunal de Justiça. Ao julgar o EREsp nº 435.835,[73] a Primeira Seção pacificou o entendimento de que o

---

72. EREsp 42720/RS, Rel. Ministro Humberto Gomes de Barros, Primeira Seção, DJ 17/04/1995.

73. "CONSTITUCIONAL. TRIBUTÁRIO. EMBARGOS DE DIVERGÊNCIA.

RESTITUIÇÃO DO INDÉBITO TRIBUTÁRIO:
LEGITIMIDADE ATIVA NAS INCIDÊNCIAS INDIRETAS

prazo para ajuizamento de ações que versem sobre a repetição de tributos sujeitos ao "lançamento por homologação" era de cinco anos, contados da efetiva homologação, quer seja ela expressa ou tácita. Ou seja, sedimentou-se naquele Tribunal o entendimento de que, em verdade, a disposição veiculada pelo art. 156, VII, do CTN, condicionava a extinção do crédito tributário à homologação do lançamento, não sendo suficiente o mero pagamento antecipado.

Como é possível perceber, o posicionamento do Superior Tribunal de Justiça decorria, basicamente, da interpretação conjunta do art. 150, §§ 1º e 4º, com o art. 156, VII, ambos do CTN, os quais, supostamente, prescreveriam requisitos distintos para a extinção do crédito tributário conforme se tratasse de tributo sujeito ao lançamento de ofício ou ao lançamento por homologação. Essa posição, todavia, jamais nos pareceu sustentável, haja vista que, como já tivemos a oportunidade de registrar, ontologicamente não existe qualquer diferença entre esses dois atos de constituição do crédito tributário, o que, como consequência, frustra a tentativa de distinguir o pagamento do pagamento antecipado. Mas, certo ou errado, foi esse o posicionamento que prevaleceu durante décadas naquela Egrégia Corte.

Vale registrar que muitos doutrinadores, já à época, também defendiam que, nessas hipóteses, somente seria possível falar em *pagamento indevido* após o ato de sua homologação: expressa ou tácita. Assim, concluíam por partir da premissa de que o sujeito passivo não constitui o crédito tributário, o

---

CONTRIBUIÇÃO PREVIDENCIÁRIA. LEI Nº 7.787/89. COMPENSAÇÃO. PRESCRIÇÃO. DECADÊNCIA. TERMO INICIAL DO PRAZO. PRECEDENTES. 1. Está uniforme na 1ª Seção do STJ que, no caso de lançamento tributário por homologação e havendo silêncio do Fisco, o prazo decadencial só se inicia após decorridos 5 (cinco) anos da ocorrência do fato gerador, acrescidos de mais um quinquênio, a partir da homologação tácita do lançamento. Estando o tributo em tela sujeito a lançamento por homologação, aplicam-se a decadência e a prescrição nos moldes acima delineados. (...)." (EREsp 435835/SC, Rel. Min. Francisco Peçanha Martins, Rel. p/ Ac. Min. José Delgado, Primeira Seção, DJ 04/06/2007).

qual seria ato privativo da Administração Pública. É o que sempre defendeu José Souto Maior Borges:

> Entretanto, assim considerando o 'autolançamento', concluir-se-á – precisamente em sentido contrário aos termos em que é posta pela doutrina tradicional – que ele não é, em absoluto, elemento essencial e necessário para o surgimento da obrigação tributária. Esta pode nascer ou morrer na ausência de tais operações mentais integrativas do 'autolançamento'. Ou se elas forem praticadas com defeito. Ou por vontade coacta. Se o pagamento, nada obstante, se conforma no seu montante à época do recolhimento, aos critérios legais, é ele por si só e objetivamente considerado, bastante para extinguir o crédito tributário. A eficácia objetiva do pagamento independe da ocorrência psicológica ou não dessas operações mentais de cálculo do tributo, relevantes sob prisma psicológico, moral etc., mais inteiramente irrelevantes sob o ângulo do Direito Tributário. Se o pagamento for suficiente, extingue-se o crédito. Se insuficiente, subsiste esse débito, independentemente de qualquer atribuição de relevância jurídica, isto é, do reconhecimento, pelo ordenamento jurídico, de efeitos jurídicos autônomos a essas operações mentais de quantificação do débito tributário.[74]

Marcelo Fortes de Cerqueira, de forma similar, defendia que apenas com a homologação haveria constituição definitiva do crédito, razão pela qual entendia que apenas após este ato é que haveria, propriamente, pagamento indevido. Nas suas palavras:

> Ocorre que, antes da homologação, o Sistema Tributário Brasileiro não reconhece o ato de autoimposição como espécie de lançamento. Assim, o problema de sua alterabilidade ganha maior relevância quando a autoimposição é homologada, a partir do que tanto o ato impositivo anulável como a respectiva norma individual e concreta com validez relativa tornam-se imutáveis para a Administração, ganhando foros de definitividade. Neste caso, nem mesmo o erro de fato e de direito podem ensejar a alterabilidade do lançamento por iniciativa da Administração, em face da decadência do direito de alterar o ato impositivo do

---

74. BORGES, José Souto Maior. *Lançamento tributário*. 2. ed. São Paulo: Malheiros, 1999. p. 89.

RESTITUIÇÃO DO INDÉBITO TRIBUTÁRIO:
LEGITIMIDADE ATIVA NAS INCIDÊNCIAS INDIRETAS

> particular. Quanto à hipótese de o contribuinte postular dita alteração, a resposta há de ser oposta, pois, com a homologação, seu ato de autoimposição assume a qualificação de lançamento (estando definitivamente constituído o crédito) e, havendo incompatibilidade com as regras superiores do sistema, sua alterabilidade é premente (...)

> O pagamento indevido, pressuposto fáctico da obrigação de devolução do indébito, somente será caracterizado com o advento da homologação. O pagamento antecipado indevido inicia uma sequência procedimental que termina com a sua homologação expressa ou tácita, a partir do que terá surgimento a obrigação efectual de devolução do indébito. Faz-se necessária a homologação para que se dê por concretizado o evento do pagamento indevido.[75]

Não obstante a uniformização do entendimento jurisprudencial, a pretexto de adaptar a legislação tributária à nova Lei de Falências – Lei n° 11.101/2005 –, foi editada a Lei Complementar n° 118/2005, que, em seu art. 3°, autodenominado de interpretativo, estabeleceu que "a extinção do crédito tributário ocorre, no caso de tributo sujeito a lançamento por homologação, no momento do pagamento antecipado de que trata o § 1° do art. 150 da referida Lei". Ou seja, dispôs a novel lei que, nos casos de tributos sujeitos ao lançamento por homologação, ocorre a extinção do crédito tributário no instante do pagamento antecipado, não posteriormente, com a sua homologação.

Em razão do seu pretenso caráter interpretativo, o art. 4° da referida Lei Complementar determinou a sujeição do art. 3° ao comando do art. 106, I, do CTN, nos termos do qual as leis interpretativas retroagem, aplicando-se a fatos pretéritos.

A despeito desta disposição, não há dúvida que o art. 3°, da Lei Complementar n° 118/2005, inovou o ordenamento jurídico, na medida em que reduziu consideravelmente o prazo para repetição dos indébitos relativos a tributos sujeitos ao lançamento por homologação, independentemente do acerto

---

75. CERQUEIRA. Marcelo Fortes de. Op. cit., p. 324-325.

ou não do prazo consolidado pela jurisprudência do Superior Tribunal de Justiça. Sendo assim, seu alcance deveria se restringir ao futuro, ao porvir, jamais podendo ser aplicado a eventos passados.

Com efeito, não basta que a lei seja *expressamente* interpretativa: é preciso que se caracterize, *materialmente*, como interpretativa, objetivando, tão somente, esclarecer controvérsias existentes, sem que isso implique modificação de direitos e garantias constitucionais ou legais conferidos aos destinatários.

Como era de se esperar, a presente disposição provocou muitas discussões, tendo sido propostas inúmeras demandas judiciais defendendo a inconstitucionalidade do art. 4º da referida Lei Complementar.

Num primeiro momento, a presente matéria foi analisada pelo Superior Tribunal de Justiça, o qual, sob o fundamento de resguardar a segurança e a estabilidade das relações jurídicas, reconheceu o caráter modificativo do art. 3º da Lei Complementar nº 118/2005, bem como a impossibilidade de sua aplicação a fatos pretéritos.[76]

Em face do número de demandas com este objeto, a matéria foi submetida à sistemática prevista no art. 543-C do CPC, tendo esta E. Corte confirmado esta posição no julgamento do REsp 1.002.932/SP:

> PROCESSUAL CIVIL. RECURSO ESPECIAL REPRESENTATIVO DE CONTROVÉRSIA. ART. 543-C, DO CPC. TRIBUTÁRIO. IR. TRIBUTO SUJEITO A LANÇAMENTO POR HOMOLOGAÇÃO. PRESCRIÇÃO. TERMO INICIAL. PAGAMENTO INDEVIDO. ART. 4º, LC 118/05. DETERMINAÇÃO DE APLICAÇÃO RETROATIVA. DECLARAÇÃO DE INCONSTITUCIONALIDADE. CONTROLE DIFUSO. CORTE ESPECIAL. RESERVA DE PLENÁRIO. (...)
> 4. Deveras, a norma inserta no art. 3º indubitavelmente, cria

---

76. STF, REsp 672.962-CE, Rel. Ministro Teori Albino Zavascki, Primeira Turma, DJ 27.06.2005.

RESTITUIÇÃO DO INDÉBITO TRIBUTÁRIO:
LEGITIMIDADE ATIVA NAS INCIDÊNCIAS INDIRETAS

direito novo, não configurando lei meramente interpretativa, cuja retroação é permitida, consoante apregoa doutrina abalizada: "Denominam-se leis interpretativas as que têm por objeto determinar, em caso de dúvida, o sentido das leis existentes, sem introduzir disposições novas. 5. Consectariamente, em se tratando de pagamentos indevidos efetuados antes da entrada em vigor da LC 118/05 (09.06.05), o prazo prescricional para o contribuinte pleitear a restituição do indébito, nos casos dos tributos sujeitos a lançamento por homologação, continua observando a cognominada tese dos cinco mais cinco, desde que, na data da vigência da novel lei complementar, sobejem, no máximo, cinco anos da contagem do lapso temporal (regra que se coaduna com o disposto no artigo 2.028, do CC/02, segundo o qual: "Serão os da lei anterior os prazos, quando reduzidos por este Código, e se, na data de sua entrada em vigor, já houver transcorrido mais da metade do tempo estabelecido na lei revogada."). 6. Desta sorte, ocorrido o pagamento antecipado do tributo após a vigência da aludida norma jurídica, o *dies a quo* do prazo prescricional para a repetição/compensação é a data do recolhimento indevido. 7. *In casu*, insurge-se o recorrente contra a prescrição quinquenal determinada pelo Tribunal a quo, pleiteando a reforma da decisão para que seja determinada a prescrição decenal, sendo certo que não houve menção, nas instância ordinárias, acerca da data em que se efetivaram os recolhimentos indevidos, mercê de a propositura da ação ter ocorrido em 27.11.02, razão pela qual forçoso concluir que os recolhimentos indevidos ocorreram antes do advento da LC 118/05, por isso que a tese aplicável é a que considera os 5 anos de decadência da homologação para a constituição do crédito tributário acrescidos de mais 5 anos referentes à prescrição da ação. 8. Impende salientar que, conquanto as instâncias ordinárias não tenham mencionado expressamente as datas em que ocorreram os pagamentos indevidos, é certo que os mesmos foram efetuados sob a égide da LC 70/91, uma vez que a Lei 9.430/96, vigente a partir de 31/03/97, revogou a isenção concedida pelo art. 6º, II, da referida lei às sociedades civis de prestação de serviços, tornando legítimo o pagamento da COFINS. 9. Recurso especial provido, nos termos da fundamentação expendida. Acórdão submetido ao regime do art. 543-C do CPC e da Resolução STJ 08/08. (REsp 1002932/SP, Rel. Min. Luiz Fux, Primeira Seção, DJe 18/12/2009).

Analisando o acórdão acima transcrito, verifica-se que Superior Tribunal de Justiça positivou o entendimento de que a norma jurídica veiculada pelo art. 3º da Lei Complementar n° 118/2005, conquanto se autodenomine "interpretativa", introduz alterações no sistema do direito posto. Por conta disso, concluiu que seus efeitos hão de ser projetados para o futuro, sendo inaceitável a sua aplicação relativamente a fatos passados. Esses "fatos futuros" a que se referiram os julgados seriam os pagamentos indevidos realizados após 9 de junho de 2005, data do início da vigência da referida lei complementar.

Ademais disso, nota-se a prescrição de regra de transição para que fosse respeitado o prazo da lei nova. Assim, como colocado na ementa do acórdão acima transcrito, com o advento da Lei Complementar n° 118/2005, *a prescrição, do ponto de vista prático, deve ser contada da seguinte forma: relativamente aos pagamentos efetuados a partir da sua vigência (que ocorreu em 09.06.2005), o prazo para a ação de repetição do indébito é de cinco a contar da data do pagamento; e relativamente aos pagamentos anteriores, a prescrição obedece ao regime previsto no sistema anterior, limitada, porém, ao prazo máximo de cinco anos a contar da vigência da lei nova.*

Em estreita síntese, passaram a coexistir três regras para a contagem do prazo para repetição do indébito relativo aos tributos sujeitos ao lançamento por homologação:

- ✓ pagamentos efetuados a partir de 09.06.2005 – Regra nova (5 anos);

- ✓ pagamentos efetuados antes de 09.06.2005, desde que, à época da vigência da Lei Complementar n° 118/2005, já tivesse transcorrido mais de cinco anos contados do pagamento indevido - Regra antiga ("10 anos" – 5 + 5);

- ✓ pagamentos efetuados antes de 09.06.2005, não tendo, à época da vigência da Lei Complementar n° 118/2005, transcorrido mais de cinco anos contados do pagamento indevido – Regra de transição (5 anos a partir de 09.06.2005).

Essa interpretação foi ainda confirmada pelo Superior Tribunal de Justiça, que retomou o assunto por ter a

RESTITUIÇÃO DO INDÉBITO TRIBUTÁRIO:
LEGITIMIDADE ATIVA NAS INCIDÊNCIAS INDIRETAS

Procuradoria Fazenda Nacional instaurado incidente de inconstitucionalidade no caso. Na oportunidade, alegou-se que a decisão de afastar a aplicação da segunda parte do art. 4º da Lei Complementar nº 118/2005 apenas poderia ter sido exarada pela Corte Especial do Superior Tribunal de Justiça, nos termos do art. 97 da Constituição, o qual prescreve que "somente pelo voto da maioria absoluta de seus membros ou dos membros do respectivo órgão especial poderão os tribunais declarar a inconstitucionalidade de lei ou ato normativo do Poder Público".

Ao efetuar o reexame do tema nos autos do AI nos EREsp nº 644.736/PE,[77] a Corte Especial do Superior Tribunal de Justiça posicionou-se, mais uma vez, no sentido da inconstitucionalidade da aplicação retroativa do art. 3º da Lei Complementar nº 118/2005, por não se tratar de norma interpretativa, mas, em verdade, de regra que inova o ordenamento jurídico. Vale ressaltar que nesta oportunidade reafirmou-se que fatos pretéritos a que se referiam os julgamentos seriam os pagamentos indevidos de tributos ocorridos antes de sua entrada em vigor.

A despeito de ter prevalecido este entendimento no âmbito do Superior Tribunal de Justiça, a matéria foi submetida à apreciação do Supremo Tribunal Federal, o qual reverteu completamente o posicionamento até então consolidado. Com efeito, a presente matéria foi julgada pela Suprema Corte sob a sistemática prevista no art. 543-B do CPC, sob a relatoria da Ministra Ellen Gracie.[78]

Em seu voto, a Ministra Relatora confirmou o entendimento do Superior Tribunal de Justiça no sentido de que descabe dar ao art. 3º da Lei Complementar nº 118/2005 aplicação retroativa, sob pena de violação ao ato jurídico perfeito,

---

77. STF, AI nos EREsp nº 644.736/PE, Rel. Min. Teori Albino Zavascki, Corte Especial, DJ 27.08.2007.

78. STF, RE 566.621, Rel. Min. Ellen Gracie, Tribunal Pleno, Repercussão Geral – mérito, DJ 11.10.2011.

ao direito adquirido e à coisa julgada. Acrescentou, todavia, que a alteração de prazos não ofenderia o direito adquirido, porquanto não existe direito adquirido a regime jurídico. Entretanto, defendeu não ser possível aplicar a redução de prazo às ações já ajuizadas tempestivamente ou imediatamente aos prazos em curso.

Aplicou ao caso concreto o mesmo entendimento da Súmula nº 445 do STF, que assim dispõe:

> Súmula nº 445: A Lei 2.437/55, que reduz prazo prescricional, é aplicável às prescrições em curso na data de sua vigência (1º/1/56), salvo quanto aos processos então pendentes.

Por fim, defendeu que a *vacatio legis* alargada, de 120 (cento e vinte) dias, prevista pela própria Lei Complementar nº 118/2005 seria suficiente para a observância da segurança jurídica (não surpresa), não se justificando a aplicação do art. 2.028 do CC, defendida pelo Superior Tribunal de Justiça.

Estabelecidas essas premissas, concluiu a relatora que a aplicação plena do art. 3º da Lei Complementar nº 118/2005 deveria se restringir aos fatos posteriores à sua vigência. Mas fato futuro foi entendido aqui como ação ajuizada a partir de 09.06.2005, não mais como pagamentos indevidos realizados a partir desta data.

Votaram com a relatora os Ministros Ricardo Lewandowski, Carlos Ayres Britto, Celso de Mello, Cezar Peluso e Luiz Fux. O Ministro Celso de Mello, acompanhado pelo Ministro Luiz Fux, suscitou divergência no sentido de que o novo prazo só poderia ser aplicado aos indébitos posteriores à vigência da Lei, observado o limite da lei nova, nos termos do julgamento do Superior Tribunal de Justiça.

O Ministro Marco Aurélio abriu nova divergência. Para ele, a Lei Complementar nº 118/2005 apenas interpretou regra que já valia, sendo perfeitamente legítima, por esse mesmo motivo, a sua aplicação retroativa. Segundo ele, foi o Superior Tribunal de Justiça que flexibilizou indevidamente o prazo

RESTITUIÇÃO DO INDÉBITO TRIBUTÁRIO:
LEGITIMIDADE ATIVA NAS INCIDÊNCIAS INDIRETAS

prescrito no art. 168, I, do CTN, para 10 (dez) anos. Como ele, votaram os ministros Dias Toffoli, Cármen Lúcia Antunes Rocha e Gilmar Mendes.

O acórdão do RE 566.621 foi publicado nos seguintes termos:

> APLICAÇÃO RETROATIVA DA LC Nº 118/05. DESCABIMENTO. VIOLAÇÃO À SEGURANÇA JURÍDICA. NECESSIDADE DE OBSERVÂNCIA DA VACACIO LEGIS. APLICAÇÃO DO PRAZO REDUZIDO PARA REPETIÇÃO OU COMPENSAÇÃO DE INDÉBITOS AOS PROCESSOS AJUIZADOS A PARTIR DE 09.06.05. Quando do advento da LC 118/05, estava consolidada a orientação da 1ª Seção do STJ no sentido de que, para os tributos sujeitos a lançamento por homologação, o prazo para repetição de indébito era de 10 anos contados do seu fato gerador, tendo em conta a aplicação combinada dos arts. 150, § 4º, 156, VII, e 168, I, do CTN. A LC 118/05 implicou inovação normativa, tendo reduzido o prazo de 10 anos contados do fato gerador para 5 anos contados do pagamento indevido. (...) a lei expressamente interpretativa também se submete, como qualquer outra, ao controle judicial quanto à sua natureza, validade e aplicação. A aplicação retroativa de novo e reduzido prazo para a repetição ou compensação de indébito tributário estipulado por lei nova, fulminando, de imediato, pretensões deduzidas tempestivamente à luz do prazo então aplicável, bem como a aplicação imediata às pretensões pendentes de ajuizamento quando da publicação da lei, sem resguardo de nenhuma regra de transição, implicam ofensa ao princípio da segurança jurídica em seus conteúdos de proteção da confiança e de garantia do acesso à Justiça. Afastando-se as aplicações inconstitucionais e resguardando-se, no mais, a eficácia da norma, permite-se a aplicação do prazo reduzido relativamente às ações ajuizadas após a *vacatio legis*, conforme entendimento consolidado por esta Corte no enunciado 445 da Súmula do Tribunal. O prazo de *vacatio legis* de 120 dias permitiu aos contribuintes não apenas que tomassem ciência do novo prazo, mas também que ajuizassem as ações necessárias à tutela dos seus direitos. Inaplicabilidade do art. 2.028 do CC, pois, não havendo lacuna na LC 118/08, que pretendeu a aplicação do novo prazo na maior extensão possível, descabida sua aplicação por analogia. Além disso, não se trata de lei geral, tampouco impede iniciativa legislativa em contrário. Reconhecida a inconstitucionalidade art. 4º, da LC 118/05, considerando-se válida a aplicação do novo prazo de 5 anos tão-somente às ações ajuizadas após o decurso da

ANDRÉA MEDRADO DARZÉ MINATEL

vacatio legis de 120 dias, ou seja, a partir de 9.06.05. Aplicação do art. 543-B, § 3º, do CPC aos recursos sobrestados. Recurso extraordinário desprovido. (RE 566621, Rel. Min. Ellen Gracie, Tribunal Pleno, DJe 11.10.2011).

Como pensamos ter deixado claro, não concordávamos com a tese dos "cinco mais cinco", que considera a homologação como elemento imprescindível à extinção dos créditos tributários a ela sujeitos. Afinal, se não há diferença em essência entre o lançamento de ofício e o lançamento por homologação, não se poderia, igualmente estabelecer qualquer *discrímen* entre o pagamento e o pagamento antecipado, em especial por se saber que, num e noutro caso, é sempre possível posterior ato de controle de legalidade por parte do Fisco.

Ocorre que, certo ou errado, era este o entendimento pacificado há décadas pelo Poder Judiciário. Sendo este o contexto interpretativo no qual se inseria, jamais poderia o Supremo Tribunal Federal, em especial reconhecendo tratar-se de norma inovadora, não interpretativa, estabelecer que o referencial para definir a aplicação da regra velha ou da regra nova é a data do manejo da ação de repetição do indébito, não a data do pagamento indevido. Ora, o que este novel comando regulou foi o fato necessário e suficiente para a extinção do crédito tributário, não propriamente o termo inicial para contagem do prazo para a restituição do indébito, ainda que nele tenha gerado efeitos reflexos. Sendo assim, não há dúvidas que andou mal o Supremo Tribunal Federal ao definir que, em qualquer caso, para as ações ajuizadas a partir de 30.06.2005, considera-se extinto o crédito tributário também nos tributos sujeitos ao lançamento por homologação na data do pagamento indevido, ainda que ele tenha sido realizado antes desta data.[79]

---

79. Nos termos do art. 62, § 2º, do atual Regimento Interno do Conselho Administrativo de Recursos Fiscais (Portaria MF nº 343/2015), a circunstância de este precedente ter sido proferido sob a sistemática da Repercussão Geral impõe que os Conselheiros deste Tribunal reproduzam este entendimento nos pedidos administrativos de restituição do indébito tributário. Vale esclarecer que, por conta

RESTITUIÇÃO DO INDÉBITO TRIBUTÁRIO:
LEGITIMIDADE ATIVA NAS INCIDÊNCIAS INDIRETAS

De outra parte, verifica-se que, especialmente após a restrição interpretativa do inciso I do art. 168 do CTN, promovida pela Lei Complementar nº 118/2005, não mais se sustenta a posição de que a configuração do indébito tributário nos tributos constituídos por ato do particular depende de prévia homologação.

2.2.2 O pressuposto de direito da restituição do indébito tributário: vícios na positivação da obrigação ou do pagamento – erro de fato ou erro de direito

Nos termos do art. 165 do CTN, o sujeito passivo da obrigação tributária tem direito, independentemente de prévio protesto,[80] à restituição total ou parcial do tributo indevidamente recolhido, seja qual for a modalidade de seu pagamento.

Como já tivemos a oportunidade de apontar, o referido enunciado normativo relaciona três hipóteses, meramente exemplificativas, que ensejam a restituição. São elas: a) a cobrança ou pagamento espontâneo de tributo indevido em face

---

de o referido acórdão ter se referido a "ação de repetição", num primeiro momento, alguns Conselheiros entenderam que este julgado não se estendeia às demandas administrativas. Atualmente, todavia, este posicionamento minoritário foi superado, sendo pacífico o posicionamento no âmbito do Tribunal Administrativo a respeito da necessidade de replicar a decisão do Supremo Tribunal Federal também em seus julgados que versem sobre o prazo para pleitear a restituição/compensação dos indébitos.

80. Muito se discutia a respeito da necessidade de provar o erro no pagamento do tributo para legitimar a repetição do indébito, em face do que prescrevia o art. 965 do antigo Código Civil – Lei nº 3.071/1916 – cujo texto é idêntico ao do atual art. 877 do CC/2002: "Art. 877. Àquele que voluntariamente pagou o indevido incumbe a prova de tê-lo feito por erro".
Trata-se de resquício da época longínqua em que as relações Fisco x Contribuintes eram regidas pelo direito privado.
O art. 165 do CTN, todavia, encerrou a presente discussão ao conferir o direito à restituição independentemente de prévio protesto. De fato, ao assim prescrever, o legislador deixou claro que a prova do erro do pagamento não é requisito para repetição. E nem poderia ser diferente em face do caráter compulsório dos tributos, que consubstanciando autêntica obrigação *ex lege*, tem-se por irrelevante a vontade das partes envolvidas. Os vícios de vontade são relevantes apenas para as relações regidas pelo Direito Civil (art. 965 do CC).

da legislação tributária aplicável, ou da natureza ou circunstâncias materiais do evento efetivamente ocorrido; b) o erro na identificação do sujeito passivo, na determinação da alíquota aplicável, no cálculo do montante do débito ou na elaboração ou conferência de qualquer documento relativo ao pagamento e, c) a reforma, anulação, revogação ou rescisão de decisão condenatória.

Uma análise, ainda que superficial, do presente enunciado normativo permite-nos entrever, ao lado de pequenas variáveis – como a existência ou não de litígio prévio –, a presença de uma constante nas situações que ensejam a restituição do indébito tributário: um erro – de fato ou de direito –, que resulta no pagamento indevido a título de tributos, seja nos casos em que ele é espontaneamente realizado pelo administrado, seja quando é exigido diretamente pelo Estado no exercício de sua função impositiva.

Essa nuança, qual seja, a circunstância de o pagamento em questão poder ser realizado espontaneamente ou não, fez com que alguns doutrinadores sugerissem a sua classificação em *pagamento irregular* e *pagamento indevido*, para corresponder às situações em que o crédito tributário é constituído pelo particular ou pelo Fisco, respectivamente.[81]

Particularmente, não vislumbramos qualquer justificativa para atribuir nomes diferentes a essas realidades. Afinal, como pensamos ter deixado claro no item anterior, ontologicamente, não existe qualquer diferença entre o lançamento de ofício e o lançamento por homologação. Daí a razão de preferirmos utilizar a expressão *pagamento indevido* indistintamente.

---

81. Nesse sentido é a posição de Marcelo Fortes de Cerqueira: "Por sua vez, existirá pagamento indevido também quando o próprio sujeito passivo da obrigação tributária se equivocar na realização do fato pagamento (comportamento material) e efetuar o adimplemento em importância superior à exigida. Para essa última situação, deve-se preferir a denominação pagamento irregular. (CERQUEIRA, Marcelo Fortes de. Op. cit., p. 319).

RESTITUIÇÃO DO INDÉBITO TRIBUTÁRIO:
LEGITIMIDADE ATIVA NAS INCIDÊNCIAS INDIRETAS

Mas quais seriam os vícios que culminam no pagamento indevido? Ou melhor, quais as situações contempladas pelo sistema como suficientes para qualificar um pagamento como indevido?

De acordo com Clóvis Beviláqua,

> (...) pagamento indevido é o que se fez em uma obrigação que justifique, ou porque o *solvens* se ache em erro, supondo estar obrigado, ou porque tenha sido coagido a pagar o que não devia. No primeiro caso, o erro é vício que torna anulável o ato jurídico do pagamento e, anulando este, o *accipiens* restitui o que recebeu. No segundo, a falta de causa para o pagamento, cria para o *accipiens* a obrigação de restituir.[82]

Marcelo de Cerqueira Fortes, por sua vez, define pagamento indevido como aquele

> (...) realizado em descompasso com o sistema tributário brasileiro, abrangendo tanto aquele efetuado com base em norma tributária individual e concreta válida relativamente, como também o denominado pagamento irregular, decorrente de erros do sujeito passivo na realização do próprio pagamento.[83]

Não acompanhamos integralmente essas conclusões por duas razões fundamentais: (i) o descompasso pode se verificar, ainda, entre a norma individual e concreta e o evento que seria o seu pressuposto de fato e (ii) pode haver desconformidade não só entre a norma de pagamento e a do lançamento por homologação, como também entre aquela e a do lançamento de ofício.[84]

---

82. BEVILÁQUA, Clóvis. *Código Civil Comentado*. 10. ed. São Paulo: Saraiva, 1956. p. 99.

83. CERQUEIRA. Marcelo Fortes de. Op. cit., p. 321.

84. De fato, apesar de ser menos corriqueiro, também é possível realizar pagamento puro e simplesmente a maior nas hipóteses de lançamento de ofício, em especial em função da variação dos descontos no tempo. Exemplo até bem comum é pagar em data na qual teria direito a uma redução de multa, ou mesmo a um desconto, sem a utilização desse benefício.

Em face do exposto, preferimos decompor analiticamente as hipóteses de configuração do pagamento indevido da seguinte forma:

✓ **Descompasso entre a NIC[85] e a NGA:[86]** a incompatibilidade entre a norma individual e concreta (lançamento de ofício, auto de infração ou lançamento por homologação) pode ser tanto com a norma geral e abstrata que, supostamente, seria seu fundamento de validade imediato (RMIT[87] em cotejo com as normas de responsabilidade e de isenção), como com normas de superior hierarquia (normas gerais e Constituição da República). Este vício, por sua vez, pode ser de duas ordens: material (quando diz respeito ao conteúdo da norma introduzida) ou formal (quando diz respeito ao procedimento para a sua introdução no sistema).

✓ **Descompasso entre a NIC e o evento tributário:** nesses casos a incompatibilidade é entre a efetiva ocorrência do mundo e o seu relato no antecedente da norma individual e concreta que constitui o crédito tributário.

✓ **Descompasso entre a NIC e a norma de pagamento:** a incompatibilidade se configura entre o valor apurado no lançamento de ofício, no auto de infração ou no lançamento por homologação e o montante efetivamente recolhido pelo particular. Nessas situações, a constituição do crédito é realizada dentro da estrita legalidade; o defeito se verifica exclusivamente na fase de extinção da obrigação, com o pagamento (*lato sensu*), pura e simplesmente a maior.

Assim, verifica-se que o direito à devolução pode decorrer: (i) da ausência total ou parcial de lei em sentido estrito estabelecendo o pagamento do tributo; (ii) a despeito de existir lei formal instituindo o tributo, quando ela, ou algum dos seus

---

85. NIC = Norma Individual e Concreta.

86. NGA = Norma Geral e Abstrata.

87. RMIT = Regra-Matriz de Incidência Tributária em Sentido Estrito.

critérios, é incompatível com a Constituição da República ou com normas gerais; (iii) nos casos em que, mesmo não havendo qualquer problema com a regra-matriz de incidência, há vícios no processo de positivação, (iii.1) seja porque se aplica a lei errada ao caso concreto, (iii.2) seja porque o aplicador relata de forma equivocada o evento que efetivamente ocorreu ou quando se verifica que ele não ocorreu; e, por fim, (iv) incompatibilidade entre a norma individual e concreta que constitui o crédito tributário e a do correspondente pagamento.

Esses descompassos entre as normas gerais e abstratas e a individual e concreta ou, mesmo, entre as normas individuais e concretas, decorrentes de erros cometidos pelo Fisco (lançamento) ou pelo próprio particular (lançamento por homologação) na sua aplicação ao caso concreto podem, por sua vez, ser classificáveis em *"erro de direito"* e *"erro de fato"*.

Em qualquer dessas situações, todavia, ocorre um desequilíbrio pela incompatibilidade da norma com o ordenamento. A restauração do equilíbrio retornará apenas com a expulsão dessa norma jurídica viciada do sistema e a consequente repetição do indébito tributário.

Vale registrar que o descompasso pode ser tanto em relação à norma introduzida, como à norma introdutora, podendo dizer respeito tanto aos aspectos de ordem material (conteúdo) como formal (regras de produção).[88] Da mesma forma,

---

88. Fabiana Del Padre Tomé esclarece que os erros formais dizem respeito "ao procedimento de elaboração do ato administrativo, acarretando defeito na enunciação -enunciada, isto é, na proposição que relata aspectos inerentes ao sujeito produtor, tempo, local e modo de emissão da norma individual e concreta". Já os erros materiais "são verificados no próprio enunciado introduzido no ordenamento, sendo internos à norma individual e concreta". Logo em seguida, conclui: "no primeiro caso, sendo o problema decorrente da aplicação do direito formal, pode ele ser objeto de saneamento, no modo e tempo em que a legislação estabelecer. Na segunda hipótese, porém, os efeitos do vício são diversos, pois, tratando-se de erro que atinge um dos elementos intrínsecos à norma individual e concreta, como é o caso da motivação, o ato será nulo e insusceptível de convalidação. É o que esclarece Eurico Marcos Diniz de Santi: 'Cinge-se, entretanto, o legislador a limites ontológicos do próprio direito, às regras deontológicas que regram sua estrutura normativa: não se pode convalidar ato-norma administrativo em que se verifique falta de qualquer

independentemente da natureza do vício de que se trate, material ou formal, ele pode decorrer tanto de um erro de direito, como de um erro de fato. Todas essas hipóteses, todavia, não passam de espécies de violação ao princípio da legalidade, podendo a ele ser reconduzidas.

Neste contexto, deve-se registrar que não se tem aqui mera aplicação da norma que autoriza pedir de volta aquilo que pagou sem causa. Em se tratando de relação de direito público, tem-se verdadeira obrigação de ressarcir aquilo que se exigiu ou, de qualquer outra forma, recebeu sem amparo legal. É o que chama à atenção Luiz Dias Fernandes:

> Portanto, não é simplesmente o direito subjetivo público do sujeito passivo insculpido no primado da legalidade que fundamenta a obrigação devolutória, mas, também, e principalmente, o primado da legalidade especialmente direcionado a ele, Fisco (Estado-Administração), que lhe impõem o dever de atuar única e exclusivamente seguindo os parâmetros ditados pela lei (art. 37, *caput*, CF).[89]

Assim, independentemente da natureza do vício que culminou no pagamento indevido, a consequência será sempre a mesma: dever jurídico de devolvê-lo ao particular.

2.2.2.1 Erro de fato e erro de direito

Procedendo à análise minuciosa do enunciado que relaciona as hipóteses exemplificativas em que o sujeito passivo terá direito à restituição do indébito tributário, seja qual for a modalidade do seu pagamento – art. 165 do CTN – e logo se

---

dos elementos de sua estrutura. De outro lado, não é obstáculo à convalidação a existência de vícios nos pressupostos de sua formação. A estes vícios, o legislador pode estabelecer ou não o dever de invalidar; àqueles, a invalidação é juridicamente necessária.'" (TOMÉ, Fabiana Del Padre. *A prova no direito tributário*. 2. ed. São Paulo: Noeses, 2008. p. 297).

89. FERNANDES, Luiz Dias. *Repetição do indébito tributário*: o inconstitucional artigo 166 do CTN. Rio de Janeiro: Renovar, 2002. p. 26.

RESTITUIÇÃO DO INDÉBITO TRIBUTÁRIO:
LEGITIMIDADE ATIVA NAS INCIDÊNCIAS INDIRETAS

alcança a seguinte conclusão: o vício que implica o pagamento indevido é tanto o *"erro de fato"* como o *"erro de direito"*.

Ao discorrer sobre a presente classificação, Paulo de Barros Carvalho adverte que

> (...) erro de fato é um problema intranormativo, um desajuste interno na estrutura do enunciado, por insuficiência de dados linguísticos informativos ou pelo uso indevido de construções de linguagem que fazem as vezes de prova. Esse vício na composição semântica do enunciado pode macular tanto a oração do fato jurídico tributário como aquela do consequente, em que se estabelece o vínculo relacional. Ambas residem no interior da norma e denunciam a presença do erro de fato. Já o erro de direito é também um problema de ordem semântica, mas envolvendo enunciados de normas jurídicas diferentes, caracterizando-se como um descompasso de feição externa, internormativa. (...) Quer os elementos do fato jurídico tributário, no antecedente, quer os elementos da relação obrigacional, no consequente, quer ambos, podem, perfeitamente, estar em desalinho com os enunciados da hipótese ou da consequência da regra-matriz do tributo, acrescendo-se, naturalmente, a possibilidade de inadequação com outras normas gerais e abstratas, que não a regra-padrão de incidência.[90]

Em síntese, o *erro de fato* é configurado quando a situação fática é relatada de forma equivocada pela autoridade competente. Trata-se de erro decorrente da má utilização das técnicas linguísticas de certificação dos eventos, isto é, dos modos cabíveis de constituir juridicamente um acontecimento do mundo real. É um problema relativo às provas, as quais, analisadas com mais cuidado, apontam para situação jurídica diferente daquela formalizada na norma individual e concreta.

Configura *erro de fato*, por exemplo, a contingência do evento tributário ter ocorrido no dia 10.05.2015, mas estar consignado no lançamento como tendo acontecido no dia 09.04.2014 ou, ainda, quando o relato do auto de infração

---

90. CARVALHO, Paulo de Barros. *Curso de direito tributário...* cit., p. 432.

indicar como local da prestação de serviços o Município de Salvador, quando os atos materiais foram integralmente praticados no Município de Camaçari, que lhe é vizinho.

Erro de direito, por sua vez, ocorre, exemplificativamente, quando a autoridade administrativa exige IPTU sobre imóvel qualificado como rural; quando aplica a alíquota máxima do IPI relativamente a produto que, nos termos da lei, está sujeito à alíquota mínima; ou, ainda, quando indica no polo passivo do auto de infração a pessoa jurídica, quando se trata de hipótese de responsabilidade exclusiva do administrador. Ou seja, configura-se sempre que haja um descompasso entre a norma geral e abstrata e individual e concreta, por conta de distorções na interpretação da lei.[91]

Misabel Derzi, ao dispor sobre o tema, afirma que:

> A doutrina e a jurisprudência têm estabelecido a distinção entre *erro de fato e erro de direito*. O erro de fato é possível de modificação espontânea pela Administração, mas não o erro de direito. Ou seja, o lançamento se torna imutável para autoridade, exceto por erro de fato. (...) Segundo esta corrente dominante, erro de fato resulta da inexatidão ou incorreção dos dados fáticos, situações ou negócios que dão origem à obrigação. Erro de direito é concernente à incorreção dos critérios e conceitos jurídicos que fundamentaram a prática do ato. Não pode a Administração alegar a ignorância da lei, nem 'venire contra factum proprium' e, após, notificado o sujeito passivo do lançamento, onerá-lo com novo lançamento.[92]

Vale ressaltar, todavia, que, sem embargo da acuidade dessa classificação, o Código Tributário Nacional, no que toca

---

91. O erro de direito não se confunde com a simples mudança de critério jurídico. O erro de direito se caracteriza quando, ou não seja aplicada a lei, ou a má aplicação desta seja notória e indiscutível (porque houve desconhecimento da norma, ou porque a norma foi interpretada de maneira inteiramente inaceitável). Já a mudança de critério jurídico se caracteriza pela simples utilização de critério diverso da interpretação, isto é, a substituição de uma interpretação por outra, sem que se possa dizer que qualquer das duas seja incorreta.

92. DERZI, Misabel Abreu Machado. *Direito tributário brasileiro*. Comentários à obra de Aliomar Baleeiro. 11. ed. Rio de Janeiro: Forense, 2005. p. 810.

especificamente ao direito à repetição do indébito tributário, diversamente do que o fez em relação a outros temas, não estabeleceu consequências diferentes em função do pagamento indevido decorrer de *erro de fato* ou de *erro de direito* – tampouco, de erros formais ou materiais. Pelo contrário, como bem pontuou Eduardo Domingos Bottallo, "para ambas as hipóteses, adota, em essência, o mesmo regime jurídico".[93]

2.2.3 O sujeito legitimado a pedir a restituição do indébito tributário nos termos do art. 165 do CTN

Mais uma vez cumpre retomar a fórmula textual do *caput* do art. 165 do CTN, ponto de referência obrigatório de qualquer empenho interpretativo sobre este tema.

> Art. 165. O sujeito passivo tem direito, independentemente de prévio protesto, à restituição total ou parcial do tributo, seja qual for a modalidade do seu pagamento, ressalvado o disposto no § 4º do artigo 162, nos seguintes casos: (...)

A leitura isolada do presente dispositivo legal revela ser um e apenas um o legitimado à restituição do tributo indevidamente recolhido aos cofres públicos: o sujeito passivo tributário.

De fato, predomina na doutrina e na jurisprudência o entendimento de que o art. 165 do CTN apenas explicita o que já estava na implicitude do texto Constitucional: outorga legitimidade ativa para o *sujeito passivo* tributário, o devedor do tributo, pedir a devolução das quantias indevidamente pagas a este título, bem como dos seus consectários legais.

Mas qual o conteúdo semântico que pode ser conferido à locução *sujeito passivo do tributo*? O presente artigo se dirige apenas ao contribuinte ou também alcança a figura do

---

93. BOTTALLO, Eduardo Domingos. *IPI* – Princípios e estrutura... cit., p. 112.

responsável? E mais, o sujeito passivo a que se refere é apenas o de direito ou também inclui o tão falado contribuinte de fato?

Antes, porém, de enfrentarmos esses temas, entendemos que uma elucidação metódica ainda não foi satisfatoriamente realizada, contingência que dificulta, para não dizer impede, o aprofundamento da pesquisa, forjando uma série de conclusões inexplicadas: Qual a definição legal de sujeito passivo tributário?

Pois bem. Como já esclarecemos em outra oportunidade,[94] sujeito passivo é definido pelo art. 121 do CTN como a pessoa obrigada ao pagamento de tributo ou penalidade pecuniária, sendo classificado como *contribuinte* quando mantém relação pessoal e direta com a materialidade do tributo ou como *responsável* quando, sem revestir a condição de contribuinte, sua obrigação decorra de disposição de lei.[95]

Observa-se, portanto, que, por expressa autorização do legislador complementar, poderá a lei instituidora do tributo imputar a obrigação de entregar determinada quantia em dinheiro aos cofres públicos não só à pessoa que realizou o fato descrito hipoteticamente no antecedente da regra-matriz de incidência (contribuinte), mas também a sujeito diverso (responsável).

Figurar no polo passivo da relação jurídica tributária em sentido estrito, independentemente do tipo de vínculo que mantém com o suporte factual do tributo, é, nos termos dessa

---

94. DARZÉ, Andréa Medrado. *Responsabilidade tributária*: Solidariedade e subsidiariedade. São Paulo: Noeses, 2010.

95. Com efeito, tanto a obrigação do responsável, como a do contribuinte decorre de lei. O emprego da expressão *de disposição expressa de lei* se justifica, todavia, pois reforça a ideia de que, enquanto o contribuinte pode vir na implicitude do texto, como desdobramento do próprio critério material da regra-matriz de incidência tributária – já que coincide com o sujeito oculto do verbo da hipótese normativa –, a indicação do responsável tributário exige sempre enunciado expresso, atribuindo-lhe esta condição.

RESTITUIÇÃO DO INDÉBITO TRIBUTÁRIO:
LEGITIMIDADE ATIVA NAS INCIDÊNCIAS INDIRETAS

norma geral, condição suficiente para ser incluído na classe dos sujeitos passivos tributários.

Como bem esclarece Luciano Amaro, "a identificação do sujeito passivo da obrigação principal (gênero) depende apenas de verificar quem é a pessoa que, à vista da lei, tem o dever legal de efetuar o pagamento da obrigação, não importando indagar qual o tipo de relação que ela possui com o fato gerador".[96] Complementando este pensamento, Maria Rita Ferragut adverte:

Não percamos de vista esse ponto fundamental, sujeito passivo é aquele que figura no polo passivo de uma relação jurídica tributária, e não aquele que tem aptidão para suportar o ônus fiscal.[97]

Assim, a despeito de a pessoa não ter provocado, produzido ou tirado proveito econômico do fato jurídico tributário, uma vez posta no polo passivo da obrigação por determinação da lei, receberá invariavelmente a designação genérica de sujeito passivo.[98] Mas a liberdade na escolha do responsável tributário não tem a amplitude que a leitura isolada do art. 121 do CTN parece sugerir.

Com efeito, para se apropriar de *terceiros*[99] na condição

---

96. AMARO, Luciano. Op. cit., p. 290.

97. FERRAGUT, Maria Rita. *Responsabilidade Tributária e o Código Civil de 2002*. São Paulo: Noeses, 2005. p. 29.

98. Entendemos altamente defensável a presente classificação por duas razões fundamentais: i. o critério de *discrímen* é jurídico e *ii*. apesar das particularidades que afastam os contribuintes dos responsáveis, não se nega que ambos são colocados no polo passivo da obrigação tributária. Tanto num caso como no outro a conduta regulada é única: pagar tributos em virtude da realização do fato descrito no antecedente normativo.

99. É importante deixar claro que, quando utilizamos o termo *terceiro*, estamos nos referindo àquelas pessoas alheias ao fato tributado, não, porém, à obrigação tributária, na medida em que figura justamente como sujeito passivo do tributo. E "fato tributado" é utilizado aqui na acepção de suporte factual relatado no antecedente da norma tributária em sentido estrito, resultante do processo de positivação da regra-matriz de incidência, isoladamente considerada, não em conjunto com os enunciados sobre responsabilidade. Isto fica muito claro nas lições de Alfredo

de responsável, o legislador terá duas opções: (i) acompanhar as prescrições específicas da Seção II e seguintes do Capítulo V do Título III do CTN (arts. 130 a 137 e qualquer outro que venha a ser acrescido a este rol); ou (ii) definir, ele próprio, o desenho estrutural da norma de responsabilidade tributária. A permissão para optar por esta segunda alternativa, todavia, está condicionada à observância de mais um requisito, só que agora de ordem legal.

Isso porque, nos termos do art. 128 do CTN, a lei instituidora do tributo está autorizada a inovar em matéria de responsabilidade, introduzindo norma com conteúdo diverso daqueles ostensivamente estipulados no próprio Código, desde que o sujeito eleito para figurar no polo passivo mantenha vínculo com o *fato gerador*[100] da respectiva obrigação.[101]

Ao assim dispor, o legislador complementar agregou novo limite material à norma de competência tributária, subordinando a enunciação do sujeito passivo também a essa condição: o responsável poderá ser sujeito que reúna as notas definidas nos arts. 130 a 137 do CTN, ou qualquer outro que venha a ser acrescido a este rol, desde que pertencente ao

---

Augusto Becker: "Desde logo, cumpre fixar este ponto: não é juridicamente possível distinguir entre débito e responsabilidade, isto é, considerar que o responsável estaria obrigado a satisfazer débito de outro. O responsável sempre é devedor de débito próprio. O dever que figura como conteúdo da relação jurídica que vincula o Estado (sujeito ativo) ao responsável legal tributário (sujeito passivo) é dever jurídico do próprio responsável legal tributário e não de outra pessoa". (BECKER, Alfredo Augusto. Op. cit., p. 558).

100. Não ignoramos os inconvenientes do emprego da expressão "*fato gerador*", dada a sua inerente ambiguidade. Todavia, em algumas passagens do trabalho, nós a utilizaremos com o intuito de nos manter mais próximos do texto legal. Daí a razão das aspas.

101. Neste contexto, importa perceber que a Seção II, do Capítulo V, do CTN é composta por normas de diferentes naturezas: (i) normas gerais sobre responsabilidade, consubstanciadas na prescrição de balizas dirigidas ao legislador para a instituição de novos sujeitos passivos e (ii) normas de responsabilidade em sentido estrito, ou seja, proposições que, conjuntamente com os enunciados que integram a regra-matriz de incidência, autorizam a constituição do débito tributário em face de pessoa que não realizou a materialidade do tributo.

conjunto de indivíduos que estejam indiretamente relacionados ao fato jurídico tributário.

Conjugando estes enunciados, podemos desde já extrair uma conclusão: o Código Tributário Nacional contempla duas espécies de sujeito passivo, definíveis de acordo com o próprio conteúdo da norma que regula a obrigação de pagar tributo. Havendo identidade entre o sujeito que figura no antecedente e no consequente normativo, teremos *contribuinte*; do contrário, *responsável*.

Neste ponto, é importante que se esclareça que os dados utilizados para a presente classificação são exclusivamente jurídicos. A despeito do que possa sugerir, não é levado em consideração o vínculo econômico existente entre o sujeito passivo e o fato tributado, mas o vínculo jurídico existente entre o sujeito passivo da obrigação e o fato que caracteriza a materialidade do tributo. Analisa-se apenas a compostura interna da norma geral e abstrata que impõe o dever de pagar tributos e, verificando-se que é apenas um o sujeito que realiza o verbo descrito tanto na hipótese como no consequente, o tomamos como contribuinte. Do contrário, o conceito apropriado é o de responsável.

Não obstante a positivação, pelo próprio legislador complementar, das definições denotativa e conotativa[102] de sujeito passivo, o que, por si só, reduz sobremodo a liberdade do intérprete, o presente tema tem se mostrado, especialmente na experiência científica, um terreno inesgotável de dúvidas.[103]

---

102. Guibourg, Ghigliani e Guarinoni ensinam que o conjunto dos elementos que cabem numa palavra é a sua denotação. Por outro lado, os requisitos que devem ser observados para que um objeto possa ser incluído na classe (conceito) representada por uma palavra denomina-se conotação. (GUIBOURG, Ricardo A.; GHIGLIANI, Alejandro M.; GUARINONI, Ricardo V. *Introducción al conocimiento científico*. 3. ed. Buenos Aires: EUDEBA, 1985. p. 41-42).

103. Marçal Justen Filho, ao justificar a opção filosófica adotada em seu trabalho, chama à atenção para as "pseudodivergências" que giram em torno do presente tema. Com muita propriedade, adverte que "as controvérsias sobre a sujeição passiva decorrem, em grande parte, de confusões terminológicas". E prossegue, "parece-nos que isto aconteceu, por exemplo, com VILLEGAS, ao enumerar as correntes

Um dos tantos pontos de dissenso diz respeito justamente à existência de permissão – ou inexistência de vedação – para o legislador indicar no critério pessoal do consequente da regra-matriz de incidência tributária pessoa diversa daquela que realizou o fato descrito no antecedente normativo. A constitucionalidade da figura do responsável é colocada em dúvida por muitos operadores do Direito, os quais, na linha adotada por Hector Villegas,[104] defendem a existência de um *destinatário legal tributário*,[105] o que implicaria a equiparação da expressão *sujeito passivo* ao termo *contribuinte*.

Geraldo Ataliba e Aires F. Barreto, por exemplo, são enfáticos ao afirmar que não pode a lei – por simples comodidade ou qualquer outro motivo não relacionado à efetiva realização do fato tributário – deixar de colher a pessoa constitucionalmente eleita como sujeito passivo do tributo. De acordo com esses ilustres doutrinadores, o legislador não teria qualquer discricionariedade para dispor sobre esta matéria:

> Em princípio, só pode ser posta, como sujeito passivo das relações obrigacionais tributárias, a pessoa que – explícita ou implicitamente – é referida pelo Texto Constitucional como 'destinatário da carga tributária' (ou destinatário legal tributário, na feliz construção de Hector Villegas, cf. artigo in RDP 30/242). Será sujeito passivo, no sistema tributário brasileiro, a pessoa que provoca, desencadeia ou produz a materialidade da hipótese de incidência de um tributo como inferida da Constituição: ou quem tenha relação pessoal e direta – como diz o art. 121, parágrafo único, I do CTN – com essa materialidade. (...) Assim dispondo, a

---

em que se dividiria o pensamento jurídico sobre a sujeição passiva. Ao invés de estabelecer distinções fundadas em diferenças conceptuais, o que se fez foi distinguir a terminologia utilizada pela doutrina". (JUSTEN FILHO, Marçal. *Sujeição tributária passiva*. Belém: CEJUP, 1986. p. 218-219).

104. VILLEGAS, Hector Belisario. Destinatário legal tributário – Contribuinte e sujeitos passivos na obrigação tributária. *Revista de Direito Público*, n. 30, São Paulo, Revista dos Tribunais, p. 271-279, jul./ago. 1974.

105. De acordo com Marçal Justen Filho, se Villegas tivesse analisado as particularidades do sistema tributário brasileiro, poderia ter elaborado conceitos mais refinados, podendo falar não só em destinatário legal tributário, mas, especialmente, em destinatário constitucional tributário (JUSTEN FILHO, Marçal. Op. cit., p. 262).

RESTITUIÇÃO DO INDÉBITO TRIBUTÁRIO:
LEGITIMIDADE ATIVA NAS INCIDÊNCIAS INDIRETAS

Constituição tira toda a liberdade do legislador. Este não pode eleger sujeitos passivos de tributos arbitrários ou aleatoriamente. (...) Não poderá colocar como sujeito passivo aquele que não revele capacidade contributiva pela participação, provocação ou produção de fatos tributáveis, ou quem deles não extrai proveito econômico. (...) Seria um supremo arbítrio exigir tributo de alguém, simplesmente pela circunstância de que é mais fácil colhê-lo do que o destinatário da carga tributária.[106]

Também é essa a orientação defendida por Octávio Bulcão Nascimento, segundo quem

(...) o constituinte elegeu os eventos ou bens que servem de referência para que o legislador ordinário institua o tributo de sua competência. Essas referências constitucionais servem de baliza para o desenho da competência legislativa, uma vez que são eventos ou bens que a Constituição elencou como índices de capacidade contributiva. Assim, o legislador não pode fugir dessas referências para criar sua regra-matriz de incidência, devendo colocar necessariamente no polo passivo da obrigação tributária em sentido estrito uma pessoa que integre aquele fato, o chamado contribuinte. Em suma, o vínculo ao fato é importante para saber da capacidade contributiva do sujeito passivo.[107]

Em sentido totalmente oposto, Paulo de Barros Carvalho defende que não existe prescrição constitucional definindo o sujeito passivo da obrigação tributária. Por conta disso, o legislador poderia, fugindo aos limites do suporte factual, se apropriar de pessoa estranha àquele acontecimento do mundo, para fazer dela o responsável pela prestação, desde que observados alguns limites constitucionais. Nas suas palavras:

Para esse escopo, o legislador tributário desfruta de ampla liberdade, cerceada apenas de dois fatores exógenos, quais sejam os

---

106. ATALIBA, Geraldo; BARRETO, Aires F. Substituição e responsabilidade tributária. *Revista de Direito Tributário*. Cadernos de Direito Tributário, n. 49, São Paulo, Revista dos Tribunais, p. 73-75, 1989.

107. NASCIMENTO, Octávio Bulcão. *Responsabilidade Tributária dos Sucessores*. 1999. Dissertação (Mestrado em Direito Tributário) – Pontifícia Universidade Católica de São Paulo, São Paulo, 1999. p. 109.

ANDRÉA MEDRADO DARZÉ MINATEL

limites da outorga constitucional de competência e o grau de re-
lacionamento da entidade com o evento fáctico (...)

A Constituição brasileira não aponta quem deva ser o sujeito passivo das exações cuja competência legislativa faculta às
pessoas políticas. Invariavelmente, o constituinte se reporta a
um evento ou a bens, deixando a cargo do legislador ordinário
não só estabelecer o desenho estrutural da hipótese normativa,
que deverá girar em torno daquela referência constitucional,
mas, além disso, decidir qual o sujeito que vai arcar com o peso
da incidência fiscal, fazendo as vezes do devedor da prestação
tributária.[108]

Seguindo esses ensinamentos, Maria Rita Ferragut é contundente ao afirmar:

Desconhecemos a existência de qualquer norma constitucional
que indique quem deva ser o sujeito passivo de uma relação jurídica tributária. Por isso, entendemos que a escolha é infraconstitucional. (...) A Carta Magna prevê apenas a materialidade passível de tributação, e a competência para tributá-la. Como todas as
materialidades referem-se a um comportamento de pessoas (um
fazer, um dar, um ser), elas pressupõem a existência do realizador da conduta humana normativamente regulada. É ele, certamente, quem praticará o fato passível de tributação, manifesta-
dor de riqueza. Mas não é ele, obrigatoriamente, quem deverá
manter uma relação jurídica tributária com o Fisco.[109]

Pois bem, analisando as normas que compõem o sistema constitucional tributário, percebe-se que, anteriormente
à edição da Emenda Constitucional nº 03/93, não havia no
Texto Supremo qualquer referência à figura do responsável.
Em todas as oportunidades que o constituinte originário se
propôs a regular a obrigação tributária, o fez associando-a ao
signo contribuinte. Isso, numa primeira aproximação, poderia servir de fundamento para aqueles que defendem que a

---

108. CARVALHO, Paulo de Barros. Sujeição passiva e responsáveis tributários. *Revista do Programa de Pós Graduação em Direito Tributário – PUC/SP*, n. 2, São Paulo,
Max Limonad, 1995. p. 260, p. 278-279.

109. FERRAGUT, Maria Rita. *Responsabilidade tributária...* cit., p. 30.

RESTITUIÇÃO DO INDÉBITO TRIBUTÁRIO:
LEGITIMIDADE ATIVA NAS INCIDÊNCIAS INDIRETAS

Constituição de 1988 somente teria recepcionado esta espécie de sujeito passivo.

Esta sorte de considerações, em nosso sentir, não resiste a um exame mais sério. O texto constitucional tomou o léxico *contribuinte*[110] em acepção plurívoca. Justamente por se tratar de signo que, no uso comum, remete à ideia de "aquele que contribui", "que ajuda", acabou sendo utilizado em diversos sentidos, ora como gênero (equivalente a sujeito passivo), ora como espécie (conformando-se à definição do art. 121, parágrafo único, I, do CTN) ou, ainda, como o mero realizador do fato jurídico tributário, em relação ao qual não se exige qualquer prestação. E é o próprio contexto normativo em que se insere cada uma de suas aparições que permitirá ao intérprete identificar com qual conteúdo semântico foi empregado.

Ultrapassado este pseudoproblema e avançando na investigação das normas constitucionais, permanecemos sem conseguir identificar qualquer prescrição fixando o sujeito obrigado ao pagamento do tributo,[111] muito menos estabelecendo que este deva, necessariamente, coincidir com a pessoa que realiza o evento descrito hipoteticamente na regra-matriz de incidência. O que a Constituição prevê, e somente nos casos em que discrimina materialidades, são os fatos[112] passíveis

---

110. Contribuinte é definido pelo Dicionário Houaiss de Língua Portuguesa como "que ou aquele que contribui com a parte que lhe é atribuída num total, ou que faz qualquer contribuição; diz-se de ou indivíduo sujeito à tributação; diz-se de ou aquele sobre quem recai a obrigação tributária". Como se percebe, sua definição lexicográfica autoriza o emprego do seu conceito em diversas e diferentes situações. Nesse caso, terá o cientista redobrado o seu esforço na tentativa de precisar ao máximo a sua significação, valendo-se do processo de estipulação ou de elucidação, conforme bem anotado por Luis Alberto Warat. (WARAT, Luis A. *O direito e sua linguagem*. 2. ed. Porto Alegre: Sergio Fabris, 1995. p. 57).

111. Os comandos prescritos pelos incisos I, II e IV do art. 195, da CF, excepcionam esta regra. Isso porque, diferentemente do que se processa em geral, nestas hipóteses de outorga de competência o constituinte definiu os contribuintes possíveis das contribuições previdenciárias: (i) empregador; (ii) trabalhador e demais segurados da previdência social; e (iii) importador, respectivamente.

112. Em rigor, nem sempre é o fato tributário a referência utilizada pelo constituinte para a repartição de competências. Em algumas situações, a Constituição alude à

ANDRÉA MEDRADO DARZÉ MINATEL

de tributação, não indicando, mesmo nessas circunstâncias, as pessoas que deverão integrar o critério pessoal, seja na condição de sujeito ativo, seja como sujeito passivo.

Definidos os contornos do suporte fático do tributo, o legislador terá mais facilidade em estabelecer o desenho estrutural do antecedente normativo, que deverá girar em torno da própria referência constitucional. A discricionariedade no desempenho de tal tarefa será maior, todavia, quando a situação tomada como critério material envolver uma relação jurídica, vez que o legislador poderá se apropriar de qualquer um dos verbos que a integram (*i.e.* comprar ou vender mercadoria; tomar ou prestar serviço etc.). E, a depender do verbo escolhido, ter-se-á um ou outro sujeito como potencial contribuinte do tributo.

Quanto ao tema, explica Luciano Amaro que

> (...) existem situações de direito privado (que a lei tributária elege como fato gerador de tributo) que envolvem mais de uma pessoa, podendo qualquer delas ser eleita como contribuinte. Por exemplo, ser o fato gerador do tributo é a transmissão de imóveis, podemos ter como contribuinte qualquer das partes na operação. (...) Numa relação de 'permuta de riqueza' (por exemplo, troca de uma casa por uma quantia em dinheiro), ambas as partes demonstram titularidade de riqueza; por isso, qualquer delas pode, em princípio, ser eleita como contribuinte.[113]

Sendo omisso, entretanto, o ente político terá ainda mais alargada a sua tarefa, ficando obrigado a fixar mais um elemento: o próprio critério material. Num ou noutro caso, todavia, permanece a obrigação de definir o suposto normativo, já que a alusão à materialidade é elemento que restringe exclusivamente a enunciação do antecedente do tributo.

---

própria base de cálculo, ou seja, a uma perspectiva dimensível do fato. Isso fica bastante evidente na redação das alíneas do inciso I do art. 195 da CF. Noutras, refere-se apenas ao destino do produto da arrecadação (art. 149, *caput*, da CF).

113. AMARO, Luciano. *Curso de Direito Tributário*. 12. ed. São Paulo: Saraiva 2006, p. 292-293.

RESTITUIÇÃO DO INDÉBITO TRIBUTÁRIO:
LEGITIMIDADE ATIVA NAS INCIDÊNCIAS INDIRETAS

Ao menos no direito positivo brasileiro, não conseguimos visualizar fundamentos para conferir à descrição abstrata do fato tributário a qualidade de condição suficiente para a imediata identificação das notas do sujeito passivo do tributo.[114] A ênfase negativa, entretanto, não pode ser tomada como equivalente de liberdade ampla e irrestrita da pessoa política para dispor sobre este tema.

Especialmente no Brasil, a Carta Maior é extremamente analítica, definindo uma espécie de planta fundamental do sistema tributário, na qual está presente o conjunto de diretrizes para a criação de quase todas as normas nessa matéria. Se pensarmos nos efeitos da imposição tributária, tocando direitos e garantias individuais, como o direito de propriedade, sem olvidar dos valores específicos, como os princípios da capacidade contributiva e da vedação à instituição de tributos com efeitos de confisco, veremos que, apesar de existente, é muito tênue o espaço de manobra do legislador infraconstitucional para a escolha dos sujeitos passivos tributários.

Assim, se por um lado não se questiona a necessidade de observância dos requisitos rigorosa e detalhadamente estabelecidos na Constituição da República e na própria legislação complementar, os quais afastam eventuais "criatividades" do legislador na escolha do sujeito passivo, por outro não se pode pôr em dúvida a existência de alguns instrumentos jurídicos adequados para este fim.[115]

---

114. Neste ponto, afastamo-nos dos ensinamentos de Renato Lopes Becho, segundo o qual "para nós o sujeito passivo está umbilicalmente ligado ao critério material, o qual já veio, em vários casos arrolado na Constituição Federal. Isso é até uma exigência lógica. De fato, se o critério material é composto por um verbo (e seu complemento) e o verbo designa uma ação ou um estado da pessoa, não há como desvinculá-los (a pessoa da ação ou estado). (...) Além do imperativo lógico, há um forte argumento jurídico: se a Constituição firmou um critério material (verbo mais complemento) e nós pudermos colocar qualquer pessoa como realizadora do verbo, e não quem efetivamente "realizou", temos que a Constituição pode ser burlada pelo legislador ordinário, e nada significaria para o Direito, por não ter força cogente". (BECHO, Renato Lopes. *Sujeição passiva e responsabilidade tributária*. São Paulo: Dialética, 2000, p. 63-64).

115. "Nos tributos não vinculados a norma tributária sempre descreve em seu

ANDRÉA MEDRADO DARZÉ MINATEL

Algumas foram as restrições impostas ao legislador para a determinação das notas da pessoa que irá alocar no tópico de devedor da relação tributária. Trata-se dos princípios da capacidade contributiva, da vedação ao confisco, sem falar das normas gerais acima identificadas. Todavia, rigorosamente analisados os efeitos desses valores sobre a relação que se deve estabelecer entre o suporte fático da tributação e a sujeição passiva, constata-se que referidos princípios constituem limites que se dirigem diretamente para a repercussão do tributo e não propriamente para a eleição da pessoa de quem se exige o cumprimento da prestação. E essa realidade poderá variar, ainda, a depender do fato eleito como causa para a imputação da responsabilidade, se lícito ou ilícito, conforme veremos com mais vagar adiante.

Em termos mais diretos, é evidente que exigir tributo do sujeito que realizou o fato tributário é o caminho mais fácil e seguro para garantir que a tributação recaia sobre a parcela da riqueza objetivamente manifestada e tomada como sua causa. Ocorre que algumas circunstâncias acidentais podem tornar a arrecadação nesses moldes muito dificultosa, chegando até mesmo a inviabilizá-la. A instituição do responsável visa, em regra, justamente a ultrapassar esses inconvenientes, realizando, em última análise, o interesse público. E, como bem adverte Luciano Amaro, à vista das diferentes razões "que motivam a eleição de um 'terceiro' como responsável tributário, várias são as técnicas mediante as quais a lei pode pôr

---

antecedente uma ação ou um estado que tenha conteúdo econômico, que traduza certa capacidade econômica. Por via oblíqua, se admitirmos essa premissa, temos que ligá-la, inexoravelmente, a um (ou mais de um) ente titular dessa capacidade econômica. Essa capacidade pertence a alguém, e esse alguém deve ser o eleito para sujeito passivo da obrigação tributária pelo legislador infraconstitucional. (...) Não obstante, o legislador infraconstitucional não fica, em um primeiro momento, absolutamente jungido a essa eleição constitucional, podendo eleger como sujeito passivo outra pessoa que não a determinada na Carta Magna, desde que, concomitantemente, assegure os mecanismos necessários que garantam a plena e irrestrita eficácia do princípio da isonomia e da norma que proíbe o confisco". (GONÇALVES, José Artur Lima. Princípios informadores do "critério pessoal" da regra-matriz de incidência tributária. *Revista de Direito Tributário*, n. 23-24, São Paulo, Revista dos Tribunais, 1983, p. 261-262).

RESTITUIÇÃO DO INDÉBITO TRIBUTÁRIO:
LEGITIMIDADE ATIVA NAS INCIDÊNCIAS INDIRETAS

alguém no polo passivo da obrigação tributária, na condição de responsável",[116] assim como diferentes são os limites que devem ser observados.

A validade da norma de responsabilidade, portanto, fica, em regra,[117] condicionada ao estabelecimento de mecanismos que assegurem ao responsável a possibilidade de não ter seu patrimônio ou renda desfalcados em virtude da arrecadação, o que se verifica com o estabelecimento da repercussão jurídica do tributo. Somente assim será imaginável conciliar a instituição de dever jurídico dessa natureza aos princípios da capacidade contributiva, vedação ao confisco, direito de propriedade e às normas gerais sobre a matéria.[118]

Por conta disso, na determinação do desenho estrutural das normas de responsabilidade, o legislador terá que atuar

---

116. AMARO, Luciano. *Curso de direito tributário*. 12. ed. São Paulo: Saraiva, 2006. p. 299.

117. Excepcionam essa regra apenas as hipóteses de responsabilidade sancionatória, que são verdadeiros instrumentos para sancionar um terceiro, em face da prática de ato ilícito do qual decorra resultado específico, qual seja, mascarar a ocorrência do evento tributário para não recolher a quantia devida a título de tributo, pagá-la com redução, ou diferir, no tempo, a prestação pecuniária. Como nesses casos a regra de responsabilidade tem natureza de pena, de sanção por ato ilícito, o legislador não está obrigado a observar aqueles limites ao poder de tributar a que já fizemos alusão – capacidade contributiva, vedação ao confisco e direito de propriedade –, os quais integram exclusivamente o regime jurídico tributário. A lógica aqui aplicável é exatamente oposta à da tributação pura e simples: invadir o patrimônio do particular infrator como forma de puni-lo pela prática de ato contrário aos interesses tutelados pelo Estado.

118. "DIREITO TRIBUTÁRIO. SUBSTITUIÇÃO TRIBUTÁRIA. RETENÇÃO DE 11% ART. 31 DA LEI 8.212/91, COM REDAÇÃO DA LEI 9.711/98. CONSTITUCIONALIDADE. (...) 2. A validade do regime de substituição tributária depende da atenção a certos limites no que diz respeito a cada uma dessas relações jurídicas. Não se pode admitir que a substituição tributária resulte em transgressão às normas de competência tributária e ao princípio da capacidade contributiva, ofendendo os direitos do contribuinte, porquanto o contribuinte não é substituído no seu dever fundamental de pagar tributos. A par disso, há os limites à própria instituição do dever de colaboração que asseguram o terceiro substituto contra o arbítrio do legislador. A colaboração dele exigida deve guardar respeito aos princípios da razoabilidade e da proporcionalidade, não se lhe podendo impor deveres inviáveis, excessivamente onerosos, desnecessários ou ineficazes. (...)." (RE 603191, Rel. Min. Ellen Gracie, Tribunal Pleno, DJe 05/09/2011).

dentro do domínio dos eventos que, por sua natureza, permitam deslocar o ônus econômico suportado em função do pagamento do tributo para o sujeito que praticou o fato tributário.

Neste ponto, é importante chamar à atenção para o seguinte: nessas hipóteses, para que haja efetivamente o respeito aos limites da norma de competência tributária, como é o caso dos princípios da legalidade, da capacidade contributiva, da vedação ao confisco e das próprias disposições do art. 128 do CTN, é indispensável que a transferência da carga tributária tenha destinatário específico, qual seja, a pessoa que realizou o suporte fático da tributação. Isso porque, como a quantia levada aos cofres público em decorrência da tributação deve corresponder a uma parcela da manifestação de riqueza tomada como sua causa, este limite somente é respeitado quando se assegura que o sujeito que suporta juridicamente o seu ônus seja o realizador do fato jurídico tributário (ainda que economicamente isso não ocorra).

Como adverte Luciano Amaro,

> (...) em suma, o ônus do tributo não pode ser deslocado arbitrariamente pela lei para qualquer pessoa (como responsável por substituição, por solidariedade ou por subsidiariedade), ainda que vinculada ao fato gerador, se essa pessoa não puder agir no sentido de evitar esse ônus nem tiver como diligenciar no sentido de que o tributo seja recolhido à conta do indivíduo que, dado o fato gerador, seria elegível como contribuinte.[119]

Assim, o que se percebe é que a exigência de vinculação indireta do responsável ao suporte fático do tributo ou ao sujeito que o realizou – ou que virá a realizá-lo – foram as duas alternativas eleitas pelo legislador para assegurar que a carga financeira do tributo possa vir a repercutir sobre a própria manifestação de riqueza tomada como causa da tributação. Nessas duas situações, a prescrição do vínculo corresponde

---

119. AMARO, Luciano. Op. cit., p. 304-305.

ao próprio mecanismo jurídico que viabiliza a transferência do encargo, ainda que potencialmente.

Ao dispor desse modo, o legislador complementar positivou a repercussão econômica do tributo, tornando-a jurídica, o que permite, em última análise, o respeito às referidas limitações ao poder de tributar, na medida em que assegura a possibilidade de que as quantias exigidas pelo Estado a título de tributo correspondam a um percentual da manifestação de riqueza tomada como hipótese normativa.[120]

Fazendo súmula do que acabamos de expor, sujeito passivo é gênero que comporta duas espécies: contribuinte e responsável. Para um sujeito ser qualificado juridicamente como contribuinte, é necessário, para além de figurar no polo passivo da relação tributária *stricto sensu*, que participe diretamente da materialidade do tributo, realizando pessoalmente o verbo que consubstancia o seu núcleo. *A contrario sensu*, a pessoa que não está diretamente vinculada ao fato imponível, seja porque participa da compostura do suporte factual da tributação, sem, contudo, executar a conduta (verbo) descrita no critério material da hipótese normativa, seja porque mantém vínculo apenas com o realizador deste fato, sem dele

---

120. Não é apenas essa a função da prescrição de necessidade de vínculo entre o responsável e o fato tributado ou o seu realizador. Como bem adverte Geraldo Ataliba: "ora, é natural que tais implicações (da chamada 'sujeição passiva indireta') obrigam revestir seu regime jurídico de extremas limitações e restritíssimo âmbito de aplicação. Daí que – assegurando a observância desses princípios fundamentais do exercício da tributação – tenha disposto o art. 128 do CTN que só pode ser imputada 'responsabilidade tributária' a quem esteja vinculado ao fato imponível (o chamado 'fato gerador'). Isto é, somente pessoas que – pela proximidade material com os elementos fáticos determinantes da incidência – possam adequadamente conhecer os contornos e características dos fatos produtores das relações jurídicas (em que se envolvem) é que podem ser postas, pela lei, na condição de 'responsáveis'. Nesse quadro fático, necessariamente, terão controle sobre os dados objetivos contidos no fato acontecido; conhecerão as notas subjetivas eventualmente influentes da obrigação de que são titulares passivos; poderão, eficazmente, exercer as faculdades repressivas implicadas no regime. Terão, enfim, adequadas condições de exercer todos os direitos subjetivos que, no campo da tributação – atividade rigidamente vinculada –, são constitucionalmente reconhecidos aos que devem pagar tributos, seja a título próprio, seja por conta de terceiros". (ATALIBA, Geraldo. *Hipótese de incidência tributária*. 6. ed. São Paulo: Malheiros, 2000. p. 72).

participar, poderá vir a ser definida como responsável, caso seja posta no polo passivo da obrigação.

Efetuados esses esclarecimentos e relembrando que o art. 165 do CTN se refere categoricamente ao gênero "sujeito passivo", seria lógico concluir que tanto o contribuinte como o responsável foram contemplados por este enunciado normativo como sujeitos ativos da restituição dos tributos por eles indevidamente pagos.

Essa conclusão, todavia, não resiste quando se procede à análise conjunta deste enunciado legal com as disposições do art. 166 do CTN. Isso porque, como pensamos ter deixado claro ao longo deste item, é condição para a válida instituição da figura do responsável o estabelecimento de mecanismo jurídico que assegure a repercussão econômica dos valores pagos a título de tributo para o sujeito que realizou o fato tributado, circunstância que corresponde justamente a uma das hipóteses contempladas pela regra de exceção, prescrita no art. 166 do CTN.

Com efeito, a presente regra (art. 165 do CTN) deve ser interpretada em cotejo com o art. 166 do Código, o que impõe sejam excluídas da sua zona de incidência não apenas os tributos que repercutem por sua natureza, mas, igualmente, as incidências que repercutem por sua natureza, as quais correspondem justamente aos casos em que o tributo é exigido do responsável tributário.

Disso infere-se que, a despeito de o legislador ter usado o gênero *sujeito passivo* no seu texto, a presente regra volta-se, com exclusividade, para as situações em que a satisfação do tributo é realizada por pessoas qualificadas juridicamente como contribuintes, ou sejam, que reúnam cumulativamente os seguintes predicados: (i) figure no polo passivo da obrigação tributária e (ii) mantenha relação pessoal e direta com o fato gerador do tributo, justamente por ter realizado o verbo tomado como núcleo do critério material da hipótese de

RESTITUIÇÃO DO INDÉBITO TRIBUTÁRIO:
LEGITIMIDADE ATIVA NAS INCIDÊNCIAS INDIRETAS

incidência.[121] E, mais, que o tributo indevidamente pago não seja qualificável como indireto.

Assim, no caso de o tributo indevido ter sido recolhido por sujeito passivo da espécie dos contribuintes e, ainda, não se tratar de exigência marcada pela não cumulatividade exógena, como melhor veremos a seguir, será o próprio devedor do tributo o legitimado para pleitear a restituição do indébito, em face do que prescreve o art. 165 do CTN. Do contrário, ou seja, na hipótese de ser recolhido pela figura do responsável ou se referir a tributo não cumulativo exógeno, a legitimidade ativa será definida nos termos do art. 166 do CTN.

O campo de aplicação deste dispositivo legal, como se vê, é definido pelo próprio âmbito de abrangência da regra do art. 166 do CTN, que a excepciona.

Por enquanto, importa deixar consignado o seguinte: (i) sujeito passivo é uma definição legal e como tal deve ser considerado também para efeito de identificação do legitimado a pedir a restituição do indébito tributário; (ii) nas situações em que o sujeito passivo do tributo pertence à categoria dos contribuintes, em regra,[122] será ele o legitimado a pedir a restituição daquilo que pagou indevidamente a título de tributo; (iii) por outro lado, nos casos em que o sujeito passivo do tri-

---

121. "EMBARGOS DE DIVERGÊNCIA EM RECURSO ESPECIAL. TRIBUTÁRIO. ADICIONAL DO IMPOSTO DE RENDA. RESTITUIÇÃO DE INDÉBITO. ILEGITIMIDADE ATIVA AD CAUSAM DO RESPONSÁVEL TRIBUTÁRIO. (...) A circunstância de o Código Tributário Nacional garantir, em seu artigo 165, o direito do sujeito passivo à repetição, e denominar tanto o contribuinte como o responsável de sujeito passivo (art. 121), não pode servir de mote para permitir o enriquecimento daquele que, sabidamente, não recolheu o tributo em seu nome e não tem qualquer relação com o fato gerador. O responsável tributário, pois, não é parte legítima para pleitear a restituição de adicional de imposto de renda retido na fonte do Estado de São Paulo, cuja inconstitucionalidade fora reconhecida pela Excelsa Corte. (...) Embargos de divergência acolhidos." (EREsp 417.459/SP, Relator Min. Franciulli Netto, Primeira Seção, DJ 11/10/2004).

122. Como veremos mais adiante, nas situações em que o regime jurídico do tributo é marcado pela presença de norma de não cumulatividade externa, exógena, a presente regra é excepcionada.

buto for da espécie responsável, a regra de regência do direito à restituição, independentemente da natureza do tributo indevidamente recolhido, se desloca do art. 165 para o art. 166, ambos do CTN, tendo em vista que, nesses casos, ter-se-á incidência que, por sua natureza, comporta a transferência jurídica do respectivo encargo financeiro.[123]

2.3 A regra de exceção: o art. 166 do CTN

Conduzimos nossa pesquisa buscando definir alguns pontos fundamentais em torno do tema da restituição do indébito tributário. De fato, pensamos ter apresentado, nos itens anteriores, respostas possíveis para as primeiras indagações propostas no início desta investigação, sobretudo àquelas que giram em torno dos requisitos para a configuração do

---

123. "PROCESSUAL CIVIL E TRIBUTÁRIO. PRECLUSÃO. ALEGAÇÃO DE VIOLAÇÃO A PRECEITOS DO CÓDIGO DE PROCESSO CIVIL QUE NÃO FORAM PRÉQUESTIONADOS. INTELIGÊNCIA DAS SÚMULAS 282 E 356, DO STF. ADICIONAL DE IMPOSTO DE RENDA. REPETIÇÃO DE INDÉBITO. REPASSE. PROVA. DESNECESSIDADE. INAPLICABILIDADE DO ART. 166, DO CTN. CONTRIBUINTE X RESPONSÁVEL TRIBUTÁRIO. (...) 2. A Primeira Seção do Superior Tribunal de Justiça, em sede de embargos de divergência, pacificou o entendimento para acolher a tese de que o art. 166, do CTN, é inaplicável ao Adicional de Imposto de Renda, por tratar-se de imposto direto, independendo da prova do repasse ou não ao contribuinte de fato. 3. O responsável tributário só está legitimado para repetir o indébito quando devidamente autorizado pelo contribuinte que arcou com o ônus tributário. 4 - As empresas financeiras que recolheram o ADIR, na qualidade de responsáveis tributários, isto é, em guias onde consta o Código 541, o fizeram, apenas, como fonte retentora do tributo, não tendo, assim, arcado com o seu ônus. 5 - Recurso especial parcialmente provido para reconhecer, unicamente, a legitimidade da empresa/recorrente quanto ao pleito da restituição do ADIR que recolheu na qualidade de *contribuinte de fato*, ou seja, em guias sob a rubrica 540". (REsp 284084/SP, Rel. Min. José Delgado, Primeira Turma, DJ 25/03/2002).
Existem, todavia, precedentes jurisprudenciais em sentido contrário:
"TRIBUTÁRIO. ADICIONAL DO IMPOSTO DE RENDA. REPETIÇÃO DE INDÉBITO. CORREÇÃO MONETÁRIA. INCIDÊNCIA DESDE O PAGAMENTO INDEVIDO. JUROS DE MORA A PARTIR DO TRÂNSITO EM JULGADO. RESPONSÁVEL TRIBUTÁRIO. LEGITIMIDADE. CTN, ART. 166. (...) O responsável tributário, em sendo sujeito passivo, tem legitimidade para repetir o tributo indevidamente pago. (CTN, ARTS. 121, 165 E 166). (REsp. 88.092/HUMBERTO)". (REsp 417.459/SP, Rel. Min. Humberto Gomes de Barros, Primeira Turma, DJ 24/06/2002).

RESTITUIÇÃO DO INDÉBITO TRIBUTÁRIO:
LEGITIMIDADE ATIVA NAS INCIDÊNCIAS INDIRETAS

indébito tributário, bem como do regime jurídico geral a que está submetida esta relação.

Não era nosso objetivo analisar minuciosamente todos os contornos da norma de restituição, mas contextualizar a matéria e enfrentar, ainda que de revista, os pontos mais polêmicos deste tema, com especial enfoque naqueles que, de alguma forma, tocam mais de perto o objeto central da presente pesquisa: a legitimidade ativa para a restituição do indébito relativo a tributos ou incidências indiretas.

Nesta parte do trabalho, o desafio é maior. O estudo do art. 166 do CTN é, de longe, o alvo das maiores controvérsias doutrinárias e jurisprudenciais quando o tema é restituição dos valores indevidamente pagos a título de tributo. O que é bastante curioso, tendo em vista que o seu texto não sofreu qualquer alteração desde a promulgação do Código Tributário Nacional, em 1966.

Em nosso sentir, essa realidade se deve, em muito, à insistência no uso de noções herdadas das Ciências Econômicas no estudo do presente tema. De fato, enquanto não existir um critério jurídico bem definido estabelecendo o conteúdo e alcance da expressão *tributos que comportem, por sua natureza, transferência do respectivo encargo financeiro*, permanecerá esse clima de insegurança, sendo exaradas decisões judiciais e administrativas com os mais diversos conteúdos. Isso, é claro, sem falar nas posições doutrinárias.

Vale registrar que, a despeito de existir um número significativo de artigos e livros doutrinários sobre a matéria e uma vasta gama de precedentes jurisprudenciais, especialmente judiciais, enfrentando a questão, ousamos afirmar que ainda não é possível falar em efetiva sistematização do tema da restituição nas incidências indiretas.

A gravidade do problema se acirra sobremodo na jurisprudência do Superior Tribunal de Justiça. Para termos noção do caos que anunciamos, tomemos como exemplo uma das tantas tentativas de pesquisa sobre o tema. Identificamos no

Superior Tribunal de Justiça 1309 (um mil trezentos e nove) acórdãos versando, direta ou indiretamente, sobre o campo de aplicação do art. 166 do CTN. Dentro deste rol, todavia, verificamos divergências entre as Turmas, divergência nas próprias Turmas e, o que é pior, inúmeras modificações abruptas de entendimento, passando os Ministros a adotar posição diametralmente oposta à antes defendida pouco tempo antes, sem que, aparentemente, fosse identificada qualquer mudança legislativa ou de outra natureza para justificá-las. Aliás, é digno de nota que, num lapso de três anos, foram proferidos três acórdãos sob o regime do art. 543-C do CPC, com a pretensão de uniformizar a posição do Tribunal sobre a matéria.

Deslocando a investigação para o campo doutrinário, a realidade se mantém. Identificamos, na doutrina nacional mais abalizada, nada menos do que oito posicionamento divergentes; isso, sem levar em consideração as variáveis dentro da mesma corrente de pensamento.

São os seguintes os pontos de maior divergência: o que se deve entender por *tributos que comportem, por sua natureza, transferência do respectivo encargo financeiro?* Referida análise é jurídica ou meramente econômica? O art. 166 do CTN é constitucional? Existe alguma interpretação deste enunciado normativo conforme a Constituição da República? Este artigo efetivamente se refere aos denominados *tributos indiretos*? No gênero *tributos indiretos* se incluem, sem quaisquer ressalvas, todos os tributos não cumulativos ou, ainda, todas as hipóteses em que há repercussão do seu ônus (jurídica ou econômica)? E mais, referido dispositivo contempla as hipóteses de responsabilidade tributária ou apenas os casos de substituição?

Na tentativa de responder essas questões, estabeleceremos nos itens seguintes um diálogo com o que diz a doutrina e a jurisprudência sobre o tema para, só num segundo momento, apresentarmos nosso posicionamento a respeito da matéria.

RESTITUIÇÃO DO INDÉBITO TRIBUTÁRIO:
LEGITIMIDADE ATIVA NAS INCIDÊNCIAS INDIRETAS

2.3.1 Diálogo com a doutrina sobre o art. 166 do CTN

O art. 166 do CTN dá espaço para muita controvérsia. Com efeito, inúmeras são as soluções interpretativas que lhe atribuem a Doutrina. Vejamos, num primeiro momento, as principais delas, dando especial enfoque ao campo de sua aplicação:

✓ **Solução Interpretativa nº 01:** o art. 166 do CTN é inconstitucional, não devendo por esta razão ser aplicado em qualquer caso.

✓ **Solução Interpretativa nº 02:** o presente artigo é constitucional ainda que venha a representar efetivo obstáculo à restituição. Isso porque, na ausência de justo título que ampare tanto o Estado quanto o sujeito passivo do tributo, deve prevalecer o princípio da supremacia do interesse público, incorporando-se as quantias indevidamente recolhidas ao Erário.

✓ **Solução Interpretativa nº 03:** referido enunciado normativo é constitucional desde que se restrinja a sua aplicação aos tributos indiretos.

✓ **Solução Interpretativa nº 04:** é legítima a aplicação do art. 166 do CTN apenas aos casos em que há repercussão jurídica, o que ocorreria:

➢ exclusivamente nas hipóteses de substituição tributária;

➢ apenas nas situações em que o tributo é lançado e destacado em documento fiscal;

➢ nas hipóteses de substituição tributária e quando o tributo é lançado e destacado em documento fiscal; ou

➢ nos tributos incidentes sobre o consumo.

ANDRÉA MEDRADO DARZÉ MINATEL

Pois bem. O primeiro foco de dissenso quando o tema é o art. 166 do CTN diz respeito justamente à sua constitucionalidade. Muitos doutrinadores, dentre os quais se destacam Ives Gandra da Silva Martins, Eduardo Bottallo, Gabriel Lacerda Troianelli, Cairon Ribeiro dos Santos, Vittorio Cassone, defendem que esse dispositivo legal não foi recepcionado pela Constituição da República de 1988, sob o argumento de que teria utilizado critério exclusivamente econômico para determinar o sujeito ativo da relação de devolução do indébito, o que não seria condizente com a racionalidade do direito, que só se alimenta das suas próprias estruturas.

As lições de Tarcisio Neviane bem sintetizam essa corrente de pensamento:

> Sendo, pois, a transferência do encargo tributário fenômeno essencialmente econômico de especial interesse da Ciência das Finanças e da Sociologia Tributária, esse fenômeno, se muito, pode orientar o legislador, que poderá regular certos tributos de molde a acelerar, retardar ou desimediatizar o fenômeno possível da translação, mas, mesmo quando isto ocorra, não será por isso que o legislador terá estabelecido qualquer critério jurídico para distinguir entre tributos que comportem e não comportem transferência do encargo financeiro a terceiros.[124]

Gabriel Lacerda Troianelli, por sua vez, chama à atenção para as consequências da aplicação da norma inscrita no art. 166 do CTN. Segundo o autor,

> (...) ela confere um sabor todo especial à inconstitucionalidade útil, uma vez que, mesmo depois de declarado indevido o tributo, não poderá o contribuinte – há casos em que a expressa permissão do terceiro que assumiu o encargo financeiro é praticamente impossível – obter de volta o que pagou, permanecendo o indébito com o Estado.[125]

---

124. NEVIANI, Tarcisio. Repetição do indébito. In: MARTINS, Ives Gandra da Silva (Coord.). Caderno de Pesquisas Tributárias n.º 8. *Repetição do Indébito*. São Paulo: Coedição Centro de Estudos de Extensão Tributária e Resenha Tributária, p. 322-325, 1983.

125. TROIANELLI, Gabriel Lacerda apud MELO, José Eduardo Soares de. *Proces-*

RESTITUIÇÃO DO INDÉBITO TRIBUTÁRIO:
LEGITIMIDADE ATIVA NAS INCIDÊNCIAS INDIRETAS

Eduardo Bottallo, da mesma forma, defende que é inadmissível, em qualquer circunstância, "condicionar-se no plano jurídico o reconhecimento do direito à restituição do indébito tributário, à prova de haver o contribuinte assumido o respectivo ônus financeiro ou de estar devidamente autorizado por terceiros a pleitear a respectiva repetição".[126-127]

Ives Gandra da Silva Martins também é categórico ao afirmar que "o art. 166 conflita com os arts. 153, § 2°, 19, item I, da CF, e com os arts. 97, 121 e 128, do CTN, representado pela sua inequívoca inadaptação ao cenário jurídico pátrio inconstitucional".[128]

Os principais argumentos apresentados por aqueles que defendem a inconstitucionalidade do art. 166 do CTN podem ser assim sintetizados: (a) o direito à restituição do indébito tributário tem fundamento na Constituição da República; (b) é vedado ao Estado enriquecer sem causa; (c) a restituição do indébito é questão jurídico-tributária divorciada do negócio jurídico de direito privado subjacente; (d) em virtude do uso, previsto na legislação, de notas fiscais simplificadas ou de máquinas registradoras, é impossível identificar o comprador que suportou o ônus do tributo, individualizando-se, assim,

---

so tributário administrativo e judicial, 2. ed. São Paulo: Quartier Latin, 2009, p. 229.

126. BOTTALLO, Eduardo Domingos. Restituição de impostos indiretos. *Revista de Direito Público*, v. 5, n. 22, São Paulo, Revista dos Tribunais, 1972, p. 319.

127. Paulo de Barros Carvalho a despeito de não defender diretamente a inconstitucionalidade do artigo 166, do CTN, sustenta que ele não pode ser aplicado de maneira isolada. Há de integrar-se com todas as regras do sistema, sobretudo com as veiculadas pelos artigos 121, 123 e 165 do CTN. Por conta disso, concluiu que, "em nenhuma delas está consignado que o terceiro que arque com o encargo financeiro do tributo possa ser o contribuinte. Portanto, só o contribuinte tributário tem direito à repetição do indébito e, via de consequência, só a ele é atribuído legitimidade processual para tal empreendimento" (CARVALHO, Paulo de Barros. *Direito tributário: Linguagem e método*. 3 ed. São Paulo: Noeses, 2009. p. 229).

128. MARTINS, Ives Gandra da Silva. Repetição do Indébito. In: MARTINS, Ives Gandra da Silva (Coord.). Caderno de Pesquisas Tributárias n.º 8. *Repetição do indébito*. São Paulo: Coedição Centro de Estudos de Extensão Tributária e Resenha Tributária, p. 163, 1983.

a restituição; (e) a exigência do art. 166 do CTN viola o princípio isonomia, impondo ao contribuinte que pagou tributo indevido, direto ou indireto, um encargo não suportado pelo contribuinte que simplesmente se absteve de recolher referido tributo; (f) existindo o Estado sobretudo para servir à sociedade, não pode valer-se de meios reprováveis pela moral para alcançar seus objetivos, como está a fazer quando obstaculiza, na hipótese do art. 166 do CTN, a restituição do indébito sob a justificativa de evitar o locupletamento ilícito do particular.[129-130]

Como é possível perceber, esses doutrinadores caminharam muito bem na fixação de premissas: (i) o direito à repetição do indébito tem matriz constitucional; e (ii) o Estado não pode, sob o pretexto de atender ao interesse público, se apropriar de tributos sem respaldo legal. Pena não ser possível afirmar o mesmo em relação à conclusão alcançada.

Olvida-se que, para algumas situações bem definidas, mais do que desejável, é recomendável a disciplina diferenciada da titularidade do direito à restituição, exatamente por conta de a repercussão compor o regime jurídico desses tributos ou, mais propriamente, dessas incidências tributárias. A presença desse critério de *discrímen,* do nosso ponto de vista, justifica a fixação de tratamento específico.

---

129. MACHADO SEGUNDO, Hugo de Brito; RAMOS, Paulo de Tarso Vieira. Repetição de indébito tributário e compensação. In: MACHADO, Hugo de Brito (Coord.). *Repetição do indébito e compensação no direito tributário*. São Paulo: Dialética; Fortaleza: Instituto Cearense de Estudos Tributários – ICET, p. 147-148, 1999.

130. É também muito recorrente defender a inconstitucionalidade do art. 166 do CTN pelo fato de ele ter se referido a contribuinte de fato e/ou contribuinte de direito. Ocorre que este dispositivo legal não faz qualquer menção a estas figuras. Aliás, não se identificam essas categorias em qualquer passagem do Código. Assim, parece-nos um erro usar esta classificação para interpretar referido dispositivo legal, e o que é pior, para justificar sua inconstitucionalidade, simplesmente por se tratar de institutos que refogem ao campo de especulação do direito tributário. Ora, atitude circular como a presente, que utiliza categorias que estão fora do direito, mesmo sem ter sido usadas pelo legislador, para refutar a validade da norma sob o próprio fundamento de que essas mesma categorias, não se utilizam de critérios jurídicos para a sua definição, deve ser rechaçada, por absoluta falta de rigor científico.

RESTITUIÇÃO DO INDÉBITO TRIBUTÁRIO:
LEGITIMIDADE ATIVA NAS INCIDÊNCIAS INDIRETAS

É certo que, como regra, a noção de legitimidade processual está vinculada apenas à natureza e à estrutura da relação jurídica objeto do litígio. Aquele que tem um direito próprio violado (ou ameaçado de violação) costuma ser eleito pela lei como parte legítima para pleitear a tutela jurisdicional. Todavia, excepcionalmente, em caráter supletivo à regra geral, a legitimidade processual pode vir definida por lei específica (como ocorre, por exemplo, com a lei que atribui ao Ministério Público a legitimidade para anular casamentos).

Como bem colocado por Walter Piva Rodrigues, a solução do problema da legitimidade para agir na ação de repetição de indébito tributário passa pela definição não só de quem figura como sujeito passivo da obrigação tributária (quem pagou indevidamente), mas também pela interpretação do art. 166 do CTN, afinal, há aqui o estabelecimento de verdadeira norma processual de exceção, supletiva à regra geral, aplicável a situações bem definidas.[131]

É bem verdade que o Código Tributário Nacional poderia ter optado por não estabelecer regra específica de legitimidade ativa para a repetição do indébito tributário indireto, o que implicaria a aplicação indiscriminada do regime jurídico geral (art. 165 do CTN). Todavia, tendo-a positivado, não pode o intérprete ignorá-la, tampouco manter-se preso ao plano da literalidade de um único dispositivo legal, esquecendo-se do contexto normativo do qual faz parte.

De fato, caso não existisse o art. 166 do CTN, a legitimidade ativa para a repetição demandaria apenas a identificação do sujeito passivo do tributo, seguindo a regra processual geral. Todavia, não foi essa a opção escolhida pelo legislador.

Neste ponto cabe mais um parênteses: não se pode confundir o fundamento da ação (violação do princípio da legalidade tributária) com o fundamento da legitimidade de agir

---

131. RODRIGUES, Valter Piva. A regularidade da legitimação do contribuinte no ajuizamento da ação de repetição do indébito fiscal. In: CEZAROTTI, Guilherme (Coord.). *Repetição do indébito tributário*. São Paulo: Quartier Latin, 2005. p. 91.

(quem pode pedir de volta o que fora indevidamente pago). Aquele é sempre necessário, mas suficiente apenas nos caos em que não haja regra específica sobre a legitimidade processual (que é justamente o caso das situações contempladas pelo art. 166 do CTN).

Diante desta sorte de considerações, é até intuitivo perceber que a circunstância de o direito à restituição do tributo indevidamente pago ter fundamento direto na Constituição da República não conduz, indistintamente, à conclusão de que o art. 166 do CTN seja inconstitucional. Isso porque deslocar a legitimidade ativa da regra geral do direito à restituição de tributos repercutidos ou mesmo exigir prova da ausência de repercussão nas hipóteses em que há presunção legal da sua existência não implica, necessariamente, limitação ou restrição do direito à restituição. Pelo contrário, bem aplicada, é medida indispensável para impedir que se perpetuem distorções no sistema, decorrentes da indevida exigência de tributos, o que não seria viável mediante a aplicação indiscriminada da regra geral que legitima o sujeito passivo do tributo a pleitear a devolução do indébito nas incidências indiretas.

A solução apresentada pelo art. 165 do CTN, como veremos com mais vagar nos itens seguintes, não atende à multiplicidade de regimes jurídicos estabelecidos pelo direito positivo para a exigência de tributos e, consequentemente, para a sua eventual devolução.

Grande parte da confusão que gira em torno do presente tema se deve ao fato de muitos não atinarem para as seguintes variáveis: (i) nem sempre o sujeito passivo do tributo corresponde à pessoa que realizou o fato jurídico tributário; (ii) nem sempre o sujeito passivo do tributo é quem deve suportar juridicamente o seu ônus; (iii) em algumas situações, a carga tributária é definida levando-se em conta o tributo que incidiu em outros elos da cadeia; e (iv) nem sempre a repercussão do ônus tributário é meramente econômica.

RESTITUIÇÃO DO INDÉBITO TRIBUTÁRIO:
LEGITIMIDADE ATIVA NAS INCIDÊNCIAS INDIRETAS

Assim, antes de rechaçar sumariamente a presente classificação, que utiliza como critério distintivo a repercussão do ônus tributário, algumas perguntas deveriam ser enfrentadas: esta realidade – a transferência do encargo econômico do tributo – foi prestigiada também pelo direito positivo? E mais, trata-se de critério tomado pelas normas para imprimir consequências jurídicas?

Do nosso ponto de vista, caso esses doutrinadores tivessem atinado para essas particularidades, certamente não concluiriam pela inconstitucionalidade *a priori* e indistinta do art. 166 do CTN, pela simples circunstância de, relativamente aos tributos que comportam, por sua natureza, transferência do encargo financeiro, "deslocar" o sujeito ativo da repetição do indébito. Isso, é claro, desde que se entenda que o presente enunciado apenas altera a legitimidade ativa para a repetição nas hipóteses de incidências indiretas, não representando efetivo entrave ao exercício desse direito.

Também é esta a posição de Ricardo Mariz de Oliveira. Segundo o autor, o art. 166 do CTN não elimina o direito de o cidadão pagar somente o que a lei determina. Pelo contrário, apenas trata da titularidade do direito de reaver o montante indevidamente exigido. Entendê-lo como uma proibição absoluta da repetição no caso dos tributos indiretos e repercutidos seria, de fato, um óbice intransponível a tal direito; e, assim, uma inconstitucionalidade patente. E arremata,

> a interpretação que coloca o art. 166 do CTN de acordo com a Constituição é aquela que verifica não impedir ele o direito impostergável à restituição do indébito, limitando-se a tratar da titularidade sobre esse direito.[132]

---

132. OLIVEIRA, Ricardo Mariz de. *Repetição do indébito...* cit., p. 361.

ANDRÉA MEDRADO DARZÉ MINATEL

Assim, o que não se pode tolerar é a exigência de prova de difícil ou quase impossível produção como pressuposto para a restituição ou, ainda, a escolha de sujeito diverso do *contribuinte de fato* (por nós entendido como o destinatário legal da repercussão, jamais como consumidor final) como legitimado ativo desse direito, nos casos em que a lei determina a repercussão do ônus do tributo. Aliás, se a lei outorga ao *contribuinte de fato* a faculdade de autorizar o "contribuinte de jure" – que, no caso, não logra provar ter suportado o tributo indevido –, é justamente porque presume serem eles os verdadeiros afetados e, portanto, os legitimados.

O problema, vale advertir, não está propriamente no texto do art. 166 do CTN, mas no conteúdo e alcance que pretendem lhe atribuir. Restringindo sua aplicação exclusivamente aos casos em que a incidência do tributo é marcada pela repercussão jurídica do encargo financeiro, e não pela repercussão meramente econômica, equaciona-se a quase totalidade das supostas violações cometidas por este enunciado legal, apontadas pela Doutrina.

Na verdade, inconstitucional seria chancelar o direito à restituição daqueles que não sofrerem qualquer desfalque, do ponto de vista jurídico, com a tributação ilegal. Um erro (a instituição ou majoração indevida de tributo) não justifica outro (a restituição à pessoa errada). Se é indesejável que os valores indevidamente recolhidos sejam incorporados ao patrimônio do Estado, por certo, também o é a "devolução" para aquele que não experimentou juridicamente o ônus do tributo. O presente artigo, portanto, deve ser tomado como regra excepcional, que apenas altera a titularidade do direito à restituição dos tributos indevidamente pagos nas situações em que ele é marcado pela repercussão jurídica. Nada mais.

Por outro lado, parece-nos que a própria jurisprudência do Supremo Tribunal Federal percebeu, há quase meio século, o equívoco em considerar que toda repercussão dos tributos é exclusivamente econômica. Tanto é verdade que, como trataremos com mais vigor em tópico próprio, mudou

RESTITUIÇÃO DO INDÉBITO TRIBUTÁRIO:
LEGITIMIDADE ATIVA NAS INCIDÊNCIAS INDIRETAS

seu posicionamento, antes cristalizado na Súmula nº 71,[133] passando a adotar a posição positivada na Súmula nº 546.[134] Pena que essa evolução no entendimento do tema não tenha sido suficiente para espelhar a efetiva fisionomia da repercussão jurídica dos tributos.

Esta também é a conclusão de Hugo de Brito Machado, que é categórico ao afirmar que

> (...) admitir que o contribuinte sempre transfere o ônus do tributo ao consumidor dos bens ou serviços é uma ideia tão equivocada quanto difundida. (...) Seja como for, o certo é que não se pode confundir a relação jurídica de direito tributário, existente entre o contribuinte e o Fisco, com a relação jurídica de Direito Privado, existente entre o comprador e o vendedor dos bens e serviços.[135]

Insurgindo-se contra a teoria da inconstitucionalidade irrestrita do art. 166 do CTN, colocam-se aqueles que, como José Eduardo Soares de Mello, José Mörschbächer, Carlos Vaz, Oswaldo Othon de Pontes Saraiva Filho, Jorge Sylvio Marquezi Junior, defendem que a interpretação conforme a Constituição do art. 166 do CTN exige que sua aplicação se restrinja aos tributos ditos indiretos.

De acordo com Jorge Sylvio Marquezi Junior,

> (...) analisando o art. 166 na exclusiva ótica de ser um instrumento que visa a garantir a propriedade, evitando o enriquecimento sem causa, afirmamos que não há nele qualquer inconstitucionalidade, muito pelo contrário, para este fim ele é extremamente útil, pois se mostra como um mecanismo hábil a evitar que

---

133. Súmula STF nº 71: "Embora pago indevidamente, não cabe restituição de tributo indireto".

134. Súmula STF nº 546: "Cabe a restituição do tributo pago indevidamente, quando reconhecido por decisão, que o contribuinte "de jure" não recuperou do contribuinte 'de facto' o 'quantum' respectivo".

135. MACHADO, Hugo de Brito. *Curso de Direito Tributário*. 26. ed. rev. atual. e ampl. São Paulo: Malheiros, 2005. p. 208.

104

aquele que não tiveram sua propriedade tolhida angariem, por meio da repetição, patrimônio de outrem.[136]

Mais adiante acrescenta:

O enriquecimento sem causa que o art. 166 busca evitar, prestigiando o princípio constitucional da propriedade, todavia, é o que ocorre especificadamente em matéria tributária e no qual o ordenamento mesmo dá mecanismos para que o sujeito que deve concretizar a obrigação de dar tributária faça isso não com seu próprio patrimônio, mas sim atingindo patrimônio de outrem.[137]

José Mörschbächer, outro importante expoente dessa corrente teorética, defende que o presente dispositivo legal é aplicável não apenas aos tributos indiretos, mas também a qualquer incidência tributária indireta que possa estar inserida em tributo tipicamente direto. Nas suas palavras:

Há, pois, expressa e suficientemente clara disposição da lei complementar no sentido de que se encontram submetidas ao regramento do art. 166 do Código, não apenas os tributos indiretos – aos quais, sem dúvida, se destina em particular o dispositivo – mas também outra qualquer incidência tributária indireta que possa estar inserida em tributo tipicamente direto. Basta a noção dos elementos fornecidos pela Ciência das Finanças, ou pela Política Tributária, para se reconhecer determinadas e singulares *incidências indiretas* que se contêm especificamente no imposto de renda (imposto incontroversamente direto), como é o caso das incidências na fonte, mormente aquelas exclusivas.[138]

José Eduardo Soares de Melo, flexibilizando um pouco esses ensinamentos, sustenta que, ainda que se trate de

---

136. MARQUEZI JUNIOR, Jorge Sylvio. *Uma análise conforme a Constituição Federal...* cit., p. 94.

137. Idem, ibidem.

138. MÖRSCHBÄCHER, José. Repetição de indébito tributário e compensação. In: MACHADO, Hugo de Brito (Coord.). *Repetição do indébito e compensação no direito tributário.* São Paulo: Dialética; Fortaleza: Instituto Cearense de Estudos Tributários – ICET, p. 255,1999.

RESTITUIÇÃO DO INDÉBITO TRIBUTÁRIO:
LEGITIMIDADE ATIVA NAS INCIDÊNCIAS INDIRETAS

tributos indiretos, deve ser afastada a aplicação do art. 166 do CTN quando não for possível identificar o terceiro, destinatário do encargo econômico do tributo, como aconteceria, por exemplo, nas operações realizadas com consumidores finais de bens e serviços tributados. Segundo o autor, do contrário, "acabaria sendo inviabilizada a restituição ao sujeito passivo, o que caracterizaria o locupletamento da Fazenda, que recebera valores sem causa jurídica".[139]

Em síntese, de acordo com este jurista, não se aplica o art. 166 do CTN quando o contribuinte de fato não for identificado. Isso porque, não sendo viável a comprovação do repasse, seria mais importante o Estado não ficar com o produto da tributação ilegal do que o particular enriquecer sem causa, sendo restituído de prejuízo inexistente.

Apesar de reconhecermos os avanços desta corrente de pensamento, fundamentalmente, a presente conjectura peca por se valer de critérios econômicos e casuísticos para delimitar o âmbito de aplicação do art. 166 do CTN.

Encabeçando a terceira solução interpretativa do art. 166 do CTN, que defende a aplicabilidade deste dispositivo legal apenas aos casos em que haja repercussão jurídica do tributo que se pretende restituir, estão José Artur Lima Gonçalves, Márcio Severo Marques, Paulo Roberto de Oliveira Lima, Rafael Marcílio Xerez, Hugo de Brito Machado Segundo, Paulo de Tarso Vieira Ramos, Aroldo Gomes de Mattos e Schubert de Farias Machado.

A despeito de ser possível identificar esse núcleo comum nas ideias defendidas por estes juristas, quando o objeto de análise volta-se justamente para a definição de "repercussão jurídica", o consenso cede espaço para a divergência, identificando-se as mais variadas posições.

---

139. MELO, José Eduardo Soares de. Repetição do indébito e compensação. In: MACHADO, Hugo de Brito (Coord.). *Repetição do indébito e compensação no direito tributário*. São Paulo: Dialética; Fortaleza: Instituto Cearense de Estudos Tributários - ICET, p. 235, 1999.

ANDRÉA MEDRADO DARZÉ MINATEL

José Artur Lima Gonçalves e Márcio Severo Marques, por exemplo, defendem que a repercussão ou transferência jurídica do encargo financeiro do tributo se verifica apenas nas hipóteses de estabelecimento de regra de substituição tributária. Nas suas palavras:

> Nesse sentido, o art. 166 deve ser interpretado sistematicamente, em harmonia com o art. 128 do mesmo Código Tributário, segundo o qual 'a lei pode atribuir de modo expresso a responsabilidade pelo crédito tributário a terceira pessoa, vinculada ao fato gerador da respectiva obrigação, excluindo a responsabilidade do contribuinte ou atribuindo-a a este em caráter supletivo do cumprimento total ou parcial da referida obrigação.' Nestes casos, presume a legislação complementar a possibilidade de transferência do respectivo encargo financeiro, mesmo porque tal transferência é pressuposto constitucional da validade da norma de substituição, na medida em que, sabidamente, não será o responsável pelo recolhimento do tributo (o substituto) aquele que sofrerá a efetiva diminuição patrimonial em razão da incidência da norma tributária, mas sim o próprio contribuinte substituído. Daí a necessária conclusão no sentido de que, neste caso, há presunção legal de transferência – necessária – do respectivo encargo financeiro forçosamente prevista pela própria legislação de regência, que disciplina o regime jurídico da substituição tributária, como instrumento incrementador da eficácia de uma dada norma de tributação. (...)
>
> Apenas, portanto, nas hipóteses de substituição tributária legalmente estabelecidas pela legislação de regência, é que se poderia condicionar a restituição do indébito à demonstração de que o contribuinte arcou com o encargo financeiro do tributo, porque nestes casos o próprio regime jurídico do tributo (e, portanto, as normas jurídicas que o disciplinam) autoriza e presume esta transferência do encargo tributário.[140]

Hugo de Brito Machado Segundo e Paulo de Tarso Vieira Ramos, por sua vez, sustentam que a repercussão do encargo financeiro do tributo ocorre não apenas nos casos de substituição tributária, mas, igualmente, nas situações em que o tributo vem lançado e efetivamente destacado em documento

---

140. GONÇALVES, José Artur Lima; MARQUES, Márcio Severo. O direito à restituição do indébito tributário... cit., p. 207-208.

RESTITUIÇÃO DO INDÉBITO TRIBUTÁRIO:
LEGITIMIDADE ATIVA NAS INCIDÊNCIAS INDIRETAS

fiscal (o que, no seu entender, ocorreria em se tratando de ICMS, IPI e ISS):

> Quando o art. 166 do CTN se refere a tributos que comportem, por sua natureza, transferência do respectivo encargo financeiro, deve-se entender que tais tributos sejam apenas aqueles que, por sua natureza jurídica e não financeira, possam ser transferidos, tais como o ICMS, o IPI e o ISS, nos casos em que o tributo vem lançado e efetivamente destacado no documento fiscal. (...) Ressalte-se que o art. 166 aplica-se ainda aos casos de substituição, em que se tem a nítida distinção jurídica entre o obrigado ao recolhimento do tributo e aquele que efetivamente suporta o ônus.[141]

Como teremos oportunidade de melhor explicar nos itens seguintes, a maior crítica que deve ser lançada a essa corrente teórica diz respeito à falta de um critério claro para definir a repercussão jurídica do tributo. Em nossa singela opinião, merece censura a tentativa de restringi-la às hipóteses de estabelecimento de regra de substituição tributária. Qual seria a razão para não incluir as demais espécies de responsabilidade neste rol, já que, como vimos, a regra de repercussão jurídica é condição necessária para a válida atribuição do dever de um "terceiro" (responsável, o que inclui o substituto) pagar tributo? Da mesma forma, entendemos que autorizar a aplicação do art. 166 do CTN em todas as situações em que o tributo é destacado em documento fiscal ou, ainda, nos casos que incidem sobre o consumo, peca por transbordar as hipóteses de repercussão efetivamente jurídica do tributo, alcançando, igualmente, situações de repercussão meramente econômica.

Assim, apesar de concordamos que a aplicação do presente artigo deva se limitar aos tributos ou às incidências marcadas pela repercussão jurídica do seu encargo financeiro, distanciamo-nos dessas posições justamente por entender que o conteúdo e alcance da expressão *repercussão jurídica*

---

141. MACHADO SEGUNDO, Hugo de Brito; RAMOS, Paulo de Tarso Vieira. Repetição do indébito tributário e compensação... cit., p. 148.

ANDRÉA MEDRADO DARZÉ MINATEL

é mais amplo (especialmente no que toca às situações de responsabilidade), mas, por outro lado, não contempla denotativamente algumas situações identificadas por estes autores, como é o caso do ISS, apenas para ilustrar.

Cabe, desde já, uma advertência: é recorrente o uso de premissas equivocadas na análise do art. 166 do CTN. Equivocadas porque não guardam correspondência com o direito positivo. Como veremos oportunamente, são apenas duas as hipóteses de repercussão contempladas atualmente pelo Direito Tributário brasileiro: não cumulatividade (mas apenas externa ou exógena)[142] e responsabilidade (especialmente as derivadas de atos lícitos). Diante disso, parecem-nos frágeis as posições que simplesmente ignoram essas duas realidades, preferindo entender que a repercussão de que trata este enunciado legal é a econômica pura e simples ou, o que é pior, que este mesmo dispositivo teria juridicizado toda e qualquer hipótese de repercussão econômica, transmudando-a em jurídica. Isso sem falar naqueles que simplesmente consideram apenas uma ou algumas hipóteses de repercussão jurídica contempladas pelo ordenamento, sem apresentar qualquer justificativa para tal.

O desafio dos capítulos seguintes será, portanto, apresentar não só uma interpretação do art. 166 do CTN conforme a Constituição da República, mas, especialmente, relacionar os fundamentos pelos quais entendemos tratar-se de regra necessária para implementar a isonomia e a própria legalidade nas situações em que a incidência tributária é marcada pela repercussão jurídica do seu encargo.

Ultrapassada a questão das hipóteses em que se legitima a aplicação do art. 166 do CTN, passa-se a enfrentar outro

---

142. A não cumulatividade externa ou exógena é técnica de apuração de tributos aplicável ao IPI e ao ICMS. Oportunamente, quando tratarmos especificamente da não cumulatividade como hipótese de repercussão jurídica, explicaremos as diferenças específicas que a apartam da não cumulatividade interna, aplicável à Contribuição ao PIS e à COFINS.

RESTITUIÇÃO DO INDÉBITO TRIBUTÁRIO:
LEGITIMIDADE ATIVA NAS INCIDÊNCIAS INDIRETAS

ponto tortuoso que gira em torno deste tema: a quem o presente dispositivo legal outorga legitimidade para pleitear a restituição do indébito tributário?

A doutrina também se apresenta bastante dividida sobre o tema da legitimidade. Apesar do dissenso coletivo, algumas vertentes de pensamento podem ser relacionadas como as principais. São elas:

- ✓ **Solução Interpretativa n° 01:** apenas o sujeito passivo do tributo tem legitimidade para pleitear o indébito em qualquer caso;

- ✓ **Solução Interpretativa n° 02:** a regra em referência estabelece condições para legitimar o sujeito passivo do tributo a pleitear a devolução do indébito: (i) prova de que assumiu e não repassou o encargo financeiro do tributo ao *contribuinte de fato* ou (ii) obtenção de expressa autorização do *contribuinte de fato* para repetir o indébito tributário por ele pago ao Fisco.

- ✓ **Solução Interpretativa n° 03:** só o *contribuinte de fato*, que suportou o ônus do tributo, tem legitimidade ativa para postular a repetição perante o Fisco;

- ✓ **Solução Interpretativa n° 04:** o presente enunciado normativo institui a figura do *contribuinte castrado*, na medida em que permite um terceiro a autorizar o exercício de um direito que não pode exercer pessoalmente;

- ✓ **Solução Interpretativa n° 05:** nesses casos, em regra, o *contribuinte de fato* é o legitimado, exceção feita às hipóteses de não cumulatividade, nas quais o titular volta a ser o *contribuinte de direito*, devendo o adquirente da mercadoria ou serviço estornar o crédito relativo ao tributo indevido;

- ✓ **Solução Interpretativa n° 06:** o presente enunciado normativo outorga legitimidade alternativa: à pessoa que assumiu o ônus ou ao sujeito passivo do tributo, quando autorizado por aquele.

Além dessas propostas doutrinárias, existem muitas outras. Isso sem falar nos juristas que adotam simultaneamente mais de uma dessas correntes, apresentando soluções interpretativas híbridas para o presente enunciado legal. Assim, dada a multiplicidade de opiniões sobre o tema, concentraremos nossa atenção apenas nas principais delas.

Por razões óbvias que não requerem desdobramentos particularizados, aqueles que sustentam a inconstitucionalidade do art. 166 do CTN concluem que o sujeito passivo do tributo será invariavelmente o legitimado a pleitear a sua devolução. Afinal para estes só seria válida a aplicação da regra geral do art. 165 do CTN.

Ao lado desses se colocam, ainda, aqueles que, mesmo aceitando a validade do art. 166 do CTN, sustentam que apenas o sujeito passivo do tributo pode pleitear a sua devolução na eventualidade de ser indevido. Assim o defendem, o que não é de se espantar, pelas mais variadas razões.

Rubens Gomes de Souza, por exemplo, entende que só o sujeito passivo da relação tributária tem legitimidade para pleitear o tributo indevido, uma vez que não existe juridicamente a figura do *contribuinte de fato*:

> Alegando que os impostos indiretos (especialmente o de consumo e de vendas e consignações) são pagos pelo contribuinte, mas suportados em definitivo por outra pessoa, a quem aquele os transfere por acréscimo no preço, o fisco recusa a restituição ao contribuinte, sob o fundamento de que este o receberia duas vezes. (...) esse ponto de vista nos parece errado, porque o contribuinte legalmente obrigado ao pagamento do tributo é que tem juridicamente direito à sua restituição. O fato de já ter recuperado de terceiro o respectivo montante, além de ser um fato econômico e não jurídico e por isso mesmo impossível de apurar com segurança, daria, quando muito, ao terceiro o direito de pleitear por sua vez do contribuinte a reposição de parte do preço: este aspecto, evidentemente, é estranho ao direito tributário e configura questão de direito privado entre o contribuinte como

RESTITUIÇÃO DO INDÉBITO TRIBUTÁRIO:
LEGITIMIDADE ATIVA NAS INCIDÊNCIAS INDIRETAS

vendedor e o terceiro como comprador. De resto, se se admitisse a teoria do fisco, estaria o direito tributário reconhecendo a existência de dois contribuintes, o de direito e o de fato, o que, como já vimos, não é exato.[143]

José Eduardo Soares de Melo chega à idêntica conclusão por entender que, como os tributos vinculam exclusivamente os sujeitos passivos (contribuintes e responsáveis), apenas estes é que têm legitimidade para requerer a repetição:

> Em sua essência, este dispositivo é figura estranha ao sistema tributário, por traduzir norma financeira procedimental, só colhendo a categoria de tributo no que concerne à natureza dessa espécie normativa, que implique a translação da carga financeira. Por conseguinte, deve respaldar-se em princípio e normas peculiares aos regimes jurídicos financeiro e processual. Os tributos vinculam exclusivamente os sujeitos passivos (contribuintes e responsáveis) porque mantêm atinência estrita com a materialidade tributária, exaurindo-se no comportamento positivo de seus devedores. O fato de o valor tributário corresponder, também, a um encargo financeiro, que possa ser transferido a terceiros, não significa que estes devam participar da relação do indébito. (...)
>
> Embora o ônus financeiro seja normalmente suportado pelo adquirente de bens/serviços, mediante pagamento do preço, a verdade é que a relação jurídica – envolvendo pagamento e recebimento do tributo – somente vinculou o contribuinte e a pessoa de direito público. Os adquirentes de bens/serviços representam figuras totalmente estranhas à relação jurídica tributária (Fisco x contribuinte) em razão do que não possuem nenhuma legitimidade tributária para postular a repetição do indébito tributário.[144]

Essa tese, em nossa singela opinião, é a menos razoável de todas, pois leva à conclusão de que as particularidades das incidências tributárias marcadas pela repercussão jurídica

---

143. SOUZA, Rubens Gomes de. *Compêndio de legislação tributária.* Coordenação: IBET, Instituto Brasileiro de Estudos Tributários. Obra póstuma. São Paulo: Resenha Tributária, 1975. p. 122-123.

144. MELO, José Eduardo Soares de. Repetição do indébito e compensação... cit., p. 233-236.

112

devem ser simplesmente ignoradas. Trata-se, em nosso sentir, de resposta precipitada, que não resolve os efeitos reflexos decorrentes da indevida exigência tributos ou incidências indiretas. Com efeito, para estes casos específicos, pensamos ser necessário identificar uma situação ideal, cogitada como fórmula eficaz para reger os acontecimentos do mundo e que, nesta qualidade, não gere consequências indiretas indesejadas, decorrentes da própria devolução do tributo, sem perder de vista a necessidade de adotar uma interpretação que "caiba" na literalidade produzida pelo legislador. Afinal, o suporte físico do texto legal é um dado objetivo intransponível.

Por outro lado, importa esclarecer que a circunstância de o terceiro não pagar tributo, mas preço, não é suficiente para afastar, apriorística e indistintamente, a sua legitimidade para a restituição. Não se nega que tecnicamente esses sujeitos jamais pagam tributo (no sentido de ter o dever jurídico de levar essas quantias aos cofres públicos), mas, em situações definidas pela lei, são quem suportam juridicamente o seu ônus. Assim, diversamente do que se possa imaginar, a transferência do encargo tributário nesses casos específicos e isolados não é fato alheio ao Direito Tributário. Pelo contrário, ocorre por determinação da própria lei tributária e, em algumas hipóteses, configura verdadeira condição de validade para a própria fixação do sujeito passivo do tributo (responsabilidade), como já tivemos a oportunidade de apontar.

É justamente por conta dessas razões jurídicas que entendemos frágil a teoria que outorga, única e exclusivamente, ao sujeito passivo tributário legitimidade ativa para requerer a repetição do indébito. A existência de norma de repercussão é critério de *discrímen* jurídico, legítimo e suficiente para deslocar a titularidade desse direito, se mostrando como medida extremamente necessária para adequar a regra de restituição a outros valores prestigiados pelo sistema, em especial, pela própria Constituição, tais como o direito de propriedade, a capacidade contributiva e a própria repartição de competência.

RESTITUIÇÃO DO INDÉBITO TRIBUTÁRIO:
LEGITIMIDADE ATIVA NAS INCIDÊNCIAS INDIRETAS

Em posição intercalar, identificam-se aqueles que preconizam que o sujeito passivo do tributo (*contribuinte de direito*) é quem tem o direito de requerer, administrativa ou judicialmente, a repetição do indébito, mas o exercício desta prerrogativa estaria condicionado à prévia autorização do *contribuinte de fato.*

Ao tratar do tema, Eduardo Domingos Bottallo chama à atenção para uma questão importante: sob esta perspectiva, o *contribuinte de fato* não é, a rigor, apto a pleitear a restituição, *mas apenas provedor da autorização que irá implementar condição necessária para possibilitar o ingresso em juízo do legitimado.* E, acrescenta:

> Entretanto, entendemos que o contribuinte *de facto* pode ingressar em juízo na condição de assistente (CPC, art. 50), já que, conquanto terceiro, tem ele claro interesse em que a decisão seja favorável ao autor da ação de repetição do indébito. Não se trata aqui, a nosso ver, apenas de interesse econômico, mas também jurídico na medida em que a autorização foi erigida em requisito essencial para regular a instauração da relação processual. Por estes mesmos motivos, nos parece perfeitamente plausível poder o contribuinte *de facto* responsabilizar civilmente o contribuinte *de jure*, caso este, a tanto instado, não intente a ação de repetição de indébito ou venha a perdê-la por culpa.[145]

No mesmo sentido, Antônio Roberto Sampaio Dória esclarece que a lei tributária não investiu o próprio terceiro de legitimidade processual para agir, ainda que tenha o necessário interesse econômico, por haver suportado o ônus financeiro do tributo indevido,

> (...) pelo que em nossa prática tributária jamais se reconheceu qualquer titularidade ao contribuinte de fato para repetir, ainda que prove ter assumido o gravame. Em verdade o que a lei exclusivamente lhe atribui é a faculdade de dar autorização para que o contribuinte de direito requeira a devolução do encargo indevidamente pago.[146]

---

145. BOTTALLO. Eduardo Domingos. *IPI* – Princípios e estrutura... cit., p. 119.

146. DÓRIA, Antônio Roberto Sampaio. Restituição de imposto indireto e produto

ANDRÉA MEDRADO DARZÉ MINATEL

A presente interpretação peca, dentre outras razões, por admitir a figura do *contribuinte castrado*, a que se refere Ives Gandra da Silva Martins, "já que, teoricamente, seria titular de um direito, mas não o poderia exercer diretamente".[147]

Contrários às duas primeiras correntes, se colocam aqueles que defendem que a regra excepcional prescrita pelo art. 166 do CTN elege o *contribuinte de fato*, aquele que suporta efetivamente o ônus tributário, como titular do direito à restituição do tributo indevido. Essa ideia fica bem evidente nas lições de Ricardo Lobo Torres:

> Legitimado ativamente a repetir o indébito é aquele que suportou o ônus da cobrança, isto é, aquele que, sem apoio na lei, sofreu redução na sua capacidade contributiva. Quando se tratar de tributos diretos, o sujeito ativo da repetitória é aquele que recolheu o tributo aos cofres públicos. Nos tributos indiretos, em que repercute o ônus da imposição, distinguindo-se as figuras do contribuinte de jure (aquele que providencia o recolhimento) e do contribuinte de fato (o que suporta a carga fiscal) legitimado ativamente é o contribuinte de fato.[148]

Alfredo Augusto Becker compartilha de idêntico posicionamento:

> (...) o *contribuinte de jure* não tem legitimidade para pedir a restituição do tributo por ele pago indevidamente (exclusivamente) no caso de repercussão jurídica do tributo, isto é, quando a lei outorga ao *contribuinte de jure* o direito de reembolso ou retenção do tributo perante uma terceira pessoa[149-150]

---

tabelado. *Revista de Direito Tributário*, n. 6, São Paulo, Revista dos Tribunais, p. 41-42.

147. MARTINS, Ives Gandra da Silva. Repetição do indébito... cit., p. 161.

148. TORRES, Ricardo Lobo. *Restituição dos tributos*. Op. cit., p. 16.

149. BECKER, Alfredo Augusto. *Teoria geral do direito tributário*... cit., p. 525.

150. No mesmo sentido, *vide*: MATTOS, Aroldo Gomes de. Repetição do indébito, compensação e ação declaratória. In: MACHADO, Hugo de Brito (Coord.). *Repetição do indébito e compensação no direito tributário*. São Paulo: Dialética; Fortaleza: Instituto Cearense de Estudos Tributários – ICET, p. 51, 1999 e MÖRSCHBÄCHER, José. *Repetição do indébito tributário indireto*... cit., p. 258.

RESTITUIÇÃO DO INDÉBITO TRIBUTÁRIO:
LEGITIMIDADE ATIVA NAS INCIDÊNCIAS INDIRETAS

Hugo de Brito Machado relativiza um pouco estes ensinamentos. A despeito de defender que, em regra, o legitimado é quem suporta o respectivo encargo financeiro do tributo, afirma que nos tributos não cumulativos o titular desse direito é o *contribuinte* (sujeito passivo do tributo), devendo o adquirente da mercadoria ou da prestação de serviços efetuar o estorno[151] dos créditos. Nas suas palavras:

> c) a legitimidade para pedir a restituição do indébito tributário é do sujeito passivo da relação tributária, que efetuou o correspondente recolhimento, ou, nos casos de repercussão jurídica, do contribuinte que efetivamente suportou o respectivo encargo financeiro;

> d) em se tratando de imposto incidente na operação de venda, pelo industrial, a restituição há de ser feita a este que é o contribuinte, e daí decorre que, sendo não cumulativo o imposto, como acontece com o ICMS, o intermediário atacadista bem como o varejista que compra do atacadista, são obrigados a estornar o crédito respectivo, que na verdade é indevido, pela mesma razão que indevido fora o pagamento feito pelo contribuinte.[152]

---

151. Zelmo Denari também defende que deve ser feito o estorno do crédito nesses casos: "Supondo-se, contudo, que a causa da repetição se localize no campo reservado à aferição do tributo devido, a título de ICM (v. g. na fixação da alíquota ou na determinação da base de cálculo), como evitar, num sistema de incidência não-cumulativa, os efeitos cumulativos da repetição? Esta indagação precisa ser clarificada, valendo-nos, mais uma vez, do esquema gráfico supra. Se os operadores econômicos A, B e C são partes legítimas para pedir, autonomamente, restituição de tributo devido, pelos valores de 100 + 200 + 300, respectivamente (indébito plurifásico), como evitar que o fisco seja compelido a devolver 600, quantia 100% superior à efetivamente recolhida aos cofres públicos? (...) O tributo indevido, ou maior que o devido, gera crédito escritural indevido na etapa subsequente. Assim sendo, o corretivo adequado, para evitar os efeitos cumulativos da repetição, será o estorno do crédito indevido (...) restabelecendo-se, dessa forma, a neutralidade tributária própria do sistema de incidência não-cumulativa". (DENARI, Zelmo. Repetição dos tributos indiretos. In: MARTINS, Ives Gandra da Silva (Coord.). Caderno de Pesquisas Tributárias n.º 8. *Repetição do Indébito*. São Paulo: Coedição Centro de Estudos de Extensão Tributária e Resenha Tributária, p. 128-129, 1983).

152. MACHADO, Hugo de Brito. Apresentação e Análise Crítica. In: MACHADO, Hugo de Brito (Coord.) *Repetição do Indébito e Compensação no Direito Tributário*, Fortaleza : Coedição Dialética; Instituto Cearense de Estudos Tributários - ICET, 1999, p. 16-17.

Não concordamos com esta posição por duas razões fundamentais: em primeiro lugar, por entendermos que não foi essa a solução adotada pelo ordenamento jurídico. Não há qualquer lei determinando que, diante do pagamento indevido de tributo que repercutiu, deva o sujeito passivo realizar o estorno desses créditos. Além disso, temos sérias dúvidas se efetivamente seria possível legitimamente operacionalizar esta determinação, na medida em que ela pressupõe a aplicação extensiva dos efeitos de uma decisão judicial, ou mesmo administrativa, que constitui o indébito, a um terceiro que não participou da lide. Como submeter as consequências jurídicas de uma decisão a um terceiro, que não fez parte do processo? Não nos parece crível a presente solução.

Há, ainda, aqueles que, como Ricardo Mariz de Oliveira, sustentam a tese de que, nos casos de repercussão, legitimados são o terceiro que, comprovadamente, suporta o encargo e, igualmente, o sujeito passivo do tributo, desde que expressamente autorizado por aquele:

> Já o art. 166 estabelece exceção a essa regra geral, deslocando a titularidade do direito à repetição para uma pessoa estranha à relação jurídico tributária, quanto aos 'tributos que, por sua natureza, comportem transferência do respectivo encargo financeiro', caso em que a restituição deve ser feita à pessoa estranha, que prove ter assumido esse encargo. Ou, então, que seja feita ao próprio sujeito passivo da relação jurídico tributária, quando autorizado pela pessoa que tiver assumido o 'encargo financeiro' do tributo. (...) A despeito das críticas, o legislador fez a opção pela proteção legal da pessoa que tenha suportado o 'encargo financeiro' do tributo, nos casos abrangidos pelo art. 166.[153]

Como se vê, de acordo com os adeptos desta corrente, o denominado *contribuinte de fato* seria parte legítima para pleitear a repetição de indébito por força de uma relação jurídica, diversa da relação tributária e pré-existente ao recolhimento indevido. Nessa linha, interpretar o art. 166 do CTN

---

153. OLIVEIRA, Ricardo Mariz de. Repetição do indébito, compensação e ação declaratória... cit., p. 360-361.

RESTITUIÇÃO DO INDÉBITO TRIBUTÁRIO:
LEGITIMIDADE ATIVA NAS INCIDÊNCIAS INDIRETAS

em sentido contrário implicaria vedar a repetição dos tributos repercutidos, em inconstitucional supressão do princípio da legalidade e, por outro lado, conferir "carta branca" ao Estado para instituir exigências ilegais a título de tributos indiretos, sem que no final, mesmo após o reconhecimento da sua ilegalidade, estivesse compelido a devolvê-las.

Mas será que é possível atribuir esta interpretação ao presente enunciado legal? Ela se sustenta no contexto normativo no qual está inserido? Mais que isso, será que a presente solução interpretativa resolve efetivamente os problemas reflexos decorrentes da indevida exigência de tributos repercutidos?

Antes, porém, de enfrentarmos esses temas, entendemos necessário analisar uma questão prejudicial: quem é exatamente o *contribuinte de fato*, referido por esses doutrinadores?

Novamente, bifurca-se a doutrina na tarefa de identificar o sujeito que arca com o ônus do tributo, em especial, quando envolve incidências plurifásicas.

Ives Gandra da Silva Martins identifica como *contribuinte de fato* nas operações de comercialização plurifásica, sequencialmente, o atacadista intermediário em relação ao industrial, o varejista em relação ao atacadista e, ainda, o consumidor final em relação ao varejista:

> Sempre partindo da premissa – que não considero correta – da constitucionalidade do art. 166 do CTB, o contribuinte de fato, em relação à operação praticada pelo industrial é o atacadista intermediário; o varejista na operação praticada pelo atacadista, e o consumidor final, naquela praticada pelo varejista.[154-155]

---

154. MARTINS, Ives Gandra da Silva. Repetição do indébito... cit., p. 176.

155. No mesmo sentido são as lições de Carlos Vaz: "Nesta linha de raciocínio, em se tratando de ICMS, pago a maior ou indevidamente, pelo fenômeno da repercussão ou translação tributária, consideradas as diversas etapas da comercialização (operação plurifásica), o direito de pedir restituição cabe, como contribuinte de fato, sequencialmente, o intermediário ao industrial, o varejista em relação ao atacadista e, ainda, o consumidor final em relação ao varejista. Na última fase – que corresponde à do consumidor final – por desconhecimento do que pagou a maior ou mesmo pela impossibilidade da relação jurídica entre o sujeito passivo (responsável) e o sujeito

ANDRÉA MEDRADO DARZÉ MINATEL

José Mörschbächer, por outro lado, defende que *contribuinte de fato*, aquele que efetivamente arca com o ônus tributário, é exclusivamente o consumidor final:

> O encargo financeiro da tributação indireta, contrariamente da direta, não se destina aos contribuintes *ex lege*, mas à massa consumidora final, aos contribuintes *de facto*, os compradores ou consumidores finais das mercadorias, bens ou serviços tributados, ou então aos que percebem a renda tributada exclusivamente na fonte.[156]

Com o devido respeito aos quem pensam o contrário, acreditamos que na operação com o consumidor final não se identifica juridicamente a figura do *contribuinte de fato*. Nessas situações, a repercussão é meramente financeira. Afinal, nesses casos, não há regra jurídica autorizando o repasse do ônus tributário, tampouco, tomando-o como causa para a imputação de consequências jurídicas (direito ao crédito). Interpretar essas operações de forma diferente é cair na análise econômica do fenômeno jurídico, alvo de tantas críticas. Importante notar que, mesmo aqueles doutrinadores que defendem que a condição para "salvar" a constitucionalidade do art. 166 do CTN é limitar a sua aplicação às hipóteses de repercussão jurídica não atinam para esta questão nas incidências plurifásicas. Retomaremos esta discussão, todavia, no item 3.4.3.

---

ativo (Fisco), somente ele (consumidor final) caberia legalmente pedir a restituição. Caso o consumidor final saiba que pagou o imposto a maior, poderá incumbir o varejista (responsável) de requerer a restituição junto à repartição fiscal, transferindo esse encargo mediante expressa autorização, o qual deverá lhe passar, posteriormente, a quantia excedente recebida". (VAZ, Carlos. Repetição do indébito, compensação e ação declaratória. In: MACHADO, Hugo de Brito (Coord.). *Repetição do indébito e compensação no direito tributário*. São Paulo: Dialética; Fortaleza: Instituto Cearense de Estudos Tributários – ICET, p. 93, 1999).

156. MÖRSCHBÄCHER, José. Repetição do indébito tributário e compensação... cit., p. 256.

RESTITUIÇÃO DO INDÉBITO TRIBUTÁRIO:
LEGITIMIDADE ATIVA NAS INCIDÊNCIAS INDIRETAS

Cabe aqui mais uma reflexão. Nos casos em que o sujeito passivo do tributo pertence à classe dos responsáveis, a regra para definição do legitimado permanece a mesma ou há alguma alteração?

Aroldo Gomes de Mattos defende que, nas hipóteses de substituição, apenas o substituído tem legitimidade para pleitear a devolução do indébito tributário, em face do que dispõe o art. 10 da Lei Complementar n° 87/96:[157]

> Tanto tem legitimidade o contribuinte substituído que, no caso do ICMS, a LC n° 87/96, art. 10, lhe assegurou o direito à restituição do valor do imposto pago a maior pelo contribuinte substituto, que é, aliás situação assemelhada ao contribuinte de fato ou 'terceiro' na relação jurídico tributária.[158]

Walter Piva Rodrigues, em sentido diametralmente oposto, defende que, em regra, é o substituto tributário quem pode postular a restituição do indébito. Apenas nos casos de responsabilidade supletiva do substituído é que ele pode e deve demandar em litisconsórcio necessário. Nas suas palavras:

> O substituto tributário não é mero co-responsável, ele é o próprio devedor do tributo e, por consequência, o único a figurar co-autor em ação de repetição do indébito tributário. Bem compreendida essa assertiva é caso de indagar: seria o substituído parte legítima para demandar em face da Fazenda Pública uma restituição de quantia paga a maior quando o substituto repassa-lhe o encargo tributário superior ao devido (por exemplo, quando é inconstitucional o tributo em causa e mesmo assim o substituto recolhe o tributo, repassando ao substituído o encargo)? Preconizam-se soluções diferenciadas para essa questão. Se a hipótese é de substituído sem qualquer responsabilidade supletiva, o que se passa na maioria das vezes, deve ser considerado mero contribuinte de fato a quem compete dar autorização ao substituto (CTN, art. 166) para ingressar com a ação de

---

157. Lei Complementar n° 87/96 – Art. 10: "Art. 10. É assegurado ao contribuinte substituído o direito à restituição do valor do imposto pago por força da substituição tributária, correspondente ao fato gerador presumido que não se realizar".

158. MATTOS, Aroldo Gomes de. Repetição do indébito, compensação e ação declaratória... cit., p. 54.

120

repetição. Como alternativa, deve ficar reservado a ele o direito de obter em ação própria a recuperação do valor que lhe foi repassado, ajuizando-a diante de litisconsórcio passivo necessário a se formar com a citação da Fazenda Pública e do substituto tributário sendo certo que o fundamento do pedido condenatório visando devolução do indébito é o do enriquecimento sem causa. Todavia, se o substituído é figura tratada como responsável em caráter supletivo, é cotitular da relação jurídica tributária originária e, bem por isso, deve o substituído ajuizar ação em litisconsórcio ativo necessário com o substituto tributário (ambos figurando na qualidade de autores) em face da Fazenda Pública.[159]

Pois bem. Feito este retrospecto a respeito das mais diversas posições da doutrina sobre o tema e antes de apresentarmos nossa opinião, passamos a analisar o que a jurisprudência pensa a respeito do conteúdo e alcance do art. 166 do CTN.

2.3.2 Diálogo com a jurisprudência sobre o art. 166 do CTN

2.3.2.1 Diálogo com a jurisprudência do Supremo Tribunal Federal sobre o art. 166 do CTN

Se não são poucas as discussões travadas em torno do presente tema no meio acadêmico, quando a investigação se volta para os precedentes jurisprudenciais o problema se agrava. De fato, não se pode afirmar a existência de um posicionamento consolidado pelo Poder Judiciário a respeito do conteúdo e alcance do art. 166 do CTN, o que é extremamente preocupante, tendo em vista que, "em última análise, é o entendimento dos Tribunais que define a forma como a restituição do tributo *indireto* é tratada em cada país".[160]

---

159. RODIGUES, Walter Piva. Op. cit., p. 93.

160. MACHADO SEGUNDO, Hugo de Brito. *Nomos*: Revista do Programa de Pós-Graduação em Direito da UFC. v. 33.1, jan/jun 2013. p. 224.

RESTITUIÇÃO DO INDÉBITO TRIBUTÁRIO:
LEGITIMIDADE ATIVA NAS INCIDÊNCIAS INDIRETAS

Só no Supremo Tribunal Federal há duas súmulas, editadas antes mesmo do advento do Código Tributário Nacional,[161] tratando diretamente da restituição dos tributos que comportam a repercussão do seu encargo financeiro: a Súmula nº 71, estabelecendo que, *"embora pago indevidamente, não cabe restituição de tributo indireto"*; e a Súmula nº 546, afirmando que "cabe a restituição do tributo pago indevidamente, quando reconhecido por decisão que o contribuinte 'de jure' não recuperou do contribuinte 'de facto' o 'quantum' respectivo".

Com efeito, num primeiro momento, a Suprema Corte firmou tese radical, que não admitia, em caso algum, a repetição do denominado tributo indireto.[162] Nestas hipóteses, diante do pagamento indevido, entedia que não era possível atribuir legitimidade ao *contribuinte de direito* para pleitear a sua devolução, porque, supostamente, não foi quem arcou com seu ônus, tampouco ao *contribuinte de fato* (entendido como consumidor final), uma vez que não teria estabelecido qualquer relação jurídica com o ente tributante. A saída

---

161. Embora a Súmula nº 546 do STF tenha sido publicada posteriormente ao Código Tributário Nacional, sua referência legislativa continuou sendo o art. 964 do CC/1916, tendo em vista que julgados que deram origem à sua edição são anteriores ao Código Tributário Nacional.

162. Neste ponto, vale esclarecer que, anteriormente aos precedentes que deram origem à Súmula nº 71, o Supremo Tribunal Federal se posicionava em sentido totalmente diverso. Essa mudança de entendimento, decorrente da insistência da Fazenda Pública em utilizar a tese do locupletamento sem causa do sujeito passivo em face da repercussão, fica bem clara nas lições de Hugo de Brito Machado Segundo: "a maioria dos Ministros tinha, à época, consciência bastante clara a respeito da separação entre a relação privada estabelecida entre comerciante e consumidor, de um lado, e a relação de Direito Público havida entre o comerciante e o Fisco, de outro; e especialmente reconheciam que a invalidade desta última não teria absolutamente nada a ver com a primeira. O seguinte trecho do voto do Ministro Laudo Camargo, proferido no julgamento do RE 3.051, em 1938, é bastante ilustrativo disso. Refutando a tese da Fazenda de que o tributo indevido, por ter sido "embutido nos preços", não poderia ser restituído ao contribuinte, o Ministro consignou que o *accipiens* nada tem a ver com os negócios do solvens. Este, vendendo mercadorias de sua propriedade, por este ou aquele preço, com grande ou pequeno lucro, exerce um direito que nada tem a ver com a obrigação daquele em não fazer próprio o que alheio é". (MACHADO SEGUNDO, Hugo de Brito. Op. cit., p. 230).

encontrada[163] diante desse hipotético impasse foi justamente proibir, em absoluto,[164] a devolução dos valores indevidamente recolhidos aos cofres públicos.[165]

O fundamento dessa tomada de posição foi bem sintetizado por Paulo de Barros Carvalho:

> Na ausência de títulos de ambos os lados, deve prevalecer o magno princípio da supremacia do interesse público ao do particular incorporando-se as quantias ao patrimônio do Estado.[166]

Em síntese, entendeu o Supremo Tribunal Federal que, entre o locupletamento sem causa do sujeito passivo e do Estado, seria preferível manter este último, visto que assim atender-se-ia ao interesse público, da coletividade.[167]Causa-

---

163. Ao comentar a Súmula nº 71 do STF, Ives Gandra da Silva Martins esclarece que ela "partiu de uma solução política e não jurídica da Corte Suprema, que evitou a falência dos Estados, no rumoroso caso do IVC incidente sobre o imposto de consumo, vedando as repetições de indébito dos contribuintes lesados pela ilegal cobrança dos Erários Estaduais". (MARTINS, Ives Gandra da Silva. Repetição do Indébito... cit., p. 175).

164. Curioso notar que os precedentes que conduziram à edição da Súmula nº 71 (RE 44.115; 45.678 e 47.069) não vedavam a restituição de tributos indiretos, apenas a afastavam no caso concreto em face da repercussão econômica do tributo.

165. "A Súmula nº 71 partiu da presunção de que havia sempre a translação para o consumidor, daí impossível a restituição". (CAMPOS, Dejalma de. Repetição do indébito e compensação tributária. In: MACHADO, Hugo de Brito (Coord.). *Repetição do indébito e compensação no direito tributário*. São Paulo: Dialética; Fortaleza: Instituto Cearense de Estudos Tributários – ICET, p. 115-119, 1999. p. 117).

166. CARVALHO, Paulo de Barros. *Curso de direito tributário*... cit., p. 305.

167. Brandão Machado fez pesquisa histórica a fim de identificar o surgimento e a evolução desse posicionamento no Supremo Tribunal Federal. Segundo o autor, sua primeira aparição data de 1900, quando foi usado pela Fazenda Pública, mas, inicialmente, rejeitado pela Corte, a despeito de alguns votos o acolhendo. Continuou sendo usado, chegando a efetivamente sensibilizar os Ministros pela primeira vez em 1905. Ainda de acordo com Brandão Machado, isso aconteceu em razão da forte influência do direito privado e, à época, do ainda primitivo estágio em que se encontrava o estudo do Direito Público e do próprio Direito Tributário. Na época, deu-se mais importância à ideia de que, ao repassar o ônus para o consumidor final, o contribuinte não experimentava qualquer prejuízo com a cobrança indevida. Olvidou-se que, com esse entendimento, plantou-se a ideia do absolutismo do poder executivo, animando-os a infringir a própria Constituição. A questão não é, portanto, de empobrecimento ou não do contribuinte, mas de se criar subterfúgios, para

RESTITUIÇÃO DO INDÉBITO TRIBUTÁRIO:
LEGITIMIDADE ATIVA NAS INCIDÊNCIAS INDIRETAS

nos espécie, todavia, verificar que, mesmo com toda a evolução da ideia de Estado Democrático de Direito já experimentada à época, a jurisprudência da mais alta corte de justiça do País, responsável justamente pela guarda da Constituição Federal, permanecesse arraigada a ideias como esta, legitimando o cometimento de ilegalidades e inconstitucionalidades pelo Poder Público, especialmente em relação a algo tão caro para o cidadão que é a ilegítima invasão do seu patrimônio, da sua renda. Que interesse público seria esse? Não conseguimos conceber que a apropriação ilegal de quantias do particular possa, sob qualquer color, ser entendida como atuação na defesa do interesse da coletividade. Isso não pode ter outro nome senão arbítrio, absolutismo, o que não se pode tolerar.

De fato, a presente súmula foi alvo de muita censura. Não foram poucos os que defenderam que a interpretação conferida pelo Supremo Tribunal Federal ao art. 166 do CTN representava forte estímulo à instituição de tributos inválidos. Como bem colocado por Ives Gandra da Silva Martins, tal enunciado consagrou o princípio da ilegalidade tributária como fonte de receita do Estado. E acrescentou:

---

legitimar, ainda que indiretamente, a instituição de tributos sem fundamento legal. Depois desse episódico acolhimento da tese da Fazenda em 1905, o Supremo Tribunal Federal restabeleceu seu entendimento de que a possível transferência do ônus do tributo para o consumidor final não seria suficiente para afastar a obrigação de o Estado devolver as parcelas ilegitimamente cobradas. Na década de 50, todavia, o argumento da repercussão dos tributos indiretos voltou a ser acolhido como suficiente para desautorizar a restituição.

Nas palavras de Brandão Machado, isso se explica por dois fatores: "de um lado, a insistência com que a Fazenda Pública, no puro interesse da arrecadação, defendeu e ainda defende a tese, que ela mesma criou, da irrepetibilidade do imposto indireto, porque repercutível, tese que se abalou já no fim do século passado (século XIX), com o paio das ideias correntes nos tratados de Ciência das Finanças; e, de outro lado, a falta de qualquer literatura de direito tributário ou mesmo financeiro, omissão evidentemente imputável à falta de uma cadeira da matéria no currículo universitário" (MACHADO, Brandão. Op. cit., p. 72-73).

Cria, em decorrência, o princípio da imoralidade tributária, princípio apenas possível de ser vivido pelo Estado. O Estado passa a monopolizar o direito de ser torpe e injurídico, na medida em que imponha tributo indevido e se negue a restitui-lo a quem o recolheu, sob a alegação de que não ele, mas o terceiro, que teoricamente o suportou, seria o único que poderia ser titular no direito de iniciar o procedimento, por outorga de autorização (...) Ora, à evidência, tal monumento aos princípios da ilegalidade e torpeza tributária, pela qual o Estado pode ficar com o tributo indevido e pode se opor ao 'presumível enriquecimento ilícito', sob a alegação de que o privilégio de 'enriquecer-se ilicitamente é apenas seu', algo que não se insere no sistema tributário brasileiro regido pelos princípios da estrita legalidade e tipicidade fechada.[168]

Não menos severas foram as críticas de alguns integrantes do próprio Supremo Tribunal Federal ao presente enunciado:

> Sem dúvida, há um fundamento ético na velha parêmia de Pompônio, que Fabreguettes desejava que fosse gravada no frontal de todos os Tribunais. Na repercussão do imposto, o lesado é o consumidor. A Súmula prefere que o locupletamento favoreça o Estado e não o contribuinte *de jure* no pressuposto de que aquele representa a comunidade social. Mas não se pode negar a nocividade do ponto de vista ético e pragmático, duma interpretação que encoraja o Estado mantenedor do direito – a praticar, sistematicamente, inconstitucionalidade e ilegalidades na certeza de que não será obrigado a restituir o proveito da turpitude de seus agentes e órgãos. Nada pode haver de mais contrário ao progresso do Direito e a realização da ideia-força da Justiça. (Trecho do voto de Aliomar Baleeiro no RE 45.977-ES).

Neste contexto, sob a liderança de Aliomar Baleeiro, foram reabertos os debates no Supremo Tribunal Federal a respeito do cabimento e da própria legitimidade para pleitear a restituição do indébito relativo aos tributos indiretos (RE nºs 45.977, 58.660 e 58.290). O então Ministro reacendeu a discussão sob o fundamento de que, em muitas situações, não ocorre o efetivo repasse do ônus do tributo ao *consumidor final,* mesmo em se tratando de tributação indireta, o que levou a

---

168. MARTINS, Ives Gandra da Silva. Repetição do Indébito... cit., p. 160-163.

RESTITUIÇÃO DO INDÉBITO TRIBUTÁRIO:
LEGITIMIDADE ATIVA NAS INCIDÊNCIAS INDIRETAS

Suprema Corte a rever o entendimento positivado na Súmula n° 71 e editar a Súmula n° 546:

> Súmula n° 546: Cabe a restituição do tributo pago indevidamente, quando reconhecido por decisão, que o contribuinte "de jure" não recuperou do contribuinte 'de facto' o 'quantum' respectivo.

Neste ponto, importa registrar que, a despeito da clara mudança de posicionamento, muitos juristas[169] defendem que a edição da Súmula n° 546 do STF não implicou a revogação plena da Súmula n° 71. O novel entendimento da Suprema Corte teria apenas afastado a presunção, antes absoluta, de que o *contribuinte de direito* jamais arca com o ônus financeiro do tributo ou, em outros termos, que o tributo indireto sempre comporta a transferência da carga tributária do *contribuinte de direito* para o *contribuinte de fato*. Por conta disso, aos *contribuintes de direito* que conseguissem demonstrar que não repercutiram o tributo para o *contribuinte de fato* ou àqueles que tivessem uma autorização expressa deste, passou-se a outorgar legitimidade para pleitear a devolução das importâncias indevidamente pagas. Nas demais situações, entretanto, defendem que permaneceu inviável a devolução.

Pondo de lado a presente discussão, não se pode negar que algumas consequências positivas, embora modestas e limitadas, advieram desse enunciado. Desde então, o Supremo Tribunal Federal passou a mostrar-se um pouco menos hostil aos pedidos de restituição de indébitos relativos a tributos indiretos. De fato, embora não tenha assegurado de forma

---

169. Esta é a opinião de Ylves José de Miranda Guimarães: "a Súmula n° 546 não procurou revogar a de n° 71, objetivou, quando muito, avivar a lembrança de que o critério de classificação dos impostos segundo a repercussão não é infalível, e, portanto, sua invocação para solucionar o problema de repetição do indébito tributário, embora reconhecida como válida, não pode ser indiscriminada, dependendo das condições peculiares de cada caso". (GUIMARÃES, Ylves José de Miranda. Op. cit., p. 400-401). No mesmo sentido, Hugo de Brito Machado Segundo: "Tais situações levaram a Corte a estabelecer exceções à aplicação da Súmula 71, a qual, não obstante, não foi cancelada. Seu conteúdo apenas foi *esclarecido* pela Súmula 546". (MACHADO SEGUNDO, Hugo de Brito. *Nomos...* cit., p. 224).

ANDRÉA MEDRADO DARZÉ MINATEL

ampla o direito à restituição do tributo pago indevidamente, aquela mudança no entendimento da Suprema Corte, especialmente à época, consolidou inegável avanço nesse sentido.

Importante ressaltar que, mesmo após a edição da Súmula nº 546, as decisões do Supremo Tribunal Federal continuaram a utilizar a classificação dos tributos em *diretos* e *indiretos* como elemento central para definir, no caso concreto, os requisitos a serem observados para a restituição dos indébitos tributários.

Isso não mudou sequer com o advento do Código Tributário Nacional.[170] De fato, a despeito de o art. 166 ter modificado sensivelmente a normatização da matéria, que até então tinha como fundamento de validade o art. 964 do CC/1916,[171] o Supremo Tribunal Federal continuou a entender,[172] após alguns precedentes esparsos em sentido contrário,[173] que distin-

---

170. É importante relembrar que essas duas súmulas foram editadas anteriormente ao advento do Código Tributário Nacional, tendo como referência legislativa o art. 964 do CC/1916, tendo em vista que, à época, não existia comando legal tratando especificamente da restituição do indébito tributário.

171. "Art. 964. Todo aquele que recebeu o que não lhe era devido fica obrigado a restituir".

172. Isso fica muito evidente no seguinte trecho do voto proferido pelo Ministro Relator Rodrigues Alckmin no RE n. 76.597/SP: "Improcedente é a alegação de não tratar-se, no caso, de tributo indireto. A taxa de despacho aduaneiro é adicional de imposto de importação e imposto indireto como tal, sendo a distinção doutrinariamente insegura. Basta, porém, a falta de demonstração de que o encargo fiscal não se transferiu para que a ação devesse ser tida como improcedente." (STF, Primeira Turma, RE n. 76.597/SP, Relator Min. Rodrigues Alckmin, DJ 27/09/1974).

173. Em um dos primeiros acórdãos proferidos sob a égide do artigo 166 do Código Tributário Nacional, o Supremo Tribunal Federal afastou a presente dicotomia, por entender que o critério da repercussão jurídica adotado pelo Código seria autônomo e independente da classificação dos tributos em diretos e indiretos, o qual, por esta mesma razão, não mais refletiria o direito brasileiro. É o que constou do voto do Ministro Oswaldo Trigueiro: "(...) O Código Tributário Nacional, quando trata do pagamento indevido, não faz a distinção entre imposto direto ou indireto. Ele reconhece que a restituição do tributo é cabível 'seja qual for a modalidade de seu pagamento' (art. 165). É certo que o art. 166 condiciona a restituição à prova de que o tributo não foi transferido, mas essa exigência somente tem lugar na restituição de tributos que, por sua natureza, comportem a transferência do respectivo encargo financeiro. Como ressalta da discussão do presente caso, trata-se de tributo que

RESTITUIÇÃO DO INDÉBITO TRIBUTÁRIO:
LEGITIMIDADE ATIVA NAS INCIDÊNCIAS INDIRETAS

guir os tributos diretos dos indiretos era fundamental para determinar o específico tratamento jurídico a ser conferido aos pedidos de restituição submetidos à sua análise. Com isso, a presente classificação foi definitivamente incorporada à jurisprudência daquele Corte.

Mas, afinal, qual era e eventualmente continua sendo a definição de tributo indireto para o Supremo Tribunal Federal?

Analisando os quatro precedentes[174] que originaram a Súmula nº 71, constata-se que todos eles denunciam que, à época, o Supremo Tribunal Federal adotava exclusivamente o critério econômico para distinguir os tributos diretos dos indiretos. Nesses julgados fica bem evidente que tributo indireto era entendido como aquele que repercute economicamente para um terceiro, ou seja, cujo ônus financeiro não é arcado pelo *contribuinte "de jure"*, que apenas recolhe o dinheiro aos cofres públicos. No julgamento do RE nº 44.115/ES, por exemplo, o Ministro Relator Gonçalves de Oliveira afirmou categoricamente que "impostos indiretos são aqueles que se incorporam no preço da mercadoria".[175]

Já no que se refere especificamente à Súmula nº 546, editada quase seis anos depois, nota-se que apenas[176] com o julgamento do RE nº 45.977/ES foi retomada a discussão sobre a definição e o alcance do conceito de tributo indireto. Naquela oportunidade, o Ministro Relator Aliomar Baleeiro, proferiu acórdão com a seguinte ementa:

– seja direto, seja indireto – não comporta a translação prevista na lei." (STF, Pleno, RE - Embargos n. 73.173/SP, Relator p/ acórdão Min. Rodrigues Alckmin, DJ 29/03/1974).

174. Precedentes: RE 46450, DJ 02/06/1961; RE 44115 - Embargos, DJ 09/11/1996; RE 45678 - Embargos, DJ 24/05/1962; RE 47069 - Embargos, DJ 22/06/1962.

175. STF, Pleno, RE n. 44.115/ES, Relator Min. Afrânio Costa, DJ 17/09/1962.

176. No julgamento do RE nº 58.290/SP, primeiro precedente que fundamentou a edição da presente súmula, não se verifica qualquer mudança na concepção de tributo indireto. A decisão apenas sustentou que, se no caso concreto restar demonstrada a impossibilidade de o contribuinte de direito repassar o ônus financeiro do tributo, não haveria que se falar em aplicação da Súmula nº 71.

REPETIÇÃO DE IMPOSTO INCONSTITUCIONAL. Em princípio, não se concede a do tributo indireto no pressuposto de que ocasionaria o locupletamento indébito do contribuinte de jure. Mas essa regra, consagrada pela Súmula n 71, deve ser entendida em caso concreto, pois nem sempre há critério científico para diagnosticar-se esse locupletamento. Financistas e juristas ainda não assentaram um *standard* seguro para distinguir impostos diretos e indiretos, de sorte que, a transferência do ônus, às vezes, é matéria de fato, apreciável em caso concreto. (RE 45977, Rel. Min. Aliomar Baleeiro, Segunda Turma, DJ 22.02.1967)

Pela primeira vez, o Supremo Tribunal Federal questionou a aptidão da teoria econômica para distinguir os tributos diretos dos indiretos. Isso fica ainda mais evidente no seguinte trecho do voto do Ministro Relator:

> O mesmo tributo poderá ser direto ou indireto, conforme a técnica de incidência e até conforme as oscilantes e variáveis circunstâncias do mercado (...).

> À falta de um conceito legal, que seria obrigatório ainda que oposto à evidência da realidade dos fatos, o Supremo Tribunal Federal inclina-se a conceitos econômico-financeiros baseados no fenômeno da incidência e da repercussão dos tributos indiretos, no pressuposto errôneo, *data venia*, de que, sempre, eles comportam transferência do ônus do contribuinte de jure para o contribuinte de facto.

Por conta dessa mudança de paradigma, o Supremo Tribunal Federal reformulou seu entendimento sobre os impostos indiretos, passando a julgar legítima a repetição dos tributos indiretos diante da demonstração, no caso concreto, de que não houve repasse do ônus econômico a terceiros.[177] Fê-lo por entender que não há presunção *juris et de jure* de que o ônus financeiro, mesmo nessas situações, é sempre transferido ao consumidor final, o que demandaria verificação empírica, caso a caso, das condições econômicas que pautaram a operação tributada.

---

177. Seguindo essa mesma linha, foi proferido terceiro precedente que embasou a Súmula nº 347, os Embargos de Divergência no RE nº 58.660/SP (Pleno, Rel. Min. Amaral Santos, DJ 30/05/1969).

RESTITUIÇÃO DO INDÉBITO TRIBUTÁRIO:
LEGITIMIDADE ATIVA NAS INCIDÊNCIAS INDIRETAS

Como é possível perceber, a diferença substancial para a mudança de posicionamento foi justamente o critério utilizado para esta classificação, que deixou de ser a repercussão econômica, passando a ser a repercussão jurídica.[178] Desde então, o Supremo Tribunal Federal define tributo indireto como aquele que, por sua natureza jurídica,[179] tem seu encargo financeiro transferido para um terceiro, o *contribuinte de fato*. Pena constatar que o *contribuinte de fato* muitas vezes é identificado como o consumidor final, o que, em nosso sentir, faz ruir a tese da análise estritamente jurídica do fenômeno da repercussão.

2.3.2.2 Diálogo com a jurisprudência do Superior Tribunal de Justiça sobre o art. 166 do CTN

Diversamente do que se verificou no Supremo Tribunal Federal, o Superior Tribunal de Justiça sempre se posicionou no sentido de que os indébitos relativos aos tributos indiretos são restituíveis. Convém relembrar, todavia, que este E. Tribunal nasceu apenas com a promulgação da Constituição Federal de 1988, momento no qual a jurisprudência da Corte Suprema já havia se consolidado favoravelmente à restituição, inclusive, com a positivação da Súmula nº 546.[180]

---

178. No julgamento do RE 203.075-DF, o Ministro Carlos Mário da Silva Velloso consignou em seu voto o seguinte: "O contribuinte do ICMS é o vendedor, não obstante tratar-se de um imposto que repercute e acaba sendo pago pelo comprador. Todavia, esse é uma fato econômico, que o Supremo Tribunal Federal entende que não tem relevância na relação jurídica contribuinte-fisco". (RE 203075, Rel. Min. Ilmar Galvão, Rel. p/ Acórdão: Min. Mauício Corrêa, Primeira Turma, DJ 29/10/1999).

179. Também nesse sentido são as lições de André Mendes Moreira: "Dessarte, no âmbito do Supremo Tribunal Federal, sedimentou-se o entendimento de que tributo indireto é aquele que, por natureza, tem o seu ônus trasladado para o contribuinte de fato. E a natureza referida, por óbvio, é a jurídica (qual seja, a existência de lei que ordene a translação) e não a econômica, que em nada importa para o Direito". (MOREIRA, André Mendes. *A não-cumulatividade dos tributos*. 2. ed. São Paulo: Noeses, 2012. p. 36).

180. O exame, sob o prisma da legalidade, das controvérsias relativas à possibilidade da restituição dos tributos tidos como indiretos, num primeiro momento, era realizado pelo extinto Tribunal Federal de Recursos – TFR, que se posicionava no

130

ANDRÉA MEDRADO DARZÉ MINATEL

Assim, a grande questão que identificamos ao analisar os 1309 (um mil trezentos e nove) acórdãos deste E. Tribunal que tratam, de forma mais ou menos direta, da presente matéria é a ausência de um critério jurídico claro e uniforme para classificar os tributos em diretos e indiretos e, por conseguinte, determinar a sua submissão ao art. 166 do CTN.

Para que se tenha uma noção da gravidade do problema que anunciamos, tomemos como exemplo o ISS e o IOF. Em ambos os casos, o Superior Tribunal de Justiça vem se posicionando no sentido de que se trata de *espécies tributárias que admitem sua dicotomização como tributo direto ou indireto, consoante o caso concreto,* devendo observância ao art. 166 do CTN apenas os pedidos de restituição nas situações em que ele assume a feição de tributo indireto. Nos demais casos, aplicar-se-ia o art. 165 do CTN.

---

sentido de que inexistiria um critério científico definitivo a extremar os impostos diretos dos indiretos, sendo sua análise casuística, de acordo com as peculiaridades do caso concreto:
"TRIBUTÁRIO. IOF. DL 1783, DE 1980. OPERAÇÃO DE CÂMBIO. REPETIÇÃO DE INDÉBITO. EXCLUÍDO O BANCO CENTRAL DO BRASIL DA RELAÇÃO PROCESSUAL. I - O Plenário desta Corte, na arguição de inconstitucionalidade suscitada na AMS 91322 (DJ 18/12/1982) teve oportunidade de proclamar a legitimidade constitucional do DL n° 1783/80, como instrumento de instituição ou majoração do tributo em apreço sob reserva do principio da anterioridade (art.153, § 29, da CF) orientação repetida nas AMS de n°s 91148 e 92315 (DJ 20/05/1982 e 09/09/1982), respectivamente, hoje prestigiada pelo Pretório Excelso no RE 97749-0 (DJ 04/02/1983). II - Firmada tal orientação doutrinária e jurisprudencial, conclui-se que o tributo em causa só se fez devido a partir das operações realizadas em 1981, sendo indevido o pagamento nos recolhimentos processados aquela conta em 1980. III - O art. 166 do CTN deve ser aplicado, caso a caso, de um lado porque inexiste critério cientifico definitivo a extremar os impostos diretos dos indiretos, e, de outro porque todos os tributos podem repercutir ou não, sendo a translação fenômeno econômico, sujeito a lei de mercado, condicionada a fatores variados. (...)". (REO 0137822/SP, Quinta Turma, Acórdão RIP: 05061091, AUD: 01.08.1988, Remessa Ex-Ofício).
Com efeito, o Superior Tribunal de Justiça herdou os resquícios da análise econômica do fenômeno da repercussão, o que muito contribuiu para o atraso no enfretamento do presente tema. Especialmente nos primeiros contatos do recém-instituído Superior Tribunal de Justiça com a matéria, adotou-se a premissa de que os tributos indiretos seriam aqueles cujo ônus financeiro é suportado pelo contribuinte de fato, o que, do nosso ponto de vista, comporta a inclusão nesta classe de todo e qualquer tributo.

RESTITUIÇÃO DO INDÉBITO TRIBUTÁRIO:
LEGITIMIDADE ATIVA NAS INCIDÊNCIAS INDIRETAS

Para assim decidir, o Superior Tribunal de Justiça parte da premissa de que existiria um tributo que, por sua própria natureza, repercute ou não conforme as circunstâncias peculiares do caso concreto, o que ao menos sob o prisma jurídico, é inadmissível.

Retomaremos estas questões no Capítulo 4, quando formos tratar especificamente dos tributos que se submetem ao art. 166 do CTN.

CAPÍTULO 3

DECOMPOSIÇÃO ANALÍTICA DO ART. 166 DO CTN

Sumário: 3.1 Metodologia da abordagem. 3.2 O conteúdo e alcance da expressão *"restituição de tributos"* no contexto do art. 166 do CTN. 3.2.1 Algumas situações que provocam dúvida a respeito da possibilidade de incluí-las no gênero *"restituição de tributos"*. 3.2.1.1 A questão do levantamento de depósito. 3.2.1.2 Os pedidos exclusivos para deixar de pagar tributos indevidos. 3.2.1.3 A apropriação de crédito extemporâneo ou tempestivo de tributos. 3.3 O conteúdo e alcance da expressão *por sua natureza* no contexto do artigo 166 do CTN. 3.4 A expressão *transferência do respectivo encargo financeiro* no contexto do art. 166 do CTN: a repercussão jurídica. 3.4.1 As modalidades de repercussão jurídica. 3.4.1.1 A repercussão jurídica na responsabilidade tributária. 3.4.1.1.a A repercussão jurídica e a substituição tributária. 3.4.1.2 A regra da não cumulatividade: outra modalidade de repercussão jurídica? 3.4.1.2.a A não cumulatividade do ICMS e do IPI: o método subtrativo exógeno. 3.4.1.2.b A regra de não cumulatividade aplicável à Contribuição ao PIS e à COFINS: mais uma hipótese de repercussão jurídica? 3.4.1.3 Demais situações: repercussão meramente econômica. 3.4.2 Repercussão jurídica: a tradicional classificação dos tributos em diretos e indiretos. 3.4.2.1 Propostas teóricas de classificação dos tributos em diretos e indiretos. 3.4.2.1.a A teoria fisiocrática. 3.4.2.1.b A teoria da contabilidade nacional. 3.4.2.1.c A teoria da capacidade contributiva. 3.4.2.1.d A teoria do lançamento. 3.4.2.1.e A teoria do cadastro administrativo. 3.4.2.1.f A teoria da natureza do *fato gerador*. 3.4.2.1.g A teoria das técnicas de tributação da renda. 3.4.2.1.h A proposta teórica que prevalece na doutrina nacional:

RESTITUIÇÃO DO INDÉBITO TRIBUTÁRIO:
LEGITIMIDADE ATIVA NAS INCIDÊNCIAS INDIRETAS

classificação dos tributos em diretos e indiretos com base na investigação do sujeito que suporta em definitivo o ônus tributário. 3.4.3 Mais uma classificação correlata: contribuinte de fato e contribuinte de direito. 3.5 Os sujeitos legitimados a pleitear a restituição do indébito tributário e a prova da assunção do encargo financeiro do tributo no contexto do art. 166 do CTN. 3.5.1 Os meios de prova da assunção do encargo financeiro do tributo no contexto do art. 166 do CTN. 3.5.2 A problemática em torno do *consumidor final*. 3.5.3 A legitimidade ativa para pleitear a restituição do indébito nas situações em que o tributo é devido pelo responsável. 3.5.3.1 A legitimidade ativa para pleitear a restituição do indébito nos casos em que a obrigação tributária é marcada pela solidariedade. 3.5.3.1.a Solidariedade passiva. 3.5.3.1.b Classificação da solidariedade passiva: paritária e dependente. 3.5.3.1.c Solidariedade: relação jurídica única ou múltipla? 3.5.3.1.d Solidariedade tributária: o art. 124 do CTN. 3.5.3.1.e Conclusões a respeito dos legitimados a pleitear a restituição do indébito tributário nos casos de solidariedade. 3.5.4 Evolução do entendimento da jurisprudência a respeito da legitimidade ativa para pleitear a restituição dos indébitos relativos a tributos e/ou incidências indiretas 3.5.4.1 A questão da legitimidade ativa nos pedidos de restituição de indébitos de ICMS sobre a demanda reservada de energia elétrica. 3.5.4.2 Efeitos da não cumulatividade do PIS e da COFINS em relação aos serviços de distribuição de energia elétrica.

3.1 Metodologia da abordagem

São tantas as críticas dirigidas ao art. 166 do CTN, que sua efetiva função, louvável, em nosso sentir, aparece tímida, quase que esquecida, em poucos, para não dizer raros, textos doutrinários.

Bem interpretado, o presente enunciado normativo desempenha um papel importantíssimo, que é justamente evitar que se propaguem novas patologias no sistema, desta vez derivadas da própria devolução do indébito relativo a tributos repercutidos. O art. 166 do CTN, portanto, não é apenas constitucional, mas necessário para impedir que a repetição do tributo indevido seja causa de novos pagamentos indevidos, o que, certamente, ocorreria diante da outorga de tratamento

134

uniforme para os casos em que a tributação envolve a repercussão jurídica do seu ônus e para aqueles em que este fenômeno não ocorre. Mas, para assim concluir, é necessário interpretar este enunciado sem os resquícios do Direito Financeiro, sem interferências de outras Ciências.

No fundo, o grande dilema do art. 166 do CTN é aplicá-lo corretamente, de acordo com a sua própria normatização, mas sem ignorar o que dispõe o art. 165 e as demais normas que lhe são correlatas. É justamente este o desafio do presente capítulo: apresentar uma interpretação do art. 166 do CTN conforme a Constituição da República e as próprias normas gerais sobre a matéria.

Por ser o cerne da controvérsia aqui examinada, ainda que em tom repetitivo, reproduz-se a regra do art. 166 do CTN:

> Art. 166. A **restituição** de tributos que comportem, **por sua natureza, transferência do respectivo encargo financeiro** somente será feita a **quem prove** haver assumido o referido encargo, ou, no caso de tê-lo **transferido a terceiro**, estar por este expressamente autorizado a recebê-la.

Como é possível perceber da simples leitura deste enunciado normativo, sua correta interpretação requer, preliminarmente, a definição do conteúdo de alcance dos seus principais signos e locuções compositivas. É justamente este o ponto de partida para construir uma interpretação genuinamente jurídica. Portanto, passemos à análise de cada um deles.

3.2 O conteúdo e alcance da expressão *restituição de tributos* no contexto do art. 166 do CTN

Por sem dúvida, repetição do indébito tributário é gênero, tendo por modalidades a (i) restituição e a (ii) compensação. Enquanto na *restituição* do tributo indevido, o particular vê-se ressarcido em pecúnia do seu crédito perante o Fisco, na *compensação*, a repetição opera-se quando presentes, simultaneamente, duas relações de mesma intensidade e

RESTITUIÇÃO DO INDÉBITO TRIBUTÁRIO:
LEGITIMIDADE ATIVA NAS INCIDÊNCIAS INDIRETAS

direção, mas de sentidos opostos: (i) a de débito tributário e (ii) a de crédito do contribuinte. Em qualquer das duas situações, tem-se, todavia, a satisfação do crédito do administrado e a extinção do débito correlato da Fazenda Pública; quer em dinheiro, mediante restituição, quer pelo encontro de contas, efetuado em procedimento de compensação.

Várias são as disposições normativas que lastreiam a presente classificação, em especial da Lei nº 9.430/96:

> Art. 6º. (...)
>
> § 1º. O saldo do imposto apurado em 31 de dezembro receberá o seguinte tratamento:
>
> (...)
>
> II - se negativo, poderá ser objeto de restituição ou de compensação nos termos do art. 74.
>
> Art. 7º. (...)
>
> § 3º Havendo saldo de imposto pago a maior, a pessoa jurídica poderá compensá-lo com o imposto devido, correspondente aos períodos de apuração subseqüentes, facultado o pedido de restituição.
>
> Art. 74. O sujeito passivo que apurar crédito, inclusive os judiciais com trânsito em julgado, relativo a tributo ou contribuição administrado pela Secretaria da Receita Federal, passível de restituição ou de ressarcimento, poderá utilizá-lo na compensação de débitos próprios relativos a quaisquer tributos e contribuições administrados por aquele Órgão.

Mas será que o legislador foi técnico ao empregar o termo *restituição* no art. 166 do CTN? Em termos mais diretos, a presente regra contempla apenas as hipóteses de repetição em dinheiro ou todas as espécies de devolução do indébito, atingindo, por conseguinte, também os casos de compensação?

O presente tema foi objeto de ampla discussão no XIX Simpósio Nacional de Direito Tributário, realizado em São Paulo no dia 14 de outubro de 1994. Dos vinte e um autores que apresentaram trabalho escrito, apenas quatro – Ives Gandra da Silva Martins, Hugo de Brito Machado, Aurélio

136

Seixas e Gabriel Lacerda Troianelli – defendiam que o art. 166 do CTN não se aplicava à compensação. Entretanto, após os debates, o plenário do Simpósio chegou à seguinte conclusão: "*o art. 166 do CTN não diz respeito à compensação de impostos indevidamente pagos*".[181]

Este entendimento, desde então, vem sendo acompanhado por muitos doutrinadores, os quais defendem que, ao usar o signo *restituição* no texto do art. 166 do CTN, o legislador deixou claro que o presente requisito legal é de observância obrigatória apenas nos casos de pedido de devolução em espécie das quantias indevidamente pagas ao Erário.

Hugo de Brito Machado, por exemplo, defende que:

> (...) é importante ressaltar que o direito de compensar é distinto do direito à restituição do que tenha sido pago indevidamente. Nasce de suporte fático diverso, no qual, além da situação de credor de tributo pago indevidamente, está o fato de ser devedor de tributo atual. Tratando-se de direito diverso, a ele não se aplica a restrição do art. 166 do CTN, até porque as normas restritivas não podem ser interpretadas ampliativamente.[182]

De forma análoga, Gustavo Miguez Mello e Gabriel Lacerda Troianelli sustentam que, "na verdade, o CTN disciplina tanto a restituição de tributos (art. 166) quanto a compensação (art. 170), mas só impõe a restrição em exame no caso de restituição."[183-184]

---

181. TROIANELLI, Gabriel Lacerda. *Cadernos de Direito Tributário e Finanças Públicas n° 9*. São Paulo: Revista dos Tribunais, 1994.

182. MACHADO, Hugo de Brito. *Curso de direito tributário*. 26. ed. rev. atual. e ampl. São Paulo: Malheiros, 2005. p. 208-209.

183. MELLO, Gustavo Miguez; TROIANELLI, Gabriel Lacerda. Decisões judiciais e tributação. In: MARTINS, Ives Gandra. *Decisões judiciais e tributação*. São Paulo: Resenha Tributária, 1994. p. 184.

184. No mesmo sentido: Carlos Vaz, Ives Gandra da Silva Martins, Tiziane Machado, Vittorio Cassone, Cairon Ribeiro dos Santos, Gabriel Lacerda Troianelli. In: MACHADO, Hugo de Brito (Coord.). *Repetição do Indébito e Compensação no Direito Tributário*. São Paulo: Dialética; Fortaleza: Instituto Cearense de Estudos Tributários – ICET, 1999.

RESTITUIÇÃO DO INDÉBITO TRIBUTÁRIO:
LEGITIMIDADE ATIVA NAS INCIDÊNCIAS INDIRETAS

Outro ponto levantado para fundamentar a presente conjectura é o de que

> (...) a compensação está prevista no art. 170 do CTN, que não estabelece a condição prevista no art. 166. Considerando a inexistência de lei complementar (art. 146, III, *b*, da CF) dispondo em sentido contrário, não há que cogitar de situação afeta ao art. 166, para considerar a compensação.[185]

Como é possível perceber, muitos dos doutrinadores que pelejam pela inaplicabilidade das disposições do art. 166 do CTN às hipóteses de compensação o fazem sob o argumento de que se trata de dois institutos jurídicos autônomos, cuja diferença fundamental residiria na circunstância de, "na restituição, o sujeito passivo ter que valer-se dos meios administrativos ou judiciais para compelir o sujeito ativo a satisfazer o seu direito", enquanto que, "na compensação, havendo previsão legal, o sujeito passivo pode exercer seu direito nos termos da lei, independentemente de promover quaisquer medidas judiciais ou administrativas."[186]

Todavia, com a alteração promovida pela Lei nº 9.430/96, que extinguiu a compensação na própria contabilidade dos tributos federais,[187] tornando obrigatório procedimento administrativo para efetivá-la, ainda que entre tributos da mesma espécie, o presente argumento perdeu consideravelmente sua força. De fato, desde então, o procedimento para pleitear a restituição ou a compensação, ao menos no âmbito federal, é muito similar, o que esvazia de sentido a presente linha argumentativa.

Na outra ponta, colocam-se aqueles que defendem que o presente dispositivo legal deve ser observado também em

---

185. MELO, José Eduardo Soares de. Repetição do indébito e compensação... cit., p. 248.

186. MARTINS, Ives Gandra da Silva. Repetição do indébito... cit., p. 192.

187. Tal permissivo era regulado pelas Instruções Normativas SRF nºs 21/97 e 73/97.

ANDRÉA MEDRADO DARZÉ MINATEL

se tratando de declarações de compensação. Para esses doutrinadores, a restituição *in pecunia* e a compensação são espécies de um mesmo gênero: a restituição em sentido lato. Assim, não se justificaria a interpretação restritiva de aplicação do art. 166 do CTN.

Ricardo Mariz de Oliveira, por exemplo, ressalta que o referido enunciado legal aplica-se à compensação por ser modalidade alternativa à restituição propriamente dita de devolução em pecúnia. O sujeito passivo, pagando indevidamente o tributo, tem direito à sua restituição, "e esta pode processar-se em espécie, com devolução do dinheiro, ou por compensação com tributo devido pelo sujeito passivo, ainda que esta modalidade dependa de lei autorizativa; assim, somente pode compensar quem pode repetir".[188]

José Mörschbächer também é enfático nesse sentido. Para ele, "a exceção constante do art. 166 ao amplo e geral direito de restituição conferido ao sujeito passivo se aplica, também, à compensação".[189-190]

A jurisprudência dos tribunais pátrios, há muito tempo, vem acompanhando esse segundo entendimento. Diversos são os acórdãos no sentido de que os requisitos do art. 166 do CTN devem ser igualmente observados nas declarações de compensação:

---

188. OLIVEIRA, Ricardo Mariz de. Op. cit., p. 388.

189. MÖRSCHBÄCHER, José. Repetição do Indébito Tributário e Compensação. Op. cit., p. 272. No mesmo sentido, Oswaldo Othon de Pontes Saraiva Filho, Paulo de Tarso Vieira Ramos e Hugo de Brito Machado Segundo. In: MACHADO, Hugo de Brito (Coord.). *Repetição do Indébito e Compensação no Direito Tributário*. São Paulo: Dialética; Fortaleza: Instituto Cearense de Estudos Tributários – ICET, 1999.

190. No mesmo sentido: Oswaldo Othon de Pontes Saraiva Filho, Paulo de Tarso Vieira Ramos e Hugo de Brito Machado Segundo. In: MACHADO, Hugo de Brito (Coord.). *Repetição do Indébito e Compensação no Direito Tributário*. São Paulo: Dialética; Fortaleza: Instituto Cearense de Estudos Tributários – ICET, 1999.

RESTITUIÇÃO DO INDÉBITO TRIBUTÁRIO:
LEGITIMIDADE ATIVA NAS INCIDÊNCIAS INDIRETAS

PROCESSUAL CIVIL E TRIBUTÁRIO. FUNRURAL INCIDENTE SOBRE A COMERCIALIZAÇÃO DE PRODUTO AGRÍCOLA. AÇÃO DE REPETIÇÃO DE INDÉBITO. LEGITIMIDADE ATIVA. ART. 166 DO CTN. OFENSA AO ART. 535 DO CPC CONFIGURADA. RETORNO DOS AUTOS.

1. A jurisprudência do STJ firmou-se no sentido de que a pessoa jurídica adquirente de produtos rurais é responsável tributário pelo recolhimento da contribuição para o Funrural sobre a comercialização do produto agrícola, tendo legitimidade tão somente para discutir a legalidade ou constitucionalidade da exigência, mas não para pleitear em nome próprio a restituição ou compensação do tributo, a não ser que atendidos os ditames do art. 166 do CTN. 2. Desse modo, para que a empresa possa pleitear a restituição, deve preencher os requisitos do art. 166 do CTN, quais sejam, comprovar que assumiu o encargo financeiro do tributo ou que, transferindo-o a terceiro, este possua autorização expressa para tanto. (...) (EDcl no AgRg no REsp 1418303/RS, Rel. Min. Herman Benjamin, Segunda Turma, DJe 18/06/2014)

RECURSO ESPECIAL. PROCESSUAL CIVIL E TRIBUTÁRIO. VIOLAÇÃO AO ART. 535 DO CPC INEXISTENTE. ICMS. MERCADORIAS DADAS EM BONIFICAÇÃO. ESPÉCIE DE DESCONTO INCONDICIONAL. INEXISTÊNCIA DE OPERAÇÃO MERCANTIL. ART. 13 DA LC 87/96. NÃO-INCLUSÃO NA BASE DE CÁLCULO DO TRIBUTO. RESP. 1.111.156/SP, REL. MIN. HUMBERTO MARTINS, DJE 22.10.09, JULGADO SOB O RITO DO ART. 543-C DO CPC E DA RES. 8/STJ. POSSIBILIDADE DE CREDITAMENTO DOS VALORES DO TRIBUTO INDEVIDAMENTE RECOLHIDOS. DESNECESSIDADE DA PROVA DA REPERCUSSÃO JURÍDICA. INAPLICABILIDADE DO ART. 166 DO CTN NO CASO CONCRETO. RECURSO ESPECIAL CONHECIDO E PROVIDO. (...) 4. Em tese e normalmente, os tributos ditos indiretos, como o são o ICMS e o IPI, ou seja, aqueles que, por sua própria natureza comportam a transferência do encargo financeiro, são feitos obrigatoriamente para repercutir; consequentemente, no caso de repetição ou compensação, exige-se a prova da não repercussão, para se evitar o enriquecimento sem causa de quem não suportou efetivamente o pagamento da exação. (...) (REsp 1366622/SP, Rel. Min. Napoleão Nunes Maia Filho, Primeira Turma, DJe 20/05/2013).

TRIBUTÁRIO E PROCESSUAL CIVIL. DISPOSITIVOS CONSTITUCIONAIS APONTADOS COMO VIOLADOS. COMPETÊNCIA DO STF. CERCEAMENTO DE DEFESA. SÚMULA 7/STJ. ICMS. COMPENSAÇÃO. MAJORAÇÃO DA

ALÍQUOTA DE 17% PARA 18%. INCONSTITUCIONALIDADE. RESTITUIÇÃO. TRIBUTO INDIRETO. PROVA DO ENCARGO SUPORTADO. APLICABILIDADE DO ART. 166 DO CTN. SÚMULA 83/STJ. ANÁLISE DE MÉRITO EM SEDE DE JUÍZO DE ADMISSIBILIDADE. POSSIBILIDADE. SÚMULA 123/STJ. DECISÃO AGRAVADA NÃO ATACADA. SÚMULA 182/STJ. (...) 3. É possível a compensação via creditamento de valores pagos indevidamente por tributos indiretos, como é o caso do ICMS, e que neste caso é necessária prova de que não houve transferência do encargo financeiro. Aplicabilidade do art. 166 do CTN. Incidência da Súmula 83/STJ. (...) (AgRg no AREsp 50.090/SP, Rel. Min. Humberto Martins, Segunda Turma, DJe 23/11/2011)

Particularmente, também nos filiamos a esta segunda corrente de pensamento pelos mesmos argumentos apresentados. De fato, não conseguimos vislumbrar um critério jurídico suficiente para não exigir a observância dos requisitos estipulados pelo art. 166 do CTN nas declarações de compensação cujo crédito decorre de indébitos tributários. Afinal, se por expressa determinação legal apenas são compensáveis os créditos restituíveis e o presente requisito se dirige à restituição, por inferência lógica, deve-se concluir que ele também se aplica à compensação.

De fato, como o direito à restituição é pressuposto legal do direito à compensação, não nos parece sustentável afastar esta exigência quando o contribuinte pleiteia algo mais (além da devolução em si dos valores indevidamente pagos, o seu uso para quitação de seus débitos com o Fisco). Ao estabelecer requisitos para a implementação da restituição, o legislador, ainda que implicitamente, o faz também em relação à compensação, tendo em vista que o exercício desse direito (compensação) não é possível sem que se tenha, igualmente, o direito à restituição. Excluem-se apenas as situações em relação às quais o legislador expressamente excepciona a aplicação da regra geral, o que não é caso.

Para melhor elucidar a presente questão, faz-se necessária uma breve análise do instituto da compensação.

RESTITUIÇÃO DO INDÉBITO TRIBUTÁRIO:
LEGITIMIDADE ATIVA NAS INCIDÊNCIAS INDIRETAS

Pois bem. A compensação é uma das modalidades de extinção do crédito tributário (art. 156, II, do CTN), sendo que, nos termos do art. 368 do CC, ela ocorre quando "(...) duas pessoas forem ao mesmo tempo credor e devedor uma da outra", sendo que, nesta situação "(...) as duas obrigações extinguem-se, até onde se compensarem".

Somente haverá compensação entre débitos de duas pessoas se e quando estas forem, ao mesmo tempo, devedoras e credoras uma da outra. Inexistindo crédito, estará inviabilizado o encontro de contas e a consequente extinção da obrigação. Diante da definição legal de compensação, observa-se que o direito à restituição (crédito do contribuinte) é seu pressuposto legal.

Não é por outra razão que o art. 41 da Instrução Normativa da Receita Federal do Brasil – IN RFB nº 1.300/2012 – estabelece expressamente que o sujeito passivo somente terá direito à compensação de crédito passível de restituição ou ressarcimento:

> Art. 41. O sujeito passivo que apurar crédito, inclusive o crédito decorrente de decisão judicial transitada em julgado, relativo a tributo administrado pela RFB, passível de restituição ou de ressarcimento, poderá utilizá-lo na compensação de débitos próprios, vencidos ou vincendos, relativos a tributos administrados pela RFB, ressalvadas as contribuições previdenciárias, cujo procedimento está previsto nos arts. 56 a 60, e as contribuições recolhidas para outras entidades ou fundos.

Conforme se observa, o referido enunciado normativo prescreve expressamente que o direito à compensação do sujeito passivo fica condicionado à existência de crédito restituível. Ou seja, sem o direito à restituição inexiste o direito à compensação, pelo que se conclui que as restrições impostas à restituição se estendem, naturalmente, à compensação, não sendo válido afirmar, entretanto, que a recíproca seja verdadeira.

Cabe aqui um parênteses: a presente conclusão se aplica apenas às declarações de compensação cujo crédito decorra de pagamentos indevidos de tributos, não se estendendo às situações em que o crédito do sujeito passivo tenha outra origem, como é o caso de ressarcimento de crédito presumido, saldo credor de tributos não cumulativos eventualmente ressarcíveis etc. Afinal, nesses casos, falta um requisito essencial para a aplicação da presente regra, que é justamente o pagamento irregular.

Não bastassem esses argumentos, importa, ainda, registrar que, diversamente da Lei nº 9.430/96, o Código Tributário Nacional não distinguiu essas duas realidades: compensação e restituição. Pelo contrário, analisando os arts. 165 e 166 do CTN, o que se verifica é que, a despeito do nome empregado, eles regulam a devolução dos pagamentos indevidos, não tratando especificamente de nenhum dos procedimentos hábeis para tal.

Assim, não tendo o legislador, ao fixar normas gerais sobre este tema, outorgado regime jurídico diferente para esses dois institutos, não cabe ao aplicador fazê-lo, especialmente, quando se sabe que a compensação é apenas um dos procedimentos previstos pelo sistema para obter a devolução do que fora indevidamente pago, pressupondo, por conseguinte, o direito à restituição.

Pelo que foi exposto, conclui-se que restituição *in pecunia* e compensação são, no contexto do Código Tributário Nacional, espécies de um mesmo gênero: restituição *lato sensu*. Uma análise exclusivamente normativa de suas disposições, livre de definições pré-concebidas, leva a crer ser este o uso do signo *restituição* no Código. Assim, em nosso sentir, não se justifica interpretação restritiva no sentido de limitar a aplicação do art. 166 do CTN apenas aos pedidos de restituição em dinheiro.

RESTITUIÇÃO DO INDÉBITO TRIBUTÁRIO:
LEGITIMIDADE ATIVA NAS INCIDÊNCIAS INDIRETAS

3.2.1 Algumas situações que provocam dúvida a respeito da possibilidade de incluí-las no gênero "restituição de tributos"

Definido o conteúdo e alcance da expressão *restituição de tributos* no contexto do art. 166 do CTN, passemos à análise de alguns requerimentos dos administrados que gravitam em torno do pagamento indevido de tributos e que despertam muita dúvida a respeito da necessidade ou não da observância dos requisitos deste dispositivo legal.

3.2.1.1 A questão do levantamento de depósito

Uma situação que provoca muita dúvida a respeito da necessidade de observância do art. 166 do CTN é o levantamento de depósito realizado em processo judicial ou administrativo no qual se discutia a validade da exigência de tributo, após ter sido proferida decisão definitiva favorável ao particular. Nesses casos, poderia a autoridade julgadora condicionar a liberação das quantias depositadas ao cumprimento dos requisitos estabelecidos neste enunciado normativo?

Quanto ao tema, esclarece Hugo de Brito Machado Segundo que "não há grande diferença entre *pagar para depois repetir e resistir à cobrança e não pagar*".[191] Por conta disso, conclui que também nessas situações seria cogente a observância do referido comando legal:

> Pode-se presumir que se o contribuinte resiste à cobrança e não paga, ele não "repassou" a quantia correspondente, mas isso não necessariamente acontece. Ademais, o contribuinte pode efetuar as vendas, "repassar" o tributo quando da fixação de seus preços e depositar judicialmente (em vez de pagar) a quantia respectiva, em ação na qual se insurge contra a cobrança. Nesse caso, não há diferença entre o levantamento de tais depósitos e a restituição do que houvesse sido pago, sendo aquele que paga para

---

191. MACHADO SEGUNDO, Hugo de Brito. *Repetição do tributo indireto*: incoerências e contradições. São Paulo: Malheiros, 2011, p. 33.

144

depois repetir vítima de um tratamento discriminatório injustificado diante do direito, assegurado ao que procedeu ao depósito, de levantar as quantias correspondentes.[192]

Em sentido totalmente oposto se posiciona Aroldo Gomes de Mattos. Para este autor, o depósito corresponde justamente a uma alternativa para o sujeito passivo, pretendendo discutir a validade de tributos que repercutem, contornar os requisitos do art. 166 do CTN, imprimindo maior efetividade à sua pretensão:

> Para contornar tal problemática, entretanto, lhe assiste a faculdade de depositar tal tributo (CTN, art. 151, II) e discutir administrativa ou judicialmente sua cobrança. Nessa hipótese, desaparece a presunção do seu repasse ao contribuinte de fato, e, caso vencedor da lide, poderá levantar tranquilamente o valor depositado.[193]

Na jurisprudência, prevaleceu durante muito tempo a posição de que o levantamento de depósito, mesmo quando relativo a tributos ou incidências que repercutem, não estava condicionado à observância do art. 166 do CTN:

> PROCESSUAL CIVIL E TRIBUTÁRIO. RECURSO ESPECIAL. ADMISSIBILIDADE. ART. 166 DO CTN. APLICABILIDADE. ICMS. DESLOCAMENTO DE MERCADORIA ENTRE ESTABELECIMENTOS DO MESMO CONTRIBUINTE. SÚMULA 166/STJ.
>
> 1. Depósito preparatório para discussão do crédito tributário. Medida que não se revela contenciosa a ponto de permitir a cognição da questão de fundo. 2. Não se conhece do recurso em cujas razões não houve ataque aos fundamentos da decisão recorrida. 3. Inexistindo pleito de repetição de indébito, afigura-se impertinente a alegação de vulneração ao disposto no art. 166 do Código Tributário Nacional, que respeita a legitimidade para a restituição do indébito em se tratando de tributos que, por sua natureza, comportem repercussão do respectivo encargo financeiro. 4. Questão central atinente ao feito principal sobre ser o

---

192. Idem, ibidem.

193. MATTOS, Aroldo Gomes de. Op. cit., p. 51.

RESTITUIÇÃO DO INDÉBITO TRIBUTÁRIO:
LEGITIMIDADE ATIVA NAS INCIDÊNCIAS INDIRETAS

> simples deslocamento de mercadoria de um para outro estabelecimento do mesmo contribuinte fato gerador do ICMS. Súmula 166/STJ. 5. Recurso interposto pela Empresa não conhecido. Recurso interposto pelo Distrito Federal conhecido em parte, em nesta parte, desprovido. (REsp 547.706/DF, Rel. Min. Luiz Fux, 1ª Turma, DJ 22/03/2004).

A Primeira Turma do Superior Tribunal de Justiça, entretanto, vacilou quanto ao seu posicionamento ao proferir decisão na qual entendeu que, também nas situações em que o sujeito passivo realiza depósito, a legitimidade para seu levantamento é determinada de acordo com as prescrições do art. 166 do CTN. O que é mais inusitado perceber é que o voto vencedor não se reconhece como modificador de jurisprudência. Pelo contrário, o julgamento é feito sob o pretexto de acompanhar outros precedentes daquela E. Corte (REsp 906.405 e EREsp 554.203), os quais, todavia, tratavam exclusivamente da legitimidade ativa para pleitear a restituição do indébito tributário, em situações concretas nas quais não havia depósito. Eis os termos em que foi proferida a ementa do referido acórdão:

> TRIBUTÁRIO. REPETIÇÃO DE INDÉBITO OU LEVANTAMENTO DE DEPÓSITOS ADMINISTRATIVOS. ART. 166 DO CTN. LEGITIMAÇÃO SUBJETIVA ATIVA APENAS DO CONTRI-BUINTE DE FATO, OU SEJA, DAQUELE QUE EFETIVAMENTE SUPORTOU O ENCARGO FINANCEIRO DO TRIBUTO. ILEGITIMAÇÃO DO CONTRIBUINTE DE DIREITO. PRECE-DENTES. IRRELEVÂNCIA DE SE TRATAR DE PAGAMENTO, DE DEPÓSITO ELISIVO VOLUNTÁRIO OU DE DEPÓSITO FORÇADO, PORQUANTO, EM TODOS OS CASOS, O QUE SE PRETENDE É COIBIR O ENRIQUECIMENTO SEM CAUSA (RESP. 554.203/RS, REL. MIN. TEORI ALBINO ZAVASCKI, DJ 11.05.04). AGRAVO REGIMENTAL PROVIDO. 1. O Agravo Regimental merece ser provido, para afastar o levantamento do depósito administrativo pela empresa de telefonia, por não ter suportado o ônus financeiro do tributo, devendo o Recurso Especial do Estado de Minas Gerais ser oportunamente julgado por esta douta Turma para decidi-lo, como entender de direito. 2. Agravo Regimental do Estado de Minas Gerais provido. (AgRg no Ag 1.365.535-MG, Rel. originário Min. Benedito Gonçalves,

ANDRÉA MEDRADO DARZÉ MINATEL

Rel. para acórdão Min. Napoleão Nunes Maia Filho, Primeira
Turma, DJ 21/06/2012).

Em seu voto, o Ministro designado Relator para acórdão,
Napoleão Nunes Maia Filho, deixou consignado o seguinte:

> Ademais, deve-se consignar que o depósito realizado pela em-
> presa recorrida não lhe causou diminuição patrimonial, haja
> vista que essa quantia foi repassada ao contribuinte, usuário do
> serviço de telefonia, e, portanto, a parte legítima para requerer o
> levantamento do depósito, em função de haver suportado o ônus
> indevido. 8. Também deve ser mencionado que é irrelevante que
> a pretensão de repetição se funde ao pagamento voluntário, em
> depósito administrativo ou repetição de indébito, em sentido
> estrito, pois, em todos os casos, o que se tem em mente é obstar
> que alguém que não suportou o ônus financeiro do tributo, sob
> pena de favorecer o enriquecimento sem causa, se invista nesse
> capital; o que deve ser enfatizado, com a devida vênia, é a ilegiti-
> mação subjetiva ativa de quem não suportou a exação, qualquer
> que seja a modalidade de técnica empregada para captar esses
> valores, ou seja, o fundamento da ilegitimidade é, sempre, o fato
> de o pretendente dos recursos não haver desembolsado os valo-
> res que agora postula, e não o modo pelo qual o recolhimento se
> efetivou.

Não são poucas as críticas opostas a este segundo posicionamento do Superior Tribunal de Justiça, motivadas, em
sua grande maioria, pelo desrespeito à condição mínima de
aplicabilidade do presente enunciado legal, que é justamente
a potencialidade de repercussão jurídica do encargo financeiro do tributo.

É certo que, em matéria de repercussão jurídica, o legislador se vale, em regra, do expediente da presunção, apropriando-se de situações que, no seu entender, são indiciárias
de repasse do ônus financeiro para pessoa específica: o realizador a materialidade do tributo ou o próximo sujeito do ciclo
de circulação ou produção.

O que não se pode admitir, todavia, é que esta presunção
se mantenha, mesmo diante de fatos que indiquem justamente o contrário, ou seja, que não houve a transferência da carga

147

RESTITUIÇÃO DO INDÉBITO TRIBUTÁRIO:
LEGITIMIDADE ATIVA NAS INCIDÊNCIAS INDIRETAS

tributária, como ocorreria nesses casos, haja vista que sequer efetivou-se o pagamento do tributo.

É justamente por conta disso que muitos autores questionam: qual seria o fundamento para construir a conjectura de que o sujeito que está depositando irá transferir o ônus tributário que espera ver reconhecido como indevido?

Não são poucos os juristas que defendem que, nessas situações concretas, não há possibilidade de transferência do encargo. Como consequência, sustentam que, nessas hipóteses, o art. 166 do CTN não se presta como fundamento para obstar o levantamento das quantias depositadas pelo sujeito que a realizou, já que o depósito em si funcionaria como prova da ausência de repasse do encargo.

Nutrimos a convicção, entretanto, de que não seja este o cerne da questão. Com efeito, ao tratarmos do pressuposto fático do direito à restituição do indébito tributário, esclarecemos que ele não se limita às hipóteses de pagamento em sentido estrito, mas a toda e qualquer modalidade de extinção da dívida pelo particular, pelo desaparecimento do crédito.

Explicamos, igualmente, que o legislador não agiu com rigor terminológico ao empregar a expressão *modalidade de pagamento* no art. 165 do CTN, tendo em vista que o efetivo desencaixe de valores em pecúnia não é requisito necessário, tampouco suficiente, para a configuração do direito à restituição do indébito tributário.

Ainda naquela oportunidade, afirmamos que o depósito puro e simples não configura suporte fático suficiente para a aplicação da regra do art. 165 e, por óbvio do art. 166, ambos do CTN, já que, apesar de nesses casos haver efetivo desembolso de valores, não há extinção do crédito, que ficará na dependência da sua conversão em renda do ente tributante.

Ora, é justamente este o caso da situação em análise: não se pode legitimamente afirmar, sob qualquer fundamento jurídico, que houve a liquidação do crédito tributário em

148

ANDRÉA MEDRADO DARZÉ MINATEL

discussão. Pelo contrário, a própria Lei n° 5.172/66 é categórica ao prescrever, em seu art. 151, II, que o efeito jurídico decorrente do depósito (integral) é a suspensão de exigibilidade do crédito, não a sua extinção.[194]

Neste contexto, não verificada a extinção da obrigação tributária pelo desaparecimento do crédito, não se tem pressuposto de fato suficiente para autorizar a aplicação do art. 166 do CTN, o que é satisfatório para demonstrar a ilegalidade e a arbitrariedade da decisão proferida no AgRg no Ag 1.365.535-MG. Assim, espera-se que se trate de decisão isolada,[195] que não reflita o entendimento daquele tribunal.

---

194. Ao tratar do tema, Gustavo Froner Minatel é enfático: "Em suma, o depósito é alternativa ao pagamento, sem, contudo, constituir o crédito tributário. Ademais, o escopo do sujeito passivo ao realizar o depósito não é o pagamento, muito pelo contrário, aqui vale a máxima *aquele que deposita não pretende pagar.* (...) Com todas as vênias, o depósito, em regra, não tem o condão de substituir a necessidade de lançamento ou confissão pelo sujeito passivo para que o crédito tributário seja líquido, certo e exigível. Além de não se configurar no rol das atividades aptas a constituição do crédito tributário, há questão mais grave, o depósito é realizado em juízo, estabelecendo *a priori*, relação jurídica somente com o órgão judicante do Poder Judiciário. Com efeito, no ato do depósito, não há o estabelecimento de qualquer relação com autoridade dotada de capacidade tributária ativa. Assim, somente com o cumprimento de deveres instrumentais na forma de entrega de declarações, é que se estabelece o vínculo entre sujeitos ativo e passivo da obrigação tributária". (MINATEL, Gustavo Froner. *Lançamento por homologação* – regime jurídico para a constituição do crédito tributário. 2011. Dissertação (Mestrado em Direito Tributário) – Pontifícia Universidade Católica de São Paulo, São Paulo, 2011. p. 103).

195. Até o presente momento, não foi proferida outra decisão enfrentando diretamente essa questão. Entretanto, foi deferida medida liminar em ação cautelar proposta para suspender os efeitos do acórdão que determinou o levantamento de depósito administrativo realizado pela empresa Telemar, após sair vitoriosa em Mandado de Segurança no qual se discutia a cobrança de ICMS relativo a fatos anteriores a 30/06/1998. Posteriormente, foi proferido acórdão, em sede de Recurso Especial, para reconhecer, em definitivo, o direito de a empresa levantar referidos valores, por entender o Tribunal que a discussão sobre a titularidade do dinheiro depositado deve ser travada entre contribuintes de direito e de fato, se for o caso, em outra sede. Eis o teor ds ementa dos referidos acórdãos: "MEDIDA CAUTELAR OBJETIVANDO SUSPENDER OS EFEITOS DO ACÓRDÃO QUE DETERMINOU O LEVANTAMENTO DE DEPÓSITO ADMINISTRATIVO REALIZADO PARA A SUSPENSÃO DA EXIGIBILIDADE DO CRÉDITO TRIBUTÁRIO. ART. 166 DO CTN. LEGITIMAÇÃO ATIVA DO CONTRIBUINTE DE FATO. (...) 2. No caso concreto, foi dado provimento ao Agravo de Instrumento do Estado de Minas Gerais, ora requerente, pela Primeira Turma, para discussão das teses apresentadas no Apelo Raro, entre elas (a) a possibilidade de o

RESTITUIÇÃO DO INDÉBITO TRIBUTÁRIO:
LEGITIMIDADE ATIVA NAS INCIDÊNCIAS INDIRETAS

contribuinte de direito, em autos de Mandado de Segurança já findo, cuja decisão lhe fora favorável, no sentido da inexistência de relação jurídica que o obrigue a recolher ICMS sobre instalação de linhas telefônica, obter provimento judicial determinando o levantamento do depósito feito na via administrativa para fins de suspensão da exigibilidade do crédito tributário, levantamento anteriormente negado na via administrativa; e (b) a legitimidade do contribuinte de direito para reaver referido depósito considerando o repasse do encargo tributário ao contribuinte de fato. 3. Assim, presentes os requisitos *fumus boni iuris* e *periculum in mora*, deve ser concedida a medida pleiteada. 4. Medida Cautelar julgada procedente para suspender os efeitos do acórdão proferido nos autos do AI 1.0024.98.113168-3/003, até o julgamento do Recurso Especial respectivo pela Primeira Turma". (MC 17.653/MG, Rel. Min. Napoleão Nunes Maia Filho, Primeira Turma, DJe 09/05/2013). "RECURSO ESPECIAL. INEXISTÊNCIA DE OFENSA AO ART. 535 DO CPC. (...) ACÓRDÃO A QUO QUE DETERMINOU O LEVANTAMENTO DE DEPÓSITO ADMINISTRATIVO REALIZADO PELA EMPRESA DE TELEFONIA COM SUPEDÂNEO EM LEI ESTADUAL PARA SUSPENSÃO DA EXIGIBILIDADE DO CRÉDITO TRIBUTÁRIO. NEGATIVA DO FISCO ESTADUAL EM DEVOLVER O VALOR DEPOSITADO CALCADA NA NECESSIDADE DE PROVA DO NÃO REPASSE DO TRIBUTO AO CONTRIBUINTE DE FATO. INAPLICABILIDADE DO ART. 166 DO CTN. HIPÓTESE QUE NÃO SE CONFUNDE COM A DE REPETIÇÃO DE INDÉBITO. DISCUSSÃO SOBRE A TITULARIDADE DO DINHEIRO DEPOSITADO A SER TRAVADA EM OUTRA SEDE. (...) 5. Todavia, é inadmissível subsumir o caso concreto à norma do art. 166 do CTN, expressamente endereçada à situação de restituição ou repetição do indébito tributário, isto é, quando há pagamento indevido de tributo. 6. Na hipótese, ocorreu o depósito administrativo, fundado em Lei Estadual e autorizado pela Fazenda como forma de suspensão da cobrança do crédito tributário, enquanto discutia-se judicialmente a legalidade da incidência do tributo. Há uma decisão transitada em julgado afirmando exatamente a ilegalidade dessa cobrança, e a mesma Legislação Estadual, como frisou o acórdão impugnado, impõe a devolução do dinheiro depositado nestes casos. 7. A discussão sobre a titularidade do dinheiro depositado deve ser travada entre contribuintes de direito e de fato, se for o caso, em outra sede, porquanto assentado, definitivamente, ser indevida a cobrança do tributo, não pertencendo o montante, portanto, ao ente Estatal Estadual, que não pode sujeitar a devolução à prova do não repasse, uma vez que essa condicionante não constava da Legislação Estadual e não foi objeto de prévio acerto entre as partes, surgindo como empecilho apenas na hora do levantamento pretendido. 8. A decisão proferida no *mandamus*, entendendo indevidos os valores relativos ao ICMS sobre a instalação de linhas telefônicas e serviços similares, possui eficácia plena, independente, portanto, de qualquer outra providência, impondo a Fazenda Pública, mormente em razão do teor da Legislação Estadual e do princípio da boa-fé objetiva, devolver o depósito efetuado apenas para a suspensão da cobrança do crédito tributário durante a discussão judicial. 9. A função do depósito é instrumental, de garantia do pagamento do tributo; ele está vinculado, portanto, à decisão que vier a transitar em julgado e, no caso, essa decisão foi favorável ao contribuinte. 10. Recurso Especial parcialmente conhecido e, nessa parte, desprovido." (REsp 1377781/MG, Rel. Min. Napoleão Nunes Maia Filho, Primeira Turma, DJe 04/02/2014).

ANDRÉA MEDRADO DARZÉ MINATEL

3.2.1.2 Os pedidos exclusivos para deixar de pagar tributos indevidos

Diferentemente das situações acima relacionadas, é praticamente unânime na doutrina e na jurisprudência que a legitimidade para ingressar com medida judicial pleiteando exclusivamente o reconhecimento do direito de deixar de pagar o tributo é sempre do sujeito que figura no polo passivo da relação jurídica tributária (*contribuinte de jure*), independentemente de quem suporta o seu ônus *in concreto*.

De fato, não se verifica maior resistência quanto à inaplicabilidade do art. 166 do CTN nessas situações, seja em medidas preventivas, na qual se pretende deixar de pagar o tributo no futuro, seja, ainda, em medidas repressivas, como, por exemplo, nos embargos à execução fiscal, nos quais a pretensão do sujeito passivo limita-se ao não pagamento ou à redução da quantia executada. É o que demonstram as ementas abaixo transcritas:

> TRIBUTÁRIO. PROCESSUAL CIVIL. EMBARGOS DE DECLARAÇÃO NO AGRAVO REGIMENTAL NO AGRAVO EM RECURSO ESPECIAL. ERRO MATERIAL. EXISTÊNCIA. EMBARGOS À EXECUÇÃO FISCAL. ICMS. LEI ESTADUAL PAULISTA 6.556/89. MAJORAÇÃO DE ALÍQUOTA. 17% A 18%. DECLARAÇÃO DE INCONSTITUCIONALIDADE PELO STF. PROSSEGUIMENTO DA EXECUÇÃO. POSSIBILIDADE. PRECEDENTES DO STJ. 1. O acórdão embargado incorreu em erro material ao julgar a causa como se tratasse de pedido de compensação tributária de valor pago indevidamente a título de ICMS, tributo indireto, de modo que entendeu incabível o pedido, à míngua de comprovação de repasse do encargo financeiro, conforme determina o art. 166 do CTN. 2. Na hipótese, não há cogitar tal exigência, porquanto a pretensão da parte embargante não é a de obter restituição ou compensação de tributo, mas de impugnar o valor que lhe é exigido em execução fiscal. (...).
> (EDcl no AgRg no AREsp 17.085/SP, Rel. Min. Arnaldo Esteves Lima, Primeira Turma, DJe 10/05/2013).

> ICMS. MAJORAÇÃO DE ALÍQUOTA. 17% PARA 18%. TRIBUTO RECONHECIDAMENTE INDEVIDO. REPETIÇÃO DE INDÉBITO. ART. 166 DO CTN. APLICAÇÃO. DISTINÇÃO

151

RESTITUIÇÃO DO INDÉBITO TRIBUTÁRIO:
LEGITIMIDADE ATIVA NAS INCIDÊNCIAS INDIRETAS

ENTRE TRIBUTO RECOLHIDO PELA RECORRENTE E AQUELE PAGO POR SEU FORNECEDOR. (...). 2. No primeiro caso (recolhimento indevido pela recorrente, como contribuinte de direito), a jurisprudência do STJ é pacífica no sentido da aplicabilidade do art. 166 do CTN. A comprovação de assunção do ônus, ou autorização de quem o assumiu, somente é afastada no caso de Embargos à Execução (o caso dos autos é de Repetição de Indébito). (...). (REsp 1023979/SP, Rel. Ministro Herman Benjamin, Segunda Turma, DJe 16/02/2009).

PROCESSO CIVIL. ICMS. DIREITO DECORRENTE DA INCONSTITUCIONAL MAJORAÇÃO DE ALÍQUOTA DE 17% PARA 18% PELA LEI 6.556/89. EMBARGOS À EXECUÇÃO FISCAL. ART. 166 DO CTN. PROVA DA NÃO-REPERCUSSÃO. DESCABIMENTO. PRECEDENTES. 1. Incide o teor da Súmula 284/STF quanto a tese sobre a qual não se indica o dispositivo legal que teria sido violado, pela deficiência na fundamentação recursal. 2. O art. 166 do CTN se aplica unicamente nos casos de repetição de indébito, não podendo ser invocado quando a discussão em torno da legalidade do crédito tributário se dá nos embargos à execução fiscal, em que o objetivo do embargante cinge-se ao não pagamento ou à redução da quantia executada. Nesse caso, é totalmente descabida a exigência da prova do não repasse do encargo financeiro, pois não houve, ainda, pagamento do tributo executado. 3. Recurso especial parcialmente conhecido e, no mérito, improvido. (REsp 698611/SP, Rel. Min. Eliana Calmon, Segunda Turma, DJ 06/06/2005).

Essas referências jurisprudenciais, aliadas às noções já expostas no desenvolvimento deste trabalho, não deixam dúvidas de que o pedido exclusivo para deixar de pagar o tributo (relativo a fatos futuros ou a fatos concretamente ocorridos, mas em relação aos quais não fora realizado qualquer recolhimento) não é suporte fático suficiente para legitimar a aplicação do art. 166 do CTN. Afinal, sob qualquer color, não é possível falar nesses casos em prévia extinção do crédito tributário, requisito inafastável para a incidência do referido enunciado normativo.

3.2.1.3 A apropriação de crédito extemporâneo ou tempestivo de tributos

Como já apontado, o pressuposto de fato do direito à restituição do indébito tributário, seja o regulado pela regra geral do art. 165, seja o previsto na norma especial do art. 166, ambos do CTN, é justamente o pagamento indevido de tributos. A diferença entre esses dois regimes jurídicos reside apenas na natureza do tributo a restituir ou no contexto da incidência tributária: quando comportem ou não transferência do respectivo encargo financeiro.

Também pensamos ter esclarecido que, ao utilizar o signo *pagamento* na referida regra geral, o legislador demarcou a amplitude dos fatos extintivos da obrigação tributária que implicam o nascimento do direito em questão, independentemente da específica natureza jurídica do tributo a ser restituído: apenas aquelas situações em que o desfazimento do vínculo jurídico se dá pelo desaparecimento do objeto da prestação.

Estabelecidas essas premissas, não resta dúvida que a prova da assunção ou da transferência do encargo financeiro do tributo é relevante apenas nos casos em que há pagamento (em sentido lato) de quantias indevidas a título de tributos ou incidências indiretas, em nada interferindo os elementos que possam ter composto de forma ampla esse valor.

Com efeito, os créditos financeiros, decorrentes do regime da não cumulatividade, que, por alguma razão, deixaram de ser apropriados pelo contribuinte no momento da operação ou que, por equívoco, não foram considerados na formação do valor da dívida não podem ser equiparados a tributos recolhidos indevidamente. Isso porque os créditos de ICMS, de IPI ou mesmo de PIS e COFINS, tempestivos ou extemporâneos, escriturados em valores diversos do permitido, não guardam atinência com os tributos indevidamente considerados. Quaisquer efeitos que possam advir desses créditos não afetam "diretamente" o denominado *contribuinte de fato*, razão pela qual não podem ser considerados como fato suficiente

RESTITUIÇÃO DO INDÉBITO TRIBUTÁRIO:
LEGITIMIDADE ATIVA NAS INCIDÊNCIAS INDIRETAS

para justificar a aplicação do art. 166 do CTN. Embora os referidos créditos possam resultar na redução, artificial ou não, do valor devido a título de tributo, o reflexo que possa daí advir será apenas indireto.

Em síntese, crédito, extemporâneo ou tempestivo, não é tributo, tampouco pode ser a ele equiparado. Trata-se de direito em face da Fazenda Pública, que opera como moeda escritural para a liquidação da obrigação tributária.

Ao analisar a natureza jurídica do aproveitamento de créditos escriturais decorrentes do mecanismo da não cumulatividade, o Ministro Teori Albino Zavascki foi contundente ao defender a impossibilidade de confundi-lo a ou equipará-lo à repetição de indébito tributário:[196]

> (...) Não se pode confundir as hipóteses de repetição de indébito tributário com as de aproveitamento de créditos escriturais decorrentes do mecanismo da não-cumulatividade. De fato, são distintas, seja quanto aos fundamentos, seja quanto ao modo de operacionalização, as hipóteses (a) em que o contribuinte busca recuperar quantias indevidamente recolhidas ao fisco e (b) aquelas em que, para dar cumprimento ao princípio constitucional da não-cumulatividade, pode abater do valor do tributo a recolher as somas pagas nas etapas anteriores da cadeia produtiva.[197]

Também é este o entendimento de José Carlos Graça Wagner:

---

196. Também é esta a posição da Ministra Eliana Calmon: "Não há que se confundir compensação e restituição com creditamento. A compensação e a restituição em nada se assemelham ao creditamento de tributos. Naquelas, há, efetivamente, um recolhimento, que posteriormente vem a ser repetido pelo contribuinte. No creditamento, não há repetição, porque nada foi pago, ainda que indevidamente. É o que acontece, verbia gratia, na hipótese de incidência do IPI sobre insumos e sobre matéria-prima isenta, não tributada ou sujeita à alíquota zero. Nesses casos, a jurisprudência desta Corte está assentada no sentido de que não há incidência do art. 166 do CTN, por não tratar esse aproveitamento de repetição de indébito, porque não há recolhimento pretérito do tributo que se pretende creditar". (REsp 435575/ SP, Rel. Min. Eliana Calmon, DJU 04/04/2005).

197. REsp 753.563/RJ, Rel. Min. Teori Albino Zavascki, Primeira Turma, DJ 02/05/2006.

ANDRÉA MEDRADO DARZÉ MINATEL

O não exercício do direito de crédito não equivale, por sua própria natureza, a um imposto pago indevidamente. Neste último caso é o próprio imposto que está eivado de ilegalidade ou de inconstitucionalidade. No caso do direito de crédito terá ocorrido um obstáculo ao exercício de um direito legal – de um direito constitucional de não-cumulatividade – e não o cumprimento de uma obrigação com erro. Não chega a ocorrer a hipótese de um imposto pago indevidamente, mas de um crédito não efetuado por um impedimento legal de parte da autoridade fiscal aplicadora da lei ou de norma eivada de vício de inconstitucionalidade, que vier a ser declarada pelos Tribunais.[198]

É justamente por partir dessa premissa que o Superior Tribunal de Justiça vem proferindo decisões no sentido de que não há que se falar em necessidade de observância dos requisitos do art. 166 do CTN nos casos de apropriação de crédito, extemporâneo ou não, de tributos não cumulativos.[199]

---

198. WAGNER, José Carlos Graça. Restituição de tributos e repercussão econômica. In: MARTINS, Ives Gandra da Silva (Coord.). Caderno de Pesquisas Tributárias nº 8. *Repetição do indébito*. São Paulo: Coedição Centro de Estudos de Extensão Tributária e Resenha Tributária, p. 87-103, 1983. p. 99.

199. Continuam, todavia, sendo proferidas decisões em sentido contrário:
"PROCESSUAL CIVIL E TRIBUTÁRIO. AUSÊNCIA DE IMPUGNAÇÃO A FUNDAMENTOS DA DECISÃO AGRAVADA. SÚMULA 182/STJ. ICMS. MAJORAÇÃO DA ALÍQUOTA DE 17% PARA 18%. CREDITAMENTO. ART. 166 DO CTN. APLICABILIDADE. (...) 2. O entendimento da Corte de origem está em conformidade com o do STJ no sentido de que a concessão do crédito de ICMS à parte autora se sujeita à exigência do art. 166 do CTN. Precedentes: AgRg no AREsp 108.242/SP, Rel. Min. Benedito Gonçalves, Primeira Turma, DJe 26/11/12 e AgRg no AREsp 201.055/SP, Rel. Min. Castro Meira, Segunda Turma, DJe 09/10/2012. 3. Agravo regimental parcialmente conhecido e, nessa parte, desprovido." (AgRg no AREsp 23.695/SP, Rel. Min. Sérgio Kukina, Primeira Turma, DJe 05/04/2013).
"TRIBUTÁRIO. ICMS. PEDIDO DE CREDITAMENTO DO IMPOSTO. MAJORAÇÃO DA ALÍQUOTA DE 17% PARA 18%. ART. 166 DO CTN. APLICABILIDADE. PROVA DA NÃO-REPERCUSSÃO. (...). 3. O *Creditamento de ICMS*, como requer a agravante, nada mais é do que vantagem financeira, que muito se assemelha à repetição de indébito, merecendo, portanto, igual tratamento. Precedente: AgRg nos EREsp 728.325/SP, Rel. Min. Humberto Martins, Primeira Seção, julgado em 14.5.2008, DJe 26.5.08. Agravo regimental improvido." (AgRg na Pet 6555/SP, Rel. Min. Humberto Martins, Primeira Seção, DJe 05/03/2009).
Note-se que estes precedentes equiparam a *compensação* na escrita em face do reconhecimento de créditos decorrentes da não cumulatividade à compensação decorrente de indébito tributário, o que não se pode tolerar.

RESTITUIÇÃO DO INDÉBITO TRIBUTÁRIO:
LEGITIMIDADE ATIVA NAS INCIDÊNCIAS INDIRETAS

O trecho do voto do Ministro Relator Luiz Fux, proferido nos autos AgRg no REsp 1.135.782/SP,[200] deixa bem evidente as razões pelas quais prevalece naquele E. Tribunal o entendimento de que o referido dispositivo legal deve ter sua aplicação restrita aos pedidos de restituição ou compensação decorrentes de indébitos tributários:

> O Tribunal de Justiça negou o direito à correção monetária de tais créditos, sob o fundamento de que não haveria previsão legal e pelo fato de que não teria sido comprovado o recolhimento "a maior" e o não repasse ao preço da mercadoria, aplicando o disposto no artigo 166 do CTN. Com efeito, tendo sido concedido o direito ao creditamento de ICMS, em atenção ao princípio da não-cumulatividade que rege o imposto, não há que se falar em pagamento indevido, muito menos em restituição do indébito, uma vez que os créditos são utilizados para fins de apuração contábil do tributo devido. Inaplicável, por conseguinte, o disposto no art. 166 do CTN.
>
> Esta norma, por ter cunho restritivo, não pode ser interpretada de forma ampliativa para restringir o direito a pretensos créditos, sob pena de impedir, quase de forma absoluta, a busca de valores despendidos indevidamente ou não aproveitados corretamente, possibilitando, em verdade, um enriquecimento sem causa do Erário Público. Ao encontro desse entendimento, há o apoio doutrinário de Hugo de Brito Machado:
>
> 'É importante ressaltar que o direito de compensar é distinto do direito à restituição do que tenha sido pago indevidamente. Nasce de suporte fático diverso, no qual, além da situação de credor de tributo pago indevidamente, está o fato de ser devedor de tributo atual. Tratando-se de direito diverso, a ele não se aplica a restrição do art. 166 do CTN, até porque as normas restritivas não podem ser interpretadas ampliativamente'.[201]

---

200. AgRg no REsp 1135782/SP, Rel. Ministro Luiz Fux, Primeira Turma, DJe 28/02/2011.

201. No mesmo sentido: "TRIBUTÁRIO. IPI. DESCONTOS INCONDICIONAIS. REVENDA DE VEÍCULOS. CREDITAMENTO X REPETIÇÃO DO INDÉBITO. SUJEITO PASSIVO DA OBRIGAÇÃO TRIBUTÁRIA. LEGITIMIDADE ATIVA AD CAUSAM. ART. 166 DO CTN. 1. A compensação e a restituição em nada se assemelham ao creditamento de tributos. Naquelas, há, efetivamente, um recolhimento, que posteriormente vem a ser repetido pelo contribuinte. No creditamento, não há repetição, porque nada foi pago, ainda que indevidamente. 2. Hipótese dos autos que se enquadra no conceito de restituição/compensação do indébito tributário,

ANDRÉA MEDRADO DARZÉ MINATEL

Nas poucas vezes em que o Egrégio Supremo Tribunal Federal se dispôs a enfrentar o tema, conclui no mesmo sentido:

> CONSTITUCIONAL. TRIBUTÁRIO. ICM. DIREITO DE CRÉDITO PELA ENTRADA DE MATÉRIA PRIMA IMPORTADA COM ISENÇÃO DO IMPOSTO. AÇÃO DECLARATÓRIA. CORREÇÃO MONETÁRIA E JUROS. I. - Importação de matéria-prima isenta de ICM anteriormente a EC n. 23, de 1983: tem o importador direito de crédito do valor do imposto nas operações posteriores. Prevalecimento do princípio constitucional da não-cumulatividade inscrito no art. 23, II, CF/67. II. - Por se tratar de direito de crédito e não a restituição de indébito, não há que falar na transferência do encargo, já que inaplicável a regra do art. 166, CTN. (...). (RE nº 114.527/SP, Rel. Min. Carlos Velloso, 2ª Turma, DJ de 12/06/1992).

Neste contexto, resta evidente que, também em se tratando de requerimentos de apropriação de créditos de tributos não cumulativos, a prova da assunção ou da transferência do encargo financeiro do tributo é irrelevante, na medida em que não se tem aqui, igualmente, suporte fático suficiente para autorizar a aplicação do art. 166 do CTN.

---

impondo-se a incidência do art. 166 do CTN.(...) 6. Recurso especial improvido". (REsp 435575/SP, Rel. Min. Eliana Calmon, Segunda Turma, DJ 04/04/05).
"PROCESSO CIVIL. MANDADO DE SEGURANÇA. PROPRIEDADE. ICMS. CREDITAMENTO NA ESCRITA FISCAL DECORRENTE DA INCONSTITUCIONAL MAJORAÇÃO DE ALÍQUOTA DE 17% PARA 18% PELA LEI 6.556/89. (...) 3. Pretensão que não busca impedir a verificação da exata apropriação dos valores. 4. Embora o ICMS seja tributo indireto, quando se trata de aproveitamento de créditos e não de repetição de indébito, afasta-se a aplicação do art. 166 do CTN, não se exigindo a prova negativa da repercussão. 5. Recurso especial provido." (REsp 426.845/SP, Min. Rel. Eliana Calmon, Segunda Turma, DJ 13/09/2004).
"TRIBUTÁRIO. IMPOSTO SOBRE PRODUTOS INDUSTRIALIZADOS. CREDITAMENTO DO IPI DOS INSUMOS E MATÉRIA-PRIMA - PRESCRIÇÃO - REPERCUSSÃO (ART. 166 DO CTN). (...) 3. Exigência de prova da identificação do contribuinte de fato (art. 166, do CTN) que não se faz pertinente em situação diversa da repetição de indébito. 4. Recursos especiais conhecidos pela alínea "a", mas improvidos." (RESP nº 397.171/SC, Min. Rel. Eliana Calmon, DJ 05/08/2002).

RESTITUIÇÃO DO INDÉBITO TRIBUTÁRIO:
LEGITIMIDADE ATIVA NAS INCIDÊNCIAS INDIRETAS

3.3 O conteúdo e alcance da expressão *por sua natureza* no contexto do art. 166 do CTN

Não se justifica o atraso na evolução das investigações em torno do tema da repercussão jurídica que, praticamente, paralisou diante das constantes interferências, voluntárias ou inconscientes, das Ciências Econômicas e Financeiras. Pensar antes assim, até se entendia, haja vista a relação umbilical que o Direito Tributário mantinha em sua origem com essas Ciências.[202] Mas não avançar nos estudos quando o contexto é outro, de total independência desses sistemas, não se justifica.

A circunstância de a lei recair sobre um fato que também gera efeitos econômicos não é suficiente para desqualificá-lo como jurídico, tampouco para legitimar sua análise apenas sob a perspectiva econômica. Pelo contrário, ao regular uma mesma realidade, imputando-lhe, porém, efeitos jurídicos, o legislador a transforma em categoria do direito, o que impõe a sua investigação de acordo com os códigos desse específico sistema.

A rigor, praticamente nenhum fenômeno é genuinamente jurídico. O Direito, em regra, se apropria de substrato pré-existente, comum a outros ramos (Economia, Política, Religião etc.), atribuindo-lhes, artificialmente, por mero ato de vontade, também consequências jurídicas, que não lhes seriam exatamente próprias.[203]

---

202. Paulo de Barros Carvalho há muito tempo chama à atenção para problema similar enfrentado na tarefa de definir contribuinte, esclarecendo que, não raras vezes, os estudiosos do direito não diferenciam o seu uso pela ciência jurídica e pela ciência das finanças. Nas suas palavras, "o termo *contribuinte*, no Direito e na Economia, apresenta critérios de uso diferentes, propiciando conotações distintas. Seria como classificar 'mangas' em duas categorias, aquelas que (i) consistem na parte do vestuário que cobre o braço e (ii) aquelas que são frutos da árvore que chamamos mangueira". (CARVALHO, Paulo de Barros. *Direito tributário...* cit., p. 627).

203. Como bem pontuou Lourival Vilanova, "as normas mantêm referência semântica com o mundo, e o sistema de normas é o correlato de um sistema de objetos empíricos (fatos-eventos e fatos-condutas)". (VILANOVA, Lourival. *Causalidade e relação no direito.* 4. ed. rev., atual. e ampl. São Paulo: Revista dos Tribunais, 2000. p. 79).

ANDRÉA MEDRADO DARZÉ MINATEL

Assim, nota-se, com evidência, que a circunstância de a repercussão ser um fenômeno tipicamente financeiro e, por esta mesma razão, ser mais perceptível, a qualquer um, seu efeito econômico, não é suficiente para anular ou mesmo desqualificar as consequências jurídicas imputadas quando esses mesmos fatos são tomados como antecedentes de normas jurídicas. São justamente esses efeitos exclusivamente de direito positivo que a maioria dos doutrinadores, ainda que inconscientemente, repelem ou, simplesmente, ignoram.

Infelizmente, o que se nota é que aqueles que se propõem a enfrentar o presente tema continuam batendo na mesma tecla de rejeitar interpretações econômicas, sem, contudo, progredir na investigação exclusivamente jurídica, apresentando uma solução efetivamente de direito positivo para a delimitação do conteúdo e alcance do art. 166 do CTN. A despeito do amplo universo de produções doutrinárias e jurisprudências sobre o tema, é raro encontrar algum texto que efetivamente se proponha a investigar o que de fato determina o Direito brasileiro nessa seara.

A interpretação deste dispositivo legal e, como desdobramento, das expressões que o compõem, exige, antes de qualquer coisa, especial atenção para a real necessidade de separar o fenômeno jurídico do econômico. Afinal, não se pode perder de vista que o tributo, além de constituir uma realidade jurídica, é tema que de perto interessa também à Economia e à Ciência das Finanças. É certo que muitos doutrinadores e a própria jurisprudência não ignoram esta questão. O problema é que, mesmo partindo de premissas corretas, continuam alcançando conclusões arreigadas de noções meramente econômicas.

Pois bem. Alfredo Augusto Becker foi um dos pioneiros a chamar à atenção para a necessidade de distinguir o fenômeno jurídico do econômico. A despeito disso, concluiu não existir um critério de direito positivo apto a segregar os tributos que, por sua natureza, repercutem daqueles que não repercutem, por entender que os fatores decisivos para o repasse do

RESTITUIÇÃO DO INDÉBITO TRIBUTÁRIO:
LEGITIMIDADE ATIVA NAS INCIDÊNCIAS INDIRETAS

ônus são estranhos à natureza do tributo e determinados pela conjuntura econômico-social. Nas suas palavras:

> Toda vez que o fenômeno da repercussão do tributo entra na linha de raciocínio dos tribunais, legisladores e ministros, a argumentação desenvolvida caracteriza-se por aquela simplicidade da ignorância apontada por Seligman. Esta simplicidade de ignorância manifesta-se pela aceitação das 'teorias' a seguir indicadas:
>
> A) Simplicidade da ignorância: tributo indireto repercute. É inacreditável que ainda hoje proferem-se acórdãos e promulgam-se leis baseadas na 'obviedade científica' desta teoria que, já no século passado, a ciência condenou e que a doutrina, há cinquenta anos, vem demonstrando sua total erronia. Além disso, nos últimos trinta anos, a doutrina demonstrou que a classificação de tributos em diretos e indiretos, sob qualquer critério, não tem fundamento científico nem é praticável e deve ser abolida no tríplice plano: técnico, administrativo e jurídico.
>
> B) Simplicidade da ignorância: Por sua própria natureza alguns tributos repercutem e outros não. O raciocínio baseado nesta premissa é ingênuo e denuncia superficialíssima noção do fenômeno da repercussão, porque todos os tributos repercutem. Noutras palavras, os fatores decisivos da repercussão econômica do tributo são estranhos à natureza do tributo e determinados pela conjuntura econômico-social. Além disso, a previsibilidade da repercussão alcança-se por aproximação ainda distante e nebulosa, mediante utilização de princípios financeiros extremamente complexos e cujos resultados ainda são de natureza macroeconômica.
>
> C) Simplicidade da ignorância: O acréscimo do tributo ao preço significa repercussão do mesmo. "Em teoria positiva – esclarece Earl Rolph – é comum tratar como fatos o que, depois de um cuidadoso exame, resulta serem realmente teorias implícitas do expositor. Assim, procedem aqueles que se julgam tributados quando se lhes apresenta uma fatura em que o vendedor põe o imposto como uma das parcelas. A prova pode parecer concludente. Contudo, se cuidadosamente estuda-se este fato 'óbvio', ele deixa de ser óbvio. O que o vendedor paga ao Estado, em última análise, de cada imposto, só por causalidade guarda relação com o montante calculado pela soma das parcelas que em tal conceito figuram nas faturas. Além disso, necessitaria saber-se qual seria o preço 'cotizado separadamente do imposto na ausência deste, e isto não é um fato observável'.

ANDRÉA MEDRADO DARZÉ MINATEL

D) Simplicidade da ignorância: O exame da escrita comercial do produtor ou comerciante demonstrará se houve ou não a repercussão. "Caso se tivesse de determina a incidência de um imposto" – esclarece Hugh Dalton – por meio dos preços que aparecem nas estatísticas, o que dever-se-ia comparar com o preço da mercadoria gravada pelo imposto em um determinado momento e lugar, não é o preço desta mercadoria excluído o imposto em um momento ou em um lugar distinto, mas sim o preço sem o imposto no mesmo momento e lugar. E é óbvio que não existirá nenhuma estatística deste último preço, porque ele não é um preço que existiu realmente; apenas teria existido 'se determinadas circunstâncias tivessem sido distintas. Quase todos os argumentos estatísticos sobre a incidência não serve para nada, porque o imposto é só um dos muitos fatores que determinam o preço de uma mercadoria grava e o efeito das modificações que o imposto imprime sobre o preço pode ser, e é a miúdo, reduzido, quando se compara com o efeito das modificações de outros fatores'.

E) Simplicidade da ignorância: A intenção do legislador prova a repercussão. Frequentemente, o legislador outorga ao contribuinte de jure o direito de reembolso ou de retenção na fonte. Facilmente costuma-se concluir que a repercussão econômica do tributo seria uma decorrência necessária e óbvia desta estrutura jurídica; entretanto, a ciência demonstra que a intenção do legislador não é prova de repercussão econômica do tributo.[204-205]

De fato, se todos os tributos repercutem economicamente e o art. 166 do CTN utilizou a repercussão como critério de *discrímen* da sua natureza, das duas uma: (i) ou se adota a atitude simplista no sentido de que o presente dispositivo legal regula todos os tributos ou (ii) se admite que a transferência do respectivo encargo financeiro de que trata é apenas aquela

---

204. BECKER, Alfredo Augusto. Op. cit., p. 540-542.

205. Sacha Calmon Navarro Coêlho também é firme na convicção de que todos os tributos repercutem: "o erro está em afirmar que uns tributos comportam, e outros não, a possibilidade de transferência. Todos comportam!" (COÊLHO, Sacha Calmon Navarro. *Curso de direito tributário brasileiro...* cit., p. 710). Não é outra a posição de Ives Gandra Martins, o qual afirma que o *"encargo financeiro* é matéria pertinente a outros ramos do direito, que não os que regem as relações de direito privado e as tributárias. A obrigação tributária sendo *ex lege* não é 'financiamento', razão pela qual, em escorreita interpretação, não é possível existir tributo que, 'por sua própria natureza', comporte transferência do respectivo 'encargo financeiro' a terceiros". (MARTINS, Ives Gandra da Silva. Repetição do indébito... cit., p. 175).

RESTITUIÇÃO DO INDÉBITO TRIBUTÁRIO:
LEGITIMIDADE ATIVA NAS INCIDÊNCIAS INDIRETAS

regulada por outras regras do direito positivo tributário (repercussão jurídica), a qual se verifica em situações pontuais, especificamente definidas pelo legislador.

Além de nos parecer insustentável a primeira solução interpretativa pelo próprio efeito que gera – inocuidade da regra de exceção –, vale chamar à atenção para um equívoco ainda maior. Se, sob essa perspectiva, o *contribuinte de fato* é aquele que, por mero desdobramento das relações de consumo, suporta o encargo financeiro do tributo, isso implica, em última instância, admitir que seja sempre violado o princípio da legalidade tributária, já que, na prática, o sujeito passivo não corresponderia àquele eleito pelo legislador. Do mesmo modo, ter-se-ia violada a própria repartição constitucional da competência tributária, pois o fato tributado termina sendo sempre outro que não aquele determinado pela lei instituidora do tributo em consonância com os limites já traçados pela Constituição Federal. Nada mais absurdo.

Doutrina e jurisprudência, depois de muita polêmica, passaram a se inclinar no sentido de que o essencial para configurar o *"tributo que, por sua natureza, comporta a transferência do respectivo encargo financeiro"* é a existência de prescrição normativa da repercussão. Pena perceber que, num primeiro momento, entendeu-se que o próprio art. 166 do CTN seria, *de per si*, suficiente para tornar a repercussão econômica em juridicamente relevante.[206]

Se este dispositivo legal se refere a tributos que, *por sua própria natureza*, comportem repercussão, por razões óbvias, está regulando a exigência de tributos cujos regimes jurídicos,

---

206. "Defende-se que que o art. 166 é o dispositivo legal que fornece um parâmetro para a identificação dos impostos indiretos ao prescrever que 'a restituição de tributos que comportem, por sua natureza, transferência do respectivo encargo financeiro somente será feita a quem prove haver assumido o referido encargo, ou, no caso de tê-lo transferido a terceiro, estar por este expressamente autorizado a recebê-la'." (PIMENTA, Paulo Roberto Lyrio. Tributos indiretos. In: MACHADO, Hugo de Brito (Coord.). *Tributação indireta no direito brasileiro.* São Paulo: Malheiros; Fortaleza: Instituto Cearense de Estudos Tributários – ICET, 2013, p. 356-357).

de uma ou de outra forma, já contemplem regra de repercussão. Admitir interpretação em sentido contrário faz ruir o próprio critério de *discrímen* estabelecido pelo art. 166 do CTN. Afinal, não seria por sua natureza, mas por determinação do próprio enunciado legal limitador do direito à restituição, o que comportaria a inclusão de todo e qualquer tributo na regra de exceção.

Marco Aurélio Greco, em reação a esta corrente, sustenta que a "natureza" referida pelo art. 166 do CTN seria aferida pela análise do fato gerador da obrigação tributária, em face do que prescreve o art. 4º desse mesmo diploma legal. E, por entender que só se pode falar em "transferência" diante da presença de ao menos duas pessoas, conclui que esta regra se refere a tributos cuja hipótese de incidência envolva, numa operação, uma dualidade de sujeitos:[207]

> Comportam transferência: 1.1 – tributos cujo fato gerador envolva uma dualidade de sujeitos; ou seja, o fato gerador é uma operação; e 1.2 – cujo contribuinte é pessoa que impulsiona o ciclo econômico podendo transferir o encargo para outro partícipe do mesmo fato gerador. 2) Se a Constituição Federal, ao discriminar as competências tributárias, atribui a uma pessoa política a aptidão para tributar evento que não envolva uma dualidade de sujeitos determinados que figurem nos polos de uma relação jurídica certa, da análise do próprio Texto Maior pode-se concluir a impossibilidade jurídica da transferência do encargo. P. ex., imposto sobre a propriedade territorial rural e imposto sobre a propriedade predial e territorial urbana. Se a Constituição contempla uma operação, caberá analisar o CTN e a legislação ordinária para, identificando o contribuinte assim qualificado pelo ordenamento, concluir se o tributo pode ou não comportar a transferência do encargo. 3) Não comportam transferência: 3.1 – os tributos cujo fato gerador não é uma operação, vale dizer, não engloba uma dualidade de sujeitos; ou 3.2 – aqueles que,

---

207. Aliomar Baleeiro também defende que só há que se falar em repercussão diante de negócios bilaterais. Nas suas palavras, "tributos que comportem, por sua natureza, transferência do respectivo encargo financeiro são aqueles que 'envolvem negócios bilaterais ou multilaterais'." (BALEEIRO, Aliomar. *Uma introdução à ciência das finanças*. 13. ed. Rio de Janeiro: Forense, 1981. p. 155).

RESTITUIÇÃO DO INDÉBITO TRIBUTÁRIO:
LEGITIMIDADE ATIVA NAS INCIDÊNCIAS INDIRETAS

> apesar de terem por fato gerador uma operação envolvendo uma dualidade de sujeitos, indicam como contribuinte de direito pessoa que seja a última da sequência de operações sujeitas ao tributo. Neste caso quem suportou o encargo não terá para quem transferi-lo, pois não participará de outro fato gerador do mesmo tributo, desta vez na posição de impulsionador da etapa seguinte do mesmo ciclo econômico indicado pela Constituição para fins de incidência tributária.[208-209]

A tese de Marco Aurélio Greco é, sem dúvidas, digna de muitos elogios, pelo seu encadeamento lógico e, especialmente, por ser pioneira na tarefa de analisar a repercussão do encargo financeiro do tributo exclusivamente sob a perspectiva jurídica, deixando de lado as "lentes da economia". Atrevemo-nos a afirmar, todavia, que o ilustre jurista deveria ter avançado um pouco mais na sua observação, apresentando mais um limite para a aplicação do art. 166 do CTN: a necessidade de a transferência do encargo ser determinada pela legislação tributária. Não foi essa, todavia, a solução apresentada pelo autor, que entendeu que a circunstância de o "fato gerador" do tributo vincular duas pessoas que nele encontrem o elemento de aproximação seria suficiente para possibilitar a transferência jurídica do seu encargo e, como consequência, legitimar a aplicação deste enunciado legal. Nas suas palavras:

> Cabe dizer que este elemento que vincula as duas pessoas referidas (transferidor e quem suporta efeitos da transferência) decorre da lei tributária e não de uma simples convenção particular,

---

208. GRECO, Marco Aurélio. Repetição do indébito. In: MARTINS, Ives Gandra da Silva (Coord.). Caderno de Pesquisas Tributárias n. 8. *Repetição do indébito*. São Paulo: Coedição Centro de Estudos de Extensão Tributária; Resenha Tributária, p. 277-291, 1983. p. 286-287.

209. Sacha Calmon Navarro Coêlho extrai, além das características já assinaladas por Marco Aurélio Greco (dualidade de sujeitos, operação, sujeito passivo que pode economicamente transferir), mais uma. Para este jurista, se o tributo é juridicamente construído para repercutir, sua instituição deve ocorrer de modo que haja meios de comprovação da transferência do encargo. Nas suas palavras: "existiriam, em decorrência, formas de comprovação documental dos elementos essenciais, sob pena de se admitir que o art. 166 do CTN estaria a impor a produção de uma prova verdadeiramente diabólica". (COÊLHO, Sacha Calmon Navarro. *Curso de direito tributário brasileiro...* cit., p. 709).

ANDRÉA MEDRADO DARZÉ MINATEL

> mesmo porque o artigo 123 o CTN é taxativo em excluir essa possibilidade, salvo previsão legal específica a respeito. Quer dizer, não é a vontade das partes que determina a transferência a que se refere o art. 166 do CTN, posto que este dispositivo exige que a transferência seja de tributos que, por sua própria natureza, a comportem. A transferência, portanto, é algo que se liga ao tributo em si, e mais, decorre da sua própria natureza. A existência efetiva da transferência depende da possibilidade jurídica da mesma, a qual é dada pela natureza do tributo. Ora, 'a natureza do tributo', na sistemática do CTN, é dada pelo respectivo 'fato gerador' (art. 4º, caput). Portanto, se a 'transferência' decorre da própria natureza do tributo, e se esta figura envolve uma dualidade de sujeitos, então é forçoso concluir que o art. 166 do CTN contempla hipótese de tributos cujo fato gerador, pelas suas peculiaridades, vincula duas pessoas que nele encontrem o elemento de aproximação.[210]

A despeito das brilhantes considerações, neste ponto ousamos discordar. Em nossa singela opinião, a hipótese de incidência não é índice seguro para, por si só, diferenciar a natureza jurídica dos tributos, especialmente quando o foco é a repercussão. Fosse assim, ter-se-ia que reconhecer, por exemplo, que o IRPJ e a CSLL teriam a mesma natureza, o que não é o caso. Não bastasse isso, entendemos que a circunstância de o "fato gerador" evolver uma dualidade de pessoas não é critério suficiente para transmudar a mera transferência econômica do encargo em jurídica. A repercussão que se opera nessas situações, se for generalizada para todas as hipóteses de incidência tributárias que envolvam duas ou mais pessoas, é meramente econômica.

Não se nega que a presença mínima de dois sujeitos é requisito necessário e inafastável para a transferência do encargo financeiro do tributo, até mesmo porque sem ela não seria factível o repasse de um para outro. Todavia, pensamos que dois pontos merecem melhor reflexão. O primeiro deles é que nem sempre a pessoa que transfere o encargo e a que o suporta participam da hipótese de incidência do tributo; podem

---

210. GRECO, Marco Aurélio. Repetição do indébito... cit., p. 281-282.

RESTITUIÇÃO DO INDÉBITO TRIBUTÁRIO:
LEGITIMIDADE ATIVA NAS INCIDÊNCIAS INDIRETAS

apenas estar presentes no contexto do fato da responsabilidade tributária, por exemplo.

Como já esclarecemos em outra oportunidade,[211] a responsabilidade tributária por ato lícito, em regra, tem como pressuposto de fato um negócio jurídico bilateral, até mesmo porque se trata de meio mais eficaz para garantir a repercussão do ônus do tributo para o realizador do fato tributado. Ocorre que, para além de isso não ser uma constante,[212] a hipótese de incidência do tributo sobre a qual recai a regra de responsabilidade pode ou não ser um negócio jurídico. Isso é irrelevante, tendo em vista que o responsável pode estar vinculado indiretamente à materialidade do tributo ou simplesmente ao seu realizador, de sorte que o "fato gerador" do tributo pode ser um negócio jurídico ou simplesmente uma situação jurídica (por exemplo, ser proprietário de bem imóvel).

É por conta disso e por entender que as normas de responsabilidade pressupõem, como regra, o estabelecimento de norma de repercussão jurídica do encargo econômico que concluímos que o requisito 1.1 indicado por Marco Aurélio Greco (*tributos cujo fato gerador envolva uma dualidade de sujeitos*) não está presente em toda e qualquer hipótese de repercussão jurídica do encargo do tributo.

O outro ponto que merece atenção é que a hipótese de incidência do tributo pode envolver uma dualidade de sujeitos sem que o repasse do ônus seja juridicamente relevante. De fato, admitir que a eleição de uma operação ou negócio jurídico como causa para a tributação seja, por si só, suficiente para juridicizar a repercussão econômica dá margem para que se entenda que também o ISS, o ITBI, o ITCMD, a CIDE-combustíveis, dentre outros, sejam tributos indiretos, que comportam repercussão jurídica, o que não nos parecer ser o caso. Isso porque nos mantemos firmes na convicção de

---

211. DARZÉ, Andréa Medrado. *Responsabilidade tributária:..* cit., 2010.

212. A responsabilidade por sucessão *causa mortis* é um exemplo de exceção a esta regra.

ANDRÉA MEDRADO DARZÉ MINATEL

que, juridicamente, o tributo só comporta, por sua natureza, a transferência do respectivo encargo financeiro se tal repasse estiver contemplado por norma de direito positivo, o que não ocorre em todas estas situações.[213]

E essa norma repercussão, é bom lembrar, não integra a estrutura da regra-matriz do tributo em sentido estrito. Trata-se de comando externo que entra, todavia, em cálculo de relações com a norma instituidora do tributo, seja afetando a sua base de cálculo, seja interferindo apenas na apuração do débito tributário, seja ainda modificando o efetivo sujeito passivo do tributo. É a existência dessa norma autônoma, mas correlata à regra-matriz, que irá permitir identificar tratar-se de tributo que, por sua natureza, comporta a transferência do respectivo encargo financeiro, ou utilizando a classificação tradicional, de tributo direto ou indireto.

Avançando na presente análise, Eduardo Domingos Botallo defende que a "natureza" referida pelo art. 166 do CTN diz respeito ao regime jurídico do tributo. Por conseguinte, este comando legal deveria ser atendido nos casos de restituição de indébitos em relação aos quais a própria lei de regência determinasse a repercussão econômica do ônus tributário. Do contrário, não haveria que se falar em transferência do encargo financeiro e, pois, em aplicação do art. 166 do CTN:

> Em outras palavras, parece-nos que o art. 166 diz respeito exclusivamente à restituição daqueles tributos cuja lei outorga ao contribuinte *de jure* o direito de receber determinada pessoa o reembolso da quantia por ele paga, ou de reter, de valor eventualmente devido a terceiro, o quantum do tributo a pagar. (...)

---

213. Também é este o entendimento de Hugo de Brito Machado: "A nosso ver, tributos que comportem, por sua natureza, transferência do respectivo encargo financeiro são somente aqueles tributos em relação aos quais a própria lei estabeleça dita transferência. Somente em casos assim aplica-se o art. 166 do Código Tributário Nacional, pois a natureza a que se reporta tal dispositivo legal só pode ser a natureza jurídica, que é determinada pela lei correspondente, e não por meras circunstâncias econômicas que podem estar, ou não, presentes, sem que se disponha de um critério seguro para saber quando se deu, e quando não se deu, tal transferência". (MACHADO, Hugo de Brito. *Curso de direito tributário...* cit., p. 208).

167

RESTITUIÇÃO DO INDÉBITO TRIBUTÁRIO:
LEGITIMIDADE ATIVA NAS INCIDÊNCIAS INDIRETAS

> Nestas condições, diríamos que o dispositivo sob comentário tem seu alcance limitado aos casos de restituição de tributos em relação aos quais o fenômeno da translação, por expressa determinação legal, e só por isso, passou a ser considerado fato jurídico.[214]

José Artur Lima Gonçalves e Marcio Severo Marques também entendem que é o regime jurídico do tributo que dirá tratar-se de tributo que, por sua natureza, comporta ou não transferência do respectivo encargo. Entretanto, acreditam que apenas nos casos de substituição tributária se identifica lei autorizando ou presumindo a repercussão econômica do ônus tributário:

> Nestes casos, presume a legislação complementar a possibilidade de transferência do respectivo encargo financeiro, mesmo porque tal transferência é pressuposto constitucional da validade da norma de substituição na medida em que, sabidamente, não será o responsável pelo recolhimento do tributo (substituto) aquele que sofrerá efetivamente diminuição patrimonial, mas sim o próprio contribuinte substituído. Daí a necessária conclusão de que, neste caso, há presunção legal de transferência – necessária – do respectivo encargo financeiro, forçosamente prevista na legislação de regência, que disciplina o regime jurídico da substituição, como instrumento incrementador da eficácia de uma dada norma de tributação. (...) é que não se trata de natureza jurídica – a referida pelo art. 166 do – relacionada à identificação de uma espécie tributária específica, mas sim de natureza no sentido de regime jurídico, como tal entendido o conjunto das normas aplicáveis à disciplina de determinado tributo, e não especificamente aos dispositivos legais que estabeleçam a respectiva norma de tributação.[215]

Vittorio Cassone, por sua vez, defende que transferíveis, por sua natureza, seriam apenas aqueles tributos lançados e efetivamente destacados em documento fiscal:

---

214. BOTTALLO, Eduardo Domingos. Restituição dos impostos indiretos. *Revista de Direito Público, nº 22*, p. 330.

215. GONÇALVES, José Artur Lima; MARQUES, Márcio Severo. O direito à restituição do indébito tributário... cit., p. 207-208.

ANDRÉA MEDRADO DARZÉ MINATEL

Assim, quando o art. 166 fala em tributos que comportem, por sua natureza, transferência do respectivo encargo financeiro, está se referindo aos tributos lançados (efetivamente destacados) no documento fiscal em que o contribuinte (de direito) arrecada do adquirente (ou do chamando contribuinte de fato) e recolhe ao sujeito ativo.[216]

Já Hugo de Brito Machado Segundo e Paulo de Tarso Vieira Ramos encampam posicionamento que corresponde a uma síntese das duas linhas de pensamento anteriores:

> Quando o art. 166 do CTN se refere a tributos que comportem, por sua natureza, transferência do respectivo encargo financeiro, deve-se entender que tais tributos sejam apenas aqueles que, por sua natureza jurídica e não financeira, possam ser transferidos, tais como o ICMS, o IPI e o ISS, nos casos em que o tributo vem lançado e efetivamente destacado no documento fiscal, quando o contribuinte de direito arrecada do adquirente (contribuinte de fato) e recolhe ao sujeito ativo. Não vindo destacado e lançado o tributo dessa maneira, há de se entender que o tributo deve ser visto apenas como um componente do preço, com ocorrência de mera repercussão financeira, ficando, em tal hipótese, o vendedor ou o prestador de serviço, autorizado a repetir o indébito, presumindo-se que foi ele que suportou o encargo. Caso contrário, se tornaria impossível a repetição, dada a impossibilidade de se fazer a prova exigida pelo art. 166 do CTN, e restaria patente e irremediável o enriquecimento ilícito do Estado. Não sendo assim, se teria de concluir forçosamente pela inconstitucionalidade de tal artigo. É de se ponderar ainda que se admitir a impossibilidade de o vendedor ou prestador de serviço repetir o indébito, nos casos em que o tributo indireto não vem destacado e lançado na nota fiscal, seria aceitar também a impossibilidade de repetição de outros tributos que, embora diretos, têm seu ônus suportado por terceiros mediante a repercussão financeira dos custos, como ocorre, por exemplo, com a COFINS, que é cobrada sobre o faturamento.[217]

---

216. CASSONE, Vittorio. *Aspectos práticos do ICM em sua atualidade.* DCI de 10.01.1983, São Paulo, p. 132.

217. MACHADO SEGUNDO, Hugo de Brito; RAMOS, Paulo de Tarso Vieira. Repetição do Indébito tributário e compensação... cit., p. 148.

RESTITUIÇÃO DO INDÉBITO TRIBUTÁRIO:
LEGITIMIDADE ATIVA NAS INCIDÊNCIAS INDIRETAS

Pois bem. Se, por um lado, não é possível atribuir sentido demasiadamente amplo à presente expressão, por outro, não nos parece sustentável reduzir a sua abrangência apenas às situações de substituição tributária ou de destaque do tributo em documento fiscal. Daí a razão de acompanharmos as lições de Eduardo Domingos Bottallo, que define *tributos que comportem, por sua natureza, transferência* como aqueles cujos regimes jurídicos contenham regra autorizando ou presumindo[218] a repercussão econômica do encargo tributário.

Talvez não tenha sido essa a intenção do legislador complementar ao veicular o art. 166 – dúvida esta suportada, inclusive, por um dos elaboradores do anteprojeto do Código[219]

---

218. Fazemos apenas esta pequena ressalva. Não é necessária em todas as situações norma expressa determinando o repasse. Basta que haja autorização ou mesmo presunção legal nesse sentido.

219. "A norma do CTN consubstancia uma solução de compromisso, que soma a outras tantas opções infelizes feitas pela Comissão Especial que lhe elaborou o anteprojeto, o que digo penitenciando-me, já que a integrei, e com acentuada tristeza, por ter contribuído para sua perpetração. Após uma longa série de decisões, no sentido de admitir a repetição do tributo indevidamente pago ao seu solvens, que era contribuinte de jure, com o correto fundamento de que só ele teria qualidade para pedir a restituição, por ter sido parte na relação jurídica extinta pela solução do débito, o STF havia firmado a tese contrária, a princípio de modo radical, não admitindo em caso algum a repetição de tributo indireto (Súmula nº 71), mais tarde, e com prevalência até hoje, subordinando a restituição à prova da inexistência de recuperação, pelo solvens, do tributo por ele pago (Súmula nº 546). Embora os membros da Comissão Especial entendessem, de modo preponderante, que a repetição do tributo indevidamente pago seria feita ao sujeito passivo da obrigação tributária, único que a Fazenda conhece e a quem exige o pagamento, e, portanto, a quem logicamente terá de repor no statu quo ante se dele recebeu tributo a que não tinha direito, não desejaram eles fazer total abstração dos argumentos expostos pelos ilustres juízes integrantes do STF que haviam prevalecido na formulação do pensamento da Corte. Considerou-se que a melhor maneira de assim proceder seria adotar o critério que eu havia elegido ao redigir o art. 177 do Anteprojeto da Lei Orgânica do Processo Tributário, na sua primeira versão, com o teor seguinte: (...) Infelizmente, a orientação enunciada no texto supratranscrito não prevaleceu nem no CTN nem no próprio Anteprojeto da Lei Orgânica do Processo Tributário, cuja versão definitiva adotou, como parágrafo único de seu art. 87, redação semelhante à que se deu ao art. 166 do CTN (vide "Anteprojeto de Lei Orgânica do Processo Tributário", publicação nº 29 da Comissão de Reforma do Ministério da Fazenda de 1964). Ao elaborar o art.

ANDRÉA MEDRADO DARZÉ MINATEL

–, tampouco é exatamente essa a interpretação que vem sendo atribuída ao referido enunciado normativo pela jurisprudência ou pela doutrina tradicional. Entretanto, não vislumbramos outra forma de adequá-lo aos ditames constitucionais e às normas gerais, senão restringindo sua aplicação às hipóteses em que o regime jurídico do tributo inclui norma de repercussão do seu ônus, o que se verifica tanto nas situações de responsabilidade tributária por ato lícito (todas elas, não apenas na substituição), como nas hipóteses de não cumulatividade externa ou exógena[220] (IPI e ICMS). Do contrário, compromete-se o que o sistema de direito positivo tem de mais caro, que é a sua coerência interna.

3.4 A expressão *transferência do respectivo encargo financeiro* no contexto do art. 166 do CTN: a repercussão jurídica

A essa altura da investigação já podemos definir *repercussão jurídica* como norma de direito positivo que imputa consequências jurídicas típicas ao impacto financeiro de determinados tributos ou incidências tributárias, seja por autorizar o responsável a transferi-lo à pessoa que realizou o fato

---

166 do CTN, a Comissão Especial rejeitou a primeira orientação do STF (Súmula n° 71), que repelia em todos os casos a repetição de tributos indiretos, mas condicionou-a à prova da inexistência de recuperação do valor do tributo pelo contribuinte de jure do contribuinte de fato, como admitindo na segunda versão da Corte Suprema (Súmula n° 546), mitigou, entretanto, essa publicação, prevendo a alternativa da autorização expressa do contribuinte econômico. A solução certa parece-me que é a que o art. 177 do meu Anteprojeto de Lei Orgânica do Processo Tributário previa, na sua primitiva redação, e que, infelizmente não se converteu em lei. Assim penso porque ela atenderia aos aspectos morais que tanto importam àqueles que sustentam que se alguém tiver de se locupletar a expensas de terceiro ele deverá ser o Erário, que presumivelmente emprega no interesse coletivo a receita que aufere, e guarda o devido respeito aos princípios jurídicos aplicáveis." (CANTO, Gilberto de Ulhôa. Repetição do indébito. In: MARTINS, Ives Gandra da Silva (Coord.). Caderno de Pesquisas Tributárias, n. 8 – *Repetição do Indébito*. São Paulo: Coedição Centro de Estudos de Extensão Tributária e Resenha Tributária, p. 2-5, 1983).

220. Definiremos o conceito de não cumulatividade externa no item seguinte.

RESTITUIÇÃO DO INDÉBITO TRIBUTÁRIO:
LEGITIMIDADE ATIVA NAS INCIDÊNCIAS INDIRETAS

gerador do tributo, seja, ainda, por autorizar, nas situações de não cumulatividade externa (ICMS e IPI), o sujeito que se coloca na etapa seguinte da cadeia de incidências sobre a circulação ou produção (necessariamente contribuinte do imposto) a se apropriar de crédito a ele equivalente. É hipótese legal de transferência do encargo financeiro do tributo, na medida em que é disciplinada pelo próprio direito tributário, tratando-se, portanto, de norma que integra o específico regime jurídico dos tributos. Enquanto previsão normativa, existirá ainda que não venha a produzir efetivamente os efeitos a que se propõe, seja porque o titular do direito subjetivo não o exercitou, seja em face da existência de questões acidentais que inviabilizem a sua positivação no caso concreto.[221]

Ao discorrer sobre a repercussão jurídica, especificamente nos casos de substituição tributária, Alfredo Augusto Becker esclarece que "o substituto legal não poderá esquivar-se à relação jurídica tributária ainda que apresente (no seu caso concreto) prova evidente da impossibilidade da repercussão econômica. Para a constitucionalidade da regra tributária basta a existência da repercussão jurídica".[222]

Acompanhamos seus ensinamentos por uma razão simples, mas decisiva: a validade das normas gerais e abstratas não é comprometida por contingências particulares, tais como a violação ou o efetivo cumprimento de seus comandos (eficácia social).[223] O mundo do ser não se confunde com o mundo

---

221. Mesmo nessas situações específicas, o sistema de direito positivo prevê alternativas para corrigir as distorções de índole pragmática. O responsável poderá se valer da ação de regresso para ver seu patrimônio recomposto por fato que não deu causa, a título de exemplo.

222. BECKER, Alfredo Augusto. Op. cit.. p. 567.

223. "A eficácia social ou efetividade, por sua vez, diz respeito aos padrões de acatamento com que a comunidade responde aos mandamentos de uma ordem jurídica historicamente dada ou, em outras palavras, diz com a produção das consequências desejadas pelo elaborador das normas, verificando-se toda vez que a conduta prefixada for cumprida pelo destinatário." (CARVALHO, Paulo de Barros. *Direito tributário:...* cit., p. 476).

172

ANDRÉA MEDRADO DARZÉ MINATEL

do dever-ser.[224]A prescrição de regra de repercussão é, *de per si*, suficiente para harmonizar a instituição da responsabilidade (o que inclui a substituição) aos limites constitucionais e legais da norma de competência tributária relativos à sujeição passiva ou para dar efetividade à técnica de apuração da não cumulatividade, sendo indiferente a prova de que o titular do direito à repercussão efetivamente transferiu o encargo econômico do tributo ao seu "destinatário legal"[225] – aquele que realizou o fato signo presuntivo de riqueza descrito no antecedente da regra-matriz – ou que o sujeito que se coloca no próximo elo da cadeia produtiva tomou o crédito.[226] O

---

224. Em relação ao tema, Lourival Vilanova esclarece que "não é a confirmação da realidade social da conduta que dá satisfatoriedade ou não satisfatoriedade ao tema que decide do valor-de-validade (permita-se a expressão) de p-normativa em seu conjunto". (VILANOVA, Lourival. *Estruturas lógicas e o sistema de direito positivo.* São Paulo: Max Limonad, 1997. p. 79). Paulo de Barros Carvalho, apoiado nas lições do mestre pernambucano, também é contundente: "a função pragmática que convém à linguagem do direito é a prescritiva de condutas, pois seu objetivo é justamente alterar os comportamentos nas relações intersubjetivas, orientando-os em direção aos valores que a sociedade pretende implantar. É nesse sentido que Lourival Vilanova adverte: 'Altera-se o mundo físico mediante o trabalho e a tecnologia, que o potencia em resultados. E altera-se o mundo social mediante a linguagem das normas, uma classe da qual é a linguagem das normas do direito'. (...) Convém esclarecer, entretanto, que o aludir-se a 'alterar a conduta' não significa uma intervenção efetiva, concreta, de tal modo que a linguagem do dever-ser mexesse materialmente no seu alvo, o ser da conduta. Opero sobre a premissa de que não se transita, livremente, sem solução de continuidade, do dever-ser para o mundo do ser. Aquilo que se pretende comunicar com a expressão 'altera a conduta' é a formação de um crescente estímulo para que os comportamentos sejam modificados. E o direito, com seu aparato coativo, sempre representou u'a motivação muito forte para se obter a transformação dos comportamentos sociais". (VILANOVA, Lourival. *Direito tributário*: Fundamentos jurídicos da incidência tributária. 6. ed. Saraiva: São Paulo, 2008. p. 10).

225. "Somente há repercussão jurídica quando o patrimônio de uma pessoa é atingido pelo sujeito passivo da exação tributária, de forma autorizada pelo ordenamento e com a finalidade de efetuar o pagamento da referida exação." (MARQUEZI JUNIOR, Jorge Sylvio. Op. cit., p. 96).

226. Alguns precedentes jurisprudenciais, a despeito de proferidos em situações diferentes, sinalizam favoravelmente ao nosso entendimento:
"TRIBUTÁRIO. CONTRIBUIÇÃO SÓCIO-PREVIDENCIÁRIA. PAGAMENTOS FEITOS A AVULSOS, ADMINISTRADORES E AUTÔNOMOS. MP Nº 63/89. (...)
2. Se o tributo, por sua natureza, comportar transferência do respectivo encargo, não caberá a restituição ou a compensação, salvo provando o pretendente haver assumido o respectivo encargo financeiro, ou estar autorizado a recebê-lo pelo

RESTITUIÇÃO DO INDÉBITO TRIBUTÁRIO:
LEGITIMIDADE ATIVA NAS INCIDÊNCIAS INDIRETAS

que se deve garantir, em qualquer caso,[227] é a existência dessa potencialidade.

Cabe aqui, todavia, um esclarecimento. É certo que, em matéria de repercussão jurídica, o legislador pode se valer do expediente da presunção, apropriando-se de situações que, no seu entender, são indiciárias de repasse do ônus financeiro para o sujeito que realizou a materialidade do tributo ou da outorga de crédito a ele equivalente para o próximo integrante da cadeia de circulação ou produção.

O que não se pode admitir, entretanto, é que a escolha recaia sobre fatos que, por sua própria natureza, indiquem justamente o contrário, ou seja, que não haverá a transferência ou neutralização da carga tributária. Afinal, do contrário, o que se verifica é a instituição de verdadeira ficção jurídica,[228] o que compromete a validade das próprias regras de respon-

---

terceiro, dele titular, como, aliás, estabelece o art. 166 do Código Tributário Nacional. A repercussão meramente econômica, a título de custo tributário, no preço do bem produzido ou do serviço oferecido, não leva o tributo a ser indireto, na concepção jurídica, nem impede a repetição, quando declarado inconstitucional, pois a 'transferência' não se dá na mesma proporção, podendo teoricamente até mesmo não ocorrer, pois os preços praticados no mercado, em bens e serviços, não dependem apenas da vontade de quem os oferece. 3. Não é impeditiva da restituição a falta de comprovação da não ocorrência da transferência do encargo financeiro, em face da inaplicabilidade do fenômeno da repercussão tributária na hipótese do FINSOCIAL, que é imposto direto." (TRF, 1ª Região, AC 199934000302702/DF, 3ª Turma, Rel. Olindo Menezes, DJ 11/07/2003).

227. Exceção feita apenas aos casos de responsabilidade sancionatória, nos quais, como já ressaltamos, a repercussão do ônus do tributo não é regra que deva necessariamente estar presente em seu regime jurídico.

228. "A palavra ficção, do latim *fictio*, em linguagem natural significa dar forma, figurar, transformar, criar, fingir. É processo mental que tem por conclusão um significado não correspondente à realidade fenomenológica. (...) é uma técnica que permite ao legislador atribuir efeitos jurídicos que, na ausência da ficção, não seriam possíveis a certos fatos ou realidades sociais. No entanto, não encerra mentira alguma, nem oculta a verdade real; apenas cria uma verdade jurídica distinta da real. As ficções jurídicas são regras de direito material que, propositadamente, criam uma verdade legal contrária à verdade natural, fenômica. Alteram a representação da realidade ao criar uma verdade jurídica que não lhe corresponde e produzem efeitos jurídicos prescindindo da existência empírica dos fatos típicos que originalmente ensejariam tais efeitos". (FERRAGUT, Maria Rita. *Presunções no direito tributário*. São Paulo: Dialética, 2001. p. 85).

174

sabilidade e de não cumulatividade, por violação dos princípios constitucionais que informam a norma de competência tributária.

Luciano Amaro também é categórico nesse sentido:

> O ônus do tributo não pode ser deslocado arbitrariamente pela lei para qualquer pessoa (como responsável por substituição, por solidariedade ou por subsidiariedade), ainda que vinculada ao fato gerador, se essa pessoa não puder agir no sentido de evitar esse ônus nem tiver como diligenciar no sentido de que o tributo seja recolhido à conta do indivíduo que, dado o fato gerador, seria elegível como contribuinte.[229]

Não pretendemos, com essas considerações, ampliar os requisitos de validade da presente norma. Uma coisa é dizer que a ineficácia social da repercussão jurídica, decorrente de particularidades das situações concretas, não afeta a validade da norma de responsabilidade ou de não cumulatividade externa. Outra, bem diferente, é afirmar que o legislador não é livre na tarefa de escolha dos fatos presuntivos de transferência ou neutralidade do encargo econômico, apenas podendo se apropriar de situações que, ao menos potencialmente, assegurem ao sujeito passivo do tributo a alternativa de não ter seu patrimônio pessoal desfalcado em virtude da arrecadação ou de abater do montante por ele devido o valor relativo à operação anterior.

Alguns enunciados normativos demonstram que o legislador não olvidou da necessidade de possibilitar a transferência do ônus tributário nas situações em que a repercussão jurídica integra o regime jurídico do tributo ou da específica incidência tributária. A título de exemplo, podemos citar as disposições constantes do art. 130 do CTN, que excluem a responsabilidade do sucessor quando haja título de quitação ou a restringem ao preço dos bens, nos casos de arrematação em hasta pública. Da mesma forma, os inciso II e III do

---

229. AMARO, Luciano. Op. cit., p. 303.

art. 131 do CTN limitam o dever do responsável ao montante do patrimônio que o toca na partilha ou adjudicação. Outra hipótese em que isso fica muito claro é a orientação veiculada pelo Coordenador Geral do Sistema de Tributação no Parecer Normativo COSIT n° 01,[230] no sentido de que, na hipótese de não ser procedida à retenção do Imposto sobre a Renda pela fonte pagadora e esta falta ser constatada após o encerramento do período em que o rendimento for apurado, cabe exclusivamente ao sujeito que auferiu a renda proceder ao seu pagamento, estando a fonte desonerada dessa específica obrigação.

Fazendo súmula do que acabamos de expor: sempre que o intérprete pretender, na análise do direito positivo, identificar as hipóteses de repercussão jurídica do tributo deve observar o seu regime jurídico, as normas que disciplinam a sua operatividade. Em nosso sentir, atualmente,[231] são duas as situações em que a transferência do encargo econômico do tributo é objeto de normas jurídicas: responsabilidade tributária por ato lícito e não cumulatividade externa ou exógena. É o que trataremos nos tópicos seguintes.

---

230. "IRRF. ANTECIPAÇÃO DO IMPOSTO APURADO PELO CONTRIBUINTE. NÃO RETENÇÃO PELA FONTE PAGADORA. PENALIDADE. Constatada a falta de retenção do imposto, que tiver a natureza de antecipação, antes da data fixada para a entrega da declaração de ajuste anual, no caso de pessoa física, e, antes da data prevista para o encerramento do período de apuração em que o rendimento for tributado, seja trimestral, mensal estimado ou anual, no caso de pessoa jurídica, serão exigidos da fonte pagadora o imposto, a multa de ofício e os juros de mora. Verificada a falta de retenção após as datas referidas acima serão exigidos da' fonte pagadora a multa de ofício e os juros de mora isolados, calculados desde a data prevista para recolhimento do imposto que deveria ter sido retido até a data fixada para a entrega da declaração de ajuste anual, no caso de pessoa física, ou, até a data prevista para o encerramento do período de apuração em que o rendimento for tributado, seja trimestral, mensal estimado ou anual, no caso de pessoa jurídica; exigindo-se do contribuinte o imposto, a multa de ofício e os juros de mora, caso este não tenha submetido os rendimentos à tributação".

231. Nos dias atuais, existem apenas essas duas situações, mas nada impede que o legislador crie outras tantas. Daí a importância da ressalva.

3.4.1 As modalidades de repercussão jurídica

3.4.1.1 A repercussão jurídica na responsabilidade tributária

Deixando de lado as hipóteses de responsabilidade sancionatória pelas razões já expostas,[232] ao examinar o direito positivo, o que se percebe é que a exigência de vinculação do responsável ao suporte fático do tributo ou ao sujeito que o realizou – ou, excepcionalmente, que virá a realizá-lo – foram as duas alternativas eleitas pelo legislador para assegurar que a carga financeira do tributo possa vir a repercutir sobre a própria manifestação de riqueza tomada como causa da tributação. Nessas duas situações, a prescrição do vínculo, acompanhada ou não de regra ostensiva nesse sentido, constitui o próprio mecanismo jurídico que viabiliza a transferência do encargo, o qual, por sua vez, assegura que a riqueza que está sendo apropriada pelo Poder Público corresponda a um percentual do fato tomado como causa para a incidência do tributo, independentemente do sujeito colocado no polo passivo da relação tributária.

Ao dispor desse modo, o legislador complementar positivou a repercussão econômica do tributo, tornando-a jurídica, o que permite, em última análise, o respeito às limitações ao poder de tributar, na medida em que assegura a possibilidade de que as quantias exigidas pelo Estado a título de tributo correspondam efetivamente a um percentual da manifestação de riqueza tomada como hipótese normativa.[233]

---

232. Explicamos nos itens anteriores que a repercussão jurídica do tributo não integra necessariamente o regime jurídico das hipóteses de responsabilidade decorrente de ato ilícito, uma vez que, nesses casos, a responsabilidade tem natureza de pena. O objetivo principal da instituição da responsabilidade nessas situações é justamente punir aquele que, alguma forma, turba a regular a exigência de tributos, seja ocultando a realização do fato jurídico tributário, seja realizando atos para se furtar ou reduzir ilegalmente o pagamento de tributos.

233. Mas não seria apenas essa a função da prescrição de necessidade de

RESTITUIÇÃO DO INDÉBITO TRIBUTÁRIO:
LEGITIMIDADE ATIVA NAS INCIDÊNCIAS INDIRETAS

Sobre o tema, são bastante elucidativas as lições de Paulo de Barros Carvalho em trabalho inédito:

> Com efeito, o legislador, ao autorizar a repercussão jurídica de determinado tributo, cria duas normas jurídicas: (i) uma, tendo por hipótese de incidência a realização de determinados fatos que, ocorridos, ocasionam o nascimento da obrigação tributária; (ii) outra, em que a hipótese consiste na realização daquele mesmo fato previsto no antecedente da regra-matriz de incidência tributária, prescrevendo, no consequente, o ressarcimento equivalente ao imposto devido.
>
> Essas regras jurídicas são assim representadas em linguagem formal: (F → S'RS") . (F → S"R'S'"). Na estrutura lógica acima, (F → S'RS") é a regra-matriz de incidência tributária, em que F é a descrição de um fato lícito de possível ocorrência e S'RS" representa o liame obrigacional instaurado entre o particular (S") e o ente de direito público (S'), ligados à hipótese pelo functor implicacional (→). A fórmula (F → S"R'S'"), ligada àquel'outra pelo conectivo conjuntor (.), representa a norma de repercussão jurídica do tributo, onde o fato que enseja o nascimento da obrigação tributária (S'R'S") implica, igualmente, o direito do sujeito passivo daquela primeira relação (S") exigir, de outra pessoa (S'"), o montante do tributo devido.

---

vínculo entre o responsável e o fato tributado ou o seu realizador. Como bem adverte Geraldo Ataliba: "ora, é natural que tais implicações (da chamada 'sujeição passiva indireta') obrigam revestir seu regime jurídico de extremas limitações e restritíssimo âmbito de aplicação. Daí que – assegurando a observância desses princípios fundamentais do exercício da tributação – tenha disposto o art. 128 do CTN que só pode ser imputada 'responsabilidade tributária' a quem esteja vinculado ao fato imponível (o chamado 'fato gerador'). Isto é, somente pessoas que – pela proximidade material com os elementos fáticos determinantes da incidência – possam adequadamente conhecer os contornos e características dos fatos produtores das relações jurídicas (em que se envolvem) é que podem ser postas, pela lei, na condição de 'responsáveis'. Nesse quadro fático, necessariamente, terão controle sobre os dados objetivos contidos no fato acontecido; conhecerão as notas subjetivas eventualmente influentes da obrigação de que são titulares passivos; poderão, eficazmente, exercer as faculdades repressivas implicadas no regime. Terão, enfim, adequadas condições de exercer todos os direitos subjetivos que, no campo da tributação – atividade rigidamente vinculada – são constitucionalmente reconhecidos aos que devem pagar tributos, seja a título próprio, seja por conta de terceiros". (ATALIBA, Geraldo. *Hipótese de incidência tributária...* cit., p. 72).

178

ANDRÉA MEDRADO DARZÉ MINATEL

> Nos tributos em que há previsão jurídica de repercussão, portanto, a incidência da regra-matriz, com o consequente nascimento da obrigação tributária, acarreta o surgimento de segundo liame jurídico, em cujo polo ativo figura aquela pessoa que fora contribuinte da obrigação tributária e, no polo passivo, um outro sujeito que deverá ressarci-lo relativamente ao tributo pago. Isso se aplica, em tudo, ao ICMS.

Pois bem. Na linha defendida por Alfredo Augusto Becker, é possível identificar no direito positivo brasileiro duas espécies de repercussão tributária: *o reembolso* e a *retenção na fonte*.

Na primeira hipótese, a norma da repercussão permite que o responsável, ao celebrar negócio jurídico com o indivíduo que realizou o fato descrito na hipótese de incidência tributária, acrescente ao preço o valor do tributo que deverá ser por ele pago, transferindo, desta forma, o seu encargo financeiro. A lei atribui ao *contribuinte de jure* o direito de receber de uma determinada pessoa o reembolso do montante do tributo por ele pago. Exemplo: "a lei outorga ao fabricante (*contribuinte de jure*) o direito de, por ocasião de celebrar o contrato de venda, acrescentar ao direito de crédito do preço, mais o direito de crédito de reembolso do valor do imposto de consumo pago por ele".[234] Nesses casos, o comerciante passa a ser credor não apenas do preço do negócio, mas também do reembolso do ônus decorrente da exigência do tributo.

A repercussão jurídica via retenção na fonte, por sua vez, ocorre por meio da incidência de norma que autoriza o responsável a descontar da quantia a ser paga ao sujeito com o qual mantém relação jurídica de natureza civil, trabalhista, comercial, dentre outras, o valor relativo ao tributo devido justamente em razão da prática, por parte deste, do fato tributário. Nos dizeres deste autor,

---

234. BECKER, Alfredo Augusto. Op. cit., p. 566.

RESTITUIÇÃO DO INDÉBITO TRIBUTÁRIO:
LEGITIMIDADE ATIVA NAS INCIDÊNCIAS INDIRETAS

> (...) a lei outorga ao contribuinte de jure o direito de compensar o montante do tributo com o determinado débito que o contribuinte de jure tiver com uma determinada pessoa. Exemplo: a sociedade anônima, ao ser aprovado o dividendo, torna-se devedora desse dividendo para com o acionista titular de ação ao portador; entretanto, o sujeito passivo da relação jurídica tributária de imposto de renda sobre o dividendo da ação ao portador é a própria sociedade anônima, de modo que a lei outorga-lhe o direito de compensar com o débito do dividendo um imposto por ela pago ou devido, isto é, reter na fonte pagadora do rendimento o imposto de renda devido com referência ao mesmo.[235]

Nas duas hipóteses, o que se estabelece é uma autorização para o responsável modificar o objeto de uma prestação não tributária, existente por conta da celebração de negócio jurídico com o próprio sujeito que realizou o fato tributado. Todavia, enquanto no primeiro caso a modificação se perfaz por meio de um acréscimo no preço a ser pago ao responsável, na retenção na fonte ocorre exatamente o contrário. Permite-se o abatimento do valor do tributo do montante da dívida do responsável. Mas, para que seja possível falar em repercussão jurídica nesses casos, não é demasia repetir, a carga fiscal deve ter um único e específico destinatário: o sujeito que realizou o suporte fático da tributação. Do contrário, ter-se-á mera repercussão econômica.

Nesse contexto, coloca-se, ainda, a necessidade de ultrapassar a seguinte dúvida: a simples prescrição de que o responsável deverá pertencer à classe dos sujeitos que mantêm relação com o fato tributário ou com o sujeito que o realizou é suficiente para juridicizar a repercussão econômica do tributo nessas situações ou é necessária a inserção no sistema de norma jurídica autônoma autorizando expressamente o responsável a acrescentar ou abater do preço dos negócios jurídicos que celebra o valor do tributo a ser por ele pago?

Entendemos que a resposta a esta pergunta dependerá das peculiaridades da própria relação jurídica cujo objeto será alterado em face da repercussão do tributo.

---

235. Idem, p. 567.

ANDRÉA MEDRADO DARZÉ MINATEL

Pois bem, se a modificação do valor a ser recebido ou pago pelo responsável significar a mitigação de direito alheio, então, nesses casos, será necessária a previsão expressa do direito de reembolso ou retenção. Como exemplo dessa situação, podemos citar a responsabilidade da pessoa jurídica de pagar o imposto sobre a renda *na fonte* relativo às remunerações de seus empregados. Como o abatimento procedido pelo empregador implica redução da quantia devida aos seus empregados, faz-se necessária prescrição ostensiva de autorização para reter na fonte os valores a serem pagos a título de tributo.

Por outro lado, se o estabelecimento do valor da prestação depender exclusivamente do exercício de direito do próprio responsável, entendemos desnecessária a instituição de norma autônoma autorizando o direito de reembolso ou retenção. As hipóteses de substituição tributária para frente se incluem nesta modalidade, na medida em que a fixação do preço das mercadorias, em regra, é liberalidade do vendedor.

Como se pode perceber, as conclusões aqui sacadas são meros desdobramentos do princípio da legalidade (art. 5º, II, da CF), já que somente a lei está autorizada a introduzir direitos e deveres inaugurais, sejam eles comissivos ou omissivos.

Assim, não podemos perder de vista que o estabelecimento, de mecanismos que assegurem a possibilidade de transferência do encargo econômico do tributo para o realizador do fato tributado é condição de validade da norma de responsabilidade, já que foi justamente essa a alternativa eleita pelo legislador para instituir tributos em face de sujeitos que não realizaram o fato descrito na hipótese da regra-matriz, sem que isso signifique violação aos limites materiais da norma de competência tributária. Já a necessidade de previsão expressa de regra expressa de repercussão dependerá das características da própria relação tomada como causa para a imputação da responsabilidade tributária.

181

RESTITUIÇÃO DO INDÉBITO TRIBUTÁRIO:
LEGITIMIDADE ATIVA NAS INCIDÊNCIAS INDIRETAS

Este, todavia, não é o posicionamento de alguns dogmáticos do direito.[236] Marçal Justen Filho, por exemplo, defende que nenhuma situação exigiria o estabelecimento de norma específica e autônoma de reembolso ou de retenção, já que, em seu entendimento, nessas circunstâncias não se tem efetivamente um direito, mas um poder:

> Assim, caso extremamente favorável ao nascimento da substituição o do imposto sobre rendimentos, que pressupõe necessariamente a aquisição de riqueza que, até então, encontrava-se em poder alheio. Se a materialidade da hipótese de incidência do imposto sobre a renda consiste na previsão de auferir renda tributável, pode-se com segurança afirmar que esse tributo, mais do qualquer outro, compadece-se com a substituição. Poder-se-ia imaginar a substituição prevista para todo caso de transferência de rendimentos (...). Vê-se, dentro dessa concepção, que o tema do chamado direito de reembolso ou de regresso perde em muito suas conotações. E isso porque se reúnem dois tópicos jurídicos, cuja conjugação torna de menor relevo o regresso. (...)
>
> Portanto, reputamos que dito 'direito de reembolso' é, na verdade 'poder de reembolso'. Ou seja, não vislumbramos cabimento

---

236. Também nesse sentido são as lições de Sacha Calmon N. Coêlho. Segundo o autor: "pensamos que, em tema de *substituição tributária*, não se deve cogitar da chamada sub-rogação legal do art. 346 do CC/02, pressuposto da ação de ressarcimento. (...) O regresso é econômico e deve dar-se de imediato (o laticinista pagando ao produtor de leite o preço do mesmo diminuído o imposto, que pagará como substituto, só para exemplificar). O tema é tributário. Está no CTN. Petição, ação e processo são desnecessários. O próprio mecanismo dos negócios encarrega-se de recompor a situação. Por isso mesmo é que se exigiu a vinculação do substituto ao fato gerador (art. 128 do CTN). Se assim, não fosse, tal liame não teria efeitos práticos, nem precisaria ser cogitado, já que a solução do assunto já se encontraria regulada no Código Civil". (*Curso de direito tributário brasileiro*. 12. ed. Rio de Janeiro: Forense, 2012, p. 696-697). Rubens Gomes de Souza, por sua vez, entende que a repercussão ultrapassa o campo de especulação do direito tributário: "restaria apenas um aspecto marginal: o direito de regresso do responsável contra o contribuinte, de vez que aquele terá pago o devido por este. O CTN não prevê diretamente, o que não configura, entretanto, omissão da sua parte. O direito tributário rege as relações jurídicas que se estabelecem entre o poder público e os particulares em razão da cobrança por aquele, das receitas públicas definidas como tributo. Ora, o exercício, pelo responsável do direito regressivo contra o contribuinte daria lugar a uma relação jurídica entre particulares, portanto, regida pelo direito privado e estranho ao direito tributário, a matéria daquele código". (SOUZA, Rubens Gomes de. Sujeito passivo das taxas. *Revista de Direito Público*, n. 16, São Paulo, Revista dos Tribunais, 1971. p. 348).

ANDRÉA MEDRADO DARZÉ MINATEL

> de identificar uma específica relação jurídica entre destinatário tributário e substituto, cujo objeto fosse exclusivamente o reembolso. O que se passa é que as circunstâncias necessárias à instituição da substituição importam, necessariamente, uma possibilidade jurídica de o substituto apropriar-se de valor correspondente à prestação tributária. O poder que é inerente à situação extra-tributária permissiva da substituição produz a possibilidade de que o substituto recomponha seu patrimônio (quando já tenha anteriormente desembolsado os recursos para o pagamento da prestação tributária) ou se proveja de fundos preventivamente, para enfrentar a exigência creditícia futura. Basicamente a substituição produz um esquema de retenção na fonte – não acepção técnica, mas no sentido de que há possibilidade de que o substituto, ao interferir no tráfego e no gozo da riqueza por parte do destinatário legal tributário, retenha uma parcela dessa riqueza, exatamente correspondente ao valor da prestação tributária.[237]

O próprio exemplo apresentado pelo autor, entretanto, demonstra a fragilidade de suas alegações, já que, ao menos sob o ponto de vista jurídico, não configura hipótese de relação de poder.

Ainda que se admita que os empregadores exerçam certa ascendência sobre seus funcionários, própria da relação hierárquica que entre eles se estabelece, isso não os autoriza a extrapolar os limites de suas prerrogativas, submetendo seus empregados a situações a que não estão obrigados juridicamente, tais como trabalhar em condições subumanas, realizar funções diferentes das determinadas no contrato de trabalho ou mesmo aceitar abatimentos na sua remuneração não previstos na lei.

Concentrando nossa atenção nesta última situação, o que se percebe é que, mesmo que no plano pragmático o empregador disponha de recursos operacionais suficientes para proceder à redução dos rendimentos de seus funcionários, caso não exista no direito positivo expressa disposição nesse sentido, sua conduta será, necessariamente, qualificada como ilícita,

---

237. JUSTEN FILHO, Marçal. Op. cit., p. 281-284.

RESTITUIÇÃO DO INDÉBITO TRIBUTÁRIO:
LEGITIMIDADE ATIVA NAS INCIDÊNCIAS INDIRETAS

contrária à ordem jurídica, já que ela interfere no direito subjetivo alheio de receber integralmente a contraprestação de seu trabalho. Para que a relação de poder estabelecida entre patrão e empregado no plano da realidade social[238] possa ser considerada conforme o direito e, em especial, o Direito Tributário, é necessária a existência de norma com este específico conteúdo. Do contrário, ter-se-á arbítrio, ilegalidade.

Outra circunstância inviabiliza, igualmente, a referida conclusão. Como já anotado, trabalhamos também com a possibilidade de o responsável ser sujeito que mantém relação exclusivamente com o fato jurídico tributário e não com o seu realizador. Nessas situações, não existindo vínculo propriamente com o seu realizador, não vislumbramos fundamento para considerar o direito de reembolso ou de retenção como um poder.

Mais uma razão para nos mantermos firmes na convicção de que algumas situações[239] reclamam a instituição de regra autônoma de repercussão do ônus tributário como forma de conciliar as normas de responsabilidade aos limites constitucionais e legais ao poder de tributar, o que se verifica em todos

---

238. Nesse ponto, cabe, ainda, tecer mais alguns esclarecimentos. Não se nega que no referido exemplo a relação de poder não é meramente social, mas também jurídica. Isso porque as normas do direito do trabalho outorgam conteúdo normativo a essa realidade, descrevendo-a como hipótese à qual imputa consequências jurídicas. Ocorre que essas consequências são apenas as taxativamente relacionadas pela lei, não se tratando de poder amplo e ilimitado. Assim, para que essa relação se confirme nos quadrantes do direito tributário, é necessária instituição de norma específica outorgando poderes tributários aos patrões relativamente aos seus empregados, o que inclui a possibilidade de reter impostos na fonte.

239. Hugo de Brito Machado, a despeito de não ter enfrentado diretamente o tema, é enfático ao afirmar que a transferência do encargo financeiro do tributo deve ser autorizado por norma expressa. Nas suas palavras: "há critério jurídico para identificar os tributos que comportam, por sua natureza, transferência do respectivo encargo financeiro. Esse critério é encontrado na análise do fato gerador do tributo. Ter-se-á que o tributo comporta a transferência do respectivo encargo financeiro, se dessa análise se verificar que: (a) o fato gerador do tributo envolve duas ou mais pessoas; (b) a norma autoriza expressamente que o contribuinte, por ela indicado, transfira para outra das pessoas envolvidas o encargo financeiro respectivo". (MACHADO, Hugo de Brito. Repetição do indébito tributário... cit., p. 246).

os casos em que a retenção ou o reembolso implica ingerência em direitos alheios.

3.4.1.1.a A repercussão jurídica e a substituição tributária

Ao estabelecermos um diálogo com o que diz a doutrina a respeito do presente tema no item 2.3.1, constatamos, para a nossa surpresa, que a quase totalidade dos juristas que se dispuseram a identificar as situações em que a repercussão do encargo tributário não é apenas uma realidade econômica, mas de direito positivo, aponta exclusivamente para os casos de substituição, sem fazer qualquer referência às demais modalidades de responsabilidade tributária, muito menos apresentar uma justificativa para tal.

Já naquela oportunidade, anunciamos nossa discordância com interpretação tão restritiva, por duas razões fundamentais: *i.* do nosso ponto de vista a substituição tributária não passa de uma espécie de responsabilidade e *ii.* toda e qualquer instituição de responsabilidade tributária por ato lícito, o que inclui não apenas os casos de substituição,[240] pressupõe, como condição mesma de sua validade, o estabelecimento de regra – ostensiva ou não – de repercussão jurídica do ônus do tributo para o realizador do fato tributado.

Em apertada síntese, acreditamos não existir diferença entre a substituição tributária e as demais espécies de responsabilidade por ato lícito quando o foco é repercussão jurídica do encargo financeiro do tributo. Afinal, conforme exaustivamente destacado, trata-se de condição de validade de toda e qualquer modalidade de responsabilidade por ato lícito. Sendo assim, as considerações feitas no item anterior se aplicam integralmente aos casos de substituição tributária, sem qualquer ressalva.

---

240. Excepcionam-se desta regra apenas os casos de responsabilidade sancionatória pelas razões já expostas anteriormente.

RESTITUIÇÃO DO INDÉBITO TRIBUTÁRIO: LEGITIMIDADE ATIVA NAS INCIDÊNCIAS INDIRETAS

Todavia, tendo em vista a importância que se costuma conferir aos casos de substituição tributária, entendemos oportuno tecer alguns breves comentários sobre este instituto jurídico, expondo os fundamentos para qualificá-lo como mera espécie de responsabilidade tributária para, num segundo momento, reafirmarmos as razões pelas quais entendemos impróprio restringir a aplicação do art. 166 do CTN às hipóteses de estabelecimento de regra de substituição.

Pois bem. Talvez esteja na "substituição tributária" um dos temas que mais atormenta os estudiosos do Direito. Dificilmente se encontra eixo temático que desperta tanta polêmica e incertezas.

Não existe consenso sequer em relação à sua natureza jurídica. Muitos doutrinadores rejeitam a possibilidade de incluí-la na classe da responsabilidade tributária, tratando-a como categoria autônoma de sujeição passiva. Aliás, muito do atraso no desenvolvimento do estudo da substituição tributária e, como consequência, das próprias hipóteses de repercussão jurídica do tributo, se deve, em nosso sentir, à importação de conceitos estrangeiros prontos, que em nada se aproximam da fisionomia traçada pelo Direito pátrio.

A devida compreensão do tema exige, portanto, uma tomada de posição firme perante o nosso sistema jurídico, em termos de vê-lo como um todo unitário, distanciando-se de construções atreladas a enunciados normativos isolados ou apegadas a meras questões terminológicas. Do contrário, teremos versões meramente parciais sobre a matéria, que não refletem o fenômeno da substituição tributária em sua integridade.

Enfrentemos, logo de início, a primeira dúvida suscitada: substituição é espécie de responsabilidade?

Johnson Barbosa Nogueira, ao dispor sobre o tema, defende que responder positivamente a esta pergunta "é um erro muito arraigado na doutrina pátria, que transbordou para o Código Tributário Nacional, pelo menos segundo a intenção e o depoimento dos seus inspiradores".[241] Apoiado nos ensinamentos de um dos principais elaboradores do Código Tributário Nacional, defende o autor que a substituição é espécie autônoma do gênero sujeito passivo, ao lado da responsabilidade tributária.

Renato Lopes Becho também compartilha desse entendimento:

> Pela leitura isolada do artigo 121, particularmente de seu parágrafo único, pode-se ter a errônea impressão de que só existem dois tipos de sujeitos passivos tributários: contribuintes e responsáveis. (...) Entretanto, a mera leitura de outro artigo do CTN aponta para a incompletude da divisão disposta no artigo 121 e para a impossibilidade técnica de se colocar o responsável e o substituto com alguma raiz comum, que não o fato de serem sujeitos passivos.[242]

A nosso ver, essas críticas não se sustentam. De fato, não se nega a existência de diferenças substanciais entre as demais espécies de responsável tributário e o substituto. Contudo, há também pontos de conexão que aproximam estas realidades jurídicas, os quais correspondem justamente às notas que autorizam a inclusão de cada um desses sujeitos no conceito de classe "responsável". São eles: (i) tratar-se de pessoa indiretamente vinculada ao fato jurídico tributário ou direta ou indiretamente vinculada ao sujeito que o realizou e (ii) estar presente no polo passivo da obrigação tributária.

Muito embora não tenha o legislador do Código Tributário Nacional reservado uma Seção específica no Capítulo V, do Título II, para o *substituto tributário*, como o fez em relação às outras espécies de responsabilidade, não havendo, sequer, o

---

241. NOGUEIRA, Johnson Barbosa. *O contribuinte substituto do ICM.* Tese aprovada no I Congresso Internacional de Direito Tributário, realizado em São Paulo, 1989, p. 89.

242. PEIXOTO, Marcelo Magalhães; LACOMBE, Rodrigo Santos Masset (Coords.). *Comentários ao Código Tributário Nacional.* 2. ed. rev. e atual. São Paulo: MP, 2008, p. 1012-1013.

RESTITUIÇÃO DO INDÉBITO TRIBUTÁRIO:
LEGITIMIDADE ATIVA NAS INCIDÊNCIAS INDIRETAS

uso desta locução no Código, concluímos que se trata sim de modalidade de responsável, submetendo-se, por conta disso, ao seu regime jurídico geral, bem assim a normas específicas. Afinal, preenchidas as características fundamentais da definição de responsável, não há como lhes outorgar natureza jurídica distinta. E esta ilação se fundamenta exclusivamente em disposições do direito positivo.

Com efeito, prescreve o art. 150, § 7º, da Constituição da República:

> Art. 150. (...)
>
> § 7º. A lei poderá atribuir a sujeito passivo de obrigação tributária a condição de responsável pelo pagamento de imposto ou contribuição, cujo fato gerador deva ocorrer posteriormente, assegurada a imediata e preferencial restituição da quantia paga, caso não se realize o fato gerador presumido.

Também o art. 45, parágrafo único, do CTN, estabelece que "a lei pode atribuir à fonte pagadora da renda ou dos proventos tributáveis a condição de responsável pelo imposto cuja retenção e recolhimento lhe caibam".[243]

---

243. Muitos doutrinadores defendem que o fundamento de validade da substituição seria o art. 128 do CTN, o qual, a despeito de usar o termo *responsável*, melhor se aplicaria apenas a esta subespécie de sujeição passiva. Nesse sentido, esclarece Ricardo Lobo Torres que "o conceito de substituição se subsume à definição do art. 128 do CTN". (TORRES, Ricardo Lobo. *Curso de direito financeiro e tributário...* cit., p. 223). Não concordamos, todavia, com esta posição, em face da própria redação da parte final do referido dispositivo legal, que assim determina: "*excluindo a responsabilidade do contribuinte ou atribuindo-a a este em caráter supletivo do cumprimento total ou parcial da referida obrigação*". Conforme demonstraremos no decorrer deste item, não são estes os efeitos da substituição. Com a sua instituição, desaparece a possibilidade de incidência em face do realizador do fato gerador, não existindo, em regra, espaço para sua responsabilização subsidiária. Sobremais, como bem lembra Vittorio Cassone, enquanto o art. 128 do CTN exige vinculação do terceiro ao fato gerador, na substituição isso não é imperativo (CASSONE, Vittorio. *Direito tributário*: Fundamentos constitucionais, análise dos impostos, incentivos à exportação, doutrina, prática e jurisprudência. 12. ed. São Paulo: Atlas, 2000. p. 175). Por conta disso, entendemos que o art. 128, do CTN, melhor se adequa às outras hipóteses de responsabilidade exclusiva ou mesmo subsidiária.

188

ANDRÉA MEDRADO DARZÉ MINATEL

Não bastassem essas normas, há outras tantas na legislação esparsa. A título de exemplo, podemos citar os arts. 6º e 9º da Lei Complementar nº 87/96, que autorizam a instituição de substituição tributária relativamente ao ICMS; o art. 6º da Lei Complementar nº 116/2003, referente ao ISS; dentre outras.

A investigação destes fragmentos normativos permite, logo num primeiro exame, identificar a característica que separa a substituição das demais espécies de responsabilidade tributária. Em regra, é uma *ocorrência posterior (ou no máximo, concomitante)* ao evento tributário, lícita ou ilícita, que implica o nascimento da obrigação do responsável. Por força disso, em qualquer das demais hipóteses de responsabilidade tributária, há sempre a potencialidade de constituição do crédito contra a pessoa que realizou o suporte fático do tributo. Esta afirmação sequer é comprometida pelas hipóteses de responsabilidade exclusiva,[244] desde que, é claro, a lavratura da norma individual e concreta (lançamento ou lançamento por homologação) se perfaça em momento anterior à própria realização do fato da responsabilidade.

Em resumo: é constante a possibilidade de mais de uma pessoa figurar no polo passivo da relação tributária, de forma concomitante, sucessiva ou substitutiva nas demais espécies de responsabilidade.

---

244. No que diz respeito às características, a sujeição passiva poderá ser: *i.* exclusiva ou pessoal, quando competir a um único sujeito o pagamento do tributo, ou *ii.* plural ou concorrente, quando houver concurso de sujeitos passivos tributários, sejam eles pertencentes ao conjunto dos contribuintes ou dos responsáveis. A sujeição passiva exclusiva inclui tanto os casos em que, desde o início, é apenas uma a pessoa obrigada ao pagamento do tributo – o que se verifica quando o devedor legal se resume à pessoa do contribuinte ou nas hipóteses de substituição tributária –, como as situações em que, dada a concorrência de fato posterior, a obrigação tributária se transfere para novo sujeito passivo, excluindo a do antigo devedor (*i.e.* art. 135 do CTN). A sujeição passiva plural, por sua vez, subdivide-se em: (i) subsidiária, o devedor subsidiário responde pelo débito tributário apenas na eventualidade de ser impossível o seu adimplemento pelo devedor principal, que poderá ser tanto contribuinte quanto outro responsável, ou (ii) solidária, também aqui mais de uma pessoa figura como sujeito passivo do tributo, a diferença é que qualquer deles pode ser compelido ao seu pagamento integral, sem ordem de preferência.

RESTITUIÇÃO DO INDÉBITO TRIBUTÁRIO:
LEGITIMIDADE ATIVA NAS INCIDÊNCIAS INDIRETAS

Isto, todavia, não ocorre na *substituição tributária*. Aqui há um e apenas um sujeito qualificado como devedor. Desde o início, o aplicador não tem qualquer opção: poderá apenas exigir o débito do substituto.

O próprio Rubens Gomes de Souza já advertia para esta peculiaridade. Segundo o autor, a "substituição ocorre quando, em virtude de uma disposição expressa de lei, a obrigação tributária surge desde logo contra uma pessoa diferente daquela que esteja em relação econômica com o ato, ou negócio tributado".[245]

Paulo de Barros Carvalho também é enfático ao afirmar:

> Enquanto nas outras hipóteses permanece a responsabilidade supletiva do contribuinte, aqui o substituto absorve totalmente o *debitum*, assumindo, na plenitude, os deveres de sujeito passivo, quer os pertinentes à prestação patrimonial, quer os que dizem respeito aos expedientes de caráter instrumental, que a lei costuma chamar de 'obrigações acessórias'. Paralelamente, os direitos porventura advindos do nascimento da obrigação, ingressam no patrimônio jurídico do substituto, que poderá defender suas prerrogativas, administrativa ou judicialmente, formulando impugnações ou recursos, bem como deduzindo suas pretensões em juízo para, sobre elas, obter a prestação jurisdicional do Estado.[246]

Não é demasia repetir que o legislador tem sempre autorização para se apropriar da pessoa que realizou pessoal e diretamente o fato tributado, colocando-a na posição de sujeito passivo. Muitas vezes, porém, não se contentando com esta permissão, sai em busca de pessoa diversa, vinculada apenas indiretamente ao seu suporte factual ou ao seu realizador, para fazer dele o devedor exclusivo, solidário ou subsidiário da prestação tributária. Portanto, o que separa as pessoas de quem se pode exigir o cumprimento da obrigação daquelas

---

245. SOUZA, Rubens Gomes. *Compêndio de legislação tributária...* cit., p. 93.

246. CARVALHO, Paulo de Barros. *Direito tributário*: fundamentos jurídicos da incidência. 6. ed. Saraiva: São Paulo, 2008. p. 177.

de quem não se pode é ato de valoração que antecede a própria configuração da norma, o qual deve observar apenas os limites constitucionais e as disposições de lei complementar sobre o tema.

Esse papel é realizado pelas normas de responsabilidade. Todas elas intrometem modificações no âmbito do critério pessoal passivo da obrigação tributária. Guardando sua autonomia normativa, entram em cálculo de relações com a regra-matriz de incidência em sentido amplo, cujo resultado variará a depender da espécie ou da característica da responsabilidade de que se trate.

No caso da regra de substituição, todavia, o resultado será sempre a mutilação do critério pessoal passivo da regra-matriz em sentido amplo. Como efeito do encontro dessas duas normas, inibe-se juridicamente a possibilidade de exigência do tributo da pessoa que realizou o fato tributado em qualquer circunstância,[247] fixando-se, em contrapartida, sujeito diverso para ocupar o lugar sintático de devedor. É justamente o produto absoluto das relações que se estabelecem entre a regra de substituição e a norma-padrão em sentido amplo que fornecerá a verdadeira fisionomia da regra tributária em sentido estrito.

---

247. Não ignoramos a regra prescrita pelo Parecer Normativo do Coordenador-Geral do Sistema de Tributação COSIT n° 01/02 relativamente ao regime de recolhimento do imposto não retido nem recolhido pela fonte nas hipóteses em que o ilícito é constatado após o encerramento do período de apuração em que o rendimento for tributado. Todavia, entendemos que esta disposição não contraria nossas afirmações, vez que, nestes casos, o que se tem é norma nova (infralegal, é verdade) que, entrando em relação com a regra de substituição, impede a sua incidência. Se o fundamento de validade, todavia, fosse apenas a norma de substituição, jamais poderia ser validamente constituída relação jurídica em face do realizador do fato tributário. Valendo-nos de trocadilho, nessas situações há verdadeira "substituição" da substituição. O contribuinte entra em cena, única e exclusivamente, por conta do efeito que esta nova norma provoca: a suspensão da ineficácia técnica do critério pessoal da regra-matriz em sentido amplo que havia se configurado por força da regra substituição. Não analisaremos aqui, todavia, a possibilidade de esta disposição vir em comando infralegal, por se tratar de tema que refoge ao campo de especução deste trabalho.

RESTITUIÇÃO DO INDÉBITO TRIBUTÁRIO:
LEGITIMIDADE ATIVA NAS INCIDÊNCIAS INDIRETAS

Assim, o que se nota é que, por força do estabelecimento da regra de substituição, o legislador inviabiliza a exigência do tributo daquele que praticou sua materialidade em qualquer situação. Tamanha é a amplitude da ineficácia técnica produzida pelo preceito de substituição no critério pessoal passivo da regra-matriz em sentido amplo, que ela pode ser equiparada à perda de funcionalidade deste aspecto. Isso porque, diferentemente do que se processa nas demais hipóteses de responsabilidade, na substituição não há, em qualquer caso, a possibilidade de incidência do enunciado da norma-padrão em sentido amplo que versa sobre o sujeito passivo. Ou seja, não haverá autorização para constituir o crédito contra aquele que realizou o fato tributário (o substituído).

José Eduardo Soares de Melo sintetiza muito bem o que acabamos de expor:

> Na substituição – num plano pré-jurídico – o legislador afasta, por completo, o verdadeiro contribuinte, que realiza o fato imponível, prevendo a lei – desde logo – o encargo da obrigação a uma outra pessoa (substituto), que fica compelida a pagar a dívida própria, eis que a norma não contempla dívida de terceiro (substituído).[248]

Como se pode perceber, o efeito produzido aqui é muito similar ao que ocorre com a norma de isenção.[249] Nos dois ca-

---

248. MELO, José Eduardo Soares. *ICMS*: teoria e prática. 9. ed. São Paulo: Dialética, 2006. p. 171.

249. "As normas de isenção pertencem à classe das regras de estrutura, que introdução metem modificações no âmbito da regra-matriz de incidência tributária. Guardando sua autonomia normativa, a norma de isenção atua sobre a regra-matriz de incidência tributária, investindo contra um ou mais critérios de sua estrutura, mutilando-os, parcialmente. Com efeito, trata-se de encontro de duas normas jurídicas que tem por resultado a inibição da incidência da hipótese tributária sobre os eventos abstratamente qualificados pelo preceito isentivo, ou que tolhe sua consequência, comprometendo-lhe os efeitos prescritivos da conduta. Se o fato é isento, sobre ele não se opera a incidência e, portanto, não há que falar em fato jurídico tributário, tampouco em obrigação tributária. E se a isenção se der pelo consequente, a ocorrência fáctica encontrar-se-á inibida juridicamente, já que sua eficácia não poderá irradiar-se. O que o preceito de isenção faz é subtrair parcela do campo de abrangência do critério do antecedente ou do consequente, podendo a regra de

ANDRÉA MEDRADO DARZÉ MINATEL

sos, o legislador exerce apenas parcela da competência que lhe foi outorgada. A diferença básica que distancia estas duas realidades, todavia, é que, enquanto a regra de isenção, relativamente ao critério pessoal, se restringe a retirar um ou alguns sujeitos do campo de incidência dos tributos, a regra de substituição vai além, instituindo pessoa nova que deverá figurar no polo passivo da obrigação. Ou seja, enquanto o efeito imputado à isenção é apenas um (inutilizar parte da norma), na regra de substituição são dois (inutilizar parte da norma e agregar novo enunciado), o que dá efetivamente a sensação de permuta do sujeito passivo. Daí a razão do nome *substituição*, alvo de tantas críticas.

Feitas essas considerações, voltemos nossa atenção para o ponto que interessa à presente investigação: esta particularidade das regras de substituição, ou eventualmente qualquer outra, é suficiente para concluir, como o fazem muitos juristas, que apenas nesses casos ter-se-ia a repercussão jurídica do ônus tributário?

Definitivamente acreditamos que não. Como já esclarecido, a substituição ataca a própria esquematização formal da norma-padrão de incidência em sentido amplo, para destruí-la especificamente em relação ao realizador do fato tributado, indicando, em contrapartida, notas de sujeito diverso de quem se poderá exigir o cumprimento da obrigação. Mas, se há mutilação, é justamente porque se pressupõe a existência do substituído, não lhe sendo permitido imputar as consequências jurídicas usuais decorrentes da prática do fato tributário

---

isenção suprimir a funcionalidade da regra-matriz tributária de oito maneiras distintas: (i) pela hipótese: i.1) atingindo-lhe o critério material, pela desqualificação do verbo; i.2) mutilando o critério material, pela subtração do complemento; i.3) indo contra o critério espacial; i.4) voltando-se para o critério temporal; (ii) pelo consequente, atingindo: ii.1) o critério pessoal, pelo sujeito ativo; ii.2) o critério pessoal, pelo sujeito passivo; ii.3) o critério quantitativo, pela base de cálculo; e ii.4) o critério quantitativo, pela alíquota. De qualquer maneira, a regra de isenção ataca a própria esquematização formal da norma-padrão de incidência, para destruí-la em casos particulares, sem aniquilar a regra-matriz, que continua atuando regularmente para outras situações". (CARVALHO, Paulo de Barros. *Direito tributário:...* cit., p. 521-522).

RESTITUIÇÃO DO INDÉBITO TRIBUTÁRIO:
LEGITIMIDADE ATIVA NAS INCIDÊNCIAS INDIRETAS

exclusivamente por conta da existência de norma de substituição, mas em relação ao qual se deve assegurar o repasse do ônus do tributo. O encontro dessas duas forças normativas inibe juridicamente a exigência do tributo contra este sujeito (substituído), já que, nestes casos, a eficácia do enunciado mutilado não poderá irradiar-se. Simultaneamente, outras regras asseguram que o desfalque patrimonial decorrente da tributação recaia sobre a sua pessoa, sobre o seu patrimônio, o que se faz via repercussão jurídica do seu ônus.

Com efeito, o substituído não poderá integrar o vínculo tributário em nenhuma hipótese. Mas a modificação subjetiva se produz com a própria edição da norma de substituição, a qual, como contraponto, pressupõe, como condição mesma de sua validade, o estabelecimento de mecanismos para que este mesmo sujeito arque com o encargo financeiro do tributo que será exigido de um terceiro. Mas isso, como exaustivamente destacado, não é uma peculiaridade das regras de substituição, mas de toda e qualquer modalidade de responsabilidade tributária por ato lícito.

Apesar de reconhecermos que este fenômeno seja mais facilmente identificável nessa espécie de responsabilidade tributária, especialmente nos casos de retenção na fonte, quando a autorização para o abatimento do valor do tributo aparece estampada no texto da lei, ele deve necessariamente ser assegurado em qualquer tipo de responsabilidade, sob pena de inconstitucionalidade por violação do direito de propriedade, da isonomia, da capacidade contributiva, da vedação ao confisco e da própria repartição da competência tributária.

Se efetivamente não fosse assim, então como justificar a exigência de tributos daquele que não realizou o fato jurídico tributário, tampouco realizou qualquer ato que turba a fiscalização ou a arrecadação? O estabelecimento de regra de responsabilidade que não a substituição tributária funcionaria como uma espécie de autorização para o legislador ultrapassar as barreiras bem delimitadas pela Constituição Federal na repartição de competência, atingindo pela tributação fatos e

194

pessoas diversas daquelas definidas pelo constituinte? Nos parece que não.

Nesse contexto, impõe-se, a nosso ver, a necessidade de repensar o assunto. Como já tivemos a oportunidade de anotar, a repercussão jurídica do tributo é condição de validade para a instituição de toda e qualquer modalidade de responsabilidade tributária decorrente de ato lícito. Por conta disso, ali onde houver a estipulação do dever de um terceiro levar dinheiro aos cofres públicos a título de tributo, haverá necessariamente a presença de regra de repercussão do ônus para o sujeito que realizou o fato jurídico tributário.

Assim, o que constatamos é que a existência de regra de repercussão jurídica do ônus não é peculiaridade da substituição tributária. É regra presente em toda e qualquer espécie de responsabilidade. Decorre, como vimos, dos limites constitucionais ao poder de tributar: vedação ao confisco, capacidade contributiva, direito de propriedade e da própria repartição da competência tributária. A única diferença, se é que podemos falar efetivamente em diferença, está na constatação empírica de que em vários casos de substituição há regra expressa de repercussão, nada mais.

3.4.1.2 A regra da não cumulatividade: outra modalidade de repercussão jurídica?

Alcançamos o primeiro ponto fundamental para o desenvolvimento do presente trabalho: a instituição de regra de responsabilidade (não só a substituição tributária) por ato lícito pressupõe, necessariamente, a repercussão jurídica do encargo financeiro do tributo para o sujeito que realizou o fato tributário como condição de sua validade. Assim, em todas essas situações, independentemente de existir norma ostensiva de retenção ou de reembolso, a conclusão é única: diante de pagamento indevido realizado por responsável tributário, o pedido de restituição em sentido estrito ou de compensação fica condicionado à observância dos requisitos do art. 166 do CTN.

RESTITUIÇÃO DO INDÉBITO TRIBUTÁRIO:
LEGITIMIDADE ATIVA NAS INCIDÊNCIAS INDIRETAS

Afinal, o que se verifica nesses casos é a incidência de *tributos que comportam, por sua natureza, transferência do respectivo encargo financeiro.*

Entretanto, como já sinalizado, estas não são as únicas situações que se submetem à aplicação do referido dispositivo legal. Também a por nós denominada não cumulatividade *externa* ou *exógena* configura hipótese de repercussão contemplada pelo direito positivo e, por conseguinte, tem seus eventuais pedidos de restituição sujeitos à incidência deste comando legal. Mas qual seria o conteúdo semântico da expressão *não cumulatividade externa ou exógena?* Neste conceito inclui-se a não cumulatividade do IPI? Do ICMS? Da Contribuição ao PIS? Da COFINS? E dos impostos residuais? De todos ou de apenas alguns desses tributos? E, em abrangendo apenas parte deles, qual seria a justificativa jurídica para o estabelecimento deste *discrímen?* São justamente estas perguntas que pretendemos responder, ainda que de revista, neste capítulo.

Antes, todavia, de enfrentarmos propriamente estes temas, entendemos oportuno tecer alguns breves comentários sobre a não cumulatividade no Direito brasileiro, dando especial enfoque aos métodos utilizados para a sua operacionalidade, por entendermos tratar-se de ponto central para o equacionamento dessas dúvidas.

Pois bem. Desde quando foi inserida inauguralmente no direito positivo brasileiro, no ano de 1965, como norma jurídica constitucional, a não cumulatividade tributária desperta muitas discussões doutrinárias e jurisprudenciais, sejam elas voltadas à sua natureza jurídica, seja ainda no que se refere propriamente ao seu conteúdo e alcance.[250]

---

250. Não se pretende, com essa investigação, abordar os problemas semânticos que giram em tono da expressão "não cumulatividade" utilizada pelo constituinte em quatro diferentes oportunidades e pelo legislador infraconstitucional em tantas outras. Interessam, para o desenvolvimento deste trabalho, apenas os métodos utilizados para implementar este comando.

ANDRÉA MEDRADO DARZÉ MINATEL

Como bem lembra Lucia Paoliello Guimarães,

> (...) as sucessivas alterações constitucionais que se seguiram à EC n° 18/65 acabaram por fomentar os debates, sendo possível perceber um substancial crescimento no interesse dos estudiosos por referida matéria, seja sob o ponto de vista jurídico que a permeia, seja sob suas repercussões de caráter econômico ou financeiro.[251]

Esse embate se acirrou ainda mais com o advento da Emenda Constitucional n° 42/2003, que, dentre outras alterações, introduziu o § 12 no art. 195 da CF, com a seguinte redação "a lei definirá os setores de atividade econômica para os quais as contribuições incidentes na forma dos incisos I, b; e IV do caput, serão não-cumulativas".

No contexto do direito positivo brasileiro, a não cumulatividade é limite objetivo[252] que visa a afastar os efeitos decorrentes da superposição de incidências de um mesmo tributo em mais de uma etapa da cadeia produtiva, o que é passível de ocorrer apenas nos tributos plurifásicos, que recaem sobre a produção ou comercialização de bens e serviços. Isso porque, como pontuou André Mendes Moreira, "somente nesses casos tem-se um liame lógico-operacional desde a primeira incidência tributária, no início da cadeia, até a aquisição do bem ou serviço pelo consumidor final".[253-254]

---

251. GUIMARÃES, Lucia Paoliello. *Não-cumulatividade tributária* – Aspectos constitucionais. 2012. Dissertação (Mestrado em Direito Tributário) – Pontifícia Universidade Católica de São Paulo, São Paulo, 2012, p. 98.

252. "O princípio da não-cumulatividade é do tipo limite objetivo: impõe técnica segundo a qual o valor de tributo devido em cada operação será compensado com a quantia incidente sobre as anteriores, mas preordena-se à concretização de valores como o da justiça da tributação, respeito à capacidade contributiva e uniformidade na distribuição da carga tributária sobre as etapas de circulação e de industrialização de produtos". (CARVALHO, Paulo de Barros. *Curso de direito tributário...* cit., p. 168).

253. MOREIRA, André Mendes. Op. cit., p. 60.

254. No mesmo sentido: DUE, John F. *Indirect Taxation in Developing Economies.* Baltimore, London: Johns Hopkins, 1970. p. 126, nota de rodapé n. 16.

RESTITUIÇÃO DO INDÉBITO TRIBUTÁRIO:
LEGITIMIDADE ATIVA NAS INCIDÊNCIAS INDIRETAS

Não obstante configure "limite objetivo", está ligada à realização de valores de lídima grandeza, como a justiça da tributação, o respeito à capacidade contributiva do administrado, a uniformidade na distribuição da carga tributária e, em especial, a neutralidade fiscal. Dirigido aos tributos que gravam as diversas etapas de uma cadeia produtiva ou de circulação de bens ou serviços, a não cumulatividade apresenta-se como técnica que atua sobre o conjunto das operações econômicas entre os vários setores da vida social, pretendendo evitar que o impacto da percussão tributária provoque certas distorções com a tributação em "cascata".

Dentre as possibilidades de disciplina jurídica neutralizadoras dos conhecidos desvios de natureza econômica, o legislador brasileiro – constituinte, no caso do IPI e do ICMS, e ordinário, em se tratando da Contribuição ao PIS e da COFINS[255] – adotou método específico, que se concretiza com a outorga de crédito do tributo para aquele que adquire determinado bem ou serviço (método subtrativo). Em qualquer dessas situações, com algumas variáveis próprias do regime jurídico a que está submetido cada um desses tributos, a realização desse imperativo se perfaz com a concessão de direito creditório para aquele que adquire mercadoria, insumos ou serviços, com o fim de dar sequência às várias etapas dos procedimentos de industrialização, comercialização ou prestação de serviços.

Vale desde já destacar, todavia, que em algumas dessas hipóteses os créditos são determinados olhando para as operações anteriores, noutras levando em conta os critérios de apuração do próprio sujeito a quem é outorgado.

No Direito brasileiro vigente se identifica apenas o método *imposto contra imposto*,[256] ainda que, em se tratando espe-

---

255. Caso venha a ser instituído imposto residual, a técnica da não cumulatividade deverá ser fixada por lei complementar, por expressa exigência do constituinte (art. 154, I, da CF).

256. Alcides Jorge Costa, num primeiro momento, ao tratar especificamente do

198

ANDRÉA MEDRADO DARZÉ MINATEL

cificamente das contribuições sociais, seja possível identificar peculiaridades que refogem um pouco da definição tradicional que se lhe costuma atribuir.[257] Foi justamente autorizando

---

extinto ICM, defendia que o princípio da não cumulatividade afetaria a conformação da regra-matriz de incidência deste tributo, alterando a composição de sua base de cálculo. Nas suas palavras: "em última análise, o montante do ICM cobrado nas operações anteriores é integrante da base de cálculo do tributo. Esta afirmação choca-se com as ideias correntes, expressas em todas as legislações estaduais, que mencionam débito do ICM para significar a quantia resultante da aplicação da alíquota ao que o artigo 2º do decreto-lei nº 406/68 chama de base de cálculo, e crédito de ICM para significar o imposto cobrado nas operações anteriores. Na verdade, o vocábulo 'crédito' é usado em sentido impróprio porque a entrada de mercadoria no estabelecimento não cria, para o contribuinte, nenhum direito de crédito contra o fisco. O chamado 'crédito' de ICM é, como foi demonstrado, apenas um elemento a considerar no cálculo do montante de ICM a pagar". (COSTA, Alcides Jorge. *ICM na Constituição e na Lei Complementar*. São Paulo: Resenha Tributária, 1979. p. 154).
Este autor, todavia, reviu este posicionamento anos mais tarde, passando a acompanhar a maioria da doutrina no sentido de que o comando constitucional da não cumulatividade, também em relação ao ICM, determina a compensação do valor devido com créditos do tributo. Com isso, negou a antes afirmada influência da não cumulatividade sobre a composição da base de cálculo desse imposto: "Reflexão posterior levou-me a concluir que me havia equivocado e que, na verdade, o denominado crédito tinha mesmo natureza de crédito. (...) O ICM torna-se devido quando ocorre qualquer operação relativa à circulação de mercadorias, realizada por comerciante, industrial ou produtor. O imposto é calculado mediante aplicação de uma determinada alíquota à base prevista em lei. Portanto, este é o imposto devido. Como determina a lei, da soma dos impostos referentes a cada operação realizada num período é abatida a soma do imposto que incidiu sobre as mercadorias entradas no mesmo período. Este abatimento não é senão uma compensação". (Idem, p. 39).
Nessa mesma oportunidade, Alcides Jorge Costa afirma a natureza não tributária dos chamados "créditos" de ICM, diferenciando, por consequência, seu regime jurídico daquele aplicável à relação tributária decorrente da incidência da norma que institui o imposto.

257. Não é esta a opinião de Ricardo Lodi Ribeiro, que defende que os créditos provenientes da não cumulatividade, aplicável aos tributos incidentes sobre a receita bruta e o faturamento, serão encontrados "pela aplicação da alíquota sobre a diferença entre as receitas auferidas e as receitas necessariamente consumidas pela fonte produtora (despesas necessárias)". (RIBEIRO, Ricardo Lodi. A não-cumulatividade das contribuições incidentes sobre o faturamento na constituição e nas leis, n. 111, *São Paulo, Revista Dialética de Direito Tributário*, 2004, p. 102).
Com efeito, muitos são os doutrinadores que defendem que a não cumulatividade da PIS e da COFINS mais se assemelha à técnica *base contra base* do que *imposto contra imposto*. A despeito de reconhecermos que a sistemática adotada pelo legislador nesses casos é bem peculiar, haja vista que não leva em conta o tributo que incidiu na etapa anterior, mas, pelo contrário, os próprios critérios de apuração do

RESTITUIÇÃO DO INDÉBITO TRIBUTÁRIO:
LEGITIMIDADE ATIVA NAS INCIDÊNCIAS INDIRETAS

compensações no valor do tributo devido, as quais são determinadas de acordo com a carga tributária anterior ou com base nos próprios critérios de apuração do sujeito passivo do tributo, o caminho eleito pelo legislador pátrio – constituinte ou ordinário – para interferir no cômputo do montante devido a título de tributo, evitando, assim, a cumulação de incidências.

Entretanto, analisando o Direito comparado, verifica-se que outros ordenamentos jurídicos adotam diferentes técnicas para alcançar a neutralidade fiscal, fazendo recair o tributo, ainda que indiretamente, apenas sobre a riqueza agregada ao bem ou serviço. A título de exemplo, tem-se o método *base contra base* (*basis on basis*), no qual se autorizam abatimentos na própria base de cálculo do tributo.

Além desses dois métodos subtrativos – *imposto conta imposto* ou *base contra base* –, a não cumulatividade admite, também, o método da adição, no qual "somam-se os dispêndios do contribuinte para a produção ou venda do bem ou serviço e tributa-se a medida exata da adição de valor ao objeto tributável".[258] Vejamos cada um deles com mais vagar.

No *método da adição*, como já adiantado, somam-se todos os custos e despesas do sujeito passivo para a produção de mercadorias ou para a prestação de serviços – que, aliados ao seu lucro, formarão o montante acrescido à operação ou prestação. Este corresponde ao valor agregado que sofrerá a incidência da alíquota prevista na lei. Como é possível perceber, por meio desse método, tem-se, efetivamente, tributação sobre o valor agregado.

---

sujeito passivo a quem se outorga o crédito, não nos parece que isso seja suficiente para desqualificá-lo como método *imposto contra imposto*, muito menos para transmudá-lo em *base contra base*. Afinal, o que se tem é mera autorização legal para que se abata um montante do valor do tributo apurado, que corresponde a um crédito outorgado, presumido. Portanto, a técnica interfere no valor do tributo devido, não na sua base de cálculo.

258. MOREIRA, André Mendes. Op. cit., p. 61-62.

ANDRÉA MEDRADO DARZÉ MINATEL

Ocorre que, como bem advertiu André Mendes Moreira, as dificuldades práticas na implantação do método de adição o tornaram pouco utilizado:

> Não há IVA de abrangência nacional calculado pela sistemática aditiva (exceto para setores específicos, como o das instituições financeiras em Israel e na Argentina). Em nível estadual, podemos apontar os Estados norte-americanos de Michigan e New Hampshire.[259]

De fato, a realidade dos sistemas de direito positivo atuais denuncia que os métodos subtrativos conquistaram a preferência das administrações tributárias. Segundo José Luiz Pérez de Ayala, dentre os submétodos subtrativos, dever-se-ia priorizar o *base contra base*, uma vez que a dedução das bases tributáveis seria mais adequada a um imposto que pretenda gravar o valor agregado. A despeito disso, reconhece este autor que, por ser de mais difícil operacionalização prática, cedeu espaço para a técnica *imposto contra imposto*, utilizado nos países da Europa, das Américas e na maior parte dos países que adotam o tributo sobre o valor agregado, em qualquer de suas modalidades.[260]

No método intitulado *base contra base* (*basis on basis*), deduz-se do preço da operação ou da prestação (o qual corresponderia à base de cálculo do tributo, não fosse a não cumulatividade) o valor dos bens e/ou serviços adquiridos pelo sujeito passivo, autorizados pela lei. Sobre a base apurada mediante a subtração desses dois montantes, aplica-se a alíquota. Vê-se, pois, que nesses casos, a não cumulatividade atua diretamente na composição da base de cálculo do tributo e, indiretamente, sobre o valor devido (que será obtido com a multiplicação da alíquota sobre essa base).

---

259. Idem, p. 73.

260. AYALA, José Luis Pérez de. *Explicación de la técnica de los impuestos*. 3. ed. Madrid: Editoriales de Derecho Reunidas, 1981. p. 179.

RESTITUIÇÃO DO INDÉBITO TRIBUTÁRIO:
LEGITIMIDADE ATIVA NAS INCIDÊNCIAS INDIRETAS

Já no método *imposto contra imposto* (*tax on tax* ou, ainda, *invoice credit*),[261] o tributo incide sobre o valor cheio da mercadoria ou serviço. A par disso, o legislador autoriza que se compense o montante apurado com créditos bem delimitados, os quais são definidos, em regra, tomando-se como referência o exato valor do tributo que incidiu na operação ou operações anteriores, a despeito de existirem outros critérios. Como se vê, nesses casos, não se tem incidência direta sobre o valor agregado.[262] Diversamente do método anterior, a não cumulatividade não atua na composição da base de cálculo, mas, apenas e tão somente, na apuração do *quantum debeatur*, na medida em que permite abatimentos sobre o tributo devido.

O método de não cumulatividade subtrativo *imposto contra imposto* pode experimentar, ainda, novo corte em classes[263] justamente em função do parâmetro usado para a outorga do crédito, se relativo ou não ao tributo cobrado na etapa antecedente da cadeia produtiva. Quando o abatimento autorizado pela lei toma como referência o tributo que efetivamente incidiu no elo anterior, teremos técnica de não cumulatividade

---

261. "As nomenclaturas são autoexplicativas: na fatura (nota fiscal) o imposto que incidiu na operação vem destacado, sendo abatido o IVA a pagar pelo contribuinte -adquirente quando da realização de suas próprias operações tributadas." (MOREIRA, André Mendes. Op. cit., p. 72-73).

262. Os partícipes do Simpósio de Estudos Tributários realizado pelo Centro de Extensão Universitária em 1978 também chegaram à idêntica constatação. Ao analisar o fato gerador do ICM, cuja nota essencial é a não cumulatividade, o Plenário formou opinião de que "o valor acrescido não é circunstância componente da hipótese de incidência do ICM. O princípio constitucional da não-cumulatividade consiste, tão somente, em abater do imposto devido o montante exigível nas operações anteriores, sem qualquer consideração à existência ou não de valor acrescido". (MARTINS, Ives Gandra da Silva (Coord.). Caderno de Pesquisas Tributárias n. 4 (nova série) – *Sanções Tributárias*. São Paulo: Resenha Tributária/Centro de Extensão Universitária, 1990, p. 642).

263. De acordo com Suzanne K. Langer, define-se o conceito de "classe" como o conjunto de todos aqueles, e somente aqueles, termos aos quais um certo conceito seja aplicável. É, portanto, a extensão de determinado conceito, criada linguisticamente. (LANGER, Suzanne K. *An introduction to symbolic logic*. 3. ed. New York: Dover, 1967. p. 116).

por nós intitulada *imposto contra imposto exógena ou externa*. Já quando o crédito é fixado independentemente do valor do tributo que incidiu na etapa antecedente, mas com base em critérios da própria operação, a não cumulatividade será classificada como *endógena, interna*.

Nesse contexto, é até intuitivo concluir que apenas a modalidade *externa, exógena* de não cumulatividade configura hipótese de translação jurídica do ônus tributário, afinal somente nesses casos o crédito é efeito jurídico do repasse do tributo que incidiu previamente.

Como vimos, a não cumulatividade visa à neutralidade fiscal, a qual pode ser operacionalizada de diversas maneiras, a depender da criatividade do legislador, desde que, por óbvio, não exista norma constitucional já delimitando os seus contornos. Este princípio pode ser – e, em muitas situações, é – instrumentalizado via repercussão do encargo econômico do tributo que incidiu na etapa ou etapas anteriores,[264] na medida em que corresponderá exatamente ao valor do crédito a compensar com o montante devido na operação própria. Mas isso não é uma constante. A não cumulatividade pode ser implementada, por exemplo, via mera outorga de crédito, totalmente desvinculado do tributo que incidiu na etapa anterior. Tudo vai depender, portanto, da técnica escolhida pelo legislador (constituinte ou não).

Diante desta sorte de considerações, infere-se que, quando a lei autoriza abatimentos no valor do tributo devido ou, mesmo, na sua base de cálculo, fixados tomando-se como referência critérios outros que não a própria carga tributária que incidiu na etapa anterior, não há que se falar em repercussão do ônus do

---

264. Neste ponto são muito elucidativas as lições de Lúcia Paoliello Guimarães: "não se mostra suficiente à tributação não-cumulativa a consideração exclusiva da operação exatamente anterior àquela que se tributa agora, realizada com a mesma mercadoria ou produto. Há muito mais antecedendo uma operação de industrialização, de circulação de mercadorias ou de prestação de serviços: no plano fático, cada operação ou prestação de serviço praticada pelo contribuinte é antecedida por inúmeras outras que, de uma forma ou de outra, contribuíram para que esta operação ou prestação fosse efetivamente concretizada". (GUIMARÃES, Lucia Paoliello. Op. cit., p. 104).

RESTITUIÇÃO DO INDÉBITO TRIBUTÁRIO:
LEGITIMIDADE ATIVA NAS INCIDÊNCIAS INDIRETAS

tributo; afinal, repercussão jurídica tributária ocorre, apenas e tão somente, quando há translação, via retenção ou reembolso, do impacto financeiro do tributo devido pelo sujeito passivo a um terceiro, e não de qualquer outro valor (como é o caso do mero crédito outorgado).

Não é esse, todavia, o entendimento defendido pela maioria dos juristas. Paulo Roberto Lyrio Pimenta, por exemplo, defende que a não cumulatividade sempre teria como pressuposto o fenômeno da translação:

> Com efeito, quando se estuda o regime jurídico-constitucional dos impostos verifica-se que a Carta previu para dois deles a adoção da técnica da não-cumulatividade (CF, art. 153, § 3º, II, e 155, § 2º, I). A aplicação dessa técnica parte do um pressuposto: o fenômeno da translação. Ou seja, a não-cumulatividade parte da existência da repercussão do ônus financeiro, que representa o tributo, visando com isso a evitar que o consumidor seja onerado, assegurando-se, ainda, a neutralidade da tributação.[265]

Neste momento, basta que mantenhamos firme a convicção de que a repercussão jurídica não é, necessariamente, nota típica da não cumulatividade. Essa assertiva, insistimos, somente será verdadeira na realidade brasileira diante da técnica da não cumulatividade subtrativa *externa, exógena*. Isso porque apenas nessas situações o crédito a compensar equivale ao tributo que incidiu na etapa anterior, o que legitima a concluir que houve o repasse do encargo financeiro do tributo de um sujeito para o outro e que este fato implica consequências jurídicas, que é o próprio direito de crédito. Nas demais situações de tributos não cumulativos, o que se verifica é a mera outorga de crédito que, a despeito de gerar efeitos práticos muito próximos no que diz respeito à apuração do tributo devido, não tem como causa a translação do seu ônus.

Com isso, pensamos ter atingindo a principal meta proposta neste item: identificar critérios seguros para definir em que situações a regra de não cumulatividade tributária

---

265. PIMENTA, Paulo Roberto Lyrio. Tributos indiretos... cit., p. 360.

204

implica, dentre outras consequências jurídicas, a transferência do encargo financeiro do tributo pago na etapa anterior, podendo ser qualificada, por esta mesma razão, como hipótese de norma de repercussão jurídica tributária.

3.4.1.2.a A não cumulatividade do ICMS e do IPI: o método subtrativo, imposto contra imposto, exógeno

A Constituição Federal de 1988, cuidando da instituição do ICMS, prescreve que este "será não-cumulativo, compensando-se o que for devido em cada operação relativa à circulação de mercadorias ou prestação de serviços com o montante cobrado nas anteriores pelo mesmo ou outro Estado ou pelo Distrito Federal" (art. 155, § 2°, I). Ao tratar do IPI, traz prescrição muito semelhante, determinando que "será não-cumulativo, compensando-se o que for devido em cada operação com o montante cobrado nas anteriores" (art. 153, § 3°, II, da CF).

Erigiu, com esses enunciados, técnica de tributação que consiste justamente na possibilidade do sujeito passivo abater, do imposto incidente sobre a sua operação, o montante cobrado nas operações anteriores pelo mesmo ou por outro ente da Federação.[266] Por conta dessas prescrições, o sujeito passivo do tributo é obrigado, ao final de cada período, a apurar o montante do imposto devido pelas suas operações de circulação de mercadorias, prestação de serviços de transportes e comunicação ou de saída de bens que sofreram o processo de industrialização, bem como o valor dos créditos correspondentes às operações anteriores. O confronto entre ambos, débitos e créditos, resultará num saldo que, se positivo, implicará o dever de recolher a diferença e, se negativo, representará, para o sujeito passivo, o direito de compensar o *quantum* excedente no próximo período de apuração.

---

266. Como se nota com facilidade, por determinação constitucional, o método que prevalece aqui é o *imposto contra imposto*: compensa-se o montante devido na saída (vendas) com o valor efetivamente cobrado por ocasião da entrada (compras).

RESTITUIÇÃO DO INDÉBITO TRIBUTÁRIO:
LEGITIMIDADE ATIVA NAS INCIDÊNCIAS INDIRETAS

Para que a operacionalidade dessa "compensação" seja mais bem visualizada, é útil examiná-la analiticamente, identificando as relações jurídicas que a originam e integram:

(i) "A" vende mercadoria ou produtos industrializados ou, ainda, presta serviço de transporte interestadual ou intermunicipal ou de comunicação para "B". Realizados quaisquer desses negócios jurídicos disciplinados pelo direito privado, *nasce a obrigação tributária* para "A", que fica compelido a recolher o ICMS ou o IPI, a depender do caso.

(ii) Tendo "B" adquirido aquele bem ou serviço, *surge-lhe o direito de creditar-se do imposto* relativo à operação anterior.

(iii) Quando "B" pratica operações de venda de mercadorias, bens ou presta de serviços sujeitos à incidência do ICMS ou IPI, inaugura-se também para este a *obrigação tributária* correspondente (débito). Em contrapartida, como "B" possui *crédito* contra o Fisco estadual ou federal, a despender do imposto que se trate, dá-se um verdadeiro "encontro de contas", liquidando-se, total ou parcialmente, as relações de débito e crédito, conforme sejam seus valores equivalentes ou não. Efetuado esse ajuste, caso remanesça parcela de débito, este deve ser quitado pelo particular. Se, ao contrário, o saldo remanescente corresponder ao crédito do sujeito passivo, fica assegurada sua utilização no período de apuração subsequente.

Neste ponto, vale lembrar que, como a não cumulatividade do IPI e do ICMS aparece plasmada em normas constitucionais, sua amplitude somente poderá ser contida por enunciados previstos no próprio Texto Supremo.[267] E este de-

---

267. Quanto ao tema, esclarece Lucia Paoliello Guimarães: "Não negamos, é claro, que a não-cumulatividade tributária tenha importantes aspectos de sua operacionalidade definidos pela legislação ordinária. Tampouco ignoramos o fato de que há, nas normas que prescrevem a incidência não-cumulativa de determinados tributos, uma referência a eventos sociais de ordem não jurídica que, em última análise, justificam sua edição. Apenas afirmamos a necessidade de que se respeite o conteúdo semântico mínimo de que é dotado o termo 'não-cumulativo' quando empregado

206

termina exclusivamente em relação ao ICMS – mantendo-se silente no que se refere ao IPI[268] –, que, apenas nos casos de isenção ou não incidência deste imposto sobre a operação relativa à circulação de mercadoria ou serviço, não será esta geradora do direito ao crédito. Só as operações dessa natureza, que se encontrem fora do campo de incidência da regra-matriz do imposto estadual, em princípio, também não ensejarão o direito ao crédito. Em todas as demais operações relativas à circulação de mercadorias ou serviços que possam ser subsumidas à hipótese de percussão do tributo, haverá nascimento de crédito.

Ainda assim, mesmo no caso de isenção e não incidência do ICMS, o constituinte outorgou, de forma categórica, competência para o Poder Público estabelecer a integridade do princípio da não cumulatividade, na medida em que inseriu a cláusula *"salvo determinação em contrário da legislação"* (art.

---

no texto da Constituição da República". (GUIMARÃES, Lucia Paoliello. Op. cit., p. 10).

268. A despeito disso, a jurisprudência do Supremo Tribunal Federal, há alguns anos, se consolidou no sentido de que a aquisição de insumos isentos ou sujeitos à alíquota zero não geram o direito ao creditamento de IPI, nos termos das ementas abaixo:
"'IPI. INSUMO. ALÍQUOTA ZERO. AUSÊNCIA DE DIREITO AO CREDITAMENTO. Conforme disposto no inciso II do § 3º do artigo 153 da Constituição Federal, observa-se o princípio da não-cumulatividade compensando-se o que for devido em cada operação com o montante cobrado nas anteriores, ante o que não se pode cogitar de direito a crédito quando o insumo entra na indústria considerada a alíquota zero. IPI. (...). Descabe, em face do texto constitucional regedor do Imposto sobre Produtos Industrializados e do sistema jurisdicional brasileiro, a modulação de efeitos do pronunciamento do Supremo, com isso sendo emprestada à Carta da República a maior eficácia possível, consagrando-se o princípio da segurança jurídica". (RE 353.657, Rel. Min. Marco Aurélio, Tribunal Pleno, DJe 06/03/2008).
"RECURSO EXTRAORDINÁRIO. TRIBUTÁRIO. 2. IPI. Crédito Presumido. Insumos sujeitos à alíquota zero ou não tributados. Inexistência. 3. Os princípios da não-cumulatividade e da seletividade não ensejam direito de crédito presumido de IPI para o contribuinte adquirente de insumos não tributados ou sujeitos à alíquota zero. 4. Recurso extraordinário provido". (RE 370682, Rel. Min. Ilmar Galvão, Tribunal Pleno, DJe 18/12/2007).
Atualmente, a presente matéria foi submetida ao rito da repercussão geral no RE 590.809, sob a relatoria do Min. Marco Aurélio, o qual aguarda julgamento. O direito ao crédito nas aquisições provenientes da Zona Franca de Manaus também aguarda julgamento sob este rito, no RE 592.891, sob a relatoria da Ministra Rosa Weber.

RESTITUIÇÃO DO INDÉBITO TRIBUTÁRIO:
LEGITIMIDADE ATIVA NAS INCIDÊNCIAS INDIRETAS

155, § 2º, II). Com isso, autorizou o legislador infraconstitucional a fazer valer o princípio da não cumulatividade, mesmo em operações que se encontram fora do campo de incidência da regra-matriz do ICMS, e que, originalmente, também não sofreriam a incidência da regra-matriz do direito ao crédito.

Enquanto norma constitucional, a não cumulatividade configura mandamento estrutural básico do sistema tributário, que orienta a atividade do legislador ordinário ao instituir a regra-matriz de incidência dos tributos a ele sujeitos, como é o caso exclusivamente do ICMS e do IPI. Funciona também como norte ao intérprete, o qual, ao efetuar a aplicação do direito, não pode esquivar-se da sua observância. É, pois, norma que auxilia na delimitação constitucional da competência tributária, considerada em termos normativos gerais e abstratos, bem como na determinação da possibilidade constitutiva do comando individual e concreto, não podendo ter seu alcance diminuído, modificado ou anulado, quer pela legislação complementar, quer pela ordinária e, muito menos, por atos infralegais.[269]

Para delimitar a não cumulatividade tanto do IPI como do ICMS, o constituinte empregou o signo *cobrado*, e não *recolhido* ou *pago*. A definição desse termo é, de longa data, esclarecida pelos doutrinadores pátrios, tais como Geraldo Ataliba e Cleber Giardino, nos seguintes termos:

---

269. Ao tratar do tema, Geraldo Ataliba é categórico: "se os senhores lerem muito dos escritores brasileiros sobre ICM, vão ver: há cinco formas de realizar a não-cumulatividade. (...) Os autores europeus discutem estas fórmulas, para nós, de inutilidade absoluta. (...) É a Constituição, meus Senhores, que dá a mim, cidadão que pratica operação mercantil, no Brasil, o direito de me creditar do ICM relativo às operações anteriores; não é lei nenhuma. Não é a lei complementar que dá; não é a lei ordinária do Estado, muito menos; não é a doutrina: é a Constituição. Este é um direito constitucional, é um direito dado pela Constituição, é um direito público subjetivo constitucional (...). Portanto, a lei não pode diminuir, reduzir, retardar, anular, ignorar um direito que a Constituição deu. Mas, se a lei fizer isso – e faz, porque influída por essa literatura da Europa –, onde ela pode fazer isso. Aqui não! O juiz devia dizer: 'não quero saber de lei, a Constituição deu está dado; acabou-se!' E, portanto, os juízes – embrulhados por essa literatura – muitas vezes negam o direito". (ATALIBA, Geraldo. ICMS na Constituição. *Revista de Direito Tributário*, n. 57, ano 15. São Paulo, jul.-set. 1991, p. 100-101).

ANDRÉA MEDRADO DARZÉ MINATEL

> Importa observar ser irrelevante o fato de o tributo ter sido ou não lançado nas operações anteriores. E isso, entendendo-se a expressão lançamento seja no sentido técnico do artigo 142 do CTN, isto é, de ato administrativo; seja no sentido amplo (v.g. lançamento do imposto na nota fiscal nos livros fiscais etc.), seja ainda no sentido de significar a atividade de antecipação de cálculo e pagamento, que desenvolve o contribuinte na forma do artigo 150 do CTN. Em qualquer caso, com ou sem esses lançamentos, o abatimento constitucional está assegurado.[270]

Nota-se com evidência que o termo *cobrado*, presente no Texto Supremo, deve ser interpretado como imposto incidente na operação anterior, sendo irrelevante, para fins de legitimação do crédito, se o estabelecimento remetente efetivamente recolheu o valor destacado na nota fiscal de saída. Com efeito, o direito ao crédito é autônomo em relação ao cumprimento da obrigação tributária pelo sujeito que se coloca na etapa anterior da cadeia de circulação ou industrialização. Tem como hipótese de incidência a compra de mercadorias, a contratação de serviços de transporte, interestadual ou intermunicipal, ou de comunicação, ou, ainda, a aquisição de bens que sofrerão o processo industrial. Em outros termos, nasce em decorrência de uma relação de direito privado entre o vendedor e o comprador ou entre prestador e tomador, não do cumprimento da obrigação de direito público estabelecida entre o Fisco e o particular, que se coloca no elo anterior da cadeia produtiva.

Sobre o assunto pronunciou-se o Superior Tribunal de Justiça também no sentido de reconhecer a autonomia do direito ao crédito:

> PROCESSO CIVIL E TRIBUTÁRIO. VIOLAÇÃO DO ART. 535 DO CPC. INOCORRÊNCIA. ICMS DESTACADO NAS NOTAS FISCAIS EMITIDAS PELA FORNECEDORA. DIREITO AO CREDITAMENTO. PRINCÍPIO DA NÃO-CUMULATIVIDADE.

---

270. ATALIBA, Geraldo; GIARDINO, Cleber. *ICMS* – Diferimento – Estudo Teórico -Prático – Estudos e Pareceres nº 1. São Paulo: Resenha Tributária, 1980. p. 21-22.

209

RESTITUIÇÃO DO INDÉBITO TRIBUTÁRIO:
LEGITIMIDADE ATIVA NAS INCIDÊNCIAS INDIRETAS

DEMANDA DECLARATÓRIA QUE RECONHECERA A NÃO INCIDÊNCIA DO ICMS SOBRE OS SERVIÇOS DE COMPOSIÇÃO GRÁFICA NAS EMBALAGENS PERSONALIZADAS. ESTORNO DOS CRÉDITOS. IMPOSSIBILIDADE. 1. O direito de crédito do contribuinte não decorre da regra-matriz de incidência tributária do ICMS, mas da eficácia legal da norma constitucional que prevê o próprio direito ao abatimento (regra-matriz de direito ao crédito), formalizando-se com os atos praticados pelo contribuinte (norma individual e concreta) e homologados tácita ou expressamente pela autoridade fiscal. Essa norma constitucional é autônoma em relação à regra-matriz de incidência tributária, razão pela qual o direito ao crédito nada tem a ver com o pagamento do tributo devido na operação anterior. 2. Deveras, o direito ao creditamento do ICMS tem assento no princípio da não-cumulatividade, sendo assegurado por expressa disposição constitucional, *verbis*: (...) 3. O termo "cobrado" deve ser, então, entendido como "apurado", que não se traduz em valor em dinheiro, porquanto a compensação se dá entre operações de débito (obrigação tributária) e crédito (direito ao crédito). Por essa razão, o direito de crédito é uma moeda escritural, cuja função precípua é servir como moeda de pagamento parcial de impostos indiretos, orientados pelo princípio da não-cumulatividade. 4. Destarte, o direito à compensação consubstancia um direito subjetivo do contribuinte, que não pode ser sequer restringido, senão pela própria Constituição Federal. Evidenciado resulta que a norma constitucional definiu integralmente a forma pela qual se daria a não-cumulatividade do ICMS, deixando patente que somente nos casos de isenção e não-incidência não haveria crédito para compensação com o montante devido nas operações seguintes ou exsurgiria a anulação do crédito relativo às operações anteriores (art. 155, § 2º, II). 5. Ressoa inequívoco, portanto, que o direito de abatimento, quando presentes os requisitos constitucionais, é norma cogente, oponível ao Estado ou ao Distrito Federal. A seu turno, os sucessivos contribuintes devem, para efeito de calcular o imposto devido pela operação de saída da mercadoria do seu estabelecimento, abater o que antes e, a título idêntico, dever-se-ia ter pago, a fim de evitar a oneração em cascata do objeto tributado, dando, assim, plena eficácia à norma constitucional veiculadora do princípio da não-cumulatividade. Percebe-se, assim, que o creditamento não é mera faculdade do contribuinte, mas dever para com o ordenamento jurídico objetivo, não lhe sendo possível renunciar ao lançamento do crédito do imposto, mesmo que tal prática lhe fosse conveniente. Sequer a própria lei poderia autorizá-lo a tanto, sob pena de patente inconstitucionalidade. 6. Nesse diapasão, não se afigura legítima a exigência de estorno

ANDRÉA MEDRADO DARZÉ MINATEL

> dos créditos de ICMS, porquanto a empresa agiu no estrito cumprimento da regra-matriz de direito ao crédito, uma vez ter-lhe sido regularmente repassado o tributo pela empresa fornecedora quando da aquisição das embalagens personalizadas, consoante destacado nas notas fiscais - documentos idôneos para tanto -, gerando a presunção de incidência da exação na operação anterior. 7. Deveras, a relação fiscal se estabelece entre o sujeito com competência tributária e o contribuinte, de sorte que o eventual crédito do fisco em relação ao primeiro contribuinte do imposto não pode ser exigido de outrem, o qual, pela lei, não é seu substituto tributário nem sucessor. *In casu*, a recorrida pagou o tributo e o primeiro contribuinte depositou-o, levantando-o após, com a anuência do Estado, que não pode pretender reavê-lo de quem implementou o seu dever. 8. Recurso especial desprovido.[271]

O direito ao crédito, seja do ICMS, seja do IPI, independe, pois, do efetivo recolhimento do valor devido na etapa anterior, inclusive porque, uma vez abrangido pelo preço acordado e tendo havido o respectivo destaque em documento fiscal, sua assunção foi realizada pelo adquirente/tomador do serviço, passando este a deter justo título do direito de crédito. Por outro lado, a relação do adquirente de bens ou do prestador de serviços com a Fazenda Estadual ou Nacional não integra a regra-matriz de incidência desses tributos, mas sim outra norma que autoriza a compensação, em cada operação, do valor cobrado nas anteriores pelo mesmo ou por outro ente federativo. Essa norma corresponde justamente à repercussão jurídica,[272] nota típica da não cumulatividade externa, exógena, reafirme-se.

---

271. REsp nº 773.675/RS. Relator Ministro Luiz Fux. DJ 02/04/2007.

272. Nesse sentido é a advertência feita por Christine Mendonça: "para se evitar a repercussão econômica da imposição tributária do ICMS, a Constituição não só exige a não-cumulatividade como também indica a forma de operacionalizar esse mandamento que é 'compensando-se o que for devido em cada operação relativa à circulação de mercadoria ou prestação de serviços com o montante cobrado nas anteriores pelo mesmo ou outro Estado ou pelo Distrito Federal'. O dispositivo constitucional impõe a técnica da compensação para se alcançar a não-cumulatividade e não outra". (MENDONÇA, Christine. *A não-cumulatividade do ICMS*. São Paulo: Quartier Latin, 2005. p. 93).

RESTITUIÇÃO DO INDÉBITO TRIBUTÁRIO:
LEGITIMIDADE ATIVA NAS INCIDÊNCIAS INDIRETAS

Esse entendimento é compartilhado[273] por Misabel Abreu Machado Derzi:

> O raciocínio jurídico é simples. Se a Carta brasileira impõe a observância do princípio da não cumulatividade, de tal sorte que o contribuinte (comerciante) deve compensar, com o imposto incidente sobre as operações que realizar, o imposto relativo às compras por ele efetuadas, então ele assegura, como de resto o fazem os demais países que adotam tributo similar, que o contribuinte, nas operações de venda que promova, transfira ao adquirente o ônus do tributo adiantará ao Estado e, ao mesmo tempo, possa ele creditar-se do imposto que suportou em suas aquisições (embora na posição de adquirente apenas tenha sofrido a transferência e nada tenha pessoalmente recolhido aos cofres públicos). Assim, todo adquirente (exceto o consumidor final, não contribuinte) tem o direito, constitucionalmente expresso, de deduzir o imposto que lhe foi transferido pelo vendedor ou promotor da operação. Portanto o princípio, consagrado na Lei Fundamental, autoriza único entendimento: o ICMS não deve ser suportado pelo contribuinte (comerciante, industrial ou produtor). O ICMS, por licença constitucional, onera o consumidor – não contribuinte – que não pode repassar o custo do imposto.[274]

No mesmo sentido[275] são as lições André Mendes Moreira,

---

273. No mesmo sentido se posiciona Humberto Ávila: "se as exigências de não-cumulatividade, de seletividade e de neutralidade são constitucionalmente previstas, a qualificação do imposto em apreço como um imposto não é apenas uma caracterização econômica; é, antes de tudo e acima de tudo, jurídica; e não jurídica apenas, mas jurídico-constitucional". (ÁVILA, Humberto. ICMS como imposto sobre o consumo. Inocorrência de prestação de serviço de comunicação no caso de inadimplemento do consumidor. *Revista Dialética de Direito Tributário* – RDDT, n. 186, São Paulo, Dialética, p. 119, 2011).

274. DERZI, Misabel Abreu Machado. Aspectos essenciais do ICMS, como imposto de mercado. In: SCHOUERI, Luis Eduardo; ZILVETI, Fernando Aurélio (Coords.) *Direito Tributário* – Estudos em Homenagem a Brandão Machado, São Paulo, Dialética, p. 116-142, 1998. p. 125-126.

275. Aliomar Baleeiro, todavia, discorda categoricamente deste posicionamento. Nas suas palavras: "cabe ressaltar que a 'não-cumulatividade' não é instituto que, por si só, implique repercussão jurídica – ainda que presente no IPI e no ICMS, tributos reconhecidos como passíveis de transferência do respectivo encargo financeiro –, não sendo, portanto, mecanismo de transferência do encargo (como são o reembolso e a retenção). Se fossem tais tributos instituídos de forma cumulativa, não deixariam apenas por isso de estar juridicamente construídos para atingir a capacidade contributiva do consumidor. A carga tributária seguiria sendo destacada na

ANDRÉA MEDRADO DARZÉ MINATEL

que assim pontua:

> Já as exações não-cumulativas *stricto sensu* serão, sempre, in-
> diretas. Consoante assentado alhures, a repercussão jurídica é
> nota típica da não-cumulatividade. A neutralidade, enquanto
> efeito da não-cumulatividade, impede a oneração do contribuin-
> te de direito, criando mecanismos para que este translade o im-
> posto para o consumidor final. Por essa razão o IVA é conside-
> rado um típico imposto sobre o consumos, assim como o ICMS
> e o IPI.[276]

Cabe aqui uma advertência. Qualquer tomador de serviços ou adquirente de bens, inclusive, o consumidor final,
independentemente de figurar no polo passivo de uma obrigação tributária, arca com ônus econômico do tributo. Afinal,
tratando-se de mais um componente do custo da operação, é
induvidoso o seu repasse no preço. Quando referidos sujeitos
não mantêm relação jurídica com o Fisco (justamente porque,
no que se refere a estas operações, quem mantém relação
com o Erário é a pessoa que deu saída aos bens ou prestou
o serviço), o que suportam, nessa condição, tem, a princípio,
natureza exclusivamente econômica. Ocorre que a presença
da regra de não cumulatividade externa, exógena, em muitas

---

nota fiscal, acrescida ao preço de venda (respeitado, no ICMS, o cálculo por dentro)
e repassada ao adquirente dos bens. Haveria apenas uma oneração da produção, a
refletir-se no já conhecido inconveniente da diminuição da competitividade das cadeias produtivas mais longas, num incentivo à verticalização da produção". (BALE-
EIRO, Aliomar. *Direito tributário brasileiro...* cit., p. 419). Este também é o entendimento de Gilberto Ulhôa Canto, o qual assevera que "a indicação dos montantes
dos respectivos tributos em parcela destacada da nota fiscal, para agregação ao preço ou como elemento dele componente, não constitui, de per si, evidência de que o
legislador encontrou e fixou critério jurídico de direito positivo para afirmar que,
pelo menos nos impostos assim regulados haverá transferência do ônus. A indicação em separado serve, em tais casos, apenas para assegurar ao vendedor, e, se for o
caso, também ao comprador, o direito ao crédito do imposto acumulado até o momento da venda, mas isso somente significa que para efeitos tributários uma parcela do preço é imposto, do mesmo modo que se houvesse lei obrigando certos fabricantes a manter contabilidade de custo e a exteriorizar no documento fiscal os
elementos componentes suportados na fabricação do objeto. Nem por isso se dirá
que o montante do imposto será transferido, efetivamente". (CANTO, Gilberto
Ulhôa. Repetição do indébito tributário... cit., p. 14-15).

276. MOREIRA, André Mendes. Op. cit., p. 105.

RESTITUIÇÃO DO INDÉBITO TRIBUTÁRIO:
LEGITIMIDADE ATIVA NAS INCIDÊNCIAS INDIRETAS

dessas situações subverte esta lógica, na medida em que, nesses casos, o legislador se vale desse mesmo substrato econômico para imprimir-lhe efeitos jurídicos: o direito subjetivo de abater do tributo devido o montante cobrado na operação anterior.

Nessas hipóteses, por opção do próprio constituinte originário, a repercussão, que seria meramente econômica, transmuda-se em jurídica, propagando consequências de direito positivo. Vale reafirmar, todavia, que a juridicização do repasse financeiro do tributo ocorre, apenas e tão somente, nos casos em que o adquirente da mercadoria ou do serviço tem, por determinação legal, o direito de compensar o tributo por ele devido na sua operação com aquele que incidiu na etapa anterior. Afinal, esta consequência somente se mostra presente diante da realização do fato jurídico da transferência do encargo do tributo. O direito ao crédito do montante do tributo que incidiu na operação anterior é, portanto, critério necessário e suficiente para divisar a repercussão meramente econômica da jurídica.

Em estreita síntese, a mera circunstância do sujeito arcar com o preço da mercadoria ou serviço, mesmo em operações plurifásicas, não é suficiente para se falar em repercussão jurídica do tributo. De igual forma, nem toda norma de não cumulatividade implica esta consequência jurídica. É necessário que esta regra contemple o direito de abater exatamente o montante do tributo que incidiu na etapa anterior da cadeia de circulação ou produção. Do contrário, o que se tem é mero direito de crédito, que não se confunde com translação do ônus tributário.

Neste ponto são muito precisas as lições de Geraldo Ataliba e Cleber Giardino, os quais chamam à atenção para a necessidade de não confundir não cumulatividade econômica com não cumulatividade jurídica:

> Não-cumulatividade econômica é noção totalmente diferente de não-cumulatividade jurídica. São conceitos radicalmente

ANDRÉA MEDRADO DARZÉ MINATEL

diversos, exatamente porque situados em universos que nem sequer se comunicam. A última é categoria construída e desenvolvida somente em função de critérios jurídicos.[277]

Hugo de Brito Machado perfilha do mesmo entendimento:

> Não se pode desconhecer a relevância jurídica da distinção entre a repercussão que se opera em face de autorização legal, daquela outra na qual se verifica a repercussão simplesmente em decorrência de circunstâncias econômicas. Para evidenciar a relevância jurídica dessa distinção basta o fato de que o preço do produto, fixado em um contrato de compra e venda, pode ser acrescido do tributo se a repercussão for autorizada por lei. O comprador não poderá recusar o acréscimo. Se, todavia, a repercussão não estiver autorizada por lei, o comprador não estará obrigado ao acréscimo.[278]

O que é inusitado perceber é que, a despeito de este autor fazer clara diferenciação entre repercussão jurídica e repercussão econômica, conclui que, nos tributos marcados pela não cumulatividade, a repercussão é invariavelmente econômica. Isso fica bem evidente na seguinte passagem:

> Em impostos como o IPI e o ICMS, o preço é ditado pelo mercado, e o imposto é ônus do vendedor, que em regra é o contribuinte desses impostos, nos termos da lei. A repercussão, quando acontece, é simplesmente econômica. Inaplicável, portanto o art. 166 do CTN, que somente incide nas hipóteses de repercussão jurídica.[279]

Ora, não se nega que a existência de norma determinando o destaque do tributo incidente na operação em documento fiscal não é suficiente para transmudar a repercussão

---

277. ATALIBA, Geraldo; GIARDINO, Cleber. ICM... cit., p. 111.

278. MACHADO, Hugo de Brito. Repetição do indébito. In: MARTINS, Ives Gandra da Silva (Coord.). Caderno de Pesquisas Tributárias n. 8. *Repetição do indébito tributário*. São Paulo: Coedição Centro de Estudos de Extensão Tributária; Resenha Tributária, p. 246, 1983.

279. MACHADO, Hugo de Brito. Apresentação e análise crítica... cit., p. 17.

RESTITUIÇÃO DO INDÉBITO TRIBUTÁRIO:
LEGITIMIDADE ATIVA NAS INCIDÊNCIAS INDIRETAS

econômica em jurídica.[280] O mesmo não se pode dizer, todavia, em relação às regras de não cumulatividade externa, já que, nessas situações, o tributo que incidiu na etapa anterior irá interferir juridicamente no tributo devido na etapa seguinte, justamente por força da existência de expressa previsão legal determinando o abatimento.

É essa regra – a não cumulatividade externa, exógena –, e não o mero destaque em documento fiscal, que juridiciza a repercussão econômica.[281] Afinal, é por força dela que o repasse do encargo do tributo que efetivamente incidiu na etapa anterior da cadeia passa a ser regulado pelo direito positivo e a propagar consequências jurídicas (direito ao crédito).

---

280. Também é isso que pensa Roque Antonio Carrazza: "com efeito, a repetição ou o aproveitamento de créditos deste imposto – dizem alguns – estariam submetidos à regra do art. 166 do CTN, pela simples razão de que o contribuinte de direito vê-se compelido, pela legislação vigente, a indicar no corpo da nota fiscal da operação ou prestação, o valor do tributo supostamente transferido (repassado) ao adquirente (contribuinte de fato). Trata-se, porém, de entendimento a nosso ver afrontoso ao bom direito e à própria noção de justiça, já que a predita indicação na nota fiscal, positivamente, não se presta a comprovar a transferência do encargo". (CARRAZZA, Roque Antônio. *ICMS*. 9. ed. São Paulo: Malheiros, 2002, p. 368).
Há, todavia, precedentes jurisprudenciais em sentido contrário:
"PROCESSUAL CIVIL. TRIBUTÁRIO. RECURSO ESPECIAL. PRINCÍPIO DO DUPLO GRAU DE JURISDIÇÃO. AUSÊNCIA DE PREQUESTIONAMENTO. INADMISSIBILIDADE. CONTRIBUIÇÃO PARA O FUNRURAL. TRIBUTO INDIRETO. REPETIÇÃO DE INDÉBITO. COOPERATIVA. LEGITIMIDADE. SUB -ROGAÇÃO. ART. 166 DO CTN. (...) 2. A contribuição para o FUNRURAL, através da técnica de desconto na nota fiscal do produtor quando da alienação do produto à cooperativa, caracteriza-se como exação indireta. (...)". (REsp 498.427/PR, Rel. Min. Luiz Fux, Primeira Turma, DJ 15/09/2003).

281. Paulo de Barros Carvalho, em trabalho inédito, esclarece que a repercussão pode dar-se de forma explícita (destaque em documento fiscal) ou não. Tudo vai depender das regras que estipulam os deveres instrumentais aplicáveis a cada tributo: "Esse reembolso pode dar-se de forma explícita ou não. Tem-se por explícita a repercussão jurídica do tributo quando, a exemplo do que ocorre no ICMS, o valor pago pelo substituto em decorrência do regime de substituição tributária for destacado na nota fiscal, de modo que o substituído, ao pagar o valor correspondente àquele documento fiscal, arca com o ônus tributário. Por outro lado, o reembolso pode ser implícito, ocorrendo quando o substituto tributário não tem o dever de consignar na nota fiscal o valor recolhido a título de substituição tributária, mas repassa o ônus do tributo ao substituído, quando da venda da mercadoria ou prestação do serviço tributado".

Vale ressaltar, todavia, que é totalmente oportuna a presente ressalva, especialmente diante do novel comando legal[282] que determina o destaque nas notas fiscais dos valores de todos os tributos que incidem sobre as mercadorias ou serviços consumidos. Fosse verdade que a mera previsão legal de destaque do valor do tributo em documento fiscal seria suficiente para configurar sua repercussão jurídica e teríamos que concluir que, atualmente, a quase integralidade dos pedidos de devolução dos indébitos tributários estaria submetida aos comandos do art. 166 do CTN, o que não se pode admitir.

Esse também é o entendimento de Jorge Sylvio Marquezi Junior, o qual pontua o seguinte:

> Não acreditamos, todavia, que a mera previsão para destaque do valor do tributo em documento fiscal seja a repercussão mencionada pelo ordenamento, isto pois, tal expediente não significa que o patrimônio de outrem está sendo atingido por previsão legal nestes tributos e em outros, em que não há esta exigência, não. Quando uma pessoa adquire uma mercadoria, produto ou serviço, havendo destaque em documento fiscal ou não, ela paga o preço para fruir daquele bem ou serviço, sendo que o valor pago deixa o seu patrimônio para integrar o patrimônio daquele que lhe forneceu o quanto desejado e o bem adquirido passa a integrar o patrimônio do adquirente. Ou seja, há uma relação jurídica em que há uma troca de propriedade, não significando que o patrimônio de um foi diminuído em função do patrimônio de outro. Somente há repercussão jurídica quando o patrimônio de uma pessoa é atingido pelo sujeito passivo da exação tributária, de forma autorizada pelo ordenamento e com a finalidade de efetuar o pagamento da referida exação. (...)
>
> Repercussão é, segundo acreditamos, a permissão do ordenamento para que o patrimônio de outrem seja efetivamente atingido para o pagamento do tributo, o que não está a cargo da

---

282. Lei nº 12.741/2012: "Art. 1º Emitidos por ocasião da venda ao consumidor de mercadorias e serviços, em todo território nacional, deverá constar, dos documentos fiscais ou equivalentes, a informação do valor aproximado correspondente à totalidade dos tributos federais, estaduais e municipais, cuja incidência influi na formação dos respectivos preços de venda".

RESTITUIÇÃO DO INDÉBITO TRIBUTÁRIO:
LEGITIMIDADE ATIVA NAS INCIDÊNCIAS INDIRETAS

norma jurídica que determina o cumprimento do dever instrumental de destaque.[283]

Acolhemos estas lições, porém com uma pequena ressalva. A despeito de ser recorrente na doutrina esta afirmação, entendemos que a não cumulatividade não atinge a capacidade contributiva do consumidor final.[284] Mesmo nesses casos, a tributação continua gravando a manifestação de riqueza denotada pela prática do fato tributário pelo contribuinte (ou pelo mero realizador do fato jurídico tributário nas situações de responsabilidade, por exemplo). Prova disso é que a base de cálculo do tributo permanece sendo o valor daquela operação tomada como hipótese de incidência tributária. A circunstância de tais quantias usualmente agregarem o preço da mercadoria em nada prejudica esta afirmação. A repercussão econômica não muda o "destinatário" do tributo ou, mais tecnicamente, não altera o objeto da tributação, que permanece sendo a manifestação de riqueza demonstrada pela realização do fato eleito pelo legislador, em observância à repartição constitucional da competência tributária. Em nosso sentir, o ponto central em se tratando restituição de tributos não cumulativos e que, portanto, merecia maior atenção, muito raras vezes é enfrentado. Não se atina para a questão de que, nessas hipóteses, autorizar o sujeito passivo da relação jurídica a pedir a devolução do tributo indevidamente pago gera, em regra, nova distorção no sistema. Com efeito, se aquele que pagou tributo sem fundamento de validade, a maior ou por erro, pede de volta o indébito e isso se verifica no meio da cadeia de circulação de bens, tem-se que o sujeito seguinte do elo terá se creditado de valor a maior ou simplesmente indevido.

---

283. MARQUEZI JUNIOR, Jorge Sylvio. Op. cit., p. 96.

284. Quanto a este ponto, Sacha Calmon Navarro Coêlho esclarece que "os impostos indiretos são feitos pelo legislador para repercutir nos contribuintes de fato, os verdadeiros possuidores de capacidade econômica (consumidores de bens, mercadorias e serviços) (...) Os agentes econômicos que atuam no circuito produção-circulação-consumo apenas adicionam, repassam o ônus financeiro do tributo para frente. É o que ocorre com o ICMS e o IPI". (COÊLHO, Sacha Calmon Navarro. *Curso de direito tributário brasileiro...* cit., p. 474).

Nessas situações, do nosso ponto de vista, muito mais importante do que ficar questionando se houve no plano pragmático repasse do ônus financeiro ou não é identificar qual seria a solução jurídica efetivamente capaz de evitar que novas distorções se propagassem na cadeia. Poderia o Fisco devolver a quem pagou indevidamente e depois cobrar a diferença relativa ao creditamento indevido? Simplesmente terá que conviver com esta "nova" consequência decorrente do pagamento indevido ou deve-se deslocar o sujeito legitimado a pleitear a devolução como forma de minimizar estes efeitos colaterais?

O que se vê, pois, é que mais do que constitucional, o art. 166 do CTN é instrumento necessário para evitar nova hipótese de enriquecimento ilícito, ou seja, de recebimento de valores sem fundamento jurídico. Isso, todavia, é claro, desde que sua aplicação se restrinja aos casos em que possa ocorrer o citado enriquecimento sem causa daquele que pede a repetição.

Assim, já é possível entrever a razão pela qual entendemos não ser possível falar legitimamente em transferência jurídica do ônus tributário nas operações que envolvam o consumidor final. Como a repercussão do encargo não implica, para esses específicos sujeitos, o surgimento do direito em questão ou de qualquer outro efeito tipicamente de direito positivo, a conclusão é única: o repasse que se opera nesses casos é exclusivamente financeiro, econômico.Aprofundaremos esta análise mais adiante, ao tratarmos especificamente do termo *terceiro* do art. 166 do CTN.

Desde já, todavia, mantenhamos firme a convicção de que apenas os casos de não cumulatividade externa, exógena, implicam a transferência jurídica do ônus tributário, e esta translação, para ser qualificada como um fenômeno de direito positivo, deve se operar entre contribuintes (ou responsáveis tributários), jamais com o consumidor final, não contribuinte.

RESTITUIÇÃO DO INDÉBITO TRIBUTÁRIO:
LEGITIMIDADE ATIVA NAS INCIDÊNCIAS INDIRETAS

3.4.1.2.b A regra de não cumulatividade aplicável à contribuição para o PIS e à COFINS: mais uma hipótese de repercussão jurídica?

A Constituição de 1988 atribuiu competência à União para instituir contribuições sociais (art. 149), especificando, no art. 195 e seus incisos, as hipóteses em que são permitidas as exigências de contribuições que objetivem o financiamento da seguridade social. Em sua redação original, a Carta Magna relacionava, dentre os possíveis sujeitos passivos dessa espécie de exação, os empregadores, tendo como base de cálculo a folha de salários, o faturamento e o lucro.

No exercício da competência que lhe foi conferida, o ente federal introduziu no ordenamento jurídico a Lei Complementar nº 70/91, criando a COFINS, cuja base de cálculo, nos termos do seu art. 2º, era *"(...) o faturamento mensal, assim considerada a receita bruta das vendas de mercadorias, de mercadorias e serviços e de serviço de qualquer natureza"*.

Além da faculdade constante no art. 195, o constituinte recepcionou expressamente a contribuição para o PIS, estabelecendo, no art. 239, que

> A arrecadação decorrente das contribuições para o Programa de Integração Social, criado pela Lei Complementar nº 7, de 7 de setembro de 1970, e para o Programa de Formação do Patrimônio do Servidor Público, criado pela Lei Complementar nº 8, de 3 de dezembro de 1970, passa, a partir da promulgação desta Constituição, a financiar, nos termos que a lei dispuser, o programa do seguro-desemprego e o abono de que trata o § 3º deste artigo.

Sendo a Contribuição ao PIS, nos termos do art. 3º da Lei Complementar nº 7/70, calculada com base no faturamento, passaram a existir, no sistema jurídico tributário, duas contribuições incidentes sobre esse mesmo fato: o PIS e a COFINS.

No dia 28.11.1998, por sua vez, foi publicada a Lei nº 9.718/98 (resultado da conversão da Medida Provisória nº

1.724/98), com a atrevida pretensão de adotar a receita total como materialidade da Contribuição ao PIS e da COFINS, data em que o rígido ordenamento constitucional vigente só admitia que a União tomasse o faturamento como base de incidência dessas contribuições. Relembre-se que, à época, ainda não havia sido processada a alteração no texto do art. 195, da Carta Magna, promovida pela Emenda Constitucional nº 20/98, haja vista que esta somente fora publicada em 16.12.1998, cronologia suficiente para demonstrar que não poderia a emenda retroagir ao mês anterior para salvar norma lá nascida, desprovida de sustentação constitucional.

A despeito disso, o que se viu naquele momento legislativo foi o flagrante alargamento da base de cálculo desses tributos. Antes incidentes apenas sobre o faturamento – entendido como a receita bruta decorrente da venda de mercadorias, de mercadorias e serviços e de serviço de qualquer natureza –, as malfadadas contribuições passaram a ter como base de cálculo a receita bruta total – que corresponde à integralidade dos ingressos financeiros definitivos que remuneram os negócios da pessoa jurídica, seja pela cessão onerosa e temporária de bens ou direitos, ou mesmo pelo exercício de esforço ou de atividade econômica na venda de bens ou serviços.[285]

Constatada a incompatibilidade vitanda da equiparação promovida pela Lei nº 9.718/98 – *faturamento = receita* – com a sistemática constitucional em vigor na data de sua publicação, o Supremo Tribunal Federal não tardou a declarar, em decisão plenária,[286] a inconstitucionalidade do § 1º do art. 3º

---

285. MINATEL, José Antonio. *Conteúdo do conceito de receita e regime jurídico para sua tributação.* São Paulo: MP, 2005. p. 123-125.

286. O Supremo Tribunal Federal, ao apreciar o Recurso Extraordinário nº 585.235, reconheceu a existência de repercussão geral e reafirmou a jurisprudência no sentido da inconstitucionalidade do § 1º do artigo 3º da Lei nº 9.718/98: "RECURSO. EXTRAORDINÁRIO. TRIBUTO. CONTRIBUIÇÃO SOCIAL. PIS. COFINS. ALARGAMENTO DA BASE DE CÁLCULO. ART. 3º, § 1º, DA LEI Nº 9.718/98. INCONSTITUCIONALIDADE. PRECEDENTES DO PLENÁRIO (RE nº 346.084/PR, Rel. Orig. Min. Ilmar Galvão, DJ de 1º.9.06; RE nºs 357.950/RS, 358.273/RS e 390.840/MG, Rel. Min. Marco Aurélio, DJ 15.8.06) Repercussão Geral do tema.

RESTITUIÇÃO DO INDÉBITO TRIBUTÁRIO:
LEGITIMIDADE ATIVA NAS INCIDÊNCIAS INDIRETAS

do referido diploma legal. Posteriormente, esse dispositivo foi revogado pela Lei nº 11.941/2009.

Na sequência, sob o argumento de que a contribuição para o PIS e a COFINS representavam elevado ônus econômico às cadeias industriais, comerciais e de serviços, uma vez que provocavam o indesejável efeito conhecido como "cascata", já que oneravam repetida e sobrepostamente todas as etapas de circulação de bens e prestação de serviços, implantou-se a sistemática não cumulativa para esses tributos, aplicáveis a determinadas receitas e/ou pessoas jurídicas. Nesse sentido, adveio a Medida Provisória nº 66, de 29.08.2002, convertida na Lei nº 10.637/2002, instituindo uma série de medidas destinadas a implementar, por meio da técnica da não cumulatividade[287] da Contribuição ao PIS, a tributação sobre o valor agregado.[288] Logo depois, foi editada a Medida Provisória nº

Reconhecimento pelo Plenário. Recurso improvido. É inconstitucional a ampliação da base de cálculo do PIS e da COFINS prevista no art. 3º, § 1º, da Lei nº 9.718/98".

287. Muitos doutrinadores questionam a adequação da aplicação do princípio da não cumulatividade sobre tributos que incidem sobre o faturamento ou a receita, por entenderem que a referida técnica somente seria apropriada para gravar os tributos que incidem sopre o consumo. Nesse sentido se manifesta Eric Castro e Silva: "O princípio da não-cumulatividade é oriundo e típico dos tributos cuja materialidade é o consumo de bens e serviços (coisas) consagrado nos tributos de valor agregado, nos quais, como o próprio nome indica, é possível aferir no valor total do bem ou serviço tributado o valor agregado a título de tributo, que, por isso, pode ser exatamente abatido na etapa posterior do ciclo econômico. Diferentemente, de uma forma geral, cujo exemplo mundial é o IVA Europeu, as contribuições sociais, de uma forma geral, e o PIS e a COFINS em especial, têm como sua materialidade não bens ou serviços (coisas), mas sim a obtenção de receita, o que, na visão dos economistas que estudam repercussão tributária, impede a efetiva apuração do montante de tributo incidente no valor total pago sobre um bem cuja venda gerou receita tributada por tais contribuições". (SILVA, Eric Castro e. Definição de "insumos" para fins de PIS e COFINS não cumulativos. *Revista Dialética de Direito Tributário* – RDDT, nº 170, p. 23-30, nov. 2009. p. 24).

288. Com efeito, foi esta a intenção externada pela Exposição de Motivos da Medida Provisória nº 66/2001: "(...) 2. A proposta, de plano, dá curso a uma ampla reestruturação na cobrança das contribuições sociais incidentes sobre o faturamento. Após a instituição da cobrança monofásica em vários setores da economia, o que se pretende, na forma desta Medida Provisória, é, gradualmente, proceder-se à introdução da cobrança em regime de valor agregado – inicialmente com o PIS/Pasep para, posteriormente, alcançar a Contribuição para o Financiamento da Seguridade Social (Cofins)".

ANDRÉA MEDRADO DARZÉ MINATEL

135, de 30.10.2003, convertida na Lei n° 10.833/2003, dispondo sobre a cobrança não cumulativa da COFINS, o que o legislador chamou de *"continuidade à reestruturação na cobrança das contribuições incidentes sobre o faturamento"*.[289]

Nos termos desses diplomas legais,[290] as bases de cálculo da Contribuição ao PIS e da COFINS não cumulativas continuaram a ser o *"faturamento mensal"*, todavia *"assim entendido como o total das receitas auferidas pela pessoa jurídica, independentemente de sua denominação ou classificação contábil"*. Prescreveu, ainda, o legislador que o total das receitas compreende *"a receita bruta da venda de bens e serviços nas operações em conta própria ou alheia e todas as demais receitas auferidas pela pessoa jurídica."*[291]

Por outro lado, esses mesmos diplomas legislativos outorgaram uma série de créditos, relativos a custos e algumas despesas incorridas no desempenho das atividades da pessoa jurídica, para a apuração dessas contribuições, cuja determinação é feita mediante a aplicação da mesma alíquota de

---

289. Como bem pontuou Marco Aurélio Greco, "o principal objetivo do legislador com a inserção da nova sistemática de apuração das contribuições sociais no ordenamento jurídico foi o de estimular a eficiência econômica, gerando condições para um crescimento mais acelerado da economia brasileira nos próximos anos". (GRECO, Marco Aurélio. Conceito de insumo à luz da legislação de PIS/COFINS. *Revista Fórum de Direito Tributário* – RFDT, n. 34, ano 6, Belo Horizonte, p. 9-30, jul./ago. 2008. p. 15).

290. Assinale-se que nada havia de inconstitucional em tais diplomas legais, tendo em vista que, a despeito de não haver autorização constitucional expressa à época, não se pode dizer que a Carta Magna vedasse a estipulação dessa técnica para evitar a superposição de cargas tributárias. Entretanto, para afastar eventuais questionamentos em torno da matéria, a Emenda Constitucional n° 42, de 19 de dezembro de 2003, alterou mais uma vez o artigo 195 da Constituição da República, para nele introduzir o parágrafo 12, que assim dispõe: "§ 12. A lei definirá os setores de atividade econômica para os quais as contribuições incidentes na forma dos incisos I, b; e IV do *caput*, serão não-cumulativas".

291. Ainda que efetivamente não tenha sido apenas este o objetivo da edição das Leis n. 10.637/2002 e 10.833/2003, parece evidente a deliberada intenção de ajustar a base de cálculo da Contribuição ao PIS e da COFINS às alterações processadas no art. 195 pela EC n° 20/1998. De fato, salta aos olhos a pretensão do legislador de, enfim, implementar o tão pretendido e atropelado alargamento da base de cálculo da Contribuição ao PIS e da COFINS.

RESTITUIÇÃO DO INDÉBITO TRIBUTÁRIO:
LEGITIMIDADE ATIVA NAS INCIDÊNCIAS INDIRETAS

débito da pessoa jurídica, sendo irrelevante para tal o valor do tributo que incidiu na etapa anterior da cadeia de circulação ou produção:

> Art. 3º Do valor apurado na forma do art. 2º a pessoa jurídica poderá descontar créditos calculados em relação a:
>
> I - bens adquiridos para revenda, exceto em relação às mercadorias e aos produtos referidos:
>
> a) nos incisos III do § 3º do art. 1º desta Lei; e
>
> b) nos §§ 1º e 1º-A do art. 2º desta Lei;
>
> II - bens e serviços, utilizados como insumo na prestação de serviços e na produção ou fabricação de bens ou produtos destinados à venda, inclusive combustíveis e lubrificantes, exceto em relação ao pagamento de que trata o art. 2º da Lei nº 10.485, de 3 de julho de 2002, devido pelo fabricante ou importador, ao concessionário, pela intermediação ou entrega dos veículos classificados nas posições 87.03 e 87.04 da TIPI;
>
> III - (VETADO)
>
> IV - aluguéis de prédios, máquinas e equipamentos, pagos a pessoa jurídica, utilizados nas atividades da empresa;
>
> V - valor das contraprestações de operações de arrendamento mercantil de pessoa jurídica, exceto de optante pelo Sistema Integrado de Pagamento de Impostos e Contribuições das Microempresas e das Empresas de Pequeno Porte - SIMPLES;
>
> VI - máquinas, equipamentos e outros bens incorporados ao ativo imobilizado, adquiridos ou fabricados para locação a terceiros, ou para utilização na produção de bens destinados à venda ou na prestação de serviços;
>
> VII - edificações e benfeitorias em imóveis de terceiros, quando o custo, inclusive de mão-de-obra, tenha sido suportado pela locatária;
>
> VIII - bens recebidos em devolução cuja receita de venda tenha integrado faturamento do mês ou de mês anterior, e tributada conforme o disposto nesta Lei;
>
> IX - energia elétrica e energia térmica, inclusive sob a forma de vapor, consumidas nos estabelecimentos da pessoa jurídica.

X - vale-transporte, vale-refeição ou vale-alimentação, fardamento ou uniforme fornecidos aos empregados por pessoa jurídica que explore as atividades de prestação de serviços de limpeza, conservação e manutenção.

XI - bens incorporados ao ativo intangível, adquiridos para utilização na produção de bens destinados a venda ou na prestação de serviços.

§ 1º O crédito será determinado mediante a aplicação da alíquota prevista no caput do art. 2º-desta Lei sobre o valor:

I - dos itens mencionados nos incisos I e II do caput, adquiridos no mês;

II - dos itens mencionados nos incisos IV, V e IX do caput, incorridos no mês;

III - dos encargos de depreciação e amortização dos bens mencionados nos incisos VI, VII e XI do caput, incorridos no mês;

IV - dos bens mencionados no inciso VIII do *caput*, devolvidos no mês.

Com efeito, no que toca essas contribuições sociais, a relação jurídica de direito ao crédito também nasce como eficácia do fato da aquisição de bens e serviços de pessoas jurídicas nacionais. Todavia, quanto à forma de cálculo do crédito, consiste na aplicação das mesmas alíquotas de saída – 1,65% e 7,6%, caso de trate de Contribuição ao PIS ou COFINS, respectivamente – independentemente dos custos ou despesas terem sido onerados por equivalente alíquota em etapa antecedente.

Em síntese: o montante do crédito não é aferido com base no tributo incidente na etapa anterior do ciclo econômico, mas a partir de uma alíquota previamente determinada – no caso, a mesma da saída –, aplicada sobre o valor da operação. Como decorrência disso, estando o adquirente de bens ou serviços sujeito ao regime não cumulativo do PIS e da COFINS, estará autorizado a descontar créditos calculados à alíquota 1,65% e 7,6%, respectivamente, em relação aos dispêndios relacionados pela lei, ainda que o fornecedor do bem ou serviço

RESTITUIÇÃO DO INDÉBITO TRIBUTÁRIO:
LEGITIMIDADE ATIVA NAS INCIDÊNCIAS INDIRETAS

seja onerado com alíquota diversa, como é o caso das pessoas jurídicas tributadas pelo Imposto sobre a Renda com base no lucro presumido ou dos optantes pelo SIMPLES, além das demais entidades relacionadas no art. 8º da Lei nº 10.637/2002 e art. 10 da Lei nº 10.833/2003.

Esse primeiro direcionamento já nos permite entrever que os referidos diplomas legais viabilizaram a instituição de técnica de não cumulatividade para a Contribuição ao PIS e para a COFINS bem distinta daquela que já existia na experiência brasileira.

Por conta disso, desenvolveu-se no ambiente fiscal a diferenciação[292] entre a não cumulatividade correspondente à exclusão da carga tributária anterior na apuração do tributo devido e a não cumulatividade resultante da concessão de créditos fiscais dissociados desse parâmetro. Em outras palavras, percebeu-se que, a partir de então, a técnica de não cumulatividade prestigiada pelo direito positivo brasileiro, ainda que se revele invariavelmente sob a forma subtrativa *imposto contra imposto*, passou a comportar duas subespécies: (i) a que leva em conta o tributo que efetivamente incidiu na operação anterior e (ii) aquela em que o crédito outorgado é determinado em função de parâmetros da própria operação de saída realizada pelo contribuinte.

De fato, analisando as Leis nºs 10.637/2002 e 10.833/2003, constata-se que a não cumulatividade que informa o regime jurídico da Contribuição ao PIS e da COFINS consubstancia-se na outorga de créditos fiscais, instrumentalizada pelo método

---

292. "Como se pode ver, o princípio norteador do regime não cumulativo está na lógica de, por um lado, submeter o contribuinte a substantiva majoração da alíquota das contribuições (de uma alíquota global de 3,65% para 9,25%) e, em contrapartida, facultar-lhe a tomada dos créditos previstos em lei. Consagra-se, assim, uma noção, ainda que bastante peculiar, de *não comutatividade*, que preconiza uma tributação incidente (ao menos idealmente) sobre o valor agravado a cada etapa da cadeia produtiva". (DIAS, Karem Jureidini. Aspectos Polêmicos da Contribuição ao Pis e da Cofins. In: MARTINS, Ives Gandra da Silva (Coord.). *Aspectos polêmicos do PIS-COFINS*. São Paulo: Coedição LEX; Magister, p. 225-246, 2013. p. 229).

ANDRÉA MEDRADO DARZÉ MINATEL

imposto contra imposto[293] *interno, endógeno* – já que leva em conta apenas aspectos da própria operação. Insistimos, neste método, a não cumulatividade é operacionalizada por meio da concessão de créditos fiscais[294] sobre algumas compras (custos e despesas) delimitadas pela lei, mas na mesma proporção da alíquota aplicável às vendas (receitas), sendo totalmente irrelevante a carga fiscal que efetivamente incidiu na etapa anterior. Trata-se, pois, de sistemática diversa daquela adotada em relação ao ICMS e ao IPI, em relação aos quais se aplica

---

293. Alguns precedentes jurisprudenciais discordam desse entendimento, defendendo que o método da não cumulatividade da Contribuição ao PIS e da COFINS seria base contra base: "TRIBUTÁRIO. E-PROC. PIS E COFINS. REGIME NÃO CUMULATIVO. RESTRIÇÕES AO APROVEITAMENTO DE CRÉDITOS. ABRANGÊNCIA DO TERMO 'INSUMOS'. 1. O regime não cumulativo das contribuições PIS e COFINS, ao contrário do que ocorre com o IPI e o ICMS, cuja sistemática encontra-se traçada no texto constitucional, foi relegado à disciplina infraconstitucional, conforme se extrai do disposto no art. 195, § 12, da Constituição Federal, operando-se não cumulatividade por meio de técnica de arrecadação que consiste na redução da base de cálculo da exação, mediante a incidência sobre a totalidade das receitas auferidas pela pessoa jurídica, independentemente de sua denominação ou classificação contábil (art. 1º das Leis n.º 10.637/02 e 10.833/03), permitidas certas deduções expressamente previstas na legislação (art. 3º das Leis n.º 10.637/02 e 10.833/03). 2. Da análise das Leis nº 10.637/02 e 10.833/03, verifica-se que o conceito de insumos, para fins de creditamento no regime não-cumulativo das contribuições PIS e COFINS por elas instituído, abrange os elementos que se relacionam diretamente à atividade fim da empresa, não abarcando todos os elementos da sua atividade. Acaso fosse esta a intenção, não teria o legislador se preocupado em especificar as situações que ensejam os descontos ou aproveitamento de créditos nos incisos dos dispositivos legais que regem a matéria, concentrando tudo numa só estipulação. 3. As IN SRF n.º 247/02 (quanto ao PIS) e 404/04 (quanto à COFINS), que vieram a explicitar o conceito de insumos, não padecem de qualquer ilegalidade, uma vez que mantiveram-se na linha traçada pelo legislador ordinário, cuja intenção foi a de considerar, para efeitos de creditamento, apenas os elementos aplicados diretamente na fabricação do bem ou na prestação do serviço, ou seja, somente aqueles específicos e vinculados à atividade fim do contribuinte, e não a todos os aspectos de sua atividade. 4. Sentença mantida". (TRF4, AC 5010427-13.2010.404.7100, Segunda Turma, Rel. p/ Ac. Roberto Pamplona, D.E. 09/12/2011).

294. "As Leis nºs 10.637 de 2003 e 10.833, de 2004 (...) em verdade criaram uma forma de não comutatividade correspondente a autêntica subvenção pública, que é a forma de atender os reclamos de política tributária estimuladora de setores empresariais, muito embora muitas vezes haja ai estímulo em alíquotas menores, do que alíquotas maiores, com técnicas mais sofisticadas de incentivos". (MARTINS, Ives Gandra da Silva. Aspectos polêmicos da contribuição ao Pis e da Cofins. In: MARTINS, Ives Gandra da Silva (Coord.). *Aspectos polêmicos do PIS-COFINS*. São Paulo: Coedição LEX; Magister, 2013. p. 21).

RESTITUIÇÃO DO INDÉBITO TRIBUTÁRIO:
LEGITIMIDADE ATIVA NAS INCIDÊNCIAS INDIRETAS

o método imposto contra imposto *externo, exógeno*, compensando-se o montante devido na saída (vendas) com o valor efetivamente cobrado por ocasião das entradas (compras).

A despeito de não ter se pronunciado diretamente sobre o tema, alguns acórdãos do Superior Tribunal de Justiça analisam de forma transversa a técnica da não cumulatividade da Contribuição ao PIS e da COFINS:

> RECURSO ESPECIAL. AGRAVO REGIMENTAL. TRIBUTÁRIO. IRPJ E CSLL. BASE DE CÁLCULO. ABATIMENTO DE CRÉDITOS DE PIS/COFINS DO REGIME NÃO CUMULATIVO. IMPOSSIBILIDADE. EXEGESE DO ART. 3º, §10, DA LEI N. 10.833/2003. 1. Os créditos escriturais de PIS e COFINS decorrentes do sistema não-cumulativo adotado pela Lei 10.833/03 não podem ser excluídos da base de cálculo do IRPJ e da CSLL por ausência de previsão legal expressa, sob pena de violação do art. 111 do CTN, segundo o qual as exclusões tributárias interpretam-se literalmente. 2. O art. 3º, § 10, da Lei 10.833/03 tem o objetivo específico de evitar a não-cumulatividade relativamente à contribuição ao PIS e à Cofins, nada interferindo na apuração do IRPJ e da CSLL, que estão submetidos a fatos geradores distintos e também a bases de cálculo diferenciadas. Precedentes. 3. Como os créditos não cumulativos de PIS e Cofins acrescem a receita da empresa, poderiam, em tese, ser tributados por essas contribuições, o que reduziria significativamente a abrangência do princípio da não cumulatividade, já que boa parte dos créditos auferidos na entrada seriam subtraídos na incidência tributária pela saída da mercadoria do estabelecimento. Justamente para evitar que a nova sistemática se transformasse em um *arremedo* ou mero simulacro de não-cumulatividade foi que o dispositivo deixou a salvo da incidência do PIS e da Cofins o próprio crédito escritural dessas contribuições gerado pela entrada do produto no estabelecimento, nada interferindo na apuração do IRPJ e da CSLL. 4. Agravo regimental não provido. (AgRg no REsp 1307519/SC, Rel. Min. Castro Meira, Segunda Turma, DJe 19/08/2013).

Pelo que foi exposto, resta evidente que o método da não cumulatividade aplicável à Contribuição ao PIS e à COFINS não pode ser qualificado como hipótese jurídica de transferência do respectivo encargo financeiro do tributo a um terceiro. Isso por uma razão singela, mas decisiva: nem toda

ANDRÉA MEDRADO DARZÉ MINATEL

compensação autorizada pela lei no valor devido a título de tributo equivale à repercussão jurídica tributária. Para que essa assertiva seja verdadeira, é necessário que o abatimento corresponda exatamente ao montante que incidiu na fase anterior da cadeia. De forma mais técnica, para que haja repercussão jurídica do tributo impõe-se que o direito ao crédito corresponda precisamente ao valor da dívida tributária devida por outrem, já que, somente assim, vislumbra-se a imputação de efeitos jurídicos típicos decorrentes do traspasse da carga tributária e, definitivamente, não é isso que ocorre em relação a essas específicas contribuições sociais.[295]

3.4.1.3 Demais situações: repercussão meramente econômica

Conforme ficou assentado, a repercussão jurídica, no direito positivo brasileiro, se verifica apenas em duas situações bem delimitadas, imprimindo-lhes, todavia, efeitos bem diferentes.

A primeira delas se dá quando a regra-matriz de incidência tributária elege, como sujeito passivo do tributo, pessoa diversa daquela que realiza o fato tributado e, em contrapartida, lhe outorga meios jurídicos para reter ou reembolsar daquele o tributo por ele pago a este título. Nesses casos, a repercussão se processa no próprio contexto do negócio jurídico de direito privado subjacente[296] à tributação e seu efeito

---

295. Marco Aurélio Greco chega à idêntica conclusão, partindo, todavia, de argumento distinto. Como já tivemos a oportunidade de esclarecer, para este autor, um dos requisitos necessários para a configuração da repercussão jurídica é a presença de uma dualidade de pessoas no fato gerador do tributo. Por conta disso e por entender que a hipótese de incidência da Contribuição ao PIS e da COFINS – auferir receita – é ato unipessoal, conclui que esses tributos não satisfazem os critérios adotados para identificar a existência de repercussão jurídica. (GRECO, Marco Aurélio. Repetição do indébito... cit., p. 286-287).

296. "Na figura do mal denominado 'tributo indevido' – pois se é indevido, não pode ser tributo – há duas relações bem nítidas e distintas, nas imposições tidas pelo direito econômico como indiretas, não obstante a crítica a essa classificação, apresentada pelos especialistas em direito tributário. A primeira é a relação que se coloca

229

RESTITUIÇÃO DO INDÉBITO TRIBUTÁRIO:
LEGITIMIDADE ATIVA NAS INCIDÊNCIAS INDIRETAS

consiste justamente na instituição de instrumentos para recompor o patrimônio do responsável tributário, momentaneamente desfalcado por conta do dever de pagar o tributo em face da realização do fato jurídico tributário por um terceiro.

Já a segunda, ocorre nas hipóteses de não cumulatividade, mas, apenas e tão somente, naquelas em que o direito ao crédito é determinado em função da carga tributária que incidiu na etapa anterior da cadeia de circulação ou produção. A repercussão aqui definida se verifica exclusivamente em relação ao IPI e ao ICMS, haja vista que, apenas nesses impostos, o constituinte optou pelo método *imposto contra imposto exógeno* da não cumulatividade. Seu efeito consiste, pois, na autorização para o contribuinte abater, do valor por ele devido a título desses impostos, justamente o montante devido na cadeia anterior e que para ele repercutiu juridicamente.

Fazendo súmula das consequências que decorrem da existência de norma de repercussão nessas duas situações, temos o seguinte quadro:

> ➢ 1º caso: regras de responsabilidade. A repercussão jurídica, nessas situações, autoriza o sujeito passivo da obrigação tributária a abater ou acrescer ao preço da relação negocial que mantém com o realizador do fato tributado, tomada como a própria hipótese de incidência da regra de responsabilidade, o valor do tributo a ser por ele (responsável) pago.

> ➢ 2º caso: não cumulatividade externa ou exógena. Nessas hipóteses, a repercussão não impacta dire-

---

entre os dois sujeitos em face da imposição tributária, a saber: o sujeito ativo, do art. 119, e os sujeitos passivos, do art. 121, ambos do CTN. A segunda, é uma outra relação, de natureza diversa e que se estabelece entre o sujeito passivo da relação tributária e o terceiro. A primeira é uma relação de direito público; a segunda é uma relação de direito privado. As duas relações são autônomas, regidas por princípios diferentes, com objetivos distintos e tendo polos também, em parte, diversos." (MARTINS, Ives Gandra. Repetição do indébito e compensação no direito tributário... cit., p. 170).

ANDRÉA MEDRADO DARZÉ MINATEL

tamente na relação jurídica de direito privado relativa à compra e venda de mercadorias ou produtos
industrializados ou, ainda, à prestação de serviços.
O efeito é outro. Consiste na autorização para que
o sujeito seguinte da cadeia, ao calcular o tributo
por ele devido, abata o valor que incidiu na etapa
anterior. Ou seja, seus efeitos ocorrem no próprio
contexto da tributação.

Assim, o que se verifica é que, enquanto no primeiro caso
a norma de repercussão afeta exclusivamente a relação de direito privado, no segundo caso atinge a própria relação tributária (só que na etapa seguinte).

Tecidos esses esclarecimentos, infere-se, com certa facilidade, que, quando o fato tributável, signo presuntivo de capacidade contributiva, é realizado pelo próprio sujeito passivo
do tributo e/ou inexiste instrumento jurídico que outorgue
direito subjetivo de compensar o valor equivalente ao tributo
que incidiu em outras etapas do ciclo produtivo, o que se verifica é que o eventual "ressarcimento" dessas quantias tem
natureza meramente econômica, decorrente da liberdade na
fixação do preço dos negócios de direito privado que celebra.
Isso por uma única razão: nos demais casos a repercussão
econômica não foi tomada como antecedente de norma jurídica, não propagando, por esta mesma razão, qualquer efeito
de direito positivo.

De fato, para fixar o preço do produto que comercializa
ou do serviço a prestar, o administrado, em regra, analisa todos os seus custos, diretos e indiretos, inclusive os fiscais, relativos à execução do objeto contratual. A dimensão da carga
tributária da atividade representa, nessas situações, apenas
um dos elementos de avaliação de resultados a serem obtidos
pelo particular, que, igualmente, impacta na elevação ou redução das vantagens e encargos assumidos pelo contratado.

Evidentemente que, não havendo norma de direito positivo imprimindo consequências jurídicas típicas a este repasse

RESTITUIÇÃO DO INDÉBITO TRIBUTÁRIO:
LEGITIMIDADE ATIVA NAS INCIDÊNCIAS INDIRETAS

da carga tributária no preço do negócio, ele será alvo de especulação exclusiva das Ciências Econômicas. É que os tributos que comportam, por sua natureza, transferência do respectivo encargo financeiro, definitivamente, não são aqueles que repercutem difusamente do ponto de vista econômico, como se dá com toda e qualquer exigência tributária.[297] "Tributo", nessas circunstâncias, é apenas o nome de uma parcela dentre outras que compõem o preço, mas não é paga, tampouco devida ou suportada juridicamente pelo terceiro.

O contribuinte que computa o tributo no custo ou o acrescenta no preço do bem ou serviço não, necessariamente, realiza repasse jurídico desse montante para a pessoa com quem contrata. Ao adimplir o objeto contratado, o terceiro paga, a princípio, exclusivamente seu preço. Apenas e tão somente quando haja previsão legal determinando a inclusão ou a exclusão do valor o tributo pago no preço do negócio – o que ocorre nos caso de responsabilidade por ato lícito – ou, ainda, autorizando que se abata diretamente do montante devido a título de tributo, aqueles valores que incidiram nas etapas anteriores da cadeia – o que se verifica em se tratando de tributos marcados pela não cumulatividade exógena – é que este fato deixa de pertencer exclusivamente ao mundo da economia, passando a ser também uma realidade jurídica.

---

297. Quanto a este ponto, esclarece Tarcísio Neviani que a transferibilidade é nota típica de todos os tributos: "Basta fazer um simples exercício microeconômico de formação de preços para chegar à convicção de que também os tributos ditos diretos (como o Imposto sobre a Renda, o Imposto Territorial ou Predial, o Imposto de Transmissão e Outros) podem ter o seu ônus inserido entre os custos de aquisição ou de produção do bem vendido ou do serviço prestado e, assim, terem os seus respectivos encargos financeiros transferidos a terceiros. Basta que uma atividade, em função da qual se paguem tributos, seja lucrativa, para se perceber que o lucro é o que sobra após o pagamento de todos os custos e encargos, inclusive os tributos de qualquer natureza. (...) A este respeito, cumpre lembrar a conclusão apresentada por Krzyzaniak e Musgrave de que há substanciais evidências de um alto grau de translação de curto prazo do imposto sobre a renda das pessoas jurídicas, o que retira toda validade científica à idéia de que os impostos diretos não se trasladam, idéia esta implícita a contrario sensu nas Súmulas nº 71 e nº 546 já mencionadas". (NEVIANI, Tarcisio. *Dos tributos indevidos, seus problemas, suas incertezas*. São Paulo: Resenha Tributária, 1983. p. 67-70).

ANDRÉA MEDRADO DARZÉ MINATEL

Não há possibilidade lógica de isso ocorrer sem que o repasse seja contemplado pela hipótese de alguma norma de direito positivo.

Quanto ao tema, esclarece Misabel Abreu Machado Derzi:

> Afirmar que tributos como o imposto de importação (II), o imposto sobre operações de circulação de mercadorias e serviços de transporte e comunicação (ICMS), o imposto sobre produtos industrializados (IPI), o imposto sobre serviços de qualquer natureza (ISS) ou a contribuição para o financiamento da seguridade social (Cofins) são repassados ao consumidor final e não podem ser suportados pela empresa, porque independem dos resultados da pessoa e integram o custo da atividade, é uma verdade econômica, que somente pode ser aferida segundo leis econômicas. O ordenamento jurídico, que não conflita com a realidade econômica, autoriza que tais tributos sejam transferidos, pelo mecanismo dos preços das mercadorias e serviços, aos consumidores. Inexistisse a transferência, logo o endividamento e a insolvência comprometeriam a saúde financeira de toda a atividade econômica. Mas essa afirmação, que é simplesmente econômica para a maior parte dos tributos que oneram a pessoa independentemente do resultado da atividade, no caso do ICMS e do IPI, ao contrário, encontra apoio jurídico da Constituição brasileira.[298]

As demais formas de repercussão têm natureza meramente econômica, não existindo para o direito positivo. Um funcionário, por exemplo, não pode questionar a validade da exigência de um tributo devido pelo seu empregador, alegando representar um custo excessivo para a empresa, o que, inclusive, põe em risco a manutenção do seu emprego. Da mesma forma, um sujeito que adquire, para o seu consumo, arroz, feijão, carne etc. não pode, legitimamente, ir a juízo requerer a devolução dos tributos incidentes sobre a cesta básica, a qual, eventualmente, passou a ser isenta, por deliberação do governo, mas que o supermercado, por erro, continuou recolhendo. Não importa, nesses casos, saber se há efetiva

---

298. DERZI, Misabel Abreu Machado. In: BALEEIRO, Aliomar. *Limitações constitucionais ao poder de tributar*. 21. ed. Atualizada por Misabel Abreu Machado Derzi. Rio de Janeiro: Forense, 2006, p. 336.

RESTITUIÇÃO DO INDÉBITO TRIBUTÁRIO:
LEGITIMIDADE ATIVA NAS INCIDÊNCIAS INDIRETAS

repercussão ou não do ônus financeiro do tributo, até porque ela refoge dos quadrantes do direito positivo. Não tem relevo, outrossim, tratar-se de ação de restituição, anulatória ou simplesmente declaratória, pois aquele que suporta apenas economicamente a incidência do tributo não tem relação jurídica com a Fazenda Pública de qualquer natureza, não possuindo direito de contra esta reclamar.

Facilmente se vislumbra a diferença entre essas duas espécies de repercussão quando se analisa a relação de prejudicialidade que ela mantém ou não com a existência do tributo. Com efeito, se for revogada toda a legislação do Imposto sobre a Renda, não será lícito à fonte pagadora reter qualquer quantia sobre os pagamentos que efetuar a seus funcionários, pois não mais existirá imposto a reter, ou seja, deixará de existir norma de repercussão jurídica. Da mesma forma, caso seja extinta a contribuição previdenciária sobre os rendimentos dos empregados e autônomos, não será juridicamente possível ao empregador descontar valores a esse título de seus prestadores de serviços, com ou sem vínculo empregatício. Em outras palavras, não é lícita a repercussão jurídica de tributo inexistente.

Já em se tratando de repercussão meramente econômica, o suposto "repasse" pode haver mesmo que não mais haja o tributo a transferir. Extinta ou reduzida a Contribuição ao PIS, um supermercado poderá vender seus produtos exatamente pelo mesmo preço que vinha praticando, ou até majorá-los. Revogada toda a legislação do Imposto sobre a Renda, médicos, advogados, contadores e demais profissionais liberais poderão exigir de seus clientes os mesmos honorários, ainda que seus custos tenham sido reduzidos. Não há relação de ordem jurídica entre o preço pago por quem sofre a incidência simplesmente econômica do tributo e a validade ou existência desse tributo. Não há, por conseguinte, um direito subjetivo de eximir-se do mesmo.

Nesse contexto, verifica-se que, para identificar se a repercussão de que se trata é econômica ou jurídica, é necessário

ANDRÉA MEDRADO DARZÉ MINATEL

averiguar a existência de norma de direito positivo, ostensiva ou não, disciplinando estes fatos e imprimindo-lhes efeitos jurídicos,[299] o que, na realidade brasileira atual, verifica-se apenas nos casos de (i) responsabilidade tributária por ato lícito e (ii) não cumulatividade exógena, em que o crédito é determinado em função do tributo que incidiu na etapa anterior da cadeia de circulação ou produção.

Cabe aqui mais um esclarecimento: em se tratando de repercussão jurídica do tributo, a relação que se estabelece entre o terceiro e o sujeito passivo tributário não é meramente de Direito Civil, mas, também, de direito público, mais especificamente, de Direito Tributário. Isso porque a repercussão do ônus do tributo surge nesses casos, ainda que não haja norma expressa nesse sentido, como condição de validade da própria escolha do sujeito que irá figurar como seu devedor (responsabilidade) ou, ainda, como critério para a definição da própria carga tributária (não cumulatividade). Assim, não se pode negar que, nessas hipóteses, a relação que se estabelece com o terceiro também é de Direito Tributário, na medida em que gera efeitos tributários típicos.

Como já esclarecemos, nessas específicas situações, o mesmo substrato fático é regido não só pela Economia, mas igualmente pelo Direito Tributário e pelo Direito Civil (no que toca propriamente à relação de compra e venda, de locação etc.), o que nos permite concluir tratar-se de hipóteses de repasse jurídico do encargo financeiro do tributo.

---

299. "(...) Não se pode confundir os conceitos de repercussão econômica e repercussão jurídica, visto que somente quanto a essa última tem aplicabilidade a regra inserta no artigo 166 do CTN. Com efeito, a identificação dos tributos que comportam por sua natureza a transferência do respectivo encargo financeiro dar-se-á com base em critérios normativos 'e não por meras circunstâncias econômicas que podem estar, ou não, presentes, sem que se disponha de um critério seguro para saber quando se deu, e quando não se deu, tal transferência'." (MACHADO, Hugo de Brito. *Curso de direito tributário*. São Paulo: Malheiros, 2001. p. 164). Recurso especial improvido. (REsp 328.003/RS, Rel. Min Franciulli Netto, Segunda Turma, DJ 06/09/2006).

RESTITUIÇÃO DO INDÉBITO TRIBUTÁRIO:
LEGITIMIDADE ATIVA NAS INCIDÊNCIAS INDIRETAS

Nas demais situações, o que se tem é mero repasse econômico, irrelevante juridicamente e, por esta mesma razão, insuficiente para legitimar a aplicação do art. 166 do CTN.[300]

3.4.2 Repercussão jurídica: a tradicional classificação dos tributos em diretos e indiretos

A classificação dos tributos em diretos e indiretos não é nova,[301] mas continua sendo alvo de muitas críticas por grande parte da doutrina, que a julga "totalmente falsa, impraticável e sem qualquer fundamento científico".[302-303] Sinteticamente, são dois os principais argumentos para rejeitar a presente distinção. O primeiro deles é o de que, a depender exclusivamente de fatores externos, contingenciais, todo tributo pode ter seu ônus transferido pelo contribuinte para um terceiro, mesmo aqueles usualmente tidos como diretos.[304] O segundo

---

300. Também nesse sentido conclui Eduardo Bottalo: "assim, como observação final de nosso trabalho podemos assentar que, fundamentalmente, a aplicação do art. 166 do CTN estará sempre na dependência do regime legal a que, in specie, o tributo a restituir estiver sujeito a este (regime legal) contemplar uma das modalidades de 'repercussão jurídica' acima indicadas, haverá campo para aplicação do dispositivo em pauta; caso contrário, não poderá o mesmo ser invocado" (BOTTALLO, Eduardo Domingos. Restituição de impostos indiretos. *Revista de Direito Público*, v. 5, n. 22, São Paulo, Revista dos Tribunais, 1972, p. 324).

301. Hector Villegas afirma que a classificação dos tributos em diretos e indiretos é a mais antiga no mundo ocidental. (VILLEGAS, Hector Belisario. *Curso de finanzas, derecho financiero y tributario*. 8. ed. Buenos Aires: Astrea, 2003. p. 161).

302. BECKER, Alfredo Augusto. Op. cit., p. 568.

303. "É classificação que nada tem de jurídica; seu critério é puramente econômico. Foi elaborada pela Ciência das Finanças, a partir da observação do fenômeno econômico da translação ou repercussão dos tributos. É critério de relevância em certos sistemas estrangeiros. No Brasil, não tem aplicação". (ATALIBA, Geraldo. *Hipótese de incidência tributária...* cit., p. 126).

304. "O mesmo tributo poderá ser direto ou indireto, conforme a técnica de incidência e até conforme as oscilações do mercado, ou a natureza da mercadoria ou a do ato tributado. Para não alongar essa verdade, reporto-me às lições de G. Jèze (Cours El Science Finances, p. 398/9), que uma das mais recentes obras leva ao título de maior financista da França neste século. À falta de um conceito legal, que seria obrigatório ainda que oposto à evidência da realidade dos fatos, o STF inclina-se

deles é o de que o *contribuinte de fato*, precisamente por não ser contribuinte (entendido como aquele que realiza o fato gerador e figura no polo passivo da relação tributária), suporta o ônus do tributo apenas sob a perspectiva econômica, o que seria suficiente para abstrair-lhe qualquer importância para o direito positivo. Por conta disso, pelejam os adeptos de ambas as correntes pelo reconhecimento da sua impropriedade e inaptidão para refletir o fenômeno jurídico. O problema é que, apesar da expressividade da doutrina que defende a sua irrelevância, a jurisprudência, há décadas, a toma como referência para identificar o correto regime jurídico a ser aplicado aos casos concretos de restituição do indébito tributário submetidos à sua análise. E não é só.

Como já tivemos a oportunidade de anunciar ao tratarmos especificamente da figura do responsável e da não cumulatividade exógena, o nosso ordenamento jurídico contém normas, inclusive constitucionais, que contemplam, de forma ostensiva ou meramente pressuposta, a repercussão do ônus tributário como requisito de validade para a própria instituição de tributos, com os contornos pretendidos pelo legislador.

Com efeito, analisando os principais textos que negam a presente classificação, nota-se, com evidência, que algumas perguntas ficam sem resposta. Por que mesmo os doutrinadores que diferenciam a repercussão jurídica da meramente econômica a repudiam com tanta veemência? Por que não aceitar a presente classificação apenas relativamente às situações em que há norma regulando a repercussão? Por que condená-la indistintamente, sob a alegação de que utiliza critérios de *discrímen* econômico, quando se sabe e se reconhece que existe critério jurídico, previsto na lei, suficiente para

---

aos conceitos econômico-financeiros baseados no fenômeno da incidência e repercussão dos tributos indiretos, no pressuposto errôneo, data vênia, de que, sempre, eles comportam transferência do ônus do contribuinte de jure para o contribuinte de facto. Então haveria locupletamento indébito daqueles às expensas deste, motivo pelo qual deveria ser recusada a repetição. É o suporte pretendidamente lógico da Súmula 71". (trecho do voto do Ministro Aliomar Baleeiro no RE nº 45.977/ES).

RESTITUIÇÃO DO INDÉBITO TRIBUTÁRIO:
LEGITIMIDADE ATIVA NAS INCIDÊNCIAS INDIRETAS

legitimá-la?

A conclusão a que se chega é que tal radicalismo não se sustenta. Como bem pontuou Aliomar Baleeiro,[305] a presente categorização não é nem mais nem menos imperfeita que tantas outras existentes e aceitas. De fato, analisando o direito positivo tributário brasileiro, constata-se que ele efetivamente comporta a presente distinção, desde que, por óbvio, sejam utilizados elementos, exclusivamente, jurídicos.[306] O problema, portanto, não está propriamente na classificação, mas na definição que se costuma atribuir a seus termos e ao enfoque que se dá à sua análise. Aliás, esta é grande questão em torno do presente tema, já que, na prática, o que se verifica é que muitos dos poucos juristas que sustentam a possibilidade de proceder a um exame estritamente dogmático dos tributos, terminam por misturar os planos econômico e jurídico.

Pois bem. Diversos são os critérios utilizados pelos doutrinadores, quer pátrios, quer estrangeiros, para proceder à presente classificação. O mais recorrente é o da presença da repercussão econômica do tributo; seguido do critério do tipo de lançamento a que o tributo está sujeito; da espécie de hipótese de incidência tributária; da circunstância de o fato gerador do tributo contemplar uma dualidade de sujeitos e; por fim, dos campos econômicos imponíveis. Isso sem falar nas propostas que reconhecem utilizar apenas dados econômicos como critério de *discrímen*.

É justamente este o desafio da presente investigação: utilizar dados exclusivamente jurídicos na classificação dos

---

305. BALEEIRO, Aliomar. *Uma introdução à ciência das finanças*. 16. ed. Atualizada por Dejalma Campos. Rio de Janeiro: Forense, 2006. p. 281.

306. Neste ponto, são muito precisas as lições de José Mörschbächer quando afirma que "tornar determinado imposto em direto ou indireto é atribuição exclusiva do Direito Tributário Positivo, vez que somente a este é reservado, conforme preceitua no caso brasileiro o art. 153, § 29, da Constituição (CF/88, art. 150, I), o poder de criar o imposto e, como consequência, estabelecer a regra tributação direta ou indiretamente sobre a pessoa cuja renda a hipótese de incidência seja fato-signo presuntivo". (MÖRSCHBÄCHER, José. *Repetição do indébito tributário indireto...* cit., p. 19).

238

tributos em diretos e indiretos. A despeito do que possa sugerir, não será levada em consideração a mera transferência do encargo econômico do tributo, mas apenas este mesmo evento quando tomado pelo direito positivo como hipótese para a imputação de consequências jurídicas. Proceder-se-á a análise apenas da compostura interna do sistema, identificando a presença de normas gerais e abstratas que imputam a esta realidade efeitos jurídicos, seja por autorizar o terceiro a incluir ou abater o valor por ele pago (ou a pagar) a título de tributo do preço da relação de direito privado que mantém com realizador do fato tributário, seja, ainda, por permitir o sujeito passivo do tributo a abater do seu débito tributário o montante que incidiu em outros elos da cadeia.

É com base nessas premissas que analisaremos, a seguir, a classificação dos tributos em diretos e indiretos. Antes, porém, vejamos, ainda que de revista, o que diz cada uma das teorias acima relacionadas, com a tarefa de identificar os motivos pelos quais entendemos que elas não se ajustam à realidade brasileira.

3.4.2.1 Propostas teóricas de classificação dos tributos em diretos e indiretos

3.4.2.1.a A teoria fisiocrática

As primeiras classificações dos tributos em diretos e em indiretos vieram das Ciências Econômicas e Financeiras.[307]

---

307. Stuart Mill, ao enfrentar o tema em sua obra *Princípios de Economia Política* (1848), é contundente: "um imposto direto é aquele cobrado exatamente das pessoas que se tenciona ou se deseja que o paguem. Impostos indiretos são aqueles que são cobrados de uma pessoa, na expectativa ou com a intenção de que esta se indenize à custa de outra, tal como o imposto de consumo ou as taxas alfandegárias. O produtor ou o importador de uma mercadoria é intimado a pagar um imposto sobre esta, não com a intenção de cobrar dele uma contribuição especial, mas com a intenção de taxar, por seu intermédio, os consumidores da mercadoria, dos quais, como se supõe, ele recuperará o montante, aumentando o preço da mesma". (MILL, John Stuart. *Princípios de economia política*. Com algumas de suas aplicações à

RESTITUIÇÃO DO INDÉBITO TRIBUTÁRIO:
LEGITIMIDADE ATIVA NAS INCIDÊNCIAS INDIRETAS

Sua divulgação, todavia, coube aos fisiocratas,[308] que assim definiam os seus termos: (i) *tributos diretos* são aqueles nos quais o ônus do tributo não é economicamente transferido ao consumidor final dos produtos e serviços, sendo suportado pelo próprio contribuinte; e (ii) *tributos indiretos* são aqueles que têm o seu encargo repassado a terceiros, posto que integram o preço das mercadorias ou serviços vendidos pelo contribuinte.

André Mendes Moreira lembra, com muita acuidade, que os adeptos desta teoria, ao sustentar que toda riqueza provinha da terra, "apregoavam que os tributos diretos seriam aqueles recolhidos pelo proprietário rural".[309] Já os indiretos "traduziam-se em três modalidades: os pagos pelos agricultores (não proprietários); os incidentes sobre os lucros obtidos com o capital e a indústria; e, por fim, a tributação sobre as *commodities* vendidas ou consumidas".[310] Assim, tributo indireto correspondia a toda incidência fiscal, exceto aquelas suportadas diretamente pelo dono da terra, quando ter-se-iam tributos diretos.

Como desdobramento desta distinção, identificou-se outra dicotomia: o *contribuinte de jure* e o *contribuinte de facto*. O primeiro deles corresponde à pessoa que figura no polo passivo da relação jurídica tributária; é quem tem a efetiva obrigação de levar dinheiro aos cofres públicos. O segundo deles, por sua vez, é aquele que, a despeito de não manter qualquer relação com o Fisco, suporta em definitivo o encargo

---

filosofia social. v. 2. Tradução de Luiz João Baraúna. São Paulo: Nova Cultural, 1996. p. 395).

308. Os fisiocratas entendiam que a classe agricultora era a verdadeira produtora de riquezas, gravitando a classe urbana (por eles intitulada de classe "estéril") e a dos proprietários de terras em torno da única classe produtiva (a dos agricultores). García Belsunce atribui aos fisiocratas, liderados por François Quesnay, o mérito de ter estudado a Economia como um sistema pela primeira vez na história dessa ciência. (GARCÍA BELSUNCE, Horacio A. *El concepto de crédito en la doctrina y en el derecho tributario*. Buenos Aires: Depalma, 1967. p. 10).

309. MOREIRA, André Mendes. Op. cit., p. 11.

310. Idem, ibidem.

econômico do tributo, a ele transferido pelo *contribuinte de jure*.

Não é necessário maior esforço para concluir que a presente corrente teórica se utiliza exclusivamente de critérios econômicos e pré-jurídicos, não servindo, pois, aos propósitos de uma análise estritamente dogmática. Como vimos insistindo ao longo desta investigação, não é possível simplesmente incorporar categorias de outras Ciências, aplicando-as, sem a devida "tradução", à realidade jurídica. Este trabalho requer cautela e, antes tudo, verdadeira tarefa de adaptação à racionalidade do sistema de direito positivo. E não só, exige que se certifique se o substrato fático que se está analisando corresponde ao antecedente de normas direito positivo. Afinal, somente assim será legítimo atribuir-lhe natureza jurídica.

Ao tratar especificamente deste tema Paulo de Barros Carvalho, em trabalho inédito, explica:

> Vê-se que se tratava de perfil mais econômico do que jurídico, certamente pela influência desagregadora que a Ciência das Finanças provocava no desenvolvimento do raciocínio jurídico. É, não resta dúvida, um ângulo de consideração do fenômeno. Outro será, entretanto, o jurídico, complementar ao primeiro e a todos os demais, na descritividade das alterações por que passam as relações sociais, com a percussão das regras do direito na plataforma das condutas intersubjetivas.

Não bastasse isso, sequer é possível afirmar que a presente classificação seja útil sob a própria perspectiva econômica, afinal todos os tributos têm a potencialidade de repercutir economicamente.[311-312] Tudo dependerá da relação entre a

---

311. O próprio Stuart Mill, após apresentar os critérios para a classificação dos tributos em diretos e indiretos, reconhece que o imposto de renda, embora em geral considerado direto, pode, especialmente quando tem por sujeito um produtor ou comerciante, implicar o aumento de preços e, nessa condição, a respectiva transferência de seu ônus a terceiros. (MILL, John Stuart. Op. cit., p. 396).

312. "A influência das circunstâncias do mercado (monopólio, livre concorrência), aliada à rigidez ou elasticidade da procura do objeto da tributação, a sua perecibilidade ou durabilidade, bem como a constância ou sazonalidade da venda e, ainda, os

elasticidade-preço da demanda e a elasticidade-preço da oferta, fatores que podem fazer com que o tributo incidente sobre o consumo onere economicamente o produtor ou consumidor, pouco importando quem é seu sujeito passivo do ponto de vista jurídico.

3.4.2.1.b A teoria da contabilidade nacional

Os partidários da teoria da contabilidade nacional defendem, por sua vez, que *tributo indireto* deveria ser visto apenas como um componente do preço das mercadorias ou serviços, o qual, nesta qualidade, seria repassado pelo vendedor ou prestador a terceiros. De outra parte, *tributos diretos* seriam custos suportados pelos próprios agentes econômicos.

Como bem pontuado por André Mendes Moreira,[313] a denominação dessa corrente de pensamento, *"teoria da contabilidade nacional"* derivaria do fato de a Ciência Contábil, para calcular o produto nacional[314] dos países, acrescer ao valor dos bens produzidos o montante dos impostos indiretos, por serem tributos que – consoante o critério em análise – se agregam aos preços. Por outro lado, os tributos indiretos devem ser excluídos ao se calcular a renda nacional, na medida em que esta corresponde aos valores pagos aos agentes produtores para remunerar as riquezas produzidas em determinado período de tempo. Como os tributos indiretos não são

---

efeitos das leis de rendimentos constantes, crescentes ou decrescentes, sem falar da especificidade da incidência de alguns tributos são muito mais relevantes para determinar ou não o fenômeno da repercussão. Todos eles são elementos que interferem mais no preço do que o próprio tributo. Tudo, enfim, é uma questão de preço, sendo a única lei aplicável a da oferta e da procura. [...] Por conseguinte, trata-se de constatação alheia aos fins do Direito, afeta exclusivamente que está ao campo da Economia." (FERNANDES, Luiz Dias. Op. cit., p. 42-43).

313. MOREIRA, André Mendes. Op. cit., p. 13.

314. "Produto Nacional corresponde ao valor de todos os bens e serviços finais produzidos na economia em determinado período." (WONNACOT, Paul; WONNACOT, Ronald. Introdução à economia. Tradução de Yeda Crusius e de Carlos Augusto Crusius. São Paulo: McGraw-Hill do Brasil, 1985. p. 87).

suportados pelos *contribuintes de jure*, não devem ser considerados no cálculo da renda nacional.

Esta corrente de pensamento incorre, todavia, nos mesmos equívocos da teoria dos fisiocratas. De fato, mesmo num sistema de controle oficial de preços, o que, por si só, já seria utópico no contexto atual, o custo tributo (seja ele direto ou indireto) é usualmente considerado no preço de venda das mercadorias ou serviços. Assim, nota-se que é desprovido de qualquer validade jurídica pretender definir os tributos indiretos tomando-se como parâmetro uma suposta particularidade, característica, que, no fundo, é comum a todo e qualquer tributo. Por conseguinte, também aqui não se pode falar no emprego de um critério de *discrímen* estável e seguro, o que seria essencial para legitimar a presente ou qualquer outra classificação.

3.4.2.1.c A teoria da capacidade contributiva

Para esta corrente de pensamento, *tributo direto* é definido como aquele que se dirige às manifestações imediatas de capacidade contributiva, as quais corresponderiam justamente ao patrimônio e à renda dos administrados. Por outro lado, *tributo indireto* seria aquele que atinge fatos que apenas mediatamente denotam capacidade contributiva, a exemplo dos negócios jurídicos de compra e venda de mercadorias ou de prestação de serviços.[315]

Diferentemente das teorias anteriores, o ponto nuclear para a presente distinção não está na verificação do repasse do encargo financeiro do tributo para um terceiro. Pelo

---

315. "O imposto direto gradua diretamente o débito de um contribuinte de acordo com a sua capacidade contributiva, como no caso do Imposto de Renda. O imposto indireto se desvincula da capacidade contributiva e junge a obrigação de pagar o tributo a um outro dado, como por exemplo, o consumo no IPI e a circulação econômica no imposto estadual de circulação de mercadorias." (CAMPOS, Dejalma de. *Repetição do indébito e compensação tributária...* cit., p. 117).

RESTITUIÇÃO DO INDÉBITO TRIBUTÁRIO:
LEGITIMIDADE ATIVA NAS INCIDÊNCIAS INDIRETAS

contrário, tal particularidade seria completamente irrelevante. A pedra de toque aqui é a forma (mediata ou imediata) da manifestação de riqueza passível de sofrer a percussão tributária: (i) *tributos diretos* incidem sobre a riqueza estática (patrimônio) ou o acréscimo patrimonial (renda); e (ii) *tributos indiretos* incidem sobre o consumo da riqueza (compra de mercadorias ou serviços) ou sobre a sua transferência (venda de imóveis).

É o que defende, dentre outros, José Juan Ferreiro Lapatza:

> Normalmente, o legislador tentará estabelecer impostos sobre quem possa pagá-los, sobre quem tenha capacidade econômica para suportá-los. A capacidade econômica de um indivíduo depende de sua riqueza, e esta se evidencia direta ou indiretamente pela posse de um patrimônio ou pela obtenção de uma renda. Os impostos que incidem sobre a renda e o patrimônio são, neste sentido, impostos diretos, já que gravam a riqueza em si mesma, direta e imediatamente considerada. Mas a riqueza de um indivíduo pode se manifestar indiretamente através de sua utilização; e sobre esta utilização pode incidir um imposto. Os impostos indiretos têm por objeto exatamente as manifestações indiretas de capacidade econômica, como a circulação ou o consumo da riqueza.[316]

A presente teoria foi alvo de censura por José Casalta Nabais,[317] importante expoente da doutrina portuguesa. Segundo o autor, o parâmetro de *discrímen* utilizado é superficial e se encontra em desuso nas legislações tributárias contemporâneas.

Ferreiro Lapatza,[318] insurgindo-se contra estas críticas, defende que esse critério, além de apropriado, é usual até os

---

316. LAPATZA, José Juan Ferreiro. *Direito tributário*: teoria geral do tributo. Barueri: Manole; Madrid: Marcial Pons, 2007. p. 165.

317. NABAIS, José Casalta. *Direito fiscal*. 2. ed. Coimbra: Almedina, 2004, p. 41.

318. LAPATZA, José Juan Ferreiro. *Curso de derecho financiero español*. 12. ed. Madrid: Marcial Pons, 1990. p. 354-392.

dias atuais no sistema jurídico espanhol. Segundo o jurista catalão, analisando o direito positivo de seu país, conclui-se que há tributos, como o Imposto sobre a Renda das Pessoas Físicas, o Imposto sobre Sociedades, o Imposto Extraordinário sobre o Patrimônio das Pessoas Físicas e o Imposto sobre Sucessões e Doações, por exemplo, que gravam a riqueza em si mesma, diretamente considerada. Da mesma forma, esclarece que há outros, como o Imposto sobre Transmissões Patrimoniais e Atos Jurídicos Documentados, o Imposto sobre o Valor Agregado, os Impostos Aduaneiros das Comunidades Autônomas e das Entidades Locais, que atingem apenas as manifestações indiretas da capacidade contributiva. Por conta disso, conclui que a presente teoria seria adequada e apta a refletir a realidade do Direito espanhol, mesmo na atualidade.

Essas lições foram acompanhadas, na doutrina nacional, por Ruy Barbosa Nogueira.[319] Todavia, este jurista ficou praticamente isolado nesta posição, tendo em vista que o Código Tributário Nacional, inquestionavelmente, adotou critério diverso para a classificação dos tributos (arts. 4º e 5º).

Com o devido respeito que merecem esses autores, ousamos discordar desse posicionamento. A despeito do que a denominação desta teoria possa sugerir, ela é igualmente desprovida de relevância jurídica, na medida em que usa critérios meramente econômicos.

Ora, como vimos defendendo ao longo deste trabalho, a adequada formulação de uma teoria classificatória das espécies de tributos deve se valer exclusivamente de elementos de direito positivo, especialmente quando se constata que ela é definitiva para a identificação do correto regime jurídico a ser aplicado na devolução do indébito tributário. Definitivamente, não nos parece ser o caso da presente proposta.

Assim, concluímos que também os critérios apresentados

---

319. NOGUEIRA, Ruy Barbosa. *Curso de direito tributário*. 14. ed. São Paulo: Saraiva, 1995. p. 163.

RESTITUIÇÃO DO INDÉBITO TRIBUTÁRIO:
LEGITIMIDADE ATIVA NAS INCIDÊNCIAS INDIRETAS

por esta teoria não podem ser validamente utilizados por aqueles que pretendem sustentar a dicotomia tributos *diretos x indiretos*, sob um ponto de vista jurídico.

3.4.2.1.d A teoria do lançamento

Sob a perspectiva dessa proposta teorética, *tributos diretos* seriam aqueles cuja arrecadação dependesse de lançamento e *tributos indiretos*, a *contrario sensu*, os que dispensassem a presença desse ato administrativo para a realização do seu pagamento.

A presente teoria foi proposta por Otto Mayer, o qual sustentava, categoricamente, que distinguir duas classes de tributos tomando como critério o fato de serem arrecadados mediante ato administrativo de lançamento ou por pagamento direto do contribuinte, "até certo ponto, coincide com a classificação que se costuma fazer em impostos diretos e indiretos".[320]

Este posicionamento foi acompanhado por Alberto Pinheiro Xavier, o qual defendia que

> (...) certos tipos de impostos não preveem, ou não preveem necessariamente, a realização por parte de um órgão da Administração de um ato que em concreto fixe a existência e o quantitativo da prestação tributária individualmente devida. É o que se passa em geral com os impostos indiretos, como o imposto do selo, o imposto de transações.[321]

Não se nega que a correspondência entre os tributos não sujeitos ao lançamento de ofício e os tributos indiretos é significativa, mas não se pode falar em regra geral,[322] o que, por si só, fragiliza a presente classificação. Afinal, o fator de *discrímen* utilizado não é estável

---

320. MAYER, Otto. *Derecho Administrativo Alemán*. t. II. Traduzido para o espanhol por Horacio H. Heredia e Ernesto Krotoschin. Editorial Depalma, 1950. p. 208-210.

321. XAVIER, Alberto Pinheiro. *Conceito e natureza do acto tributário*. Coimbra: Almedina, 1972. p. 51.

322. O Imposto sobre a Renda seria um exemplo de exceção.

ANDRÉA MEDRADO DARZÉ MINATEL

ou seguro. Além disso, a presente teoria peca por não apresentar qualquer critério cientificamente válido para justificar tal paralelo. De fato, fica inexplicado o fundamento que conduz à conclusão proposta.

Mas não é só. Como já tivemos a oportunidade de anotar, a quase totalidade dos tributos hoje existentes no Brasil, e não diferente em todo o mundo, é constituída mediante ato do administrado, o que compromete a própria utilidade desta teoria. Por outro lado, sabe-se que, diante da sua inércia na confecção do ato de constituição do crédito tributário, compete ao Poder Público sanar essa omissão, emitindo o ato de lançamento de ofício. Assim, em situações como esta, um tributo originalmente indireto (IPI e ICMS) se transmudaria em direto pela simples omissão do particular? Não nos parece que meros atos acidentais, da esfera dos administrados, sejam suficientes para alterar a natureza jurídica de um tributo. Daí os motivos de essa corrente não contar com muitos adeptos.

Assim, o que se vê é que a teoria do lançamento limita-se a destacar um elemento formal para diferenciar os tributos, sem, contudo, analisar a sua específica natureza.

3.4.2.1.e A teoria do cadastro administrativo ou do rol nominativo

Para o critério do rol nominativo, *tributos diretos* seriam aqueles nos quais os dados do contribuinte e dos seus bens passíveis de tributação constariam de um cadastro público, a que teria acesso a autoridade administrativa. Já os *indiretos*, não seriam cobrados com base nesse cadastro, mas quando o contribuinte realizasse atos outros, igualmente contemplados como hipóteses de incidência tributária, tais como a prestação de serviços, a compra e venda de mercadorias etc.[323]

---

323. Antonio Berliri foi um dos maiores defensores desta teoria. Para ele, a legislação italiana efetivamente havia adotado essa fórmula para distinção dos tributos em diretos e indiretos. (BERLIRI, Antonio. *Corso istituzionale di diritto tributario.* Milano: Giuffrè, 1965. p. 55).

RESTITUIÇÃO DO INDÉBITO TRIBUTÁRIO:
LEGITIMIDADE ATIVA NAS INCIDÊNCIAS INDIRETAS

Ao tratar da presente classificação, André Mendes Moreira pontuou:

> Os impostos sobre a propriedade eram – e alguns ainda são – exemplos de tributos diretos exigidos com base no cadastro administrativo. A Administração Tributária oficiava os contribuintes cadastrados, notificando-os acerca do valor a pagar. Como os órgãos efetivamente mantinham um cadastro individual dos contribuintes para esse tipo de exação, de fato o rol nominativo era uma característica formal comum aos impostos sobre a propriedade. Transplantando para os dias de hoje a classificação, temos como exemplo dessa modalidade de tributo o IPVA: a Administração Tributária possui em seu banco de dados as informações sobre cada um dos veículos automotores em circulação e seus respectivos proprietários; com base no valor venal dos automóveis, o imposto é lançado pelo Executivo e o contribuinte-proprietário é informado do montante que deve pagar – tributo direto, portanto, haja vista ser cobrado com base no rôle nominatif.[324]

Assim como a anterior, a presente teoria confere maior importância aos aspectos formais para a constituição do crédito tributário do que ao tributo em si. Por conta disso, não nos parece que este critério de *discrímen* sirva aos propósitos de uma análise estritamente dogmática.

Além disso, as mesmas críticas opostas à teoria do lançamento também se lhe aplicam. Afinal, o presente critério peca igualmente por ficar à mercê de aspectos contingenciais, como a mera alteração de formalidades exigidas pelo Fisco ao contribuinte, e se mostra de pouca utilidade, tendo em vista que, atualmente, a quase totalidade dos tributos é paga sem que haja qualquer interferência estatal, quiçá a necessidade de acesso a cadastros do Poder Público.

---

324. MOREIRA, André Mendes. Op. cit., p. 19.

ANDRÉA MEDRADO DARZÉ MINATEL

3.4.2.1.f A teoria da natureza do fato gerador

Por este critério, *diretos* são os tributos cujas hipóteses de incidência se referem a situações permanentes no tempo – como a propriedade de um imóvel – ou, no mínimo, duradouras, que se desdobram em intervalos maiores ou menores de tempo – tais como o exercício de profissão que gere rendimentos. A seu turno, *tributos indiretos* são os que gravam fatos instantâneos, que se verificam e se esgotam em determinada unidade de tempo, a exemplo da prestação de serviços, a importação de produtos, dentre outros.

A classificação seduziu logo os especialistas, pela facilidade de enquadramento das figuras tributárias numa dessas categorias. Tomando como referência nosso sistema jurídico, o IPI, o ICMS e o Imposto de Importação, por exemplo, seriam casos de fatos geradores instantâneos e, por conseguinte, tributos indiretos, enquanto que o IPTU, o ITR e o IR entrariam como fatos continuados, sendo, pois, classificados como tributos diretos.

Diversamente das duas classificações anteriores (cadastro administrativo e lançamento), que foram logo taxadas de ineficazes por cometer erro metodológico grave – prender-se mais à forma do que à essência dos tributos – e por não possuírem aplicação prática nos dias atuais, a presente teoria conquistou a simpatia da doutrina[325] dos mais diversos sistemas jurídicos.

---

325. A presente teoria foi incialmente proposta por Alfred De Foville, o qual sustentava, com veemência que, para saber se um tributo é direto ou indireto, deve-se necessariamente analisar a conduta que implica o dever de pagá-lo. (DE FOVILLE, Alfred. *La Monnaie*. Charleston: Biblio Bazaar, 2008). No Brasil, os maiores entusiastas desta teoria foram Rubens Gomes de Souza (SOUZA, Rubens Gomes de. *Compêndio de legislação tributária*. Op. cit., 170) e Amílcar Falcão (FALCÃO, Amílcar de Araújo. *Fato gerador da obrigação tributária*, 2. ed. Atualizado por Geraldo Ataliba. São Paulo: Revista dos Tribunais, 1971. p. 137). Achille Donato Giannini, também em seu país, defendeu a prevalência do presente critério na classificação dos tributos. (GIANNINI, Achille Donato. *I concetti fondamentali del diritto tributario*. Torino: Torinese, 1956. p. 83-84).

RESTITUIÇÃO DO INDÉBITO TRIBUTÁRIO:
LEGITIMIDADE ATIVA NAS INCIDÊNCIAS INDIRETAS

Como bem lembrou André Mendes Moreira,[326] prova disso é que a Liga das Nações, ao final da I Guerra Mundial, propôs que os impostos a serem adotados pelos países se dividissem em diretos (incidentes sobre a propriedade e a renda) e indiretos (que gravassem a produção, a utilização e as transações econômicas) – exatamente nos termos em que De Foville, percussor desta teoria, propusera meio século antes. Aliás, o próprio Tratado de Roma, em seus arts. 92 e 93, opera a distinção entre tributos diretos e indiretos com base na teoria do fato tributável.[327]

Em que pese a autoridade dos juristas que a defendem, ousamos discordar, pelas próprias premissas desse estilo classificatório, vazias de sentido e que implicam em seus próprios termos. Isso porque todo e qualquer fato é instantâneo, acontece em certas condições de espaço e de tempo. Ainda que indiretamente se refira a uma situação duradoura, enquanto fato, aflora no mundo propagando seus efeitos apenas em determinado instante.

Sobre o tema, são muito precisas as lições de Paulo de Barros Carvalho:

> Ficaria bem reconhecer, em obséquio à lógica das proposições jurídico-descritivas, que a classificação engendrada por estudiosos estrangeiros e, com grande açodo, trazida para informar nossas instituições tributárias, é vazia de conteúdo e se implica nos próprios termos. A pressa se mostra pela incorporação de palavra alóctone, quando temos similar nacional, parecendo não ter havido tempo suficiente para traduzi-la. Inobstante essa

---

326. MOREIRA, André Mendes. Op. cit., p. 19.

327. José Casalta Nabais, ao analisar o Tratado de Roma (Tratado CE), especificamente seus arts. 92 e 93, conclui que a referência à tributação indireta contida nos dispositivos tem sido utilizada pelos Estados-membros da Comunidade para harmonizar a tributação sobre o consumo, notadamente o IVA (Imposto sobre Valor Agregado) e os impostos especiais (típicos dos países europeus, que buscam tributar, de forma diferenciada, bebidas alcoólicas, tabaco e derivados de petróleo). Afirma o Professor de Coimbra que o Tratado da Comunidade Europeia adotou a imposição indireta como sinônimo de tributação sobre o consumo – no que se alinha, vale acrescer, com a classificação predominante em nível mundial. (NABAIS, José Casalta. *Direito fiscal...* cit., p. 42-49).

250

observação, que não alui, propriamente, sua estrutura, somos pelo descabimento total desse discrímen, pois falar-se em "fatos" que não sejam instantâneos é, sob qualquer color, inadequado e incongruente, visto que todo o evento, seja ele físico, químico, sociológico, histórico, político, econômico, jurídico ou biológico, acontece em certas condições de espaço e de tempo (instante).

Esta crítica, que deduzimos outrora, em conferência proferida no II Curso de Especialização em Direito Tributário, promovido pela Pontifícia Universidade Católica de São Paulo, e reproduzimos no livro Teoria da norma tributária, foi aceita por Geraldo Ataliba, que a adotou em uma de suas principais obras. Acolheu-a, também, o professor argentino Hector Villegas, e J. P. Montero Traibel, tributarista uruguaio, transcrevendo as razões, igualmente encampou a censura.[328]

Não bastasse isso, entendemos que também aqui não se identifica a análise da natureza específica dos tributos. A tentativa de distingui-los volta-se para a suposta diferença na configuração da sua hipótese de incidência, o que, como vimos, não corresponde à realidade, já que todo evento, insista-se, acontece em certas condições de espaço e de tempo (instante).

3.4.2.1.g A teoria das técnicas de tributação da renda

A presente teoria[329] toma como parâmetro os estágios da renda sobre os quais incidem os impostos: (i) a sua percepção (imposto sobre a renda propriamente dita); (ii) o seu acúmulo (imposto sobre o patrimônio, capital ou riqueza), ou (iii) o seu gasto, consumo ou dispêndio.[330]

---

328. CARVALHO, Paulo de Barros. *Curso de direito tributário...* cit., p. 375.

329. "Muitos são os critérios utilizados para classificar os tributos em diretos e indiretos. Além das situações já tratadas, uma das teorias que ganha destaque pela quantidade de adeptos é aquela que se baseia nas técnicas de tributação da renda. Para esta corrente, os tributos cobrados em função da percepção (tributos sobre a renda) e do acúmulo da renda (tributos sobre o patrimônio, capital ou riqueza) seriam da categoria dos diretos, ao passo que os tributos incidentes sobre o gasto, o consumo ou dispêndio da renda seriam classificados como indiretos". (MÖRSCHBÄCHER, José. Op. cit., p. 33).

330. De acordo com Paulo Roberto Cabral Nogueira, "a presente teoria é

RESTITUIÇÃO DO INDÉBITO TRIBUTÁRIO:
LEGITIMIDADE ATIVA NAS INCIDÊNCIAS INDIRETAS

Com efeito, para os partidários dessa corrente, qualquer imposto recai, em última análise, sobre a renda das pessoas, "representando as diversas formas ou modalidades de incidência jurídica, apenas técnicas diversificadas de tributação daquela parcela de renda que se objetiva transferir do setor privado da economia para o setor público da economia".[331-332]

Assim, como, nos tributos cobrados em função da percepção ou acúmulo da renda, a lei costuma eleger como *contribuinte de jure* o próprio beneficiário do rendimento ou o titular do patrimônio, capital ou riqueza, respectivamente, ter-se-iam hipóteses de *tributos diretos*.

Diversamente, em se tratando dos tributos incidentes sobre o gasto, o consumo ou dispêndio da renda, como o legislador, em regra, não coloca no polo passivo da relação jurídica tributária a pessoa que efetivamente realiza o fato presuntivo de riqueza, conclui-se que nesses casos a tributação é apenas indireta.

---

desdobramento da Panormita, canonista do século XV, o qual endossando classificação já feita pelo Papa Inocêncio IV, no século XII, subdividia os impostos em: (a) impostos sobre as coisas sem considerar as pessoas; b) impostos sobre as pessoas sem considerar as coisas; e c) impostos sobre as pessoas tendo por base o seu patrimônio". (NOGUEIRA. Paulo Roberto Cabral. *Estudo sobre o ICM*. Direito tributário, estudos de problemas de casos tributários. In: NOGUEIRA, Ruy Barbosa (Coord.). São Paulo: Bushatsky, 1959. p. 332).

331. MÖRSCHBÄCHER. José. Op. cit., p. 31.

332. José Carlos Graça Wagner adota semelhante critério para proceder à presente classificação. Para ele, "imposto direto é o que incide sobre a renda e o patrimônio que o contribuinte obteve em razão da atividade econômica própria ou de outrem, transferida para ele. Imposto indireto é aquele que incide sobre a atividade que exerce visando obter renda e patrimônio, seja para consumir, seja para poupar. Um incide sobre a atividade e o outro sobre o resultado da atividade, apropriada pelo contribuinte em estado de renda ou patrimônio. (...) Não entendo, portanto, que, ao se classificar o imposto como indireto, se deva entender que o é porque se refere a um terceiro, chamado de contribuinte de fato. É indireto porque não diz respeito diretamente ao resultado obtido pelo contribuinte, mas apenas indiretamente. Não incide sobre a finalidade da atividade, que a obtenção de renda, mas ao meio de obter a renda, que é exercer uma atividade no interesse de consumo de terceiro". (WAGNER, José Carlos Graça. Imposto sobre Produtos Industrializados – IPI – Sistemática. In: MARTINS, Ives Gandra da Silva (Coord.). *Curso de direito tributário*. São Paulo: Saraiva, 1982. p. 256-257).

ANDRÉA MEDRADO DARZÉ MINATEL

Como bem pontua José *Mörschbächer*, nessas situações,

> (...) a incidência jurídica não atinge a pessoa possuidora da capacidade contributiva perquirida por essa mesma incidência, senão por via reflexa ou indireta, através da transferência, translação ou repasse, dentro ou fora do preço ou valor do bem, serviço ou utilidade, fato ou situação tributada.[333]

Em que pese a iniciativa de justificar a classificação dos tributos diretos e indiretos sob uma perspectiva bastante diferente, com a clara pretensão de se distanciar dos equívocos incorridos pelos critérios anteriores, não nos parece ser possível falar nesses casos, efetivamente, em três técnicas distintas de tributação, mas em técnica de tributação única: o Estado se apropria de uma parcela da riqueza denotada pela prática de qualquer desses fatos, os quais correspondem, em verdade, a três estágios diferentes da renda. Em outras palavras, nessas situações se verificam formas diversas de manifestação de riqueza sobre as quais recai a incidência tributária.

Essa proposta, a nosso ver, peca em alguns pontos. O primeiro deles: nesses casos, efetivamente, se está tributando o gasto, o consumo da renda, ou simplesmente a tributação recai sobre o auferimento da receita, que nada mais é do que o primeiro estágio da percepção da renda? De fato, entendemos que incide o ICMS por vender a mercadoria e perceber um valor correspondente e não por comprar a mercadoria, consumir a mercadoria. Afinal, foi esta e somente esta a materialidade (verbo + complemento) eleita pelo legislador. Este é um ponto importante, especialmente quando a outorga de competência constitucional não define o verbo do critério material da hipótese de incidência tributária e a referida materialidade envolve situação que, a princípio, denota manifestação de riqueza nos dois polos da relação.

De fato, se a lei elege pessoa diferente daquela que manifesta a riqueza tomada como causa para a tributação, o sujeito

---

333. MÖRSCHBÄCHER. José. Op. cit., p. 31.

RESTITUIÇÃO DO INDÉBITO TRIBUTÁRIO:
LEGITIMIDADE ATIVA NAS INCIDÊNCIAS INDIRETAS

passivo pertencerá, necessariamente, à categoria dos responsáveis, o que pressupõe a repercussão do ônus do tributo para o realizador do fato tributado. Trata-se, como vimos, de condição que decorre da própria repartição constitucional da competência tributária e dos princípios do não confisco e da capacidade contributiva, que, não observados, comprometem a própria validade da regra-matriz de incidência tributária. Ocorre que, na maioria das situações, a Constituição da República não estabelece quem deva ser o sujeito passivo do tributo, e a materialidade indicada na outorga de competência envolve negócio jurídico que denota manifestação de riqueza nas duas pontas da relação. Em situações como esta, o legislador tem liberdade para escolher o efetivo critério material da hipótese de incidência tributária e, consequentemente, para definir o contribuinte, que poderá corresponder, por exemplo, tanto a quem presta o serviço, como a quem o toma; quem vende a mercadoria, como quem a compra. Tudo vai depender justamente do verbo eleito pela lei (prestar x tomar serviço ou vender x comprar mercadoria) e, é claro, desde que ambas as atitudes sejam denotativas de manifestação econômica.

Justamente por conta dessas nuanças que nutrimos a convicção de que não é possível concluir, *a priori*, que aquele que consome a renda (compra mercadoria, toma o serviço etc.) seja, necessariamente, o único "destinatário" constitucional do tributo. Ainda que se entenda que o tributo sempre recai sobre um dos estágios da renda, pode-se afirmar aqui que há, de um lado, consumo, mas do outro, auferimento da receita, que nada mais é do que o primeiro estágio da percepção da renda, uma das suas parcelas, portanto. Nestes casos, parece-nos não haver fundamento para se defender que, escolhido o "consumidor", há, necessariamente, tributação direta, porque se atingiu efetivamente o sujeito cuja riqueza se pretendia tributar, e, por outro lado, escolhendo o vendedor, há tributação indireta, porque, na realidade, a renda tributada é o consumo.

254

ANDRÉA MEDRADO DARZÉ MINATEL

Eis as razões pelas quais entendemos que também esta teoria não se presta para justificar uma classificação jurídica dos tributos em diretos e em indiretos.

3.4.2.1.h A proposta teórica que prevalece na doutrina nacional: classificação dos tributos em diretos e indiretos com base na investigação do sujeito que suporta em definitivo o ônus financeiro do tributo

Na doutrina nacional, prevalece a definição de *tributo direto* como aquele que se dirige a um único contribuinte, que suporta em definitivo o ônus tributário, em face da impossibilidade da sua transferência. Já *tributo indireto* costuma ser definido como aquele que atinge a capacidade contributiva de um terceiro,[334] que não o efetivo sujeito passivo do tributo. Essa última espécie de tributo comportaria, assim, duas categorias de contribuintes: (i) o *de jure*, a quem a lei imputa o dever de pagar o tributo e (ii) o *de facto*, que suportaria em definitivo o seu encargo, trasladado pelo primeiro.

Sob esta perspectiva, a característica mais marcante da tributação indireta estaria na circunstância de a hipótese da regra-matriz de incidência desses tributos descrever, necessariamente, notas de um fato que atinge a capacidade contributiva de um terceiro, assim considerado por não manter relação jurídica com o Fisco, mas que deva suportar em definitivo seu ônus. Haveria, pois, uma necessária dissociação entre a titularidade da capacidade contributiva atingida pela norma padrão de incidência tributária e a obrigação legal de efetuar

---

334. "Indireta, portanto, é a forma que a tributação encontra para atingir determinada capacidade contributiva, ostentada não pelo contribuinte de direito, mas sim por aquele para o qual – presume a lei – o ônus fiscal será repercutido." (COÊLHO, Sacha Calmon Navarro. *Curso de direito tributário brasileiro...* cit., p. 613).

RESTITUIÇÃO DO INDÉBITO TRIBUTÁRIO:
LEGITIMIDADE ATIVA NAS INCIDÊNCIAS INDIRETAS

o seu recolhimento nos *"impostos juridicamente construídos para obrigatoriamente repercutir"*.[335]

Esse pensamento fica bem evidente nas lições de José Mörschbächer, que é categórico ao afirmar que

> (...) imposto indireto será aquele no qual a norma jurídica de tributação vincula ao Estado, como sujeito passivo da relação de imposto, não a pessoa de cuja renda a hipótese de incidência seja signo-presuntivo, mas aquela ou aquelas antepostas a ela dentro do relacionamento econômico objeto de imposição.[336]

Em que pese a autoridade de suas considerações, neste ponto não concordamos com o autor. O problema não está, propriamente, na definição proposta por José Mörschbächer, mas na extensão que lhe confere. Não nos parece que em situações ordinárias de tributação sobre o consumo se possa falar em tributo indireto. Nesses casos, não é possível afirmar que o sujeito passivo seja um terceiro, sob o ponto de vista da riqueza que está sendo tributada. Da mesma forma, não entendemos sustentável defender que a manifestação de riqueza que se pretende tributar seja outra que não aquela tomada como hipótese de incidência do tributo. Até porque, do contrário, ruiria toda a repartição constitucional da competência tributária, o que não se pode admitir.

O equívoco, do nosso ponto de vista, está no objeto da análise: se a proposta é realizar uma investigação exclusivamente jurídica, o ponto de partida deve ser, necessariamente, a própria norma instituidora do tributo, a qual, dentro da moldura determinada pela Constituição da República, elege tanto o fato denotativo de riqueza, como o sujeito que será posto no polo passivo da obrigação, seja por realizar o próprio verbo tomado como causa para a tributação (contribuinte), seja em função da prática de outro fato juridicamente relevante (responsável). É justamente a conjuntura interna da regra-matriz

---

335. Idem, p. 709.

336. MÖRSCHBÄCHER. José. Op. cit., p. 39.

de incidência tributária, em cotejo com as regras que integram o específico regime jurídico do tributo, que irá fornecer os dados suficientes para verificar o tipo de tributação de que se trata: direta ou indireta.

Tendo o legislador determinado, por exemplo, que a materialidade do tributo é prestar serviços, não é possível afirmar legitimamente que haja tributação indireta nas situações em que o sujeito passivo eleito pela lei é o próprio prestador, ainda que, do ponto de vista econômico, muito provavelmente quem irá suportar o encargo seja o tomador do serviço. Essa sorte de considerações apenas estaria comprometida caso o Imposto sobre Serviços fosse marcado por regra de não cumulatividade exógena (o que não é o caso), ou quando haja a instituição de regra de responsabilidade.

Generalizando, havendo coincidência entre o sujeito que realiza o fato tributado e o devedor do tributo e não se tratando de tributo cujo regime jurídico contemple regra de não cumulatividade exógena, a conclusão é única: trata-se de tributação direta.

Com efeito, a classificação dos tributos em diretos e indiretos, tal como proposta à quase unanimidade pela doutrina nacional, peca por não refletir a ordem jurídica brasileira. Procedendo a uma análise estritamente de direito positivo, percebe-se que *tributo direto* é aquele pago e suportado juridicamente pelo contribuinte (art. 121, I, do CTN), ao passo que indireto é aquele em relação ao qual o próprio sistema autoriza o repasse do seu ônus financeiro, mas não para qualquer sujeito, muito menos para o consumidor final. Seu destinatário é certo, específico e pré-definido pelo próprio sistema: (i) o realizador do fato jurídico tributário, em se tratando de repercussão decorrente do estabelecimento de regra de responsabilidade ou (ii) o sujeito passivo seguinte da cadeia de circulação ou produção nas hipóteses de repercussão decorrente da não cumulatividade exógena (o qual terá, todavia, seus efeitos neutralizados pelo próprio sistema em face da outorga do direito de crédito em montante equivalente). E,

RESTITUIÇÃO DO INDÉBITO TRIBUTÁRIO:
LEGITIMIDADE ATIVA NAS INCIDÊNCIAS INDIRETAS

na atualidade brasileira, são esses e somente esses os sujeitos a que se referem as regras de repercussão jurídica, as quais jamais alcançam o consumidor final, que, invariavelmente, suporta apenas a repercussão econômica do tributo.

É frágil a tentativa de sustentar a existência de repercussão jurídica nos tributos não cumulativos quando se defende que o contribuinte de fato é o consumidor final. Há aqui uma flagrante mistura de planos, econômico e jurídico, o que, como vimos, não se pode admitir. Mas não é só: ao defender que o contribuinte de fato seja o consumidor final e não exclusivamente o sujeito passivo seguinte da cadeia de incidências dos tributos indiretos ou o realizador do fato tributário, não se identifica qualquer diferença em relação aos denominados tributos diretos. Afinal, em qualquer caso, o que o consumidor paga é preço, não tributo.

Situação bem diversa se passa com o contribuinte seguinte da cadeia de circulação de mercadorias ou produtos industrializados, que, por determinação legal, sofre a repercussão jurídica do tributo, estando autorizado a se creditar do valor do tributo destacado na nota fiscal. Entretanto, como nesses casos, a repercussão jurídica é renovada a cada etapa de incidência dos tributos na cadeia, o contribuinte de fato, para fins de legitimação ativa na restituição de eventuais indébitos, só será conhecido e determinado quando promover saída a não contribuinte, encerrando, assim, o ciclo de repercussões jurídicas.

Em outras palavras, por conta da sucessão de incidências da regra tributária e da norma do direito ao crédito, em regra, apenas o sujeito que se coloca na última etapa tributada é considerado destinatário final da norma de repercussão e, como tal, juridicamente relevante para fins de legitimação ativa do indébito. Isso por uma razão fundamental: apenas em relação a esses sujeitos coexistem as presunções legais de repercussão do ônus e de impossibilidade jurídica de novo repasse para outras pessoas. Retomaremos estas noções, todavia, no item seguinte.

O mesmo se verifica em relação ao responsável tributá-rio. Justamente por não ter dado causa à tributação, na me-dida em que não realizou o evento descrito no antecedente da regra-matriz de incidência, o ordenamento jurídico prevê mecanismos para que ele transfira para o realizador do fato tributário o ônus do tributo a que está compelido a recolher aos cofres públicos, seja via retenção, seja via reembolso.

Em qualquer desses dois casos, a repercussão do encargo do tributo não se processa apenas sob o ponto de vista eco-nômico. Pelo contrário, ela é, essencialmente, jurídica. Prova disso é que mesmo que essa translação do encargo econômico não se verifique no plano da realidade dos fatos, ainda assim, permanecerá existindo sob o ponto de vista do direito positivo.

3.4.3 Mais uma classificação correlata: *contribuinte de fato* e *contribuinte de direito*

Economicamente, contribuinte é a pessoa que arca com o ônus do pagamento do imposto. No domínio jurídico, toda-via, é a pessoa que realiza o fato jurídico tributário e, simul-taneamente, ocupa o lugar sintático de devedor na obrigação tributária.

Sucede que a "Ciência das Finanças", sem maiores cui-dados, fundiu esses conceitos como se ambos coubessem no gênero próximo "contribuinte". Instaurou-se, assim, o dile-ma: (i) sob o enfoque econômico, o "contribuinte de direito" não é contribuinte; ao passo que, (ii) pelo prisma jurídico, o "contribuinte de fato" também não o é.

Como resolver esse impasse? Afinal, o que significa "ser contribuinte"? E, para o que mais de perto interessa à pre-sente investigação, qual é o parâmetro que deve ser utilizado para fins de interpretação do art. 166 do CTN?

Pois bem. A despeito da flagrante impropriedade, ao menos para fins dogmáticos, da definição de "contribuinte" proposta pela Ciência Financeira, ela seduziu muitos juristas

RESTITUIÇÃO DO INDÉBITO TRIBUTÁRIO:
LEGITIMIDADE ATIVA NAS INCIDÊNCIAS INDIRETAS

nacionais, que a incorporaram sem qualquer ressalva, o que resultou na tão difundida classificação dos contribuintes em *"de direito"* e *"de fato"*.

De acordo com esses doutrinadores, *"contribuintes de direito"* corresponderiam aos sujeitos que figuram no polo passivo do tributo, independentemente de suportarem o seu ônus. *"Contribuintes de fato"*, por sua vez, seriam assim considerados quando, a despeito de não serem os reais devedores do tributo, arcassem em definitivo com o seu encargo financeiro, por não poder transferi-lo para outras pessoas.[337]

Ao enfrentar a definição do conceito de "contribuinte" e sua tradicional classificação em *"contribuinte de fato"* e *"contribuinte de direito"*, Paulo de Barros Carvalho, em trabalho inédito, chama à atenção para uma questão crucial:

> Na tradicional classificação dos contribuintes em "de fato" e "de direito", inexistindo domínio comum a que pertenceriam simultaneamente as duas locuções, porque uma é construída sobre fundamentos econômicos enquanto a outra é montada com suporte em dados jurídicos, remanesce o aspecto comum do vocábulo "c-o-n-t-r-i-b-u-i-n-t-e", ligando as duas entidades. E havemos de convir que o critério é muito pobre para suscitar efeitos elucidantes na compreensão da temática, seja ela jurídica ou econômica. Decididamente, o suporte físico a que se reduz o signo não tem como oferecer luzes à ciência, podendo atender apenas às necessidades do discurso ordinário ou natural, em que o rigor sintático e a precisão semântica ficam relegadas a plano secundário, prevalecendo a instância pragmática como a grande condutora do processo de comunicação. No âmbito da linguagem científica, contudo, não teria o menor cabimento introduzir-se classificação como essa, que além de nada esclarecer, dificulta intensamente o acesso ao objeto do conhecimento.
>
> O termo "contribuinte", no Direito e na Economia, apresenta critérios de uso diferentes, propiciando conotações distintas. Seria como classificar as "mangas" em duas categorias, aquelas que (i)

---

337. "Contribuinte de fato é a pessoa que suporta definitivamente o ônus econômico do tributo (total ou parcial), por não poder repercuti-lo sobre outras pessoas. Já *contribuinte de jure* é a pessoa que sofre a incidência jurídica do tributo." (BECKER, Alfredo Augusto. Op. cit., p. 486).

ANDRÉA MEDRADO DARZÉ MINATEL

> consistem na parte do vestuário que cobre o braço e aquelas que (ii) são frutos da árvore que chamamos de mangueira. Haveria, certamente, uma complexa disputa doutrinária entre a Botânica Descritiva e dado ramo da Antropologia Cultural. Os estudiosos desta última ciência afirmariam, categoricamente, que o fruto da mangueira não é manga de camisa ou de casaco, ao mesmo tempo em que os representantes da doutrina da Botânica Descritiva proclamariam ser "manga" não a peça de vestuário e sim a fruta.

Como bem esclarece esse autor, é possível facilmente identificar que esta classificação, na forma em que é usualmente proposta, representa confusão dos planos jurídico e econômico, o que, definitivamente, não se justifica, na medida em que Direito e Economia apresentam critérios de uso diametralmente diversos para o signo *contribuinte*.

Para que a presente dicotomia seja considerada mero desdobramento daquela outra que segrega os tributos em diretos e indiretos, é necessário proceder ao mesmo esforço a que chamamos à atenção no item anterior: é indispensável que se proceda à análise dessas duas figuras exclusivamente sob as lentes do direito positivo.

Assim, apenas será legítimo qualificar como *contribuinte de fato* a pessoa que suporta o encargo tributário, a ele transferido pelo contribuinte de direito, nas situações de repercussão jurídica. Do contrário, o terceiro, que não mantém relação jurídica com o Fisco, mas que sofre efetivamente o desencaixe financeiro decorrente da tributação, será figura estranha ao direito positivo, apresentando relevância apenas para a Economia ou para a Ciência das Finanças.

Não é demasia insistir: o direito só conhece funcionalmente, a distinção entre "*contribuinte de direito*" e "*contribuinte de fato*" nas incidências tributárias marcadas por norma jurídica específica de repercussão, o que ocorre apenas nos casos de tributos (i) cujos regimes jurídicos incluem regra de não cumulatividade exógena e/ou (ii) exigidos daquele que não realizou o fato tributado (responsável).

RESTITUIÇÃO DO INDÉBITO TRIBUTÁRIO:
LEGITIMIDADE ATIVA NAS INCIDÊNCIAS INDIRETAS

Na primeira situação, o adquirente de bens ou serviços, desde que se trate também de contribuinte do imposto, assume relevância jurídica também no que se refere à etapa anterior da cadeia, já que, por força da incidência da regra da não cumulatividade exógena, mantém relação com o Poder Público, na qual figura como credor do montante do tributo que incidiu anteriormente. Da mesma forma, nas hipóteses em que se exige tributo do responsável, ou seja, daquele que não praticou o verbo do critério material da hipótese incidência, o repasse do ônus tributário para o seu realizador corresponde justamente à condição jurídica para a válida escolha de um terceiro para figurar no polo passivo da obrigação do tributo, existindo, inclusive, em muitos casos, regra ostensiva autorizando este repasse, via retenção ou reembolso.

Assim, o que se nota é que, do ponto de vista estritamente jurídico, o terceiro (*contribuinte de fato*) e o sujeito passivo do tributo (*contribuinte de direito* propriamente dito ou responsável) apenas estarão presentes diante de uma única incidência tributária nessas duas situações bem delimitadas. Nas demais, o intitulado *contribuinte de fato* o será apenas sob a perspectiva financeira ou econômica, não sob o prisma do direito positivo.

Nesse contexto, entendemos que apenas é possível falar legitimamente em *contribuinte de direito* e, desde que se adote uma certa dose de abstração,[338] relativamente àqueles sujeitos referidos no art. 121 do CTN (contribuinte ou responsável), os quais, por expressa previsão legal, são colocados no polo passivo da relação jurídica tributária. Já o *contribuinte de fato* será a pessoa que, a despeito de não figurar como devedor do tributo, é quem deve suportar o seu encargo financeiro, igualmente por força de determinação legal, ou ainda quem tem direito a descontar, do montante por ele devido em sua

---

338. Isso porque contribuinte é uma definição legal. Assim, tecnicamente, somente seria possível falar em contribuinte relativamente àqueles sujeitos que preenchem os critérios de uso referidos no art. 121, I, do CTN. Entretanto, tomaremos aqui o conceito "contribuinte de direito" como equivalente a "sujeito passivo".

ANDRÉA MEDRADO DARZÉ MINATEL

operação, exatamente o valor que incidiu na etapa ou etapas anteriores.[339]

Mas não param por aqui os problemas desta categorização. Para além dessa questão, é importante que não se perca de vista que o signo *contribuinte* é uma definição legal. Nos termos do art. 121 do CTN, é quem realiza diretamente o fato jurídico tributário e, cumulativamente, ocupa o polo passivo da relação jurídica tributária. Só por isso, comprometer-se-ia a presente classificação, na medida em que uma das suas espécies, o *contribuinte de fato*, não satisfaz o critério de classe do gênero contribuinte,[340] mesmo que se considere como tal apenas aquele que sofre a repercussão jurídica do tributo. E não é só: a própria espécie dos *contribuintes de direito* não pode ser aceita sem as devidas ressalvas, haja vista que, nos exatos termos do referido dispositivo legal, contribuinte e responsável são figuras que não se confundem, possuindo critérios de uso diversos, devidamente estipulados pela lei.

De fato, o ideal seria o emprego de outra nomenclatura para se referir a estas duas realidades, como aquele que sofre direta ou indiretamente o impacto do tributo ou algo similar.

---

339. Hugo de Brito Machado Segundo chega à conclusão similar: "no caso do imposto incidente sobre a venda, geralmente o encargo é acrescido ao valor da mercadoria. Assim é quase sempre suportado financeiramente pelo consumidor final. Tal fato, todavia, é extremamente complexo. O comerciante, em dificuldades, pode vender a mercadoria por preço inferior ao de custo. A mercadoria pode estragar-se. Em ambos os casos o ônus foi suportado pelo contribuinte de direito. A questão de saber quem é contribuinte de fato, portanto, somente pode ser avaliada caso a caso. (...) Considerada, todavia, a questão à luz da problemática da repercussão jurídica, a que, na verdade, se refere o art. 166 do CTN, o contribuinte de fato será aquele que, por lei, deverá suportar o tributo. Esse é que estará legitimado a repeti-lo". (MACHADO SEGUNDO, Hugo de Brito; RAMOS, Paulo de Tarso Vieira. Repetição de indébito tributário e compensação... cit., p. 149-150).

340. "De início o dispositivo alude à figura – inexistente no direito brasileiro – do 'contribuinte de fato', isto é, aquele que, teoricamente, suporta o encargo indefinível, em violenta contradição com o art. 121 do CTN, que não reconhece nem hospeda essa espécie de contribuinte. Sobre não ser definido pelo dispositivo em questão, seria um 'contribuinte incapaz', já que, teoricamente, titular de um direito que não pode exercer diretamente. Vale dizer, tem capacidade para impedir a repetição do indébito, mas não para propor a ação com este objeto." (MARTINS, Ives Gandra da Silva. Repetição do indébito... cit., p. 168-169).

RESTITUIÇÃO DO INDÉBITO TRIBUTÁRIO:
LEGITIMIDADE ATIVA NAS INCIDÊNCIAS INDIRETAS

O uso do signo *contribuinte* como conceito de classe apresenta o inconveniente de sempre incorrer nessas impropriedades.

Ultrapassado o problema da terminologia empregada, a grande questão que se coloca talvez seja, mais do que saber se a presente classificação é útil ou apropriada, definir as consequências jurídicas que decorrem do seu uso. Mais do que discutir a sustentabilidade da presente classificação, importa identificar os efeitos jurídicos que podem decorrer da sua adoção. É justamente esse o ponto mais sensível e que gera as maiores incoerências e contradições em torno do tema da repetição do indébito relativo a *tributos que comportem, por sua natureza, transferência do respectivo encargo financeiro.*[341]

Com efeito, em nosso sentir, os maiores equívocos na aplicação do art. 166 do CTN decorrem justamente da delimitação dos sujeitos que efetivamente podem ser incluídos na classe *contribuinte de fato*. De forma mais direta, a definição de quem seja o destinatário da repercussão, exclusivamente jurídica, do tributo é a pedra de toque do presente tema.

Enfrentaremos, todavia, esta questão quando tratarmos especificamente do "terceiro" referido no art. 166 do CTN.

3.5 Os sujeitos legitimados a pleitear a restituição do indébito tributário e a prova da assunção do encargo financeiro do tributo no contexto do art. 166 do CTN

Ao definir os critérios que diferenciam a repercussão meramente econômica da jurídica, respondemos uma das

---

341. Como bem colocou Jonathan Barros Vita, "tem-se que a chave para resolver este problema da legitimidade para a restituição não é focalizar-se em elucidar conceitos não positivados (e errôneos) como contribuintes de fato ou de direito, mas investigar os limites semânticos da expressão encargo financeiro". (VITA, Jonathan Barros. (Re)definindo o conceito de encargo financeiro no âmbito do artigo 166 do CTN. In: *Revista de Direito Internacional Econômico e Tributário*, v. 6, n. 2, Brasília, Fortium, jul.-dez. 2011, p. 191-211).

principais perguntas que orientaram a presente investigação: qual o substrato fático ao qual se aplica o art. 166 do CTN?

Com efeito, após procedermos a uma análise minuciosa do referido enunciado legal, levando em conta todos os seus termos, concluímos que ele regula, apenas e tão somente, a devolução de indébitos relativos a tributos (i) marcados pela não cumulatividade exógena e/ou (ii) exigidos daqueles que não realizaram o fato tributado (responsável).[342] É este o conteúdo e alcance que se deve atribuir à expressão *tributos que comportem, por sua natureza, transferência do respectivo encargo financeiro*.

Colocam-se agora mais dois desafios: identificar quem são os sujeitos legitimados e quais são os requisitos que devem ser observados para o exercício do direto à restituição do indébito tributário nessas específicas situações. São, portanto, as seguintes as perguntas que pretendemos responder neste tópico: quem é parte legítima para exercer o direito subjetivo à repetição dos denominados *tributos indiretos*? É sempre necessária a prova da assunção do encargo financeiro do tributo para exercer esse direito nesses casos? Se não, a quem

---

342. José Mörschbächer chega à conclusão similar. Nas suas palavras: "se encontram submetidas ao regramento do art. 166 do Código, não apenas os tributos indiretos (...) mas também outra qualquer incidência tributária indireta que possa estar inserida em tributo tipicamente direto". (MÖRSCHBÄCHER, José. Op. cit., p. 255). A despeito disso, entende que só é possível incluir, dentre as hipóteses de incidência indireta, a responsabilidade por substituição, o que não nos parece sustentável, haja vista que a repercussão jurídica é condição para a válida instituição de toda e qualquer hipótese de responsabilidade tributária decorrente de ato lícito.
Jonathan Barros Vita, por outro lado, discorda deste posicionamento. Para este autor, "no caso da retenção na fonte, não se consegue visualizar possível aplicação do art. 166 do CTN, pois não se trata de pagar tributo em nome próprio, mas financeiramente de terceiros, mas pagar tributos efetivamente devidos por estes terceiros. Lembra-se que, nos casos desta responsabilidade tributária, o sujeito passivo tributário não é o contribuinte, mas o regime jurídico tributário da RMIT é o deste (substituído) e não do substituto/responsável. Provavelmente por conta desta observação, já foi decidido em vários casos pelo STJ, que o uso do 166 é adstrito apenas aos tributos análogos àqueles sobre consumo". (VITA, Jonathan Barros. (Re)definindo o conceito de encargo financeiro no âmbito do artigo 166 do CTN. In: *Revista de Direito Internacional Econômico e Tributário*. Brasília: Fortium, v. 6, n. 2, p. 200, jul.-dez. 2011).

RESTITUIÇÃO DO INDÉBITO TRIBUTÁRIO:
LEGITIMIDADE ATIVA NAS INCIDÊNCIAS INDIRETAS

esta prova é dirigida? E mais, quais são as provas aceitas pela doutrina e pela jurisprudência como aptas a demonstrar que o sujeito arcou com o ônus do tributo?

Se a definição do titular do direito subjetivo prescrito pelo art. 165 do CTN é tema que não desperta maiores divergências, este consenso praticamente desaparece quando o assunto é fixar a legitimidade ativa para pleitear a restituição dos tributos (ou incidências) que, por sua natureza, repercutem.[343]Aliás, é recorrente na doutrina a afirmação de que "o verdadeiro propósito do art. 166 do CTN e da jurisprudência construída em torno dele talvez seja apenas o de impedir a restituição do tributo pago indevidamente, a qualquer custo".[344]

Não nos parece ser este o melhor juízo sobre o presente enunciado legal. Como vimos insistindo ao longo deste trabalho, interpretação como esta subverte a racionalidade do art. 166 do CTN e, o que é pior, resvala em frontal violação aos limites constitucionais ao poder de tributar. Do nosso ponto de vista, o escopo da presente norma deve ser um e somente um: servir de instrumento para ajustar a regra geral do direito à restituição às peculiaridades da natureza de alguns tributos ou incidências tributárias. Jamais representar entrave ao exercício desse direito.[345]

---

343. A oscilação da doutrina quanto ao tema fica bem visível ao se verificar a própria mudança de entendimento de Hugo de Brito Machado, para quem "o terceiro, que tenha suportado o encargo financeiro do tributo indevidamente pago, não é parte legítima para pedir a restituição". (MACHADO, Hugo de Brito. Curso de direito tributário... cit., p. 208). Em obras anteriores, porém, afirmou em sentido diverso, aliás, antagônico (MACHADO, Hugo de Brito. Apresentação e análise crítica... cit., p. 16-17).

344. MACHADO SEGUNDO, Hugo de Brito. *Repetição do tributo indireto:*... cit., p. 33.

345. "A Fazenda sempre se recusa a fazer a restituição dos tributos. Quando o pedido é feito por quem efetuou o pagamento, a Fazenda diz que ocorreu a repercussão e invoca o art. 166 do CTN para fundamentar a sua contestação. E quando o pedido é feito por quem afirma haver suportado o ônus, a Fazenda alega a ilegitimidade processual, em face da inexistência de relação jurídica tributária entre ela e o requerente que apenas teria pago o preço da mercadoria ou do serviço". (MACHADO,

ANDRÉA MEDRADO DARZÉ MINATEL

Como já sinalizamos, outorgar, incondicionalmente, ao sujeito passivo do tributo o direito à restituição dos valores indevidamente pagos nessas situações equivale a perpetuar o indébito no sistema.[346] Com efeito, se aquele que pagou tributo sem fundamento de validade, a maior ou por erro pleiteia a devolução dessas quantias e isso se verifica no meio da cadeia de circulação de bens, por exemplo, tem-se que o sujeito seguinte do elo terá se creditado de valor a maior ou simplesmente indevido. Da mesma forma, se a devolução é autorizada, sem ressalvas, apenas ao responsável tributário (sujeito passivo), aquele que, por lei, suportou o encargo financeiro do tributo (o realizador do fato tributado) permanecerá sofrendo as consequências da exigência indevida.

Assim, deslocar a legitimidade ativa da regra geral do direito à restituição nos casos de tributos repercutidos ou mesmo exigir prova da ausência de repercussão nas hipóteses em que há presunção legal da sua existência não implica, necessariamente, limitação ou restrição desse direito. Pelo contrário, bem aplicada, é medida indispensável para impedir que se propaguem novas consequências indevidas no sistema decorrentes da exigência ilegal de tributos, o que não seria viável mediante a aplicação indiscriminada da regra geral que legitima o sujeito passivo do tributo a pleitear a devolução do indébito. O equacionamento da presente questão, todavia, exige cautela e, acima de tudo, atenção à racionalidade do sistema.

Cabe aqui mais uma advertência: diferentemente do que se verifica em relação aos tributos diretos, a restituição dos indébitos relativos a tributos ou incidências que, por sua natureza, repercutem, independentemente do sujeito escolhido

---

Hugo de Brito. *Comentários ao código tributário nacional.* v. 3. 2. ed. São Paulo: Atlas, 2009. p. 357).

346. "O Código Tributário Nacional está rigorosamente correto. Não seria ético, nem justo, devolver o tributo indevido a quem não o suportou. Seria enriquecimento sem causa. Por isso mesmo, exige a prova da não repercussão, ou então a autorização do contribuinte de fato, o que suportou o encargo, para operar a devolução ao contribuinte de jure, o sujeito passivo da relação jurídico-tributária." (COÊLHO, Sacha Calmon Navarro. *Curso de direito tributário brasileiro...* cit., p. 709).

RESTITUIÇÃO DO INDÉBITO TRIBUTÁRIO:
LEGITIMIDADE ATIVA NAS INCIDÊNCIAS INDIRETAS

como legitimado para tal, não é suficiente para neutralizar todas as consequências jurídicas decorrentes da exigência ilegal, justamente por conta de certas peculiaridades desses tributos. Nestes casos, o que se verifica é que algumas normas são capazes de minimizar substancialmente essas consequências indesejadas, ao passo que outras não. Todavia, ainda assim, será necessário conviver com certa dose de distorção no sistema, mesmo que reflexa. A proposta deste capítulo é, portanto, demonstrar as razões pelas quais entendemos que o art. 166 do CTN é instrumento redutor dos problemas derivados da indevida exigência de tributos que repercutem, não das possibilidades de sua restituição.

Pois bem. Uma leitura isolada do art. 166 do CTN poderia sugerir que legitimado a repetir o indébito tributário será apenas aquele que provar que assumiu o seu ônus ou, de forma mais direta, que a prova da concreta assunção do encargo financeiro é, invariavelmente, condição da ação de repetição dos indébitos relativos a tributos indiretos. Isto tendo em vista o emprego da expressão *somente será feita a quem prove haver assumido o referido encargo*, em seu texto. Essa primeira impressão, todavia, é contornada quando se analisa todo o contexto normativo no qual este dispositivo está inserido.

Com efeito, estabelecida a premissa de que o referido enunciado normativo se aplica apenas às hipóteses em que o próprio direito positivo juridiciza o repasse do ônus do tributo, impondo-o ou autorizando-o nas situações que especifica, não tem qualquer sentido exigir, nesses casos, como condição da ação, que o destinatário legal e final da regra de repercussão demonstre, por meio de provas, que efetivamente suportou o ônus do tributo que lhe fora repassado por determinação do próprio sistema jurídico.

A bem do rigor, nessas hipóteses há de se reconhecer, no mínimo, a existência de presunção jurídica de repasse definitivo do encargo do tributo, o que, de acordo com as regras processuais, afasta a necessidade da apresentação de qualquer prova para o exercício do direito à repetição. É o que

ANDRÉA MEDRADO DARZÉ MINATEL

prescreve expressamente o art. 334, IV, do CPC:

> Art. 334. Não dependem de prova os fatos: (...)
>
> IV - em cujo favor milita presunção legal de existência ou de veracidade.

Em nosso sentir, o por nós denominado *contribuinte de fato*[347] terá legitimidade para repetir o indébito tributário, independentemente da efetiva comprovação de que suportou o seu ônus. Basta a demonstração do indébito tributário em si mesmo considerado e a sua condição de *contribuinte de fato*, de destinatário legal da regra de repercussão.[348] Afinal, a favor desses sujeitos *milita presunção legal de existência ou de veracidade* da repercussão do encargo financeiro do tributo (e da ausência de novo repasse jurídico), o que dispensa a apresentação de provas.[349]

---

347. Convém insistir que, para fins de legitimidade ativa para a repetição do indébito relativos a tributos marcados pela não cumulatividade exógena, *contribuinte de fato* é, apenas e tão somente, o sujeito que se coloca no último elo da cadeia de incidências tributárias. Isso porque, a despeito de todos os outros contribuintes serem também destinatários da regra de repercussão jurídica do tributos, apenas sobre aquele recai a presunção de ausência de novo repasse jurídico, já que realiza operação com o consumidor final, não contribuinte dos impostos.

348. "TRIBUTÁRIO. ADICIONAL DE IR. INCONSTITUCIONALIDADE DA LEI ESTADUAL. REPETIÇÃO DE INDÉBITO. LEGITIMIDADE ATIVA *AD CAUSAM*. CONTRIBUINTE SUBSTITUÍDO. 1. O Código Tributário Nacional, nas disposições gerais sobre o sujeito passivo da obrigação tributária, especificamente em seu art. 121, estabelece que o sujeito passivo da obrigação principal é a pessoa obrigada ao pagamento de determinado tributo ou penalidade pecuniária, dizendo-se contribuinte, quando tenha relação pessoal e direta com a situação que constitua o respectivo fato gerador, e responsável, quando, sem se revestir da condição de contribuinte, sua obrigação decorra de disposição expressa de lei. 2. Na hipótese do Imposto de Renda retido na fonte, o contribuinte é o beneficiário dos rendimentos, titular da disponibilidade econômica ou jurídica do acréscimo patrimonial (art. 43 do CTN), enquanto a fonte pagadora assume a condição de responsável pela retenção e recolhimento do imposto (art. 45, § único, do CTN). 3. Assim, tem legitimidade ativa ad causam para propor ação de repetição de indébito pleiteando a restituição dos valores indevidamente pagos a título de Adicional de Imposto de Renda o contribuinte substituído que realiza o fato gerador, e efetivamente tem o dever de arcar com o ônus da tributação. 4. Recurso especial provido". (REsp 596275/RJ, Rel. Min. Denise Arruda, Primeira Turma, DJ 09/10/2006).

349. A despeito de não ser mais este entendimento atual do Superior Tribunal de

RESTITUIÇÃO DO INDÉBITO TRIBUTÁRIO:
LEGITIMIDADE ATIVA NAS INCIDÊNCIAS INDIRETAS

Vale insistir: que, para o presente fim, *contribuinte de fato* é entendido, exclusivamente, como o destinatário legal e final da norma de repercussão, aquele que assume juridicamente o encargo financeiro do tributo, ou seja:

✓ aquele que se coloca no último elo da cadeia de incidências tributárias sobre a circulação ou produção de bens, em se tratando de tributos quando marcados pelo o regime da não cumulatividade exógena; e/ou

✓ o realizador do fato jurídico tributário, nas situações em que o tributo é exigido do responsável.[350]

Justiça, ele prevaleceu durante muitos anos, relativamente às situações de substituição tributária:
"PROCESSUAL CIVIL. RECURSO ESPECIAL. TRIBUTÁRIO. IPI. CICLO DE INCIDÊNCIA. TRANSFERÊNCIA DO ENCARGO. LEGITIMIDADE ATIVA. 1. "A distribuidora de bebidas, ao adquirir o produto industrializado da fabricante para posterior revenda ao consumidor final, suporta o encargo financeiro do IPI, cujo valor vem, inclusive, destacado na nota fiscal da operação. A fabricante, portanto, ostenta a condição de contribuinte de direito (responsável tributário) e a distribuidora a de contribuinte de fato" (REsp 817.323/CE, 1ª Turma, Rel. Min. Teori Albino Zavascki, DJ de 24/04/2006). 2. Essa conclusão decorre do fato de que entre a saída do produto do estabelecimento do fabricante e a aquisição pelo consumidor final ocorrem ao menos duas operações (1ª: aquisição da mercadoria pelo revendedor com o fabricante; 2ª: venda da mercadoria ao consumidor final), sendo que apenas na primeira ocorre a incidência do imposto. Assim, na hipótese, encerrando-se o ciclo na primeira operação, conclui-se que o revendedor figura como contribuinte (de fato) do IPI (REsp 435.575/SP, 2ª Turma, Rel. Min. Eliana Calmon, DJ de 04/04/2005). 3. Desse modo, ainda que se admita a transferência do encargo ao consumidor final, tal repercussão é meramente econômica, decorrente das circunstâncias de mercado, e não jurídica, razão pela qual a restituição não se condiciona às regras previstas no art. 166 do CTN. (...)". (REsp 702.325/AL, Rel. Min. Denise Arruda, Primeira Turma, DJ 02/08/2007).
No mesmo sentido: REsp nº 817323/CE, Rel. Min. Teori Albino Zavascki, Primeira Turma, DJ de 24/04/2006; AgRg nos EDcl no Ag 886.418/PE, Rel. Min. José Delgado, Primeira Turma, DJ 10/12/2007; REsp 1019222/MA, Rel. Min. José Delgado, Primeira Turma, DJe 04/06/2008; REsp 908.411/RN, Rel. Min. Castro Meira, Segunda Turma, DJe 11/09/2008.

350. Existe previsão expressa assegurando ao substituído o direito à restituição nos casos em que o evento presumido não ocorre.
Lei Complementar nº 87/96: "Art. 10. É assegurado ao contribuinte substituído o direito à restituição do valor do imposto pago por força da substituição tributária, correspondente ao fato gerador presumido que não se realizar.

ANDRÉA MEDRADO DARZÉ MINATEL

Esses sujeitos são legitimados a pleitear a devolução do indébito tributário, mesmo sem a apresentação de qualquer prova que efetivamente suportou o encargo decorrente da exigência indevida, em face da existência de presunção legal de repercussão do ônus para as suas pessoas e, igualmente, da presunção de impossibilidade jurídica de novo repasse para outros sujeitos.

Hugo de Brito Machado Segundo alcança conclusão semelhante, partindo, todavia, de fundamento diverso. Ao tratar do tema, é enfático ao afirmar que, nessas situações, se alguém tem que provar a repercussão, esse alguém é a Fazenda, em face do que prescreve o art. 333, II, do CPC:[351]

> Por outro lado, é inegável que a repercussão do ônus consiste em fato extintivo ou impeditivo do direito do autor de uma ação de restituição do indébito, sendo usualmente arguida pela Fazenda, na condição de ré. Assim, em princípio, o ônus de provar a ocorrência da repercussão, se pertinente a sua invocação, seria da Fazenda, e não do autor da ação, a teor do que didaticamente dispõe o art. 333, II, do CPC.[352]

De acordo com este jurista, o ônus da prova da ausência de repercussão incumbiria ao réu (no caso, a Fazenda Pública), justamente por se tratar de fato impeditivo, modificativo ou extintivo do direito do autor. A despeito de ser uma perspectiva de análise da presente questão, entendemos que o art. 334, IV, do CPC, melhor se ajusta à situação.

---

§ 1º Formulado o pedido de restituição e não havendo deliberação no prazo de noventa dias, o contribuinte substituído poderá se creditar, em sua escrita fiscal, do valor objeto do pedido, devidamente atualizado segundo os mesmos critérios aplicáveis ao tributo.
§ 2º Na hipótese do parágrafo anterior, sobrevindo decisão contrária irrecorrível, o contribuinte substituído, no prazo de quinze dias da respectiva notificação, procederá ao estorno dos créditos lançados, também devidamente atualizados, com o pagamento dos acréscimos legais cabíveis".

351. Art. 333 do CPC: "Art. 333. O ônus da prova incumbe: (...) II - ao réu, quanto à existência de fato impeditivo, modificativo ou extintivo do direito do autor".

352. MACHADO SEGUNDO, Hugo de Brito. *Nomos:...* cit., p. 224.

RESTITUIÇÃO DO INDÉBITO TRIBUTÁRIO:
LEGITIMIDADE ATIVA NAS INCIDÊNCIAS INDIRETAS

Vale esclarecer, todavia, que adotar a presente posição não equivale a considerar que *a prova de haver assumido o referido encargo* seja inexigível em qualquer caso. Quando o direito à repetição do indébito tributário for exercido pelo *contribuinte de direito*, ou seja, pelo próprio responsável tributário ou pelos contribuintes que se colocam nas etapas iniciais ou intermediárias da cadeia de incidências tributárias submetidas à regra de não cumulatividade exógena, a referida condição deve ser observada, sob pena de ilegitimidade ativa.

Em estreita síntese, a prova a que se refere o art. 166 do CTN é condição da ação apenas para os *contribuintes de direito*. Somente quando a restituição do indébito for pleiteada diretamente por estes sujeitos é que se deverá exigir *a prova de haver assumido o encargo do tributo,* sob pena de carência da ação.

Esta interpretação, como se vê, é mero desdobramento da própria presunção legal (relativa) de repasse do encargo financeiro do tributo do *contribuinte de direito* para o *contribuinte de fato* nas situações particulares reguladas pelo art. 166 do CTN. Assim, nesses casos, a autorização para o *contribuinte de direito* pleitear a restituição dos valores indevidamente pagos existirá somente na eventualidade de demonstrar, por meio de provas cabais e concludentes, que, a despeito de existir lei lhe autorizando a proceder à transferência do ônus do tributo por ele pago, esta não se verificou na realidade dos fatos.[353] Afinal, como bem pontuou Alfredo Augusto Becker, "a repercussão econômica pode ocorrer apenas parcialmente ou até não se realizar, embora no plano jurídico tenha se efetivado".[354] Nessas circunstâncias, por opção do legislador, o *contribuinte de direito* passa a ter nova oportunidade para reaver estes valores, desta vez, todavia, diretamente daquele que os

---

353. "TRIBUTÁRIO. REPETIÇÃO DE INDÉBITO. REPERCUSSÃO. I - Comprovada a não repercussão do tributo, o contribuinte de direito tem legitimidade para pleitear a repetição. II - Recurso improvido". (REsp 2654/SP, Rel. Min. Pedro Acioli, Primeira Turma, DJ 26/11/1990).

354. BECKER, Alfredo Augusto. Op. cit., p. 88.

ANDRÉA MEDRADO DARZÉ MINATEL

recebeu indevidamente, o próprio Fisco.[355]

Neste contexto, verifica-se que o *contribuinte de direito*, para legitimar-se na ação de repetição de indébito, deverá comprovar, além da própria ilegalidade ou inconstitucionalidade do tributo, a inexistência da transferência do seu encargo financeiro ao *contribuinte de fato* ou, alternativamente, que está por este expressamente autorizado para tal.[356]

Como nessas situações, duas pessoas, no mínimo, são juridicamente afetadas pela forma de tributação indireta, o legislador optou por outorgar a ambas legitimidade para questionar a validade dessa tributação. A única restrição que se faz à legitimidade ativa *ad causam* daquele que não corresponde ao *destinatário legal* e *final* da norma de repercussão do tributo foi lhe exigir a prova de haver efetivamente suportado o respectivo encargo ou, ainda, estar por quem o experimentou expressamente autorizado para tal.

É exatamente por conta disso que, nas hipóteses de substituição tributária, por exemplo, tem legitimidade para discutir a exigência tributária não apenas o substituído, mas

---

355. "TRIBUTÁRIO. REPETIÇÃO DE INDÉBITO. REPERCUSSÃO. I - Comprovada a não repercussão do tributo, o contribuinte de direito tem legitimidade para pleitear a repetição. II - Recurso improvido". (REsp 2654/SP, Rel. Min. Pedro Acioli, Primeira Turma, DJ 26/11/1990)

356. Apesar de não ser este o entendimento que prevalece na jurisprudência, é possível identificar algumas decisões nesse sentido: "TRIBUTÁRIO. ADICIONAL DE IMPOSTO DE RENDA. REPETIÇÃO DE INDÉBITO. REPASSE. PROVA. DESNECESSIDADE. INAPLICABILIDADE DO ART. 166, DO CTN. CONTRIBUINTE X RESPONSÁVEL TRIBUTÁRIO. 1 - A Primeira Seção do Superior Tribunal de Justiça, em sede de embargos de divergência, pacificou o entendimento para acolher a tese de que o art. 166, do CTN, é inaplicável ao Adicional de Imposto de Renda, por tratar-se de imposto direto, independendo da prova do repasse ou não ao contribuinte de fato. 2 – O responsável tributário só está legitimado para repetir o indébito quando devidamente autorizado pelo contribuinte que arcou com o ônus tributário. 3 – As empresas financeiras que recolheram o ADIR, na qualidade de responsáveis tributários, isto é, em guias onde consta o Código 541, o fizeram, apenas, como fonte retentora do tributo, não tendo, assim, arcado com o seu ônus. 4 - Recurso especial parcialmente conhecido e, na parte conhecida, parcialmente provido". (REsp 327.170/SP, Rel. Ministro Garcia Vieira, Rel. p/ Ac. Min. José Delgado, Primeira Turma, DJ 04/03/2002). No mesmo sentido: REsp 284.084/SP, Rel. Ministro José Delgado, Primeira Turma, DJ 25/03/2002.

RESTITUIÇÃO DO INDÉBITO TRIBUTÁRIO:
LEGITIMIDADE ATIVA NAS INCIDÊNCIAS INDIRETAS

também o substituto. Porquanto o substituto esteja legalmente autorizado a transferir o ônus do tributo, é possível que isso não se verifique na realidade dos fatos. E, tratando-se de presunção relativa de repasse, abre a lei espaço para que se prove o contrário e, mais, para que se outorgue legitimidade ativa para aquele que efetivamente sofreu os efeitos decorrentes da cobrança indevida. Diversamente, nas hipóteses de mera repercussão econômica, independentemente de haver transferência do ônus, a legitimidade é apenas do sujeito passivo do tributo, porque o preço pelo qual vende suas mercadorias não tem vinculação com o fato de o tributo eventualmente nele "embutido" ser devido ou não ou simplesmente porque não foi esta a opção do legislador.

Para determinar a legitimidade ativa em cada caso, portanto, é essencial saber a natureza da transferência do ônus tributário, se jurídica ou meramente econômica. Apenas no primeiro caso é que se tem legitimidade ativa concorrente para pleitear a devolução daquilo que fora indevidamente recolhido aos cofres públicos.[357]

Como é possível perceber, a questão da legitimidade ativa está intrinsecamente imbricada com o que dispõem os arts. 3º e 6º do CPC, segundo os quais não se pode defender em juízo direito alheio, salvo nos casos de expressa permissão legal. Como a lei presume que, em se tratando de tributos indiretos, quem sofre o ônus da tributação indevida é o *contribuinte de fato*, o *contribuinte de direito*, para questioná-la, terá que comprovar que foi quem efetivamente suportou o seu encargo, na falta do que estaria a defender em juízo direito alheio sem, entretanto, possuir autorização legal para tal. Daí também a razão de o art. 166 do CTN exigir expressa autorização do *terceiro*, que experimentou o ônus tributário, para legitimar o

---

357. "Em síntese: na hipótese de substituição tanto o substituto quanto o substituído podem pleitear a repetição do quanto indevidamente pago e há previsão do ordenamento para que o substituto atinja o patrimônio do substituído, a fim de recompor a sua propriedade utilizada para pagamento daquela exação." (MARQUEZI JUNIOR, Jorge Sylvio. Op. cit., p. 96).

274

contribuinte de direito a pleitear a devolução do indébito, nos casos de falta de prova da assunção do encargo.

Nota-se, todavia, a dificuldade oposta ao *contribuinte de direito* que, para tornar-se parte legítima para pleitear a restituição do indébito de tributo por ele pago, terá que provar, por meio dos seus livros, da sua contabilidade[358] ou mesmo das particularidades do caso concreto,[359] que não repassou o encargo financeiro do tributo para o *contribuinte de fato* ou, na sua presença, apresentar autorização expressa daquele que a experimentou.

Esta autorização, como se nota, equivale a uma cessão de direito. Uma vez autorizado o sujeito que não arcou juridicamente com o encargo financeiro do tributo, aquele que efetivamente o experimentou deixa de ter legitimidade ativa para pleitear o indébito. Com isso duas finalidades são simultaneamente alcançadas: (i) evita-se a indesejada sobreposição de legitimados; (ii) ao passo em que potencializa-se o próprio direito à repetição do indébito, afinal, são dois e não apenas um os sujeitos legitimados para tal (ainda que se trate de legitimidade excludente). Ao contrário do que muitos defendem, a presente regra não limita o direito à restituição. Pelo contrário, reforça a possibilidade de devolução, já que, diante da inércia ou da falta de interesse daquele que experimentou o encargo, outro sujeito, que figurou como devedor da relação jurídica, poderá exercitá-lo, desde que obtenha autorização daquele.

---

358. Luiz Dias Fernades chama à atenção para a fragilidade da prova contábil para resolver esta específica questão: "O fato, porém, a infirmar o valor da prova contábil reside justamente na fungibilidade do dinheiro que compõe a receita do contribuinte, que impede a feitura de uma distinção entre as parcelas eventual e verdadeiramente integrantes do preço, com que sua identificação formal fica submetida ao puro talante do *solvens*, que pode, em vez de tributo, acrescentar o respectivo valor à da margem de lucro, tornando, assim, imprestável a prova contábil, tão sofregamente exigida por alguns juízes". (FERNANDES, Luiz Dias. Op. cit., p. 61).

359. Na relatoria do RE nº 105.166, o Ministro Néri da Silveira deixou consignado que "no caso concreto, o *contribuinte de jure* provará por seus livros e arquivos etc., que não agregou o tributo ao preço, ou se o agregou está autorizado a receber a restituição pelo contribuinte de facto. Ou demonstrará a impossibilidade prática de transferência nas circunstâncias especiais do caso concreto".

RESTITUIÇÃO DO INDÉBITO TRIBUTÁRIO:
LEGITIMIDADE ATIVA NAS INCIDÊNCIAS INDIRETAS

Vale, ainda, esclarecer que, do nosso ponto de vista, a prova a ser exigida com exclusividade do *contribuinte de direito* não é arbitrária ou diabólica. A dificuldade decorre justamente da circunstância de ela se destinar a afastar fato presumido pela lei como de existência de repercussão do encargo financeiro do tributo.[360] Aliás, toda e qualquer situação de prova contra presunção legal terá este inconveniente. Afinal, trata-se de prova de fato excepcional, que subverte a lei natural das coisas, tanto é que se dirige justamente contra fato validamente tomado como antecedente de norma de presunção.

A diferença do tratamento outorgado a estes dois sujeitos decorre, portanto, da simples circunstância de, num caso, a prova ser predominantemente jurídica, o que, em face da existência de presunção legal, a torna dispensável; e noutro, predominantemente econômica. E isso, é bom que se registre, não resvala em confusão de planos de análise. Afinal, a repercussão do encargo financeiro do tributo nessas específicas situações é também antecedente de norma jurídica.

Como forma de sistematizar o que acabamos de expor, reuniremos as informações em quadro analítico, indicando os legitimados a pleitear a restituição do indébito tributário em se tratando de tributos ou incidências indiretas, bem como os

---

360. "PROCESSUAL CIVIL E TRIBUTÁRIO. OMISSÃO. NÃO OCORRÊNCIA. ICMS. SUBSTITUIÇÃO TRIBUTÁRIA. ART. 166 DO CTN. APLICABILIDADE. (...) 4. A maioria dos pedidos de restituição atinentes ao ICMS na sistemática da substituição tributária refere-se a casos em que a operação ocorreu a preço menor que o presumido, conforme diversos precedentes do STJ em que se decidiu pela aplicação do art. 166 do CTN. Não há peculiaridade da presente demanda. 5. De fato, a venda da mercadoria a preço menor que o presumido para fins da substituição tributária não faz concluir que o ônus econômico do tributo tenha sido suportado pelo alienante, como sustentam os recorrentes. A redução do preço pode ter sido causada por diversos motivos, como diminuição de custos ou estreitamento da margem de lucro por conta da concorrência acirrada. Isso não significa que o montante do ICMS cobrado não tenha sido repassado ao consumidor. 6. Na verdade, a dificuldade, praticamente impossibilidade, de se comprovar quem assumiu o encargo econômico do tributo indireto ocorre em qualquer sistemática, de substituição tributária ou não. Inquestionável é a opção legislativa de impor ao contribuinte de direito esse ônus probatório, nos estritos termos do art. 166 do CTN. 7. Recurso Especial não provido." (REsp 1250232/PR, Rel. Min. Herman Benjamin, Segunda Turma, DJe 26/06/2013).

ANDRÉA MEDRADO DARZÉ MINATEL

requisitos para o exercício desse direito, aplicáveis a cada um dos sujeitos identificados:

LEGITIMIDADE	SUJEITOS			
	Responsabilidade		Não cumulatividade	
E	Realizador do fato tributado, nos tributos exigidos do responsável	Responsável	Último contribuinte da cadeia de incidências tributárias	Demais contribuintes da cadeia de incidências tributárias (iniciais ou intermediárias)
REQUISITOS				
Legitimidade	Sim	Sim	Sim	Sim
Prova da assunção do encargo	Não	Sim	Não	Sim
Autorização legal do sujeito que suportou o ônus	Não	Sim	Não	Sim

Cabe esclarecer, desde já, que não é esse o entendimento que prevalece na doutrina e na jurisprudência, que ora se inclina no sentido de que (i) a prova da assunção do ônus decorrente da indevida exigência de tributo ou incidência indireta deverá ser sempre exigida como condição para legitimar quaisquer desses sujeitos (*contribuinte de fato* ou *contribuinte de direito*) como parte na relação jurídica de repetição,[361] ora

---

361. Esta é a lição de Sacha Calmon Navarro Coêlho: "O CTN está rigorosamente correto. Não seria ético, nem justo, devolver o tributo indevido a quem não o suportou. Seria enriquecimento sem causa. Por isso mesmo, exige a prova da não repercussão, ou então a autorização do contribuinte de fato, o que suportou o encargo, para operar a devolução ao contribuinte de jure, o sujeito passivo da relação jurídico-tributária". (COÊLHO, Sacha Calmon Navarro. *Curso de direito tributário brasileiro...* cit., p. 709).
Também é este o entedimento de José Mörshbächer: "Pela interpretação do art. 166, será parte legítima, desde que prove, para postular a repetição: o contribuinte de direito comprovando que assumiu o encargo financeiro do imposto indevido; o

RESTITUIÇÃO DO INDÉBITO TRIBUTÁRIO:
LEGITIMIDADE ATIVA NAS INCIDÊNCIAS INDIRETAS

defende que (i) a referida prova não pode ser exigida em nenhuma situação.[362]

No que se refere especificamente à legitimidade ativa, a jurisprudência atual, especialmente do Superior Tribunal de Justiça, se pacificou no sentido de que ela é conferida com exclusividade ao *contribuinte de direito*, que teria, todavia, que provar que não repassou o valor do tributo ao *contribuinte de fato* (equivocadamente entendido como consumidor final). Não realizada a prova, consideram o *contribuinte de direito* parte ilegítima para pleitear o indébito, ainda que o pagamento seja reconhecidamente indevido. E o que é pior: entendem que não haveria espaço para o *contribuinte de fato* pleitear tal restituição. Excepcionam desta regra apenas os pedidos de restituição relativos ao ICMS incidente sobre a demanda contratada e não utilizada de energia elétrica, em relação aos

---

contribuinte de direito, juntando autorização do contribuinte de fato que assumiu o encargo financeiro do imposto indireto indevido; o contribuinte de direito, juntando autorização ou outro instrumento equivalente que manifeste claramente a desistência da restituição daquelas pessoas que intervieram na relação do imposto indevido nas hipóteses inviáveis de comprovação de encargo; e do contribuinte de fato, comprovando o encargo financeiro do imposto indireto indevido". (MÖRSHBÄCHER. José. Op. cit., p. 60).

362. É o que defende Ricardo Mariz de Oliveira: "A assunção do custo tributário é matéria estranha à relação jurídico tributária, atendo-se à relação jurídica diversa, de direito privado, e entre partes também diversas, das quais apenas uma integra a relação jurídico tributária juntamente com o sujeito ativo desta. Por isso mesmo, o art. 123 do CTN estatui como regra a inoponibilidade ao fisco das convenções particulares relativas à responsabilidade pelo pagamento de tributos". (OLIVEIRA, Ricardo Mariz de. Repetição do indébito, compensação e ação declaratória... cit., p. 360).

No mesmo sentido se posiciona Schubert de Farias Machado:"Ora se assim é em matéria de cobrança do tributo, tudo indica que assim também deve ser em matéria de restituição; por outras palavras, se o fisco não admite que a translação lhe seja oposta como defesa por ocasião da cobrança, tão pouco lhe caberá opô-la, ele próprio, como defesa, quando pedida a restituição. E pouco importa a esta conclusão que a translação invocada, num e noutro caso, tenha decorrido de convenção particular ou de dispositivo expresso de lei: o fundamento da conclusão é tão-somente o fato de que o fisco só conhece o contribuinte legal, e esse fato permanece constante em ambas hipóteses". (MACHADO, Schubert de Farias. O direito à repetição do indébito tributário. In: MACHADO, Hugo de Brito (Coord.). *Repetição do indébito e compensação no direito tributário*. São Paulo: Dialética; Fortaleza: Instituto Cearense de Estudos Tributários – ICET, 1999, p. 403).

quais se positivou o entendimento de que o legitimado seria o consumidor final, impropriamente qualificado com *contribuinte de fato*. É o que veremos com mais vagar nos itens seguintes.

3.5.1 Os meios de prova da assunção do encargo financeiro do tributo no contexto do art. 166 do CTN

Analisando os textos jurídicos e as decisões judiciais sobre a matéria, é possível identificar algumas provas que são recorrentemente aceitas como hábeis a demonstrar (ou afastar) a existência de repercussão do encargo financeiro do tributo. Relacionaremos abaixo as principais delas:

> **(i) manutenção de preços habituais praticados pelo *contribuinte de direito* antes da instituição (ou majoração) indevida do tributo**

Para muitos,[363] a manutenção do preço dos bens que comercializa ou dos serviços que presta, mesmo diante da instituição ou majoração de tributo indevido, seria suficiente para, por si só, certificar a assunção do seu encargo financeiro pelo *contribuinte de direito*. Para estes, a não inclusão do *quantum* ilegal no seu custo afastaria a presunção relativa de repercussão.

Assim, bastaria ao *contribuinte de direito* realizar perícia contábil demonstrando que não houve aumento de preço de seus bens ou serviços, mesmo diante da elevação da carga tributária para legitimar-se na ação de repetição de indébito tributário.

A despeito de reconhecermos que a presente prova é indiciária da ausência de repercussão econômica, não

---

363. Ao tratar do tema, José Mörschbächer é categórico: "a comprovação, no caso, se tornará bastante simples se os preços forem constantes, ou então, se variáveis, as alterações estejam plenamente justificadas pela elevação dos demais custos, exceto relativo ao imposto indireto indevido". (MÖRSCHBÄCHER, José. Op. cit., p. 66).

RESTITUIÇÃO DO INDÉBITO TRIBUTÁRIO:
LEGITIMIDADE ATIVA NAS INCIDÊNCIAS INDIRETAS

entendemos que se trate de prova concludente. Isso porque o preço das mercadorias ou serviços pode variar por inúmeros fatores, não se podendo afirmar, com segurança, que nesses casos houve efetiva assunção do ônus pelo *contribuinte de direito*.[364]

É bem possível que haja, em casos como o presente, a inclusão da carga tributária no preço a ser repassado ao contribuinte de fato, mas cujos efeitos sejam neutralizados em face de uma eventual redução de algum dos outros fatores que compõem o custo, por exemplo.

Assim, do nosso ponto de vista, a presente prova deve ser associada a outros elementos para formar a convicção do órgão julgador no sentido de que não houve a repercussão do ônus tributário.

(ii) tabelamento oficial de preços e instituição ou aumento de tributo indevido

Talvez seja essa a situação mais tratada pela jurisprudência dos Tribunais Superiores. Durante décadas, o Ministro Décio Miranda sustentou, no Supremo Tribunal Federal, que, em se tratando de preço tabelado, "não fica ao alvedrio do industrial ou comerciante acrescentar qualquer parcela ao preço autorizado." Esse entendimento era acompanhado, ainda,

---

364. "Portanto, o raciocínio é simples: se o preço do produto é ditado pelo mercado, não estando toda a oferta deste mercado sujeita à tributação, por óbvio não conseguirá o contribuinte de direito repassar o respectivo encargo financeiro ao contribuinte de fato – suportando inteiramente o ônus –, pois haverá concorrentes que não elevarão seus preços. Trata-se, pois, de elasticidade absoluta da demanda a variações no preço dos produtos (decorrentes, inclusive, de ilegítimas imposições fiscais indiretas). Se, pelo contrário, a demanda for absolutamente inelástica – isto é, totalmente insensível a variações nos preços –, ela assimilará por completo o aumento indevido. Nesse caso, serão os consumidores – e não o contribuinte de direito – que arcarão com a totalidade do tributo indevido. De um modo geral, bens essenciais – integrantes da cesta básica – apresentam demandas inelásticas; bens supérfluos, demandas elásticas." (NELLIS, Joseph; PARKER, David. *Princípios de economia para os negócios*. Tradução Bazan Tecnologia e Linguística. São Paulo : Futura, 2003. p. 85).

ANDRÉA MEDRADO DARZÉ MINATEL

pelos Ministros Carlos Madeira, Eloy da Rocha e Thompson Flores, conforme demonstram as ementas abaixo transcritas:

REPETIÇÃO DE INDÉBITO TRIBUTÁRIO. TRANSFERÊNCIA DO ENCARGO. PRODUTOS TABELADOS. I. A relação jurídica que tem relevo, para efeito da repetição do indébito tributário, é a estabelecida entre o sujeito passivo original e o primeiro adquirente da mercadoria. Só a este faculta a lei (CTN, art. 166) autorizar o contribuinte de direito a receber o que indevidamente pagou. II. Nas mercadorias sujeitas a tabelamento, incluem-se nos custos os tributos pagos, pré-eliminando a transferência desse ônus ao preço cobrado ao consumidor final. Embargos de divergência conhecidos e recebidos. (RE 89463 segundo-EDv, Rel. Min. Carlos Madeira, Tribunal Pleno, DJ 17.10.1986).

AÇÃO DE REPETIÇÃO DE INDEBITO. AUSÊNCIA DE REPERCUSSÃO ECONÔMICA DO IMPOSTO DE IMPORTAÇÃO SOBRE MERCADORIA TABELADA. JURISPRUDÊNCIA CONSAGRADA NA SÚMULA 546. EMBARGOS DE DIVERGÊNCIA NÃO CONHECIDOS. (RE 68622 EDv, Rel. Min. Eloy da Rocha, Tribunal Pleno, DJ 27/08/1971).

REPETIÇÃO DE INDÉBITO. TAXA DE DESPACHO ADUANEIRO. I. Sendo adicional do Imposto de Importação, segue-lhe, no que respeita à repetição, a sua condição. II. Sem prova de que suportou o ônus, sem descarrega-lo no contribuinte de fato, ou que a mercadoria estivesse tabelada, descabe a restituição. Aplicação do art. 16 do Código Tributário Nacional. Precedentes do Supremo Tribunal Federal. III. Recurso Provido. (RE 80303, Rel. Min. Thompson Flores, Segunda Turma, DJ 02/06/1975).

O Superior Tribunal de Justiça, da mesma forma, se posicionou durante muito tempo no sentido de que o tabelamento de preços das mercadorias seria prova da ausência de repercussão do encargo financeiro do tributo ou, no mínimo, fato presuntivo de não repasse, que precisaria ser elidido pelo Fisco:

TRIBUTÁRIO. AGRAVO REGIMENTAL EM AGRAVO DE INSTRUMENTO. AÇÃO DE REPETIÇÃO DE INDÉBITO. ICMS. PASSAGENS AÉREAS. PREÇO CONTROLADO PELO GOVERNO FEDERAL. PROVA DE NÃO REPERCUSSÃO DO

RESTITUIÇÃO DO INDÉBITO TRIBUTÁRIO:
LEGITIMIDADE ATIVA NAS INCIDÊNCIAS INDIRETAS

ENCARGO. ART. 166 DO CTN. INEXIGIBILIDADE IN CASU. LEGITIMIDADE ATIVA DO CONTRIBUINTE DE FATO. 1. O ICMS não incide no **produto ou serviço cujo preço seja tabelado** sujeito a regime próprio de recolhimento de impostos, por isso que, nessa sistemática, **não se cogita do fenômeno da repercussão para os fins do art. 166 do CTN no que pertine à devolução. 2.** É que nas mercadorias sujeitas a tabelamento, incluem-se nos custos os tributos pagos, pré-eliminando a transferência desse ônus ao preço cobrado do consumidor final. 3. Deveras, o produto tabelado tem o seu preço determinado pelo Poder Público, por isso que se estabelece controle do lucro, que é o parâmetro para a medida econômica da repercussão. No tabelamento, com a fixação do lucro, já são considerados como custo os tributos pagos. **Há assim, como dito, uma pré-eliminação desses tributos no preço ao consumidor final** (Precedentes: REsp 781.285/ RS, Rel. Min. Eliana Calmon, Segunda Turma, DJ 03/08/2007; REsp 943.119/SP, Rel. Ministro José Delgado, Primeira Turma, DJ 23/08/2007; REsp n.º 317.920/BA, Rel. Min. Eliana Calmon, DJ 30/09/2002; EDcl no REsp n.º 71.962/SP, Rel. Min. Francisco Peçanha Martins, DJ 11/09/2000). 4. **Destarte, em se tratando de produto tabelado, há uma presunção (relativa) de não-repasse, que precisa ser elidida pelo Fisco com prova contrária, que, no caso, não houve, de modo específico.** (....). No entanto, o ônus da prova pertence ao Fisco, neste caso. 8. Agravo Regimental a que se nega provimento. (AgRg no AgRg no Ag 1020121/SP, Rel. Min. Luiz Fux, Primeira Turma, DJe 26/08/2010).

PROCESSUAL CIVIL E TRIBUTÁRIO. AÇÃO DE REPETIÇÃO DE INDÉBITO. ICMS. EXPORTAÇÃO DE FARELO DE SOJA. MATÉRIA DE PROVA. SÚMULA N. 7/STJ. TRANSFERÊNCIA DO ENCARGO FINANCEIRO. NÃO-APLICAÇÃO DO ART. 166 DO CTN. PRECEDENTES. (...) 3. Conhecimento do recurso quanto à alegada violação do art. 166 do CTN, negando-se provimento, tendo em vista que: **A exportação de café em grãos, com preço tabelado no mercado internacional, não deixa espaço para que se faça a cobrança do ICMS do adquirente (o importador que realiza a operação pelo valor de mercado). Sistemática que não enseja o fenômeno da repercussão para se obter a devolução (Precedentes do STF e desta Corte). (REsp n. 317.920/BA, Rel. Min. Eliana Calmon). 4. Na exportação de produtos, cujo preço é imposto no mercado externo, não há como repercutir o encargo tributário para o adquirente, sob pena de comprometer, irremediavelmente, a sua competitividade.** O fato de o exportador nacional estar submetido a preço internacional uniforme induz efetivamente à presunção de que não é possível a transferência do ICMS ao adquirente

ANDRÉA MEDRADO DARZÉ MINATEL

estrangeiro, devendo o Fisco desincumbir-se, pelos meios admitidos em direito, da tarefa de desconstituir essa presunção favorável ao exportador, o que não ocorreu no caso vertente. 5. Recurso especial parcialmente conhecido e, na parte conhecida, não provido. (REsp 943.119/SP, Rel. Min. José Delgado, Primeira Turma, DJ 23/08/2007).

TRIBUTÁRIO. ICMS. DEVOLUÇÃO. EXPORTAÇÃO DE CAFÉ EM GRÃOS. REPERCUSSÃO (ART. 166 DO CTN). 1. A exportação de café em grãos, com preço tabelado no mercado internacional, não deixa espaço para que se faça a cobrança do ICMS do adquirente (o importador que realiza a operação pelo valor de mercado). 2. Sistemática que não enseja o fenômeno da repercussão para se obter a devolução (Precedentes do STF e desta Corte). 3. Recurso especial improvido. (REsp 317.920/BA, Rel. Min. Eliana Calmon, Segunda Turma, DJ 30/09/2002)

TRIBUTÁRIO. REPETIÇÃO DO INDÉBITO. CONTRIBUIÇÃO PARA A IAA. PREÇO TABELADO. ART. 166 DO CTN. A aplicação do art. 166 do CTN na repetição de tributos constitui questão ainda não resolvida satisfatoriamente pela jurisprudência. Hipótese, todavia, em que tabelado o preço do produto, a presunção e a de que o contribuinte não pode repassar a carga econômica do tributo para o consumidor. Recurso Especial não conhecido. (REsp 68401/RJ, Rel. Min. Ari Pargendler, Segunda Turma, DJ 28/04/1997).

Vale destacar, todavia, que os julgados mais recentes do E. Superior Tribunal de Justiça são, em sua maioria, no sentido de que, mesmo nos casos de tabelamento de preços, não é possível a revisão das decisões proferidas nas instâncias ordinárias reconhecendo ou não a presença da repercussão do ônus financeiro do tributo, uma vez que isso implicaria reapreciação da prova, vedada pela Súmula nº 07[365] deste mesmo Tribunal:

PROCESSUAL CIVIL E TRIBUTÁRIO. AGRAVO REGIMENTAL NO RECURSO ESPECIAL. REPETIÇÃO DE INDÉBITO. ICMS. PASSAGENS AÉREAS. LEGITIMIDADE ATIVA. ARTIGO 166 DO CTN. ACÓRDÃO RECORRIDO QUE RECONHECE O REPASSE DO ENCARGO FINANCEIRO AO

---

365. Súmula nº 07 do STJ: "A pretensão de simples reexame de prova não enseja Recurso Especial".

RESTITUIÇÃO DO INDÉBITO TRIBUTÁRIO:
LEGITIMIDADE ATIVA NAS INCIDÊNCIAS INDIRETAS

CONTRIBUINTE FINAL. REVISÃO. IMPOSSIBILIDADE. SÚMULA 7 DO STJ. 1. Recurso especial em que a empresa busca a repetição de indébito de ICMS incidente sobre o preço das passagens aéreas, no período em que elas eram tabeladas pelo Governo Federal. 2. O Tribunal de origem reconheceu a ilegitimidade ativa, nos termos do art. 166 do CTN, ao fundamento de que a prova dos autos atesta que o ônus financeiro do imposto, não obstante o tabelamento, foi repassado para o consumidor final. **A revisão desse entendimento, pressupõe, necessariamente, o reexame do acervo fático-probatório dos autos, o que é inviável na estreita via do recurso especial, ante o óbice da Súmula 7/STJ.** 3. Por oportuno, a seguinte afirmativa do acórdão de origem: "É o que, na verdade, atestam os documentos de fls. 353/354 (*verbis*: - "... o aumento concedido por conta da incidência do ICMS seria acrescentado ao valor da tarifa líquida, assim o valor final da tarifa aérea ... seria a tarifa líquida ... acrescida do ICMS, calculado por dentro ..." - fls. 354), 256, 258, 260, 262, 264 e 266, onde se verifica que a autora deduziu os valores recolhidos a título de ICMS da sua ROB no período de 1989 a 1994. Mas: - os documentos de fls. 268 e 269 informam que foi concedido aumento de tarifa aérea em razão do ICMS então devido e que as companhias aéreas estavam autorizadas a calcular a tarifa com a inclusão do imposto. (...) E como a autora (contribuinte de direito) recuperou do consumidor final (contribuinte de fato) o tributo indevidamente pago, não faz ela jus à repetição do indébito." (fl. 612). 4. Nessa linha, mantém-se a inadmissão do recurso especial, pois o Tribunal de origem levou em consideração a observância de provas contidas nos autos que atestam o repasse do tributo (ICMS) na venda de passagens aéreas ao consumidor final. Incide, portanto, à hipótese, a Súmula 7 desta Corte. 5. De igual modo: REsp 1.164.574/MG, Rel. p/acórdão Min. Castro Meira, DJ 16/03/11 e AgRg no REsp 1081933/DF, Rel. Min. Benedito Gonçalves, DJ de 26/04/12. 6. Agravo regimental não provido. (AgRg no REsp 1111359/SP, Rel. Min. Benedito Gonçalves, Primeira Turma, DJe 24/05/2012).

Com essa mudança na perspectiva de análise da matéria pelo do Superior Tribunal de Justiça e com a alteração da competência do Supremo Tribunal Federal, o presente tema vem sendo definido pelos Tribunais de Justiça dos Estados e pelos Tribunais Regionais Federais – a depender do tributo de que se trate – os quais possuem precedentes nos mais diversos sentidos.

ANDRÉA MEDRADO DARZÉ MINATEL

Do nosso ponto de vista, o tabelamento oficial de preços, assim como a manutenção de preços habituais pelo *contribuinte de direito*, é indiciário da ausência de repercussão, mas não prova concludente. Isso porque o fato das mercadorias ou serviços terem seu preço tabelado não é suficiente para, por si só, afastar a presença, na sua composição, de uma exação indevida.[366]

(iii) manutenção de bens e mercadorias no estoque do *contribuinte de direito*

Defendem alguns[367] que a ausência de comercialização (revenda) dos produtos indevidamente onerados com a tributação também serviria como prova da assunção do encargo financeiro do tributo pelo *contribuinte de direito*.

A presente assertiva, todavia, somente nos parece sustentável nas etapas intermediárias de circulação. Isso porque os

---

366. Existem alguns precedentes nesse sentido: "PROCESSUAL CIVIL E TRIBU-TÁRIO. AGRAVO REGIMENTAL NO RECURSO ESPECIAL. REPETIÇÃO DE INDÉBITO. ICMS. PASSAGENS AÉREAS. LEGITIMIDADE ATIVA. ART. 166 DO CTN. ACÓRDÃO RECORRIDO QUE RECONHECE O REPASSE DO ENCARGO FINANCEIRO AO CONTRIBUINTE FINAL. REVISÃO. IMPOSSIBILIDADE. SÚ-MULA 7 DO STJ. 1. Recurso especial em que a empresa busca a repetição de indébito de ICMS incidente sobre o preço das passagens aéreas, no período em que elas eram tabeladas pelo Governo Federal. 2. O Tribunal de origem reconheceu a ilegitimidade ativa, nos termos do art. 166 do CTN, ao fundamento de que a prova dos autos atesta que o ônus financeiro do imposto, não obstante o tabelamento foi repassado para o consumidor final. A revisão desse entendimento pressupõe, necessariamente, o reexame do acervo fático-probatório dos autos, o que é inviável na estreita via do recurso especial, ante o óbice da Súmula 7/STJ. 3. Por oportuno, a seguinte afirmativa do acórdão de origem: 'É o que, na verdade, atestam os documentos de fls. 353/354 (...) 4. Nessa linha, mantém-se a inadmissão do recurso especial, pois o Tribunal de origem levou em consideração a observância de provas contidas nos autos que atestam o repasse do tributo (ICMS) na venda de passagens aéreas ao consumidor final. Incide, portanto, à hipótese, a Súmula 7 desta Corte. 5. De igual modo: REsp 1.164.574/MG, Rel. p/ac. Min. Castro Meira, DJ 16/03/2011 e AgRg no REsp 1081933/DF, Rel. Min. Benedito Gonçalves, DJ de 26/04/2012. 6. Agravo regimental não provido." (AgRg no REsp 1111359/SP, Rel. Min. Benedito Gonçalves, Primeira Turma, DJe 24/05/2012).

367. "Enquanto não houver ocorrido a venda desse mesmo bem, serviço, utilidade ou produto, não haverá como se falar na transferência de que fala o art. 166 do CTN." (MÖRSCHBÄCHER, José. Op. cit., p. 65).

RESTITUIÇÃO DO INDÉBITO TRIBUTÁRIO:
LEGITIMIDADE ATIVA NAS INCIDÊNCIAS INDIRETAS

tributos incidentes sobre produtos ou mercadorias que repercutem por sua própria natureza jurídica (ou seja, os tributos marcados pela não cumulatividade exógena devidos pelo próprio contribuinte ou pelo responsável) somente são devidos na saída do estabelecimento, não na sua entrada. Portanto, para que se possa falar em assunção do encargo nesses casos, é necessário que haja ao menos uma incidência prévia indevida.

Não bastasse isso, não podemos ignorar a grande dificuldade, especialmente em relação aos bens fungíveis, de comprovar a sua efetiva manutenção em estoque, o que fragiliza sobremaneira a presente prova.

(iv) contabilização do indébito tributário indireto em conta destacada do ativo realizável como crédito a haver contra a Fazenda Pública

A Suprema Corte, em precedente antigo e isolado,[368] já reconheceu o direito à restituição diante da prova da contabilização do indébito tributário indireto em conta destacada do ativo realizável, como crédito a haver contra a Fazenda Pública, em face da existência de medida judicial assim autorizando, por entender se tratar de elemento suficiente para demonstrar a assunção do encargo financeiro do tributo.

No referido julgado, o Ministro Relator Luiz Gallotti ponderou o seguinte:

> (...) a companhia passara a escriturar separadamente, depois do julgamento do mandado de segurança, aquilo que devia e aquilo que não devia, porque já estava protegida por decisão judicial. Então deduz S. Exas. que não se incorpora ao preço de importância que ela, de antemão, sabia que não era devida, segundo decisão transitada em julgado.

Também não nos parece se tratar de situação suficiente para provar a ausência de repasse do ônus financeiro do

---

368. STF, RE nº 58290, Rel. Min. Luiz Gallotti, DJ 23/11/1966.

tributo. Nada impediria o *contribuinte de direito* de agregar o tributo indevido no preço dos bens e, concomitantemente, contabilizá-lo em suas demonstrações financeiras, como um ativo recuperável.[369]

(v) lavratura de Auto de Infração exigindo o tributo indevido do contribuinte de direito posteriormente às operações

Cogita-se, no caso, de situação na qual o *contribuinte de direito* é compelido ao pagamento de ICMS ou de IPI, por exemplo, relativo a diferenças de tributo não recolhidas, tampouco destacadas nas respectivas notas fiscais, por meio de lançamento de ofício lavrado após as operações que lhe ensejaram. Em momento posterior, depois do pagamento do Auto de Infração, verifica que a exigência era indevida e, como consequência, pleiteia a sua devolução.

Diferentemente das hipóteses anteriormente tratadas, entendemos que, aqui sim, tem-se indício forte da ausência de repercussão do ônus tributário (por óbvio, apenas da parte que pagou indevidamente), especialmente em face da ausência de destaque do montante posteriormente exigido nas notas fiscais de venda de mercadorias ou produtos industrializados.

Além disso, nessas hipóteses, não há que se falar nos efeitos neutralizadores típicos da regra de repercussão decorrente da não cumulatividade exógena, haja vista que, relativamente a este montante, não haverá direito ao crédito, justamente por conta da ausência de destaque em documento fiscal.

(vi) situações em que o indébito tributário decorre exclusivamente de erro no preenchimento de guias de recolhimento, não refletindo a apuração ou escrituração do tributo, tampouco as notas fiscais correlatas

---

369. Também é esta a posição de Luiz Dias Fernandes: "É de salientar, no entanto, que referida contabilização do ônus tributário em conta destacada do ativo realizável como crédito contra a Fazenda Pública nada prova com relação à assunção ou repasse dele. Nada, em verdade, impediria, o contribuinte legal de simultaneamente contabilizar o indébito em conta destacada do ativo realizável e repassá-lo, através do preço ao adquirente". (FERNANDES, Luiz Dias. Op. cit., p. 66).

RESTITUIÇÃO DO INDÉBITO TRIBUTÁRIO:
LEGITIMIDADE ATIVA NAS INCIDÊNCIAS INDIRETAS

Do mesmo modo que na hipótese anterior, entendemos que a demonstração de que o indébito decorreu de erro no recolhimento do tributo em si, o qual não foi refletido na sua apuração, tampouco na sua contabilização ou escrituração, é prova quase que absoluta da ausência do repasse do encargo do ônus tributário. Isso porque, nessas situações específicas não se verifica qualquer impacto decorrente do recolhimento a maior do tributo nas etapas seguintes da cadeia de circulação ou produção, já que o adquirente das mercadorias ou bens não terá justo título para se apropriar de crédito maior do que o devido. Tampouco o sujeito que realizou o fato jurídico tributário poderá sofrer retenção ou ser compelido ao reembolso do montante recolhido a maior, mas, apenas e tão somente, do tributo efetivamente devido, destacado em documento fiscal próprio.

(vii) inadimplência do adquirente de mercadorias, bens ou serviços

Do ponto de vista econômico ou financeiro, a resposta é imediata: a inadimplência do adquirente de mercadorias, bens ou serviços é fato suficiente para comprovar a ausência de repasse do encargo financeiro do tributo para a sua pessoa. Aliás, nestas situações, não há repasse de qualquer custo do vendedor para o comprador, simplesmente porque não houve o pagamento do preço.

Ocorre que, sob o prisma jurídico, por mais inusitado que possa parecer, a questão toma outro dimensionamento. Isso por uma nuança singela, mas decisiva: a inadimplência perante os fornecedores não obsta a apropriação dos créditos destacados em notas fiscais, relativos aos tributos não cumulativos.

Assim, do nosso ponto de vista, caso o pedido de repetição do indébito tributário se refira a tributos marcados pela não cumulatividade exógena, a inadimplência do adquirente de mercadorias, bens ou serviços nada prova a respeito da repercussão do ônus.

288

Por outro lado, caso a translação de que se trate seja aquela que se opera entre responsável e realizador do fato jurídico tributário, a coisa muda de figura. De fato, nessas hipóteses, a inadimplência[370] do terceiro funciona como prova cabal da ausência de repasse do ônus do tributo pago pelo responsável, na medida em que, sem o pagamento do preço do negócio jurídico, não há como operacionalizar o reembolso, muito menos a retenção dos valores relativos aos tributos, ou seja, não há como se operacionalizar a repercussão. Além disso, nesses casos, não há outros efeitos jurídico-tributários decorrentes da simples realização do negócio jurídico, como ocorre nos tributos não cumulativos, o que, por si só, permite a outorga de tratamento diferenciado. Convém destacar, todavia, que a inadimplência de que estamos nos referindo é apenas a cometida pelo realizador do fato jurídico tributário, não do próprio responsável pelo pagamento do tributo.

(viii) mercadorias dadas em bonificação ao consumidor final

Outra situação tratada pela jurisprudência do Superior Tribunal de Justiça é o pedido de restituição dos valores indevidamente recolhidos nas operações de saída de mercadorias a título de bonificação. Isso porque, especialmente após ter sido pacificado no âmbito daquele Tribunal, por meio da Súmula nº 457, o entendimento de que *"os descontos incondicionais nas operações mercantis não se incluem na base de cálculo do ICMS"*, foram propostas várias ações pleiteando a devolução dos valores pagos a este título.

Nesses casos haveria igualmente a necessidade de o *contribuinte de direito* provar a ausência de translação do encargo financeiro do tributo? Obviamente que não. O caso concreto não é suporte fático suficiente para autorizar a aplicação do art. 166 do CTN. Afinal, tratando-se de mercadoria dada em

---

370. Vale ressaltar que a inadimplência aqui tratada não é aquela meramente temporária, mas a definitiva, que implica o reconhecimento contábil da perda do direito de crédito sobre a correspondente operação.

bonificação, não há que se falar em preço, muito menos em repasse de qualquer valor.

Também foi esta a solução dada pelo E. Superior Tribunal de Justiça, que entendeu que, se a mercadoria foi dada em bonificação, ou seja, foi entregue sem a cobrança de qualquer quantia, constitui um contrassenso exigir a prova da ausência de transferência do encargo tributário para permitir a sua restituição:

> PROCESSUAL CIVIL E TRIBUTÁRIO. VIOLAÇÃO AO ART. 535 DO CPC, INEXISTENTE. ICMS. MERCADORIAS DADAS EM BONIFICAÇÃO. ESPÉCIE DE DESCONTO INCONDICIONAL. INEXISTÊNCIA DE OPERAÇÃO MERCANTIL. NÃO-INCLUSÃO NA BASE DE CÁLCULO. RESP. 1.111.156/SP, JULGADO SOB O RITO DO ART. 543-C DO CPC E DA RES 8/ STJ. POSSIBILIDADE DE CREDITAMENTO DOS VALORES NDEVIDAMENTE RECOLHIDOS. DESNECESSIDADE DA PROVA DA REPERCUSSÃO JURÍDICA. INAPLICABILIDADE DO ART. 166 DO CTN NO CASO CONCRETO. (...) 4. Em tese e normalmente, os tributos ditos indiretos, como o são o ICMS e o IPI, ou seja, aqueles que, por sua própria natureza comportam a transferência do encargo financeiro, são feitos obrigatoriamente para repercutir; consequentemente, no caso de repetição ou compensação, exige-se a prova da não repercussão, para se evitar o enriquecimento sem causa de quem não suportou efetivamente o pagamento da exação. 5. Todavia, a configuração dessa repercussão jurídica, acha-se condicionada à verificação de alguns fatores, principalmente que o negócio jurídico bilateral configure fato gerador do gravame repercutido, e que este gravame esteja embutido no preço e destacado na nota fiscal respectiva; destarte, seguindo essa linha de raciocínio, se a mercadoria foi dada em bonificação, ou seja, foi entregue sem o pagamento de qualquer quantia pelo contribuinte final, e se sobre essas não incide qualquer tributo (não configura fato gerador tributário), como já assentou essa Corte de Justiça, ausentes estão os pressupostos para a atração do art. 166 do CTN, constituindo um contra senso exigir-se a prova da não repercussão para permitir o creditamento ou a repetição. (...) 8. Recurso Especial provido para julgar procedente o pedido inicial, reconhecendo o direito da recorrente ao creditamento dos valores indevidamente recolhidos a título de ICMS em saídas bonificadas, condenando a recorrida ao pagamento das custas e despesas processuais (respeitada a imunidade da Fazenda em relação àquelas) e

honorários advocatícios no valor de R$ 20.000,00. (REsp 1366622/ SP, Rel. Min. Napoleão Nunes Maia Filho, Primeira Turma, DJe 20/05/2013).

Andou bem o E. Superior Tribunal de Justiça ao entender que as mercadorias entregues em bonificação são parcelas redutoras do custo e, como tais, não se prestam para transladar o encargo financeiro do tributo, em especial, sob a perspectiva jurídica.

Pois bem. Após esta análise do cenário jurídico e jurisprudencial a respeito da prova da repercussão do encargo financeiro do tributo, concluímos que, nessa matéria, quase todas as demais provas são válidas, mas frágeis. Exceção feita a algumas situações específicas, todas as demais dependem efetivamente do convencimento da autoridade julgadora, diante das particularidades e especificidades do caso concreto, formado a partir dos elementos trazidos pelas partes ao processo.[371] Em síntese, trata-se de tema altamente pragmático, cuja definição variará caso a caso, não havendo uma resposta uniforme para todas as situações.

3.5.2 A problemática em torno do *consumidor final*

Como vimos, uma questão bastante controvertida é saber quem pode ser considerado *contribuinte de fato*, ou seja, o sujeito que assume o encargo financeiro do tributo que, por sua natureza, repercute economicamente. Trata-se, como já adiantado, de questão nuclear do presente tema, já que, em nossa singela opinião, corresponde ao principal destinatário

---

371. Também foi esta a conclusão a que chegou o Ministro Aliomar Baleeiro há muitas décadas: "REPETIÇÃO DE IMPOSTO INCONSTITUCIONAL. Em princípio, não se concede a do tributo indireto no pressuposto de que ocasionaria o locupletamento indébito do contribuinte *de jure*. Mas essa regra, consagrada pela Súmula nº 71, deve ser entendida em caso concreto, pois nem sempre há critério cientifico para diagnosticar-se esse locupletamento. Financistas e juristas ainda não assentaram um *standard* seguro para distinguir impostos diretos e indiretos, de sorte que, a transferência do ônus, às vezes, é matéria de fato, apreciável em cada caso concreto". (RE 45977, Rel. Min. Aliomar Baleeiro, Segunda Turma, DJ 22/02/1967).

RESTITUIÇÃO DO INDÉBITO TRIBUTÁRIO:
LEGITIMIDADE ATIVA NAS INCIDÊNCIAS INDIRETAS

da regra processual de legitimidade ativa, prescrita no art. 166 do CTN.

Pois bem. Vimos que *tributos indiretos*, ou, mais tecnicamente, tributos que comportam, por sua natureza, transferência do respectivo ônus, são apenas aqueles que possuem um *contribuinte de direito*, obrigado juridicamente ao pagamento do tributo e, um *contribuinte de fato*, que suporta a diminuição patrimonial decorrente da incidência do tributo.

Ocorre que, para ser considerado *contribuinte de fato*, ao menos sob a perspectiva jurídica, não basta que o sujeito – que não figura no polo passivo da obrigação tributária – suporte em definitivo o ônus financeiro decorrente da exigência do tributo. É necessário que exista regra de direito positivo assim determinando, ou seja, que se trate de hipótese de repercussão jurídica.

A juridicidade da transferência do ônus tributário dá-se, portanto, quando, paralelamente à regra-matriz de incidência tributária, exista outra norma que autorize o sujeito passivo do tributo a repassar o seu encargo a um terceiro, pré-definido pelo próprio sistema. Duas conclusões decorrem desta tomada de posição:

- ✓ **Contribuinte de fato** é o destinatário legal e final da regra de repercussão do tributo; é, apenas e tão somente, aquela pessoa que, por determinação legal, tem o dever de arcar com encargo financeiro do tributo, com ou sem o direito de abater de sua carga o montante que incidiu em etapas anteriores. Assim, corresponde exclusivamente (i) ao realizador do fato jurídico tributário, em se tratando de repercussão decorrente da instituição de regra de responsabilidade; e/ou (ii) ao último sujeito passivo, efetivo ou presumido, da cadeia de incidências sobre a circulação ou a produção, nas hipóteses de repercussão decorrente da regra de não cumulatividade exógena; e

✓ **Consumidor final**, independentemente da situação que se trate, jamais poderá receber o qualificativo de *contribuinte de fato*. Ele suporta o ônus do tributo apenas sob o prisma econômico, não sob o enfoque jurídico.

Neste ponto se aloja um problema muito sério, porquanto não nos parece que o legislador, ao fixar que a restituição de tributos que comportem, por sua natureza, transferência do respectivo encargo financeiro somente será feita a quem prove haver assumido o referido encargo, pretendeu se referir ao consumidor final. E nem o poderia, tendo em vista que não há repasse jurídico do encargo financeiro do tributo para a sua pessoa, mas apenas repasse econômico.

Não se nega que o direito positivo contempla situações em que encerra, na mesma pessoa, a figura do sujeito passivo do tributo e daquele que arca com o ônus fiscal (sob o ponto de vista jurídico), ao passo que, em outras, faz o desmembramento dessas características, atribuindo-as a pessoas diferentes. Ocorre que o consumidor final jamais é eleito pela lei como aquele que arca juridicamente com o peso do tributo, seja porque não corresponde ao sujeito que realiza o fato tributado, seja porque em nenhuma situação é qualificado como responsável, seja, ainda, porque não é o destinatário jurídico, direto ou indireto, da regra de não cumulatividade exógena. Insistimos: consumidor final, em qualquer hipótese, sofre apenas a repercussão econômica do tributo, nada mais.

O sujeito a quem o art. 166 do CTN outorga, incondicionalmente, legitimidade para repetir o indébito dos tributos que repercutem é aquele que, por disposição legal, suporta o seu encargo financeiro. Não se trata, pois, de qualquer um que, eventualmente, sofra a repercussão econômica do tributo, como ocorre em relação ao consumidor final. *Contribuinte de fato,* sob uma perspectiva estritamente jurídica, é, apenas e tão somente, o destinatário legal da norma de repercussão; aquele que, por opção do legislador, deva experimentar o desfalque patrimonial decorrente da realização de algum fato juridicamente relevante (tributário em sentido estrito ou não),

RESTITUIÇÃO DO INDÉBITO TRIBUTÁRIO:
LEGITIMIDADE ATIVA NAS INCIDÊNCIAS INDIRETAS

sendo indiferente se, no plano pragmático, esse mesmo sujeito gozará de mecanismos para, novamente, transladar a outrem o encargo financeiro do tributo, inclusive para o próprio consumidor final.

E quando o art. 166 do CTN abre exceção para contemplar outro sujeito como legitimado para pleitear a restituição, é apenas para colher a figura do contribuinte de direito, mas, neste caso, desde que observadas duas condições: apresentar prova efetiva de que não realizou o repasse do encargo ou[372] estar autorizado por aquele que o experimentou.

Assim, é possível entrever as razões pelas quais entendemos que o consumidor final jamais poderá pleitear o valor

---

372. Existem precedentes jurisprudenciais no sentido de que a legitimidade do *contribuinte de direito* para repetir tributos que a lei presume que repercutem está sempre condicionada à existência de autorização expressa do terceiro: "PROCESSUAL CIVIL E TRIBUTÁRIO. AGRAVO REGIMENTAL. AÇÃO DECLARATÓRIA. ICMS. TRIBUTO INDIRETO. TRANSFERÊNCIA DE ENCARGO FINANCEIRO AO CONSUMIDOR FINAL. ART. 166, DO CTN. ILEGITIMIDADE ATIVA. PRECEDENTES. (...) 4. Apenas em tais casos se aplica a regra do art. 166 do CTN, pois a natureza, a que se reporta tal dispositivo legal, só pode ser a jurídica, que é determinada pela lei correspondente e não por meras circunstâncias econômicas que podem estar, ou não, presentes, sem que se disponha de um critério seguro para saber quando se deu, e quando não se deu, a aludida transferência. 5. Na verdade, o art. 166 do CTN, contém referência bem clara ao fato de que deve haver pelo intérprete sempre, em casos de repetição de indébito, identificação se o tributo, por sua natureza, comporta a transferência do respectivo encargo financeiro para terceiro ou não, quando a lei, expressamente, não determina que o pagamento da exação é feito por terceiro, como é o caso do ICMS e do IPI. A prova a ser exigida na primeira situação deve ser aquela possível e que se apresente bem clara, a fim de não se colaborar para o enriquecimento ilícito do poder tributante. Nos casos em que a lei expressamente determina que o terceiro assumiu o encargo, necessidade há, de modo absoluto, que esse terceiro conceda autorização para a repetição de indébito. 6. O tributo examinado (ICMS) é de natureza indireta. Apresenta-se com essa característica porque o contribuinte real é o consumidor da mercadoria objeto da operação (contribuinte de fato) e a empresa (contribuinte de direito) repassa, no preço da mercadoria, o imposto devido, recolhendo, após, aos cofres públicos o imposto já pago pelo consumidor de seus produtos. Não assume, portanto, a carga tributária resultante dessa incidência. 7. Em consequência, o fenômeno da substituição legal no cumprimento da obrigação, do contribuinte de fato pelo contribuinte de direito, ocorre na exigência do pagamento do imposto do ICMS. Ilegitimidade ativa ad causam da empresa recorrida configurada. 8. Precedentes desta Corte Superior. 9. Agravo regimental não provido." (AgRg no Ag 636095/SP, Rel. Min. José Delgado, Primeira Turma, DJ 02/05/2005).

indevidamente recolhido aos cofres públicos. Consumidor final não é contribuinte de direito, tampouco contribuinte de fato. Afinal, não mantém vínculo com o Erário, muito menos é destinatário legal e final da regra de repercussão. Essa elucidação metódica, em nosso sentir, não foi satisfatoriamente feita pela doutrina, muito menos pela jurisprudência, razão pela qual permanece sendo foco de tantas incoerências e contradições.

Perceba-se que a realidade econômica não transita livremente para o mundo do Direito, sendo necessário, para se inserir no sistema, ser conteúdo de seus próprios elementos, que são as normas jurídicas. Assim é impróprio defender que o contribuinte de fato, ou mais tecnicamente, que o destinatário legal do repasse do ônus econômico do tributo a que o art. 166 do CTN se refere seja o consumidor final. Não se pode negar que a doutrina e a jurisprudência progrediram ao defender que a repercussão que o referido dispositivo legal contempla é a jurídica e não a econômica, mas retrocederam ao defender que o sujeito regulado por este dispositivo seja o consumidor final. Será apenas o realizador do fato jurídico tributário, em se tratando de repercussão derivada de regra de responsabilidade ou o último contribuinte da cadeia de incidências sobre a circulação ou produção, nas hipóteses de não cumulatividade exógena (já que sobre ele recai presunção de assunção do ônus e ausência de novo repasse jurídico), reafirme-se.

Talvez seja esse o ponto mais sensível da interpretação do art. 166 do CTN e que, do nosso ponto de vista, não comporta outra solução. Isso porque admitir que o consumidor final possa ser incluído no conceito de classe de *contribuinte de fato*, de sujeito que assume juridicamente o ônus do tributo, com o devido respeito àqueles que entendem em sentido contrário, resvala, necessariamente, em misturar os planos de análise do fenômeno da repercussão. Cai, inevitavelmente, na especulação meramente econômica, o que não nos parece ser critério legítimo e apropriado para a interpretação das normas jurídicas.

RESTITUIÇÃO DO INDÉBITO TRIBUTÁRIO:
LEGITIMIDADE ATIVA NAS INCIDÊNCIAS INDIRETAS

Se é sabidamente aceito que existem normas de direito positivo determinando a repercussão do tributo, como justificar, nesse contexto, que o sujeito que assume o encargo financeiro do tributo referido pelo art. 166 do CTN não corresponda exclusivamente ao destinatário da regra jurídica de repercussão, mas também a figuras outras, que experimentam o impacto do tributo apenas sob a perspectiva econômica? Ou, sob outro ângulo, qual seria a justificativa jurídica para sustentar que o consumidor final seja o destinatário legal da norma de repercussão?

Nada, em nosso sentir, justifica a qualificação do consumidor final como contribuinte de fato. E não é só. Interpretação diversa rui a própria racionalidade do art. 166 do CTN, que é justamente servir de instrumento para adequar a restituição do indébito às situações de repercussão jurídica do encargo do tributo. Com efeito, a devolução das quantias indevidamente pagas ao consumidor final não neutraliza os efeitos jurídicos da cobrança indevida, afinal o que o consumidor paga é preço, jamais tributo. Se sob a perspectiva econômica o problema poderia ser resolvido com tal atitude, do ponto de vista jurídico a questão permanece em aberto, a espera de solução.

Assim, em nossa singela opinião, quando o tributo indevido é pago pelo responsável (e não pelo contribuinte, na acepção dada pelo art. 121, I, do CTN), o legitimado por excelência à restituição nos termos do art. 166 do CTN será aquele que, a despeito de realizar o fato jurídico tributário, por opção do legislador, não figurou como devedor do tributo. Afinal, nestes casos, apesar de não pagar diretamente o tributo, deverá suportar seu ônus, em face da existência necessária e inafastável de regras de repercussão (retenção ou reembolso). A legitimidade do contribuinte de direito, ou seja, do próprio responsável tributário existirá apenas diante da demonstração, por meio de provas, da ausência de repercussão ou da apresentação de autorização por parte do *contribuinte de fato*.

Já em se tratando de tributos que gravam o consumo, legitimado incondicional será o último sujeito passivo tributário

ANDRÉA MEDRADO DARZÉ MINATEL

da cadeia de circulação ou produção. Ou seja, o contribuinte que, em regra, se coloca no elo imediatamente anterior ao consumidor final. Afinal, é ele quem suportará em definitivo o encargo do tributo, exatamente por não gozar de autorização para repercuti-lo para um terceiro, ao menos sob o ponto de vista jurídico. Também aqui apenas se verificará a legitimidade dos outros contribuintes que se posicionam nos elos anteriores da cadeia de circulação ou produção na eventualidade de comprovar que não houve repercussão do ônus tributário ou de apresentar autorização do próprio contribuinte de fato.

É justamente por conta disso que não concordamos com a definição de terceiro, positivada, inicialmente, pelo Supremo Tribunal Federal, nos seguintes termos:

> (...) A relação jurídica que tem relevo para efeito tributário é entre o sujeito passivo originário e o primeiro adquirente da mercadoria. Este é o terceiro ao qual o art. 166 do CTN faculta autorizar o contribuinte de direito a receber o que indevidamente pagou. O alargamento da relação jurídica, até o terceiro, quarto ou quinto comprador do produto, importaria, na realidade, no seu esgarçamento, resultando até na desfiguração da relação jurídico-tributária, pois como adverte Rubens Gomes de Souza, o direito de reposição, em relação a estes últimos, já configura questão de direito privado.[373]

A despeito de elogiável a posição adotada, especialmente por deixar claro que o *terceiro* a que se refere o art. 166 do CTN não é o consumidor final, peca por limitar a extensão da norma de repercussão que integra o regime jurídico dos tributos plurifásicos e não cumulativos. Afinal, o impacto econômico da incidência não se limita a refletir (juridicamente) no elo seguinte da cadeia, mas nos seguintes, por expressa determinação da lei. Isso fica bastante evidente quando se verifica que o crédito da etapa final é calculado tomando-se como base não apenas o valor agregado na fase imediatamente anterior, mas o valor que foi composto ao longo de toda a

---

373. Trecho do voto proferido no RE 89463 segundo-EDv, Relator Ministro Carlos Madeira, Tribunal Pleno, DJ 17/10/1986.

RESTITUIÇÃO DO INDÉBITO TRIBUTÁRIO:
LEGITIMIDADE ATIVA NAS INCIDÊNCIAS INDIRETAS

cadeia, mediante a interferência de diversos fatores, dentre os quais, as incidências tributárias anteriores.

Assim, também por essas razões, entendemos que o *contribuinte de fato*, para fins de aplicação do art. 166 do CTN, corresponde somente ao último sujeito passivo tributário da cadeia de circulação ou produção. Afinal, reafirme-se, é apenas ele que, por determinação da lei, deverá suportar o ônus do tributo, já que, diversamente dos demais integrantes da cadeia, não tem autorização legal para repercutir juridicamente sua carga tributária, definida já com os abatimentos autorizados relativos às etapas anteriores.

Cabe aqui mais uma advertência. Muito da confusão que gira em torno do presente tema deve-se ao fato de alguns olvidarem que a repercussão do encargo financeiro do tributo nem sempre é considerada relevante para o direito positivo. Ela o será, apenas e tão somente, nas situações em que é contemplada no antecedente de norma de direito positivo. Prova disso é que, mesmo que o contribuinte seja vítima de inadimplência por parte dos adquirentes das mercadorias ou tomadores de serviços, ainda assim estará obrigado a recolher os tributos devidos na operação. Por outro lado, os destinatários das mercadorias têm direito aos créditos dos impostos não cumulativos, mesmo nas hipóteses de inadimplência tributária por parte dos vendedores das mercadorias, contribuintes que se colocam no elo anterior da cadeia.

Essa questão foi muito bem tratada por Hugo de Brito Machado Segundo e Paulo de Tarso Vieira Ramos, os quais deixaram evidente que tratar a problemática do *contribuinte de fato* à luz da repercussão jurídica implica, necessariamente, concluir que ele corresponderá apenas àquele que, por determinação da lei, deverá suportar o tributo:

> No caso do imposto incidente sobre a venda, geralmente o encargo é acrescido ao valor da mercadoria. Assim é quase sempre suportado financeiramente pelo consumidor final. Tal fato,

ANDRÉA MEDRADO DARZÉ MINATEL

todavia, é extremamente complexo. O comerciante, em dificuldades, pode vender a mercadoria por preço inferior ao de custo. A mercadoria pode estragar-se. Em ambos os casos o ônus foi suportado pelo contribuinte de direito. A questão de saber quem é contribuinte de fato, portanto, somente pode ser avaliada caso a caso. (...) Considerada, todavia, a questão à luz da problemática da repercussão jurídica, a que, na verdade, se refere o art. 166 do CTN, o *contribuinte de fato* será aquele que, por lei, deverá suportar o tributo. Esse é que estará legitimado a repeti-lo.[374]

Assim, o *contribuinte de fato* ou o sujeito que suporta o encargo do tributo referido pelo art. 166 do CTN apenas estará presente nas situações em que haja repercussão jurídica e não meramente econômica do tributo, o que, pelas razões já expostas, não permite incluir o consumidor final nesses conceitos de classe.

Não é esta, todavia, a posição que prevalece na doutrina. Sacha Calmon Navarro Coelho, por exemplo, defende que o destinatário da repercussão dos tributos que, pela sua própria natureza, comportam a transferência do respectivo encargo financeiro é o consumidor final:

Quando o CTN se refere a tributos que, pela sua própria natureza, comportam a transferência do respectivo encargo financeiro, está se referindo a tributos que, pela sua constituição jurídica, são feitos para obrigatoriamente repercutir, casos do IPI e do ICMS, entre nós idealizados para serem transferidos para o consumidor final.[375]

José Mörschbächer sustenta idêntico posicionamento:

O encargo financeiro da tributação indireta, contrariamente da direta, não se destina aos contribuintes *ex lege*, mas à massa consumidora final, aos contribuintes *de facto*, os compradores

---

374. MACHADO SEGUNDO, Hugo de Brito; RAMOS, Paulo de Tarso Vieira. Op. cit., p. 149-150.

375. COÊLHO, Sacha Calmon Navarro. *Curso de direito tributário brasileiro...* cit., p. 709.

RESTITUIÇÃO DO INDÉBITO TRIBUTÁRIO:
LEGITIMIDADE ATIVA NAS INCIDÊNCIAS INDIRETAS

ou consumidores finais das mercadorias, bens ou serviços tributados, ou então aos que percebem a renda tributada exclusivamente na fonte.[376]

Também a jurisprudência dos Tribunais pátrios, em especial do E. Superior Tribunal de Justiça, tem se posicionado, à quase unanimidade e há muitos anos, no sentido de que o contribuinte de fato, ou seja, a pessoa que suporta o encargo financeiro do tributo indireto é o consumidor final:

> DEMANDA CONTRATADA. CONTRIBUINTE DE FATO. LEGITIMIDADE ATIVA AD CAUSAM. RESP 1.299.303/SC, JULGADO SOB O REGIME DOS RECURSOS REPETITIVOS. (...) 3. A Primeira Seção desta Corte, ao apreciar o REsp 1.299.303/SC, relatado pelo Min. Cesar Asfor Rocha e submetido ao rito do art. 543-C do CPC, reviu a jurisprudência, até então sedimentada a respeito da legitimidade do contribuinte de fato, para reaver o indébito. O novel entendimento desta Corte é o de que o **consumidor do serviço prestado**, apesar de **ostentar a condição de contribuinte de fato**, detém legitimidade *ad causam* ativa para reaver o indébito de ICMS. Medida cautelar procedente. (MC 19.945/RJ, Rel. Ministro Humberto Martins, Segunda Turma, DJe 25/10/2013).

> TRIBUTÁRIO. ICMS. ENERGIA ELÉTRICA. LEGITIMIDADE ATIVA DO CONSUMIDOR. MATÉRIA JULGADA SOB O RITO DOS RECURSOS REPETITIVOS. AGRAVO NÃO PROVIDO. 1. O **STJ, em recurso especial representativo de controvérsia, firmou entendimento segundo o qual o consumidor final, na condição de contribuinte de fato**, tem legitimidade para discutir a incidência de ICMS sobre a demanda contratada de energia elétrica (REsp 1.299.303/SC, Rel. Min. Cesar Asfor Rocha, Primeira Seção, DJe 14/8/12). 2. Não há falar em observância da cláusula de reserva de plenário (art. 97 da CF/88) e do enunciado 10 da Súmula vinculante do STF, pois, na decisão recorrida, não houve declaração de inconstitucionalidade dos dispositivos legais suscitados, tampouco o seu afastamento. 3. Agravo regimental não provido. (AgRg no AREsp 102.887/MG, Rel. Ministro Arnaldo Esteves Lima, Primeira Turma, DJe 12/09/2013).

> TRIBUTÁRIO. ICMS SOBRE ENERGIA ELÉTRICA. DEMANDA CONTRATADA. ENCARGO DE CAPACIDADE

---

376. MÖRSCHBÄCHER, José. Op. cit., p. 256.

EMERGENCIAL (SEGURO-APAGÃO). CONSUMIDOR EM OPERAÇÃO INTERNA. ILEGITIMIDADE ATIVA AD CAUSAM. (...) 3. No caso da energia elétrica, embora o **consumidor possa ser considerado contribuinte de fato,** jamais o será de direito nas operações internas, pois não promove a circulação do bem, e tampouco há previsão legal nesse sentido. 4. Contribuinte de direito é o sujeito passivo que tem relação pessoal e direta com o fato gerador, nos termos do art. 121, parágrafo único, I, do CTN. Indicado na lei para ocupar o polo passivo da obrigação tributária, é também quem deve, em última análise, recolher o tributo ao Fisco. 5. Assim, contribuinte de direito é, por definição, aquele e somente aquele determinado pela lei. 6. **Contribuinte de fato é quem suporta o ônus econômico do tributo, ou seja, a quem a carga do tributo indireto é repassada, normalmente o consumidor final.** (...)13. Quando o adquirente da energia elétrica na operação interestadual é consumidor final, ou seja, não a revende ou a emprega industrialmente, deverá recolher o ICMS sobre essa aquisição integralmente ao Fisco de seu Estado (destino), na condição de contribuinte, conforme a norma excepcional do art. 4º, parágrafo único, IV, da LC 87/1996. 14. Esta é, portanto, a única hipótese em que o adquirente de energia elétrica é contribuinte de direito do ICMS (art. 4º, parágrafo único, IV, da LC 87/1996): se a obtiver em operação interestadual e não destiná-la à comercialização ou à industrialização, ou seja, no caso de ser consumidor final em operação interestadual. (...) (REsp 928875/MT, Rel. Min. Herman Benjamin, Segunda Turma, DJe 01/07/2010).

COMPENSAÇÃO. REPETIÇÃO DE INDÉBITO. ICMS. TRIBUTO INDIRETO. TRANSFERÊNCIA DE ENCARGO FINANCEIRO AO CONSUMIDOR FINAL. ART. 166 DO CTN. ILEGITIMIDADE ATIVA. (...) 3. A respeito da repercussão, a Primeira Seção do STJ, em 10/11/99, julgando os Embargos de Divergência nº 168469/SP, nos quais fui designado relator para o acórdão, pacificou o posicionamento de que ela não pode ser exigida nos casos de repetição ou compensação de contribuições, tributos considerados diretos, especialmente, quando a lei que impunha a sua cobrança foi julgada inconstitucional. (...) 8. O tributo examinado (ICMS) é de natureza indireta. Apresenta-se com essa característica porque o contribuinte real é o <u>consumidor</u> da mercadoria objeto da operação (contribuinte de fato) e a empresa (contribuinte de direito) repassa, no preço da mercadoria, o imposto devido, recolhendo, após, aos cofres públicos o imposto já pago pelo consumidor de seus produtos. Não assume, portanto, a carga tributária resultante dessa incidência. Em consequência, o fenômeno da substituição legal no cumprimento

RESTITUIÇÃO DO INDÉBITO TRIBUTÁRIO:
LEGITIMIDADE ATIVA NAS INCIDÊNCIAS INDIRETAS

da obrigação, do contribuinte de fato pelo contribuinte de direito, ocorre na exigência do pagamento do imposto do ICMS. (...) (AgRg no REsp 436894/PR, Rel. Ministro José Delgado, Primeira Turma, DJ 17/02/2003).

Lamentamos ser este o panorama atual sobre a matéria. Do nosso ponto de vista, esta é a pedra de toque do tema da repetição do indébito dos tributos indiretos. Assim, muito do atraso no desenvolvimento do seu estudo e os equívocos na sua aplicação se devem justamente à incorreta definição que se vem atribuindo ao *contribuinte de fato* ou destinatário do ônus tributário a que se refere o art. 166 do CTN.

3.5.3 A legitimidade ativa para pleitear a restituição do indébito nas situações em que o tributo é devido pelo responsável

Se a definição da legitimidade ativa para pleitear a restituição do indébito nos tributos indiretos é tema que já desperta muita polêmica, ela se acentua ainda mais quando a questão se volta para as incidências indiretas, ou seja, para os casos em que o sujeito passivo do tributo (direto ou indireto) pertence à categoria dos responsáveis.

De fato, não há qualquer consenso doutrinário ou jurisprudencial em torno do presente tema. Alguns entendem que o responsável tributário, na qualidade de sujeito passivo tributário, sempre teria legitimidade ativa para pleitear aquilo que recolheu indevidamente.[377] Outros, em sentido diametral-

---

377. "TRIBUTÁRIO. ADICIONAL DO IMPOSTO DE RENDA. REPETIÇÃO DE INDÉBITO. INCIDÊNCIA DESDE O PAGAMENTO INDEVIDO. RESPONSÁVEL TRIBUTÁRIO. LEGITIMIDADE. CTN, ART. 166. (...) O responsável tributário, em sendo sujeito passivo, tem legitimidade para repetir o tributo indevidamente pago (CTN, ARTS. 121, 165 E 166)." (REsp 417.459/SP, Rel. Min. Humberto Gomes de Barros, Primeira Turma, DJ 24/06/2004). No mesmo sentido: AgRg no REsp 263.653/SC, Rel. Min. Eliana Calmon, Segunda Turma, DJ 11/11/2002; EREsp 114.582/SP, Rel. Ministro Garcia Vieira, Primeira Seção, DJ 21/08/2000; REsp 88.092/SP, Rel. Min. Humberto Gomes de Barros, Primeira Turma, DJ 03/06/1996.

ANDRÉA MEDRADO DARZÉ MINATEL

mente oposto, defendem que jamais poderia figurar no polo ativo de uma ação de repetição de indébito.[378] Muitos se colocam em posição intercalar, sustentando que o responsável poderia pleitear a restituição do indébito, desde que comprovasse a observância dos requisitos do art. 166 do CTN.[379] Há, ainda, aqueles que sustentam que a legitimidade ativa em situações como a presente oscila a depender de particularidades do caso concreto.

Pois bem. Ao tratar especificamente do titular do direito à repetição nas hipóteses de responsabilidade tributária, Marcelo Fortes de Cerqueira afirma que, "em regra, só o responsável poderá pagar indevidamente e só a ele cabe solicitar a devolução". Mais adiante, alega que a condição de devedor do tributo "decorrente da concretização do evento jurídico da responsabilidade justifica a deste como titular do direito à repetição do indébito, portanto a titularidade do direito à

---

378. "PROCESSUAL CIVIL. TRIBUTÁRIO. ADICIONAL DE IMPOSTO DE RENDA. REPETIÇÃO DE INDÉBITO. ILEGITIMIDADE ATIVA DO RESPONSÁVEL TRIBUTÁRIO. (...) 3. A Primeira Seção desta Corte pacificou a orientação de que o responsável tributário não é parte legítima para pleitear a restituição de adicional de imposto de renda em questão. Recurso especial conhecido em parte e improvido." (REsp 648.923/SP, Rel. Min. Humberto Martins, Segunda Turma, DJ 03/08/2007).
No mesmo sentido: REsp 554.203/RS, Rel. Min. Teori Albino Zavascki, Primeira Turma, DJ 24/05/2004; EREsp 417.459/SP, Rel. Min. Franciulli Netto, Primeira Seção, DJ 11/10/2004.

379. "TRIBUTÁRIO. FUNRURAL. LEGITIMIDADE ATIVA AD CAUSAM DO ADQUIRENTE DA MATÉRIA-PRIMA DE PRODUTOR RURAL. ART. 166 DO CTN. PRECEDENTES. AGRAVO NÃO PROVIDO. 1. "A jurisprudência desta Corte firmou-se no sentido de que a pessoa jurídica adquirente de produtos rurais é responsável tributário pelo recolhimento da contribuição para o FUNRURAL sobre a comercialização do produto agrícola, tendo legitimidade tão-somente para discutir a legalidade ou constitucionalidade da exigência, mas não para pleitear em nome próprio a restituição ou compensação do tributo, a não ser que atendidos os ditames do art. 166 do CTN" (REsp 961.178/RS, Rel. Eliana Calmon, Segunda Turma, DJe 25/05/09). 2. Agravo regimental não provido." (AgRg no AREsp 198.160/PI, Rel. Ministro Arnaldo Esteves Lima, Primeira Turma, DJe 16/10/2012).
No mesmo sentido: AgRg no REsp 737.583/RS, Rel. Min. Humberto Martins, Segunda Turma, DJe 03/03/2008; REsp 737.388/RS, Rel. Min. Eliana Calmon, Segunda Turma, DJ 26/09/2007.

RESTITUIÇÃO DO INDÉBITO TRIBUTÁRIO:
LEGITIMIDADE ATIVA NAS INCIDÊNCIAS INDIRETAS

devolução não está, necessariamente, vinculada à realização do evento imponível".[380]

Neste ponto discordamos do autor. Em várias oportunidades ao longo deste trabalho, esclarecemos que a repercussão jurídica é requisito constitucional inafastável para a válida instituição de regra de responsabilidade tributária, especialmente quando decorrente da prática de ato lícito. Afinal, somente assim, legitima-se a apropriação de um terceiro que não realizou o fato signo presuntivo de riqueza tomado causa para tributação, para figurar na relação jurídica tributária.

Também pensamos ter deixado claro que a repercussão, nessas específicas situações, é norma jurídica que autoriza o sujeito passivo do tributo, que não praticou o fato jurídico tributário, a transferir o ônus da tributação para a pessoa que o realizou. Assim, quem sofre efetivamente (ou, ao menos, presumidamente) o impacto do pagamento indevido do tributo nesses casos é o realizador do fato tributado, devendo, por esta mesma razão, ser ele, em princípio, o titular do direito subjetivo à devolução e não o responsável tributário,[381] nos termos do próprio art. 166 do CTN.

---

380. CERQUEIRA, Marcelo Forte de. *Repetição do indébito tributário:*... cit., p. 376-377.

381. Ainda que motivadas por razões não exatamente idêntica, é possível identificar decisões jurisprudenciais sustentando a ilegitimidade ativa do responsável: "TRIBUTÁRIO. RECURSO ESPECIAL. CONTRIBUIÇÃO PARA O FUNRURAL. REPETIÇÃO DE INDÉBITO. COOPERATIVA. LEGITIMIDADE. (...) Revela-se, assim, a dissociação entre as figuras do contribuinte de fato (o segurado, que suporta o ônus financeiro correspondente ao tributo) e do contribuinte de direito (o adquirente, o consignatário ou, como no caso dos autos, a cooperativa, a quem a lei imputa o dever de recolher e pagar o tributo, na qualidade de substituto tributário). Na verdade, a cooperativa limita-se a cumprir um dever acessório - separar determinada parcela do preço pago ao segurado e repassá-la ao Fisco - não sendo possível reconhecer a ela legitimidade para pleitear, em nome próprio, a restituição desses valores, que jamais desembolsou, mas apenas reteve e repassou - exatamente de acordo com a orientação da Suprema Corte. (voto-vista do Ministro Teori Zavascki, Resp 486.102-SC). (....)." (REsp 572.320/RS, Rel. Ministro Luiz Fux, Primeira Turma, julgado em 04/03/2004, DJ 17/05/2004, p. 148).

ANDRÉA MEDRADO DARZÉ MINATEL

Essa regra, todavia, poderá ser alterada em três situações excepcionais. A primeira delas corresponde à hipótese em que o responsável corretamente retém o valor devido a título de tributo ou dele se reembolsa. Entretanto, ao proceder ao seu repasse ao Fisco, realiza pagamento a maior. Nesses casos, entendemos que a simples demonstração, por meio de provas, da ocorrência dos fatos que acabamos de expor será suficiente para afastar a presunção de repasse do ônus do tributo e, ao mesmo tempo, legitimar o próprio responsável a pleitear a restituição do montante que pagou (e arcou) indevidamente. A simples comprovação de que o reembolso ou retenção correspondeu exatamente ao montante do tributo devido será prova suficiente da ausência de repercussão jurídica do excedente (indébito). Isso porque, em casos como o presente, a situação concreta demonstra que a repercussão juridicamente autorizada não foi feita no exato montante recolhido ao Erário.[382]

O responsável terá, ainda, direito subjetivo à restituição caso demonstre que, a despeito da autorização legal, não procedeu, no plano dos fatos, à repercussão dos valores por ele pagos a título de tributo ao realizador do fato tributado. Um exemplo clássico desta situação se dá quando o responsável (o que inclui a figura do substituto) deixa de realizar a retenção ou o reembolso.[383] Para legitimar-se, todavia, terá que apresen-

---

382. Hugo de Brito Machado Segundo e Paulo de Tarso Vieira Ramos compartilham desse raciocínio. Nas suas palavras: "Em caso de suposto pagamento indevido, o empregador – que recolheu os valores – só poderá ser restituído se comprovar que, excepcionalmente, suportou o encargo financeiro da tributação tida por ilegal. Isso porque, no caso, a presunção é a de que o empregado, que teve seu salário descontado da contribuição pretensamente ilegítima, seja quem efetivamente sofreu o prejuízo e, portanto, seja quem deve ser indenizado". (MACHADO SEGUNDO, Hugo de Brito; RAMOS, Paulo de Tarso Vieira. Repetição de indébito tributário e compensação... cit., p. 148).

383. "1. TRIBUTÁRIO. REPETIÇÃO DO INDÉBITO. LEGITIMIDADE AD CAUSAM. VALORES RETIDOS NA FONTE PAGADORA. Ao repassar para o Erário o imposto de renda devido por terceiros, a fonte pagadora nada desembolsa, e portanto não tem legitimidade para pedir a restituição do indébito; já o responsável, que paga o imposto de renda no lugar do contribuinte, por ter descumprido a obrigação de retê-lo na fonte, tem, sim, legitimidade para pleitear-lhe a restituição, na

RESTITUIÇÃO DO INDÉBITO TRIBUTÁRIO:
LEGITIMIDADE ATIVA NAS INCIDÊNCIAS INDIRETAS

tar provas cabais e concludentes da ausência de repercussão do encargo.[384]

Por fim, terá legitimidade ativa *ad causam* para pleitear a restituição do indébito tributário o responsável que, mesmo tendo repassado o ônus financeiro do tributo para o sujeito que realizou o fato jurídico tributário, dele obtiver expressa autorização para tal.[385] Vale ressaltar, neste ponto, que o *terceiro*, referido pelo art. 166 do CTN, corresponde, nessas situações, apenas e tão somente, ao realizador do fato tributado, a ninguém mais. Assim, para legitimar-se processualmente a pedir de volta o tributo indevido que repercutiu, o responsável terá

---

medida em que arcou com a oneração. (...).” (REsp 197955/SP, Rel. Min. Ari Pargendler, Segunda Turma, DJ 21/06/1999).
Há precedentes, todavia, defendendo que, mesmo nessas hipóteses, o resposável tributário não teria legitimidade para repetir o indébito. Isso fica bem evidente no seguinte trecho do voto do Ministro Franciulli Netto: “Aplicado o mesmo raciocínio, se, por hipótese, o responsável deixa de reter o tributo devido pelo contribuinte e, nada obstante, efetua o pagamento, ainda assim, não poderia ele ajuizar a ação de repetição de indébito, já que o indébito era alheio e, como é sabido, ‘salvo disposições de lei em contrário, as convenções particulares, relativas à responsabilidade pelo pagamento de tributos, não podem ser opostas à Fazenda Pública, para modificar a definição legal do sujeito passivo das obrigações tributárias correspondentes’ (art. 123 do CTN)”. (EREsp 417.459/SP, Relator Min. Franciulli Netto, Primeira Seção, DJ 11/10/2004). Note-se que, para assim decidir, o Ministro parte da premissa de que a regra de retenção seria uma convenção particular relativa à responsabilidade pelo pagamento de tributos, o que, do nosso ponto de vista, não se sustenta.

384. Vale esclarecer, todavia, que existem alguns precedentes sustentando que, nos casos em que “a lei expressamente determina que o terceiro assumiu o encargo, necessidade há, de modo absoluto, que esse terceiro conceda autorização para a repetição de indébito”. (RMS 22.333/PA, Rel. Min. José Delgado, Primeira Turma, DJ 07/11/06). No mesmo sentido, EREsp 168.469, Rel. Min. Ari Pargendler, Rel. p/ Acórdão Min. José Delgado, Primeira Seção, DJ 17/12/1999.
Não nos parece, todavia, que seja esta a melhor interpretação do art. 166 do CTN. Entendemos que a prova da ausência de repercussão e autorização expressa do contribuinte de fato sejam condição autônomas para legitimar o contribuinte de direito a pleitear a repetição do indébito tributária.

385. “Em outras palavras: o ‘substituto’ – fonte pagadora – só pode pleitear a restituição do indébito em duas situações: (i) se provar que o respectivo montante não foi retido do beneficiário dos rendimentos – ou, nos termos do art. 166 do CTN que assumiu referido encargo – ou, (ii) se, tendo efetuado a retenção, estiver expressamente autorizado, pelo terceiro que suportou a transferência do encargo, a recebe a restituição”. (NOGUEIRA, Julia de Meneses. *Imposto sobre a renda na fonte*. São Paulo: Quartier Latin, 2007. p. 215-216).

306

ANDRÉA MEDRADO DARZÉ MINATEL

que obter expressa autorização da sua pessoa, não de qualquer outra, para quem tenha, por qualquer meio, repercutido economicamente tais valores.[386]

Neste contexto, nota-se com evidência que a legitimidade do responsável para pleitear a restituição de tributos indevidamente pagos se configura apenas em situações excepcionalíssimas, nas quais, a despeito de ter realizado corretamente a constituição do crédito tributário e o seu respectivo repasse ao sujeito que realizou o fato jurídico tributo, efetuou pagamento a maior ao Fisco; ou nos casos de ausência de repasse ou repasse a menor do ônus; ou, ainda, de obtenção de expressa autorização do realizador do fato tributado.

Não é este, todavia, o posicionamento que prevalece atualmente[387] na jurisprudência do E. Superior Tribunal de

---

386. Não é este, todavia, o entendimento que prevalece na jurisprudência. Analisando os acórdãos sobre a matéria, percebe-se que a repercussão que se considerada não é a jurídica, mas a econômica, que recai sobre a figura do consumidor final: "TRIBUTÁRIO. ICMS. SUBSTITUIÇÃO TRIBUTÁRIA. INEXISTÊNCIA DE REPERCUSSÃO DO ÔNUS TRIBUTÁRIO. LEGITIMIDADE. ART. 116 DO CTN. COMPENSAÇÃO. BASE DE CÁLCULO PRESUMIDA MAIOR QUE A EFETIVADA. IMPOSSIBILIDADE. ART. 150, § 7º, DA CONSTITUIÇÃO. 1. No regime de substituição tributária progressiva, autorizado pelo art. 150, § 7º, da CF, ocorrendo venda por preço inferior ao presumido, o substituído tem legitimidade processual para discutir eventual irregularidade na incidência de tributo sobre a diferença entre preço praticado e aquele previsto para a ocorrência do fato gerador presumido, uma vez que nesta hipótese não se constata o fenômeno da repercussão tributária ao consumidor, contribuinte de fato, sobre o desconto ofertado. Inteligência do art. 166 do CTN. Precedentes. 2. Entretanto, na substituição tributária regida pelo art. 150, § 7º, da CF, somente nos casos de não realização do fato previsto na lei instituidora do tributo como hipótese de incidência, é que se permite a repetição dos valores recolhidos, sem relevância do fato de ter sido o tributo pago a maior ou a menor por parte do contribuinte substituído. Inexistência do direito à compensação. Precedentes do STF (ADin 1.851) e desta Corte. 3. Hipótese em que a recorrente pleiteia a declaração do direito à compensação de créditos tributários oriundos da incidência do ICMS, em regime de substituição tributária progressiva ou 'para frente', sobre a diferença entre o preço praticado e base de cálculo estabelecida para fato gerador presumido. 5. Recurso ordinário em mandado de segurança não provido". (RMS 34.389/MA, Rel. Min. Eliana Calmon, Segunda Turma, DJe 24/05/2013).

387. Anteriormente, vigorava entendimento que reconhecia legitimidade ativa ao *contribuinte de fato*, desde que demonstrado que o ônus financeiro do tributo não foi repassado aos consumidores finais ou que foi por estes autorizado a restituir o indébito.

RESTITUIÇÃO DO INDÉBITO TRIBUTÁRIO:
LEGITIMIDADE ATIVA NAS INCIDÊNCIAS INDIRETAS

Justiça, o qual, em julgamento submetido ao rito do art. 543-C do CPC, pacificou o entendimento de que, mesmo nas hipóteses de repercussão jurídica do encargo financeiro do tributo, legitimado a pleitear a restituição do indébito será exclusiva e invariavelmente o sujeito passivo do tributo, o que inclui a figura do responsável.

Para assim decidir, o E. Superior Tribunal de Justiça teve que partir da premissa de que "o art. 166, do CTN, embora contido no corpo de um típico veículo introdutório de norma tributária, veicula, nesta parte, norma específica de direito privado, que atribui ao terceiro o direito de retomar do contribuinte tributário, apenas nas hipóteses em que a transferência for autorizada normativamente, as parcelas correspondentes ao tributo indevidamente recolhido".[388] Nada mais absurdo.

"AGRAVO REGIMENTAL. RECURSO ESPECIAL. PROCESSUAL CIVIL. TRIBUTÁRIO. PIS E COFINS. COMBUSTÍVEIS. REGIME DE SUBSTITUIÇÃO TRIBUTÁRIA. ART. 4º, DA LEI N. 9.718/98 (REDAÇÃO ORIGINAL ANTERIOR À LEI N. 9.990/2000). AUSÊNCIA DE LEGITIMIDADE DO COMERCIANTE VAREJISTA (CONTRIBUINTE DE FATO. SUBSTITUÍDO) PARA PLEITEAR A REPETIÇÃO DE INDÉBITO PAGO PELA REFINARIA (CONTRIBUINTE DE DIREITO. SUBSTITUTO). TEMA JÁ JULGADO EM SEDE DE RECURSO REPRESENTATIVO DA CONTROVÉRSIA NA FORMA DO ART. 543-C, CPC. 1. Segundo o decidido no recurso representativo da controvérsia REsp. n. 903.394/AL, Primeira Seção, Rel. Ministro Luiz Fux, DJe de 26.04.2010, submetido ao rito do artigo 543-C do CPC, em regra o contribuinte de fato não tem legitimidade ativa para manejar a repetição de indébito tributário, ou qualquer outro tipo de ação contra o Poder Público de cunho declaratório, constitutivo, condenatório ou mandamental, objetivando tutela preventiva ou repressiva, que vise a afastar a incidência ou repetir tributo que entenda indevido. 2. No presente caso, a situação da empresa comerciante varejista de combustível (substituído tributário) é justamente a situação de contribuinte de fato, pois a redação original do art. 4º, da Lei n. 9.718/98 estabelece que as refinarias de petróleo é que figuram na qualidade de contribuinte de direito das exações ao PIS e COFINS (substitutos tributários). Sem legitimidade ativa a empresa comerciante varejista. 3. Superada a jurisprudência que reconhecia a legitimidade das empresas comerciantes varejistas de combustíveis desde que demonstrado que não repassaram o ônus financeiro do tributo aos consumidores finais ou que estejam autorizadas pelos consumidores a restituir o indébito (aplicação do art. 166, do CTN). 4. Agravo regimental não provido". (AgRg no AgRg no REsp 1228837/PE, Rel. Min. Mauro Campbell Marques, Segunda Turm, DJe 17/09/2013).

388. Trecho do voto do Ministro Relator Luiz Fux no REsp 903.394/AL, STJ, Primeira Seção, DJe de 26/04/2010.

ANDRÉA MEDRADO DARZÉ MINATEL

Ora, se há possibilidade de interpretação conforme a Constituição da República, porque procurar caminhos tão tortuosos como o presente, que classifica uma norma que regula a legitimidade ativa para pleitear o ressarcimento do indébito tributário como norma de direito privado?

Mas não é só. Propõe interpretação para a presente regra de exceção que, salvo a questão da prova, identifica como único legitimado justamente a pessoa referida pela regra geral do art. 165 do CTN. Como se vê, esta solução interpretativa praticamente esvazia de sentido o presente comando normativo, e o que é pior, rui toda a sua racionalidade, que é justamente servir de instrumento para que se minimizem os efeitos colaterais decorrentes da devolução de indébitos relativos a tributos ou incidências indiretas. Retomaremos estas questões, todavia, ao tratar especificamente da evolução da jurisprudência sobre a matéria.

Mais um ponto merece equacionamento em torno do tema da legitimidade ativa nos casos em que os tributos são devidos pelo responsável.

Conforme exaustivamente esclarecido, a repercussão econômica do tributo para destinatário específico (o realizador do fato tributado) é pressuposto para a válida instituição de regra de responsabilidade. Assim, colocando entre parênteses o que diz a jurisprudência, a princípio, o sujeito legitimado para pedir de volta o tributo indevidamente pago deveria ser o próprio realizador do fato tributado, já que juridicamente é ele que arca com seu ônus. A legitimidade do responsável surgiria apenas em situações excepcionais e desde que sejam atendidas as condições já apontadas. Problema surge quando a responsabilidade de que se trata é da espécie *por sucessão*, ou seja, quando a causa jurídica para a atribuição de responsabilidade é a sucessão (total ou parcial) da titularidade de bens. Nesses casos, especialmente nas situações em que o sucedido deixa de existir (morte ou extinção), não haveria legitimado a pleitear o indébito tributário?

309

RESTITUIÇÃO DO INDÉBITO TRIBUTÁRIO:
LEGITIMIDADE ATIVA NAS INCIDÊNCIAS INDIRETAS

Parece-nos que a presente hipótese é excepcional, merecendo, portanto, tratamento diferenciado justamente pelo fato de o patrimônio do sucedido (com suas parcelas positivas e negativas) ser absorvido pelo sucessor. Nesses casos, haveria verdadeira sub-rogação de todos os direitos e deveres relativos ao patrimônio transferido, o que inclui o direito de pleitear a devolução dos valores que foram indevidamente pagos a título de tributo.

Existem alguns precedentes jurisprudenciais acatando este raciocínio, de forma mais ou menos direta:

> TRIBUTÁRIO. IPTU. PAGAMENTO INDEVIDO EFETUADO PELOS ORA RECORRIDOS, QUE NA ÉPOCA FIGURAVAM COMO PROPRIETÁRIOS. LEGITIMIDADE PARA PLEITEAR A REPETIÇÃO DO INDÉBITO. (...) 2. Quanto à suposta afronta ao art. 123 do CTN, a tese aduzida pelo recorrente também não merece acolhida. Isso porque **o Tribunal a quo não levou em consideração convenção particular utilizada para modificar a definição legal do sujeito passivo do IPTU para formar seu convencimento, mas o fato de que os autores (ora recorridos) eram proprietários do imóvel em 1996, exercício que foi objeto de nova cobrança.** Ressalte-se que o art. 34 do CTN elege como contribuinte do IPTU, entre outros, "o proprietário do imóvel". 3. Nos termos do art. 165 do CTN, o sujeito passivo tem direito à restituição total ou parcial do tributo pago indevidamente. **Não se nega que a sub-rogação prevista no art. 130 do CTN, que se opera de pleno direito, enseja a atribuição de responsabilidade aos sucessores (adquirentes), em relação a tributo cujo fato gerador seja a propriedade.** Contudo, no caso concreto, os autores são titulares do direito material pleiteado, porquanto comprovaram que efetuaram o pagamento, de modo parcelado, da nova cobrança efetuada em 2001, referente ao exercício de 1996, época em que figuravam como proprietários. Destarte, é imperioso concluir que não foram violados os arts. 130 e 131, I, do CTN. 4. Recurso especial não provido. (REsp 1209825/SC, Rel. Min. Mauro Campbell Marques, Segunda Turma, DJe 02/02/2012).
>
> DESCONSTITUIÇÃO DO LANÇAMENTO DO IPTU. LEGITIMIDADE DO NOVO. PROPRIETÁRIO. FALTA DE QUITAÇÃO DO DÉBITO. ART. 130 DO CTN. I - A Primeira Turma desta Corte, no julgamento do REsp nº 593.356/RJ, Rel. p/ac. Min. Teori Albino Zavascki, DJ de 12/09/05, firmou entendimento de que apenas o sujeito passivo que efetivamente efetuou

310

ANDRÉA MEDRADO DARZÉ MINATEL

o pagamento pode pleitear a restituição do indevidamente recolhido. II - No entanto, conforme entendeu a Corte de origem, inexiste certidão de quitação dos débitos do IPTU, o que não permite ao antigo proprietário discutir a legalidade do lançamento do aludido tributo, **tendo em vista a sub-rogação dos direitos e deveres daquele ao adquirente do imóvel, de acordo com disposição do art. 130 do CTN**. III - Recurso especial improvido. (REsp 918.099/RS, Rel. Ministro Francisco Falcão, Primeira Turma, DJ 02/08/2007) .

FUNRURAL. TRIBUTO INDIRETO. REPETIÇÃO DE INDÉBITO. COOPERATIVA. LEGITIMIDADE. SUBROGAÇÃO. ART. 166, DO CTN. (...) 2. A contribuição para o FUNRURAL, através da técnica de desconto na nota fiscal do produtor quando da alienação do produto à cooperativa, caracteriza-se como **exação indireta**. 3. Assim, **em princípio, a repetição caberia ao contribuinte de fato**. 4. Deveras, a **cooperativa**, por força legal, **não obstante não seja contribuinte e sim responsável, é sub-rogada nos direitos do produtor, por isso que ostenta legitimidade ativa** e pretensão material ao percebimento do indevido. 5. A relação entre produtor e cooperativa é de direito privado e, *res iter alios* em relação ao fisco e suas entidades arrecadadoras. 6. Consectariamente, o fisco não pode eximir-se de restituir o que percebeu indevidamente, **figurando a sub-rogação legal como a autorização a que se refere o art. 166 do CTN,** muito embora, no plano privatístico, possa haver regresso do produtor em face da cooperativa, por força do princípio que veda o enriquecimento sem causa. (...) (REsp 498427/PR, Rel. Min. Luiz Fux, Primeira Turma, DJ 15/09/2003 – Destaque nosso).

TRIBUTÁRIO. CIVIL. REPETIÇÃO DE INDÉBITO. Segundo a legislação vigente, o terceiro interessado na extinção do débito que efetua o respectivo pagamento, sub-roga-se em todos os direitos e ações que competiam ao credor. O substituto tributário que realiza o pagamento do imposto recolhido indevidamente tem legitimação para postular a repetição de indébito. (...) (REsp 99.463/SP, Rel. Min. Demócrito Reinaldo, Primeira Turma, DJ 16/06/1997).

TRIBUTÁRIO. IPTU. RESTITUIÇÃO. LEGITIMIDADE. O **adquirente de imóvel, a quem foram transmitidos todos os direitos e ações pertinentes,** tem legitimidade para postular a restituição de IPTU pago indevidamente pelo anterior proprietário. (REsp 11613/SP, Rel. Ministro Américo Luz, Segunda Turma, DJ 15/03/1993).

RESTITUIÇÃO DO INDÉBITO TRIBUTÁRIO:
LEGITIMIDADE ATIVA NAS INCIDÊNCIAS INDIRETAS

Há, todavia, decisões que rejeitam a existência de sub-rogação dos direitos do sucedido pelo sucessor:

> **RECURSO ESPECIAL REPRESENTATIVO DE CONTROVÉRSIA. ART. 543-C DO CPC.** IPTU, TCLLP E TIP. INCONSTITUCIONALIDADE DA COBRANÇA DO IPTU PROGRESSIVO, DA TCLLP E DA TIP. ILEGITIMIDADE DO NOVO ADQUIRENTE QUE NÃO SUPORTOU O ÔNUS FINANCEIRO. (...) 5. O direito à repetição de indébito de **IPTU cabe ao sujeito passivo** que efetuou o pagamento indevido, ex vi do art. 165, do CTN. "**Ocorrendo transferência de titularidade do imóvel, não se transfere tacitamente ao novo proprietário o crédito referente ao pagamento indevido. Sistema que veda o locupletamento daquele que, mesmo tendo efetivado o recolhimento do tributo, não arcou com o seu ônus financeiro (CTN, art. 166).** Com mais razão, vedada é a repetição em favor do novo proprietário que não pagou o tributo e nem suportou, direta ou indiretamente, o ônus financeiro correspondente" (REsp 593356/RJ, Rel. p/ acórdão Min. Teori Albino Zavascki, DJ 12.09.05). (...). (**Outros precedentes:** REsp 892.997/RJ, Rel. Min. Eliana Calmon, 2ª Turma, DJe 21/10/08; AgRg nos EREsp 778.162/SP, Rel. Min. Luiz Fux, 1ª Seção, DJe 01/09/08; EREsp 761.525/RJ, Rel. Min. Humberto Martins, 1ª Seção, DJe 07/04/08; AgRg no REsp 965.316/RJ, Rel. Min. Francisco Falcão, 1ª Turma, DJ 11/10/07) 8. *In casu*, as instâncias ordinárias decidiram pela legitimidade de todos os adquirentes para a ação de repetição de indébito relativo a créditos tributários anteriores à data da aquisição do imóvel, utilizando-se, contudo, de fundamentação inconclusiva quanto à existência ou não de autorização do alienante do imóvel, que efetivamente suportou o ônus do tributo. 9. A exegese da cláusula da escritura que transfere diretamente a ação ao novel adquirente deve ser empreendida no sentido de que esse direito é ação sobre o imóvel, referindo-se à transmissão da posse e da propriedade, como v.g., se o alienante tivesse ação possessória em curso ou a promover, não se aplicando aos tributos cuja transferência do *jus actionis* deve ser específica, o que não ocorreu *in casu* em relação a um dos autores. 12. Recurso especial parcialmente provido, para reconhecer a ilegitimidade ativa ad causam da autora Ruth Raposo Pereira. **Acórdão submetido ao regime do art. 543-C do CPC e da Resolução STJ 08/08.** Embargos de declaração dos recorridos prejudicados. (REsp 947.206/RJ, Rel. Ministro Luiz Fux, Primeira Seção, DJe 26/10/2010).

ANDRÉA MEDRADO DARZÉ MINATEL

Em nossa opinião, caminhou muito bem este último precedente, julgado, inclusive, sob a sistemática dos recursos repetitivos, ao concluir que legítimo para pleitear a restituição do indébito tributário de IPTU é, apenas e tão somente, o proprietário do imóvel à época da ocorrência dos fatos geradores. Afinal, trata-se (i) de hipótese de tributo direto; (ii) não se operou, no caso concreto, a sucessão do tributo objeto do pedido, haja vista que ele fora pago pelo antigo proprietário (que continua existindo) e (iii) não se trata de hipótese de sucessão integral de bens.

Entendemos, todavia, que o deslinde da controvérsia deveria ser diferente caso o tributo tivesse sido pago pelo sucessor ou na eventualidade de este ter desaparecido (morte ou extinção). Ocorre que, pelas premissas fixadas no sentido de que *"ocorrendo transferência de titularidade do imóvel, não se transfere tacitamente ao novo proprietário o crédito referente ao pagamento indevido"*, não nos parece que seria este o tratamento a ser conferido pelo E. Tribunal.

3.5.3.1 A legitimidade ativa para pleitear a restituição do indébito nos casos em que a obrigação tributária é marcada pela solidariedade

Outra questão que merece ser enfrentada é a definição da legitimidade ativa para pleitear a restituição do indébito nas situações em que a obrigação tributária pressuposta é marcada pela solidariedade. Todos os sujeitos passivos originais do tributo (contribuintes ou responsáveis) são legítimos? Somente o contribuinte, em se tratando de solidariedade entre contribuinte e responsável? Ou apenas aquele(s) que pagou(aram) a dívida poderia pleitear sua devolução? São justamente estas perguntas que pretendemos responder neste item.

Antes, porém, faz-se necessário tecer alguns comentários, ainda que breves, sobre o instituto da solidariedade, já que somente assim reuniremos condições para enfrentar as questões propostas.

313

RESTITUIÇÃO DO INDÉBITO TRIBUTÁRIO:
LEGITIMIDADE ATIVA NAS INCIDÊNCIAS INDIRETAS

Obrigação solidária é, nos termos da lei civil, aquela em que, havendo multiplicidade de credores e/ou devedores, cada um dos credores fica investido do direito subjetivo de exigir a totalidade da prestação e/ou cada devedor fica obrigado ao adimplemento integral do débito. Eis a fórmula literal do art. 264 do CC:

> Art. 264. Há solidariedade, quando na mesma obrigação concorre mais de um credor, ou mais de um devedor, cada um com direito, ou obrigado, à dívida toda.

Analisada a configuração jurídica deste instituto, verifica-se que três são as suas características principais: (i) pluralidade de credores ou de devedores, ou ainda, de ambos; (ii) identidade jurídica do objeto da obrigação, de sorte que cada credor possui o direito de demandar a integralidade do crédito e/ou cada devedor se obriga a saldar o débito todo; e (iii) corresponsabilidade dos interessados, já que o adimplemento da prestação extingue o dever ou o direito de todos.[389]

Na solidariedade, diferentemente do que ocorre nas obrigações indivisíveis, a impossibilidade de fracionamento da prestação decorre do próprio vínculo, não de particularidades do seu objeto. As várias relações existentes entre os cocredores ou codevedores são unificadas "por um vínculo normativo acessório, por virtude do qual se justifica a possibilidade de o credor solidário poder exigir a totalidade da prestação e o devedor solidário ser obrigado a satisfazê-lo integralmente".[390]

A solidariedade funciona, assim, como exceção ao princípio da divisibilidade do crédito e do débito entre os seus diversos titulares ativos ou passivos, decorrendo sempre: (i) da deliberação das partes ou (ii) de determinação legal (art. 265 do CC). Tudo como forma de imprimir maior segurança e

---

389. Maria Helena Diniz acrescenta mais uma característica: a multiplicidade de vínculos. (DINIZ, Maria Helena. *Curso de direito civil brasileiro...* cit., p. 157).

390. COSTA, Mário Júlio de Almeida. *Direito das obrigações.* 7. ed. Coimbra: Almedina, 1999. p. 449.

comodidade às relações obrigacionais.

A regra, mesmo nos casos de pluralidade de devedores e/ou credores, é cada um exigir ou pagar apenas a parcela, positiva ou negativa, que lhe corresponde (pressupondo-se, é claro, a divisibilidade do objeto). Havendo, todavia, estabelecimento de solidariedade, esta lógica se inverte, de modo que cada um passa a ser titular do direito de reclamar a dívida em sua totalidade ou obrigado a adimpli-la nessas mesmas condições.

3.5.3.1.a Solidariedade passiva

A solidariedade passiva ocorre sempre que mais de um devedor se obriga ao cumprimento da integralidade do débito, como se o tivesse contraído sozinho.

Nas obrigações marcadas com tal característica, o credor tem o direito subjetivo de escolher, ao seu livre arbítrio, o codevedor de quem exigirá a prestação, total ou parcialmente, embora ao codevedor não seja permitido realizá-la em parte, acaso exigida por inteiro.[391]

O principal efeito da solidariedade passiva é, portanto, vincular os codevedores, de modo que todos se obriguem ao pagamento integral da dívida. Assim, "indiscutivelmente a garantia do credor aumenta, pois só deixará de receber a prestação inteira se todos os devedores solidários ficarem insolventes".[392]

Cabe aqui uma consideração: ainda que cada devedor não possa, para se eximir da obrigação, pagar ao credor

---

391. Código Civil: "Art. 275. O credor tem direito a exigir e receber de um ou de alguns dos devedores, parcial ou totalmente, a dívida comum; se o pagamento tiver sido parcial, todos os demais devedores continuam obrigados solidariamente pelo resto".

392. RODRIGUES, Silvio. *Direito civil*. Parte geral das obrigações. v. 2. 30. ed. São Paulo: Saraiva, 2002. p. 66.

RESTITUIÇÃO DO INDÉBITO TRIBUTÁRIO:
LEGITIMIDADE ATIVA NAS INCIDÊNCIAS INDIRETAS

apenas sua quota-parte, isso não compromete a afirmação de que cada um deles, entre si, só deva o percentual que lhe corresponde. Tal fato decorre da circunstância de a solidariedade passiva poder ser vista sob duas perspectivas distintas: (i) uma externa, que se estabelece entre os vários devedores e o credor; e (ii) uma interna, composta exclusivamente por devedores.

3.5.3.1.b Classificação da solidariedade passiva: paritária e dependente

Muitas são as propostas classificatórias das obrigações solidárias. Para o desenvolvimento deste trabalho, interessanos apenas aquela que utiliza o grau de participação dos sujeitos no suporte factual da obrigação como critério de *discrímen*, na medida em que se trata de dado de suma importância para o estabelecimento de consequências jurídicas na esfera tributária e para a própria fixação da legitimidade ativa para a restituição de eventual indébito tributário.

Com efeito, temos solidariedade paritária "quando dois ou mais sujeitos realizam ou participam da situação base, de sorte que há equivalência dos interesses convergentes no momento da constituição da obrigação".[393]

A essa espécie, opõe-se a solidariedade dependente, na qual a prestação é devida por um sujeito, partícipe direto da situação-base, mas outra pessoa, alheia a este fato, se obriga juntamente com o primeiro. Nesses casos, explica Zelmo Denari, que,

> (...) ainda que o pressuposto típico esteja relacionado com uma só pessoa, subsiste a coobrigação solidária porque o legislador fez acrescer ao pressuposto monossubjetivo a figura do responsável. Tal modelo recebe o nome de dependente, terminologia

---

393. DENARI, Zelmo. *Solidariedade e sucessão tributária*. São Paulo: Saraiva, 1977. p. 44.

316

que bem caracteriza a preeminência, ou melhor, a prejudiciali-dade da obrigação principal acrescida (dependente).[394]

3.5.3.1.c Solidariedade: relação jurídica única ou múltipla?

De posse dessas definições, surge, então, o contexto para questionar: na solidariedade a relação jurídica é única ou múltipla? Este dado é extremamente importante para o enfrentamento das questões apresentadas no início do presente tópico, tendo em vista que, em nosso sentir, é ele que definirá a possibilidade ou não de outorgar, na fase de restituição, tratamento jurídico particular e diferenciado a cada um os codevedores solidários do tributo indevidamente recolhido.

Pois bem. Roberto de Ruggiero, professor da Universidade Real de Roma, defende que na solidariedade "verifica-se uma verdadeira e própria unidade da obrigação, não obstante a pluralidade dos sujeitos".[395] Arnoldo Wald também se posiciona a favor da unidade da obrigação na solidariedade. Segundo o jurista, examinando os textos de Justiniano, chega-se à conclusão de que, enquanto certas obrigações solidárias perdiam esse caráter em virtude da *constestatio litis*, ou seja, da ação movida contra um dos devedores, outras obrigações solidárias só se extinguiam para todos os devedores com o efetivo pagamento do débito por um deles.[396]

Zelmo Denari, de outra parte, defende que "a melhor doutrina se inclina pela pluralidade de vínculos, pois os atos praticados por um dos codevedores e os fatos incorrentes, quando prejudiciais, não se comunicam aos demais sujeitos da relação obrigacional".[397]

---

394. Idem, p. 51.

395. RUGGIERO, Roberto de. *Instituições de direito civil.* v. 3. Campinas: Bookseller, 1999. p. 115.

396. WALD, Arnaldo. *Curso de direito civil brasileiro...* cit., p. 62.

397. DENARI, Zelmo. *Solidariedade e sucessão tributária...* cit., p. 41.

RESTITUIÇÃO DO INDÉBITO TRIBUTÁRIO:
LEGITIMIDADE ATIVA NAS INCIDÊNCIAS INDIRETAS

Também nesse sentido são as lições de Maria Helena Diniz:

> Várias são as relações obrigacionais que se acham reunidas na obrigação solidária; cada devedor, porém, passará a responder não só pela sua quota como também pela dos demais, e se vier a cumprir por inteiro, a prestação, poderá recobrar dos outros as respectivas partes.[398]

Compartilhamos desse segundo posicionamento. Apesar da aparência de relação única, a solidariedade passiva encerra tantas obrigações quantas forem os devedores envolvidos.

Os próprios efeitos imputados pelo Código Civil à solidariedade passiva afirmam o motivo dessa tomada de posição. Diversas são as passagens em que fica evidente que cada devedor solidário é considerado pela lei como sujeito autônomo, livre na administração dos seus próprios interesses e, por conseguinte, na estipulação de particularidades em seus respectivos laços obrigacionais.

A título de exemplo, podemos citar o art. 278 do CC, o qual prescreve que *"qualquer cláusula, condição ou obrigação adicional, estipulada entre um dos devedores solidários e o credor, não poderá agravar a posição dos outros sem consentimento destes"*. O art. 277, por sua vez, estabelece que *"o pagamento parcial feito por um dos devedores e a remissão por ele obtida não aproveitam aos outros devedores, senão até à concorrência da quantia paga ou relevada"*. No mesmo sentido, os arts. 276, 279, 280, 281 etc., todos do CC. A teoria da unidade de vínculos não resiste à presença de regras como estas, que autorizam, de forma ostensiva, a possibilidade de regramento específico para cada um dos devedores solidários.

A despeito de estar prescrito textualmente no art. 264 do CC que *na mesma obrigação* concorre mais de um devedor, a análise sistemática das normas que regulam o presente

---

398. DINIZ, Maria Helena. *Curso de direito civil brasileiro...* cit., p. 156.

318

ANDRÉA MEDRADO DARZÉ MINATEL

instituto impõe conclusão em sentido contrário. Se efetivamente fosse una a relação, não se justificaria a outorga de regimes jurídicos diversos a cada um dos codevedores, em face das suas características pessoais.Tampouco se poderia aceitar que as deliberações de vontade que agravam ou minimizam a situação de um dos coobrigados aos outros não prejudica ou aproveita. Muito menos se poderia conviver com situação em que o vínculo se mantém mesmo diante da extinção da obrigação em face de um ou alguns dos devedores por questões particularizadas.

Essa percepção, por si só, demonstra que o legislador não agiu com rigor terminológico ao empregar a referida expressão no art. 264.[399] Quando se trata de solidariedade passiva, não se está diante de uma única obrigação, mas de tantas quantas forem os seus titulares, unidos pelo fim comum, podendo qualquer deles ser demandado ao pagamento integral da dívida. A identidade de objeto não nos autoriza afirmar a unidade da relação.

Quanto ao tema, são bastante convincentes as explicações de Robert Joseph Pothier:

> Talvez se dirá inaceitável que uma única obrigação tenha qualidades opostas, sendo pura e simples em relação a um dos devedores, e condicional em relação ao outro. A resposta é que a obrigação solidária é na verdade uma, em relação à coisa que dela é objeto, o sujeito e a matéria, mas é composta de tantos vínculos quantas forem as diferentes pessoas que a contratam, e essas pessoas sendo diferentes entre si, os vínculos que as obrigam são outros tantos vínculos diferentes que podem, em consequência, ter qualidades distintas, e é o que quer dizer Papiniano quando diz: *et si maxime pacem causam suscipunt, nihilominus in cujusque persona, propria singulorum consistit obligatu* (*dicto libro*, L. 9ª, § 2°). A obrigação é uma quanto ao seu objeto, que é a coisa

---

399. Orlando Gomes, preso à literalidade do art. 896 do Código Civil anterior – cuja redação é idêntica ao do art. 264 do CC/2002 –, afirma que o nosso sistema jurídico adotou a teoria da unidade, já que o legislador "se refere à mesma obrigação e à dívida comum". (GOMES, Orlando. *Obrigações*. 12. ed. Rio de Janeiro: Forense, 1999. p. 74-79).

RESTITUIÇÃO DO INDÉBITO TRIBUTÁRIO:
LEGITIMIDADE ATIVA NAS INCIDÊNCIAS INDIRETAS

devida, mas, quanto às pessoas que a contratam, pode-se dizer que há tantas obrigações quantas forem as pessoas obrigadas.[400]

Nesse contexto, é importante que se registre que, ainda quando seja outorgado aos codevedores idêntico regime jurídico, teremos pluralidade de obrigações. Isso porque a identidade, nesses casos, é meramente acidental, não uma decorrência necessária do objeto.

Mas não param por aqui os fundamentos dessa tomada de posição. Outro argumento pode ser considerado: a contemporaneidade não é elemento que caracteriza a solidariedade. Uma obrigação pode perfeitamente nascer simples e se tornar solidária em momento posterior, por conta da ocorrência de novo evento ao qual se imputa essa consequência.[401] À relação primitiva soma-se mais um vínculo em caráter solidário. Se fosse efetivamente uma a obrigação, como justificar essa sucessão de vínculos? Assim, fica ainda mais evidente a presença de uma multiplicidade de relações jurídicas na solidariedade, as quais se apresentam enfeixadas de tal forma que dão a aparência de uma única obrigação.

Todavia, quando o foco é o objeto prestação, as coisas mudam de figura. Os codevedores se obrigam, todos eles, pelo mesmo débito. É justamente esse traço que dá a sensação de unicidade de vínculo. Sob o ângulo externo, qualquer dos devedores pode ser demandado ao cumprimento integral da dívida, o que não equivale, entretanto, a afirmar que se trate de apenas uma relação.

---

400. POTHIER, Robert Joseph. *Tratado das obrigações*. Tradução de Adrian Sotero De Witt Batista e de Douglas Dias Ferreira. Campinas: Servanda, 2001. p. 212-213.

401. "Pode surgir com a obrigação ou posteriormente, no mesmo texto ou em documento diverso. Assim, se algumas pessoas fazem uma confissão de dívida a um credor, podem, posteriormente, em aditamento, estabelecer entre elas um vínculo de solidariedade em relação ao débito reconhecido". (WALD, Arnoldo. *Curso de direito civil brasileiro...* cit., p. 63-64).

ANDRÉA MEDRADO DARZÉ MINATEL

Orlando Gomes[402] bem esclarece que a obrigação solidária se caracteriza pela coincidência de causas[403] e interesses[404] para a satisfação dos quais se correlacionam os vínculos constituídos.

Zelmo Denari discorda desse posicionamento por entender que isto somente seria verdadeiro na hipótese de solidariedade paritária:

> Em consequência não há que se falar em *comunhão de interesses*, parecendo-nos mais próprio invocar-se como fundamento da solidariedade a *comunhão de fins* a que alude Enneccerus: na dívida solidária vários devedores estão unidos voluntariamente ou em virtude de disposição legal para conseguir o mesmo fim que, em última análise, se resolve na garantia e satisfação integral do crédito.[405]

Pontes de Miranda, por outro lado, ensina que o mais apropriado é afirmar que

> os credores ou devedores estão unidos, por força de lei ou voluntariamente, porque têm todos o mesmo fim. O fim é que é comum. Daí caracterizar-se (...) a solidariedade passiva pela satisfação do credor por qualquer um dos devedores.[406]

---

402. GOMES, Orlando. *Introdução ao direito*. 19. ed. Rio de Janeiro: Forense, 2007. p. 75.

403. Antunes Varela se opõe à identidade de causas como elemento caracterizador da solidariedade. Nos casos de responsabilidade por atos de terceiros, por exemplo, "pode realmente suceder que a causa (fundamento) da obrigação seja diferente para cada um dos responsáveis solidários e que estas obrigações nasçam mesmo de factos distintos, não coincidentes no tempo". (VARELA, Antunes. *Das obrigações em geral*. v. I. 9. ed. Coimbra: Almedina, 1996. p. 618).

404. O próprio art. 285 do CC infirma a ideia de que a comunhão de interesses seja elemento caracterizador da solidariedade, já que regula justamente o direito de regresso nos casos em que a dívida interessar exclusivamente a um dos devedores.

405. DENARI, Zelmo. *Solidariedade e sucessão tributária...* cit., p. 45.

406. PONTES DE MIRANDA, Francisco Cavalcanti. *Tratado de direito privado*. Parte Geral. T. I, II, IV. Campinas: Bookseller, 2000. p. 319.

RESTITUIÇÃO DO INDÉBITO TRIBUTÁRIO:
LEGITIMIDADE ATIVA NAS INCIDÊNCIAS INDIRETAS

Outra advertência parece apropriada: para que uma obrigação seja solidária, não basta que cada um dos sujeitos passivos deva cumprir a prestação integralmente. A existência de vínculo específico entre os coobrigados, estipulado por lei ou pela vontade das partes, é essencial para a sua configuração. É o que explica Robert Joseph Pothier:

> Para que uma obrigação seja solidária, nem sempre é suficiente que cada um dos devedores seja devedor da coisa toda, que é o que ocorre em relação à obrigação indivisível e não susceptível de partes, que mesmo não tendo sido contratada solidariamente é necessário que cada um dos devedores o seja *totum et totaliter debeat*, ou melhor, que cada um se obrigue também totalmente à prestação da coisa, como se tivesse contratado sozinho.[407]

É justamente essa nuança que diferencia as obrigações solidárias das *in solidum*. Como bem esclarecem Pablo Stolze Gagliano e Rodolfo Pamplona Filho, nessa espécie de relação jurídica, a despeito de concorrerem vários devedores, "os liames que os unem ao credor são totalmente distintos, embora decorram de um único fato. Assim, se o proprietário de um veículo empresta-o a um amigo bêbado e este vem causar acidente, surgirão obrigações distintas para ambos, sem que haja solidariedade entre eles".[408]

Noutras palavras, nas obrigações *in solidum*, duas ou mais pessoas respondem pela totalidade do débito por causas diferentes, sem que se estabeleça entre elas qualquer tipo de relação. Em vista disso, os efeitos do ato praticado por um devedor a ele se restringe, não prejudicando ou beneficiando o outro. Sobremais, não há direito de regresso para o caso de adimplemento integral da dívida por um dos devedores.

Algo muito distinto se passa na solidariedade passiva. Nesse campo, cada codevedor pode ser compelido ao pagamento

---

407. POTHIER, Robert Joseph. Op. cit., p. 211.

408. GAGLIANO, Pablo Stolze; FILHO, Rodolfo Pamplona. *Novo curso de direito civil*. v. II. Obrigações. 9. ed. São Paulo: Saraiva, 2008. p. 68.

ANDRÉA MEDRADO DARZÉ MINATEL

integral do débito, única e exclusivamente, por força do vínculo que os une, já que, em tese, é devedor apenas da sua quota-parte (ou mesmo de nenhuma parte, a depender da situação). Tanto é assim que, na hipótese de solver integralmente a dívida, fica investido do direito subjetivo de exigir dos demais codevedores a parcela que compete a cada um deles, se for o caso. Perante o credor, todos devem o débito por inteiro, mas, entre si, o devedor o é apenas da fração correspondente à sua participação.

Extinta a solidariedade pelo adimplemento, restabelece-se o princípio do benefício da divisão, o que importa na partilha da carga obrigacional entre os codevedores na proporção daquilo que efetivamente lhe cabe no pagamento. Isto, é claro, se se tratar de responsabilidade paritária, já que o adimplemento da prestação pelo coobrigado dependente produz efeitos jurídicos nitidamente diversos, como bem destaca Caio Mário da Silva Pereira:

> Também uma consequência da distinção entre as relações internas e as relações externas, na solidariedade passiva, é esta: independentemente de ser a dívida solidária do interesse de um só dos devedores, o credor pode havê-la de qualquer deles. Mas, internamente, se for do interesse exclusivo de um só, responderá este por toda para com aquele que houver pago (Código Civil de 2002, art. 285). (...) É da essência da solidariedade que o devedor possa ser demandado pela totalidade da dívida (*totum et totaliter*) e sem benefício de ordem.[409]

Dessa forma, em se tratando de solidariedade paritária, o devedor que satisfaz a dívida por inteiro tem direito de exigir de cada um dos codevedores sua quota-parte, a qual se presume igual à dos demais. E, no caso de insolvência de algum deles, sua parte será dividida igualmente por todos. Tratando-se, todavia, de solidariedade dependente, competirá ao devedor a que interessar exclusivamente a obrigação proceder ao ressarcimento do valor integral que o outro

---

409. PEREIRA, Caio Mário da Silva. *Instituições de Direito Civil.* v. II, 20. ed. Rio de Janeiro: Forense, 2005, p. 101-102.

RESTITUIÇÃO DO INDÉBITO TRIBUTÁRIO:
LEGITIMIDADE ATIVA NAS INCIDÊNCIAS INDIRETAS

codevedor eventualmente tenha desembolsado. É o que se depreende das prescrições constantes dos arts. 283 a 285 do CC:

> Art. 283. O devedor que satisfez a dívida por inteiro tem direito a exigir de cada um dos co-devedores a sua quota, dividindo-se igualmente por todos a do insolvente, se o houver, presumindo-se iguais, no débito, as partes de todos os co-devedores.
>
> Art. 284. No caso de rateio entre os co-devedores, contribuirão também os exonerados da solidariedade pelo credor, pela parte que na obrigação incumbia ao insolvente.
>
> Art. 285. Se a dívida solidária interessar exclusivamente a um dos devedores, responderá este por toda ela para com aquele que pagar.

Convém esclarecer que estas considerações aplicam-se, perfeitamente, ao Direito Tributário, projetando, inclusive, efeitos diretos na definição do legitimado ativo para pedir de volta um eventual pagamento indevido.

Com efeito, também no Código Tributário Nacional, é possível identificar normas autorizando a outorga de regime jurídico particular a cada um dos codevedores (*i.e.* art. 125, I e II),[410] o que nos permite afirmar que também nesta seara, a solidariedade recai sobre uma pluralidade de vínculos e, por conseguinte, que, diante da propositura de ação de repetição decorrente do pagamento indevido do tributo, cada qual deverá receber tratamento específico, levando-se em conta as características da relação que mantém com o credor público, bem como a circunstância de ter realizado, ou não, o fato gerador do tributo.

---

410. Como bem lembra Fábio Fanucchi, o art. 125, II, do CTN, "determina que o débito tributário poderá ser fracionado na cobrança, desde que um ou alguns dos sujeitos solidários sejam beneficiados pessoalmente por isenção ou remissão. (...) em vez de restar para os demais a obrigação por inteiro, restará a seu saldo apenas, representado pelo fracionamento de seu montante em tantas partes quantos sejam os responsáveis excluídas as partes que toquem aos beneficiários da isenção ou da remissão pessoal". (FANUCCHI, Fábio. Op. cit., p. 251).

ANDRÉA MEDRADO DARZÉ MINATEL

3.5.3.1.d Solidariedade tributária: o art. 124 do CTN

Em matéria tributária, a solidariedade é expediente jurídico muito utilizado para atender à comodidade administrativa do Estado, imprimindo maior eficiência à arrecadação.

Como vimos, havendo solidariedade tributária passiva, os coobrigados são considerados como um todo homogêneo, possibilitando ao Fisco a cobrança da totalidade da dívida de qualquer um deles, de alguns ou ainda de todos, simultânea ou sucessivamente. O credor público tem direito subjetivo de acionar qualquer um dos devedores solidários, escolhendo, se o quiser, o de maior idoneidade financeira. Trata-se, pois, de prerrogativa importante que resguarda os interesses arrecadatórios do Estado, tutelando com mais vigor os créditos fiscais.

O Código Tributário Nacional fixou, em seu art. 124, alguns requisitos para estabelecer a solidariedade pelo pagamento do tributo:

> Art. 124. São solidariamente obrigadas:
>
> I - as pessoas que tenham interesse comum na situação que constitua o fato gerador da obrigação principal;
>
> II - as pessoas expressamente designadas por lei.
>
> Parágrafo único: A solidariedade referida neste artigo não comporta benefício de ordem.

Grande parte da doutrina costuma denominar essas duas regras de solidariedade como: (i) de fato (inciso I) e (ii) de direito (inciso II). A classificação proposta repousa na ideia de que, enquanto a primeira norma teria como pressuposto uma realidade fática – o interesse comum na situação que é fato gerador da obrigação principal[411] –, a segunda decorreria de mera disposição legal. As premissas firmadas ao longo

---

411. A respeito do conteúdo e alcance da expressão *interesse comum* no contexto do art. 124 do CTN vide DARZÉ, Andréa Medrado. *Responsabilidade tributária:...* cit., 2010.

325

RESTITUIÇÃO DO INDÉBITO TRIBUTÁRIO:
LEGITIMIDADE ATIVA NAS INCIDÊNCIAS INDIRETAS

desse trabalho, entretanto, nos impedem de compartilhar esse entendimento.

É bem verdade que o legislador complementar usou a expressão *designadas por lei* apenas no inciso II do art. 124 do CTN. Isso, num primeiro momento, poderia sugerir que a previsão legal seria um traço distintivo dessas duas regras. Todavia, o intérprete não pode manter-se preso ao plano da literalidade de um único dispositivo legal, esquecendo-se do contexto normativo do qual faz parte.

Com efeito, em face do princípio da estrita legalidade ou tipicidade tributária, todos os elementos da regra-matriz de incidência dos tributos devem ser definidos por lei formal. O critério pessoal não é exceção a essa regra. Daí por que entendermos que a referida proposta classificatória não reflete o direito positivo brasileiro. Afinal, em qualquer hipótese o devedor solidário deverá ser necessariamente introduzido por veículo legal.

Analisando com mais vagar o presente texto, o que se percebe é que o legislador complementar positivou dois enunciados sobre a solidariedade tributária, os quais integram duas normas de competência diferentes, com conteúdo e destinatários igualmente distintos.

O primeiro deles (inciso I) se dirige à norma que regula o procedimento de constituição do crédito tributário, autorizando o sujeito competente – particular ou autoridade administrativa – a expedir norma individual e concreta em face de todas as pessoas que tenham interesse comum na situação que é "fato gerador" da obrigação principal. Já o segundo (inciso II) interfere diretamente na norma de competência para instituir tributos, estabelecendo expressa permissão para o ente político definir denotativamente outros vínculos de solidariedade, inclusive entre sujeitos passivos distintos daqueles enumerados no próprio Código Tributário Nacional.

Em estreita síntese, o legislador complementar: (i) definiu, ele mesmo, uma causa para a instauração de vínculo de

ANDRÉA MEDRADO DARZÉ MINATEL

solidariedade entre sujeitos passivos tributários (inciso I); e, ao mesmo tempo, (ii) outorgou competência para o legislador, ordinário em regra, fixar outras situações fáticas às quais imputará igualmente tal consequência jurídica (inciso II).

Também é esta a interpretação que Luciano Amaro imprime ao art. 124 do CTN:

> O art. 124 prevê hipótese de solidariedade (item I), admitindo que a lei possa definir outras situações de solidariedade (item II). (...) Anote-se, em primeiro lugar, que se os casos de interesse comum precisassem ser explicitados em lei, como disse Aliomar Baleeiro, o item I do art. 124 seria inútil, pois as hipóteses todas estariam na disciplina do item II. Nos casos que se enquadrarem no questionado item I a solidariedade passiva decorre do próprio dispositivo, sendo desnecessário que a lei de incidência o reitere. Situações outras não abrangidas pelo item I, é que precisam ser definidas na lei quando esta quiser eleger terceiro como responsável tributário. Sabendo que a eleição de terceiro como responsável supõe que ele seja vinculado ao fato gerador (art. 128), é preciso distinguir, de um lado, as situações em que a responsabilidade do terceiro deriva do fato de ele ter 'interesse comum' no fato gerador (o que dispensa previsão na lei instituidora do tributo) e, de outro, as situações em que o terceiro tenha algum outro interesse (melhor se diria, as situações com as quais ele tenha algum vínculo) em razão do qual ele possa ser eleito como responsável.[412]

Nessa esteira, é possível perceber que a solidariedade passiva não é forma de inclusão de terceiro na relação tributária, mas tipo de nexo que se estabelece entre codevedores. Configurando específica modalidade de liame jurídico que se estabelece entre os vários sujeitos passivos de uma única dívida tributária, a solidariedade passiva não institui qualquer devedor, antes, pressupõe a sua instituição.

É o que bem explica Misabel Derzi:

> A solidariedade não é espécie de sujeição passiva por responsabilidade indireta, como querem alguns. O Código Tributário

---

412. AMARO, Luciano. Op. cit., p. 314-315.

RESTITUIÇÃO DO INDÉBITO TRIBUTÁRIO:
LEGITIMIDADE ATIVA NAS INCIDÊNCIAS INDIRETAS

Nacional, corretamente, disciplina a matéria em seção própria, estranha ao Capítulo V, referente à responsabilidade. É que a solidariedade é simples forma de garantia, a mais ampla das fidejussórias.

Quando houver mais de um obrigado no polo passivo da obrigação tributária (mais de um contribuinte, ou contribuinte e responsável, ou apenas uma pluralidade de responsáveis), o legislador terá de definir as relações entre os coobrigados. Se são eles solidariamente obrigados, ou subsidiariamente, com benefício de ordem ou não, etc. A solidariedade não é, assim, forma de inclusão de um terceiro no polo passivo da obrigação tributária, apenas forma de graduar a responsabilidade daqueles sujeitos que já compõem o polo passivo.[413]

Luiz Fux, no julgamento dos Embargos ao Recurso Especial nº 446.955/SC, também manifestou entendimento nesse sentido:

> (...) Por oportuno, forçoso ressaltar que a solidariedade tributária não é forma de inclusão de terceiro na relação jurídica tributária, mas grau de responsabilidade dos co-obrigados, sejam eles contribuintes ou contribuinte e responsável tributário, vale dizer: a responsabilidade de sujeitos passivos co-obrigados (contribuintes entre si, responsáveis entre si ou contribuinte e responsável) pode ser solidária ou subsidiária. (...) (STJ, EREsp 446.955/SC, Rel. Min. Luiz Fux, Primeira Seção, DJ 19/05/2008).

Assim, no campo do Direito Tributário, a solidariedade pode reunir vínculos jurídicos de naturezas distintas, já que pode ser estabelecida entre: (i) responsáveis exclusivamente ou (ii) contribuintes e responsáveis tributários.

Por conta disso, para exercer a competência que lhe foi outorgada pelo inciso II do art. 124 do CTN, o legislador terá três alternativas: (i) apropriar-se de responsáveis já definidos pelo próprio Código Tributário Nacional, estabelecendo entre eles o vínculo da solidariedade; (ii) instituir, ele próprio, outros responsáveis solidários, o que exige, além da fixação desse tipo de laço jurídico, a determinação de todos os contornos

---

413. BALEEIRO, Aliomar. Op. cit., p. 729.

ANDRÉA MEDRADO DARZÉ MINATEL

das normas de responsabilidade; ou (iii) fixar a solidariedade entre contribuinte e responsáveis, relacionados no Código ou inauguralmente instituídos.[414]

Com efeito, o art. 128 do CTN estabelece que a lei que atribuir responsabilidade tributária a terceiro poderá excluir a responsabilidade própria do contribuinte, ou mantê-la em caráter "supletivo" (subsidiário) do cumprimento total ou parcial da obrigação do responsável. Embora não conste na literalidade do texto, entendemos que também é possível instituir hipóteses de "solidariedade" entre contribuinte e responsável tributário. Nessas circunstâncias, o fundamento de validade para a instituição deste específico vínculo será o próprio art. 124, II, não o art. 128, do CTN.[415]

---

414. De acordo com Marcos Neder, "embora o art. 124 esteja localizado topograficamente entre as normas gerais previstas no capítulo de Sujeição Passiva e, por conseguintemente, fora do capítulo específico que regula a Responsabilidade, esse dispositivo enquadra-se na categoria de normas jurídicas de responsabilidade tributária". (NEDER, Marcos Vinícius. *Responsabilidade solidária no lançamento tributário*. 2008. Dissertação (Mestrado em Direito Tributário) – Pontifícia Universidade Católica de São Paulo, São Paulo, 2008, p. 67). Entendemos, todavia, que existem razões para tanto. Conforme esclarecido, a solidariedade pode vincular não apenas responsáveis, mas também contribuintes. Isso, por si só, justificaria a sua não alocação no Capítulo reservado às espécies de responsáveis. Não bastasse isso, o art. 124 não pode ser qualificado pura e simplesmente como mais uma hipótese de responsabilidade tributária. Afinal, o inciso II apenas outorga competência para o ente tributante estabelecer vínculo de solidariedade entre sujeitos passivos já existentes ou por ser criados. Mais um argumento para justificar sua localização topológica.

415. Ao enfrentar o presente tema, Hugo de Brito Machado Segundo é categórico ao afirmar: "desse modo, em suma, o art. 166 do CTN somente se aplica àqueles tributos que juridicamente repercutem, que são os pagos no âmbito de relações jurídicas que têm mais de um sujeito passivo legalmente definido, nos termos do art. 128 do CTN, cabendo a um desses sujeitos o ônus de recolher o tributo, mas, por igual, o direito de cobrá-lo do outro sujeito passivo. E cobrar, frise-se, tributo, e não preço mais alto. Veja-se que, nesse caso, como já explicado, é possível determinar com clareza se há a transferência do encargo ou não, vale dizer, se o responsável procedeu à retenção ou não. Como ambos integram a relação jurídica obrigacional tributária, ambos têm legitimidade ativa ad causam para discutir seus termos. Apenas no caso de restituição é que se exige a prova da assunção do encargo, a qual, todavia, é possível e não diabólica como se dá se aplicado o artigo à generalidade das restituições de ICMS, ISS ou IPI". (MACHADO SEGUNDO, Hugo de Brito. *Repetição do tributo indireto*:..., p. 105).

329

RESTITUIÇÃO DO INDÉBITO TRIBUTÁRIO:
LEGITIMIDADE ATIVA NAS INCIDÊNCIAS INDIRETAS

Para que fique mais claro o que acabamos de expor, tomemos o art. 130 do CTN, a título de exemplo. Nele está prescrito literalmente que os créditos tributários relativos aos impostos cujo fato gerador seja a propriedade, o domínio útil ou a posse de bens imóveis sub-rogam-se na pessoa do respectivo adquirente, que passa a ser o único sujeito passivo dos respectivos tributos. Ou seja, estabelece que a obrigação do responsável exclui a do realizador do fato tributado.

Nesse contexto, caso o legislador deseje introduzir regra mantendo o dever do contribuinte em caráter solidário, poderá fazê-lo desde que se utilize de instrumento adequado: a lei complementar. Do contrário, ter-se-á norma inidônea para dispor sobre esta específica matéria e, assim, alterar a disposição do Código Tributário Nacional que fixa obrigação exclusiva do sucessor.

Pretendendo, por outro lado, estabelecer nexo de solidariedade entre responsáveis que acaba criar, poderá fazê-lo valendo-se de veículo normativo idêntico ao utilizado para inserir esses novos sujeitos passivos no sistema. Assim, se as pessoas eleitas para responder pelo débito fiscal pertencerem à classe dos sujeitos que mantêm relação indireta com o fato jurídico tributário, o enunciado da solidariedade poderá[416] ser introduzido via lei ordinária. No entanto, se a escolha recair sobre sujeitos que mantêm vínculo apenas com o realizador do suporte factual do tributo, retoma-se a necessidade de introdução por lei complementar. Num e noutro caso, a fixação da espécie de instrumento adequado se dá em razão do que prescreve o art. 128 do CTN.

Neste ponto, é importante que se registre, ainda, que o fato que desencadeia a responsabilidade solidária não se confunde com o fato jurídico tributário, podendo lhe ser anterior,

---

416. Utilizamos o termo *poderá*, já que sabemos que alguns tributos somente podem ser instituídos mediante lei complementar. Nesses casos, teremos exceção a esta regra, exigindo-se igualmente lei complementar para proceder ao estabelecimento do nexo de solidariedade.

ANDRÉA MEDRADO DARZÉ MINATEL

concomitante ou mesmo posterior. Em algumas situações, entretanto, tamanha é a intimidade estrutural que mantêm entre si, que o fato da responsabilidade solidária pode ser qualificado como espécie de nova nota à descrição do fato tributário, mas sempre com a peculiaridade de não ter sido contemplada pela hipótese da regra-matriz de incidência tributária como situação relevante.

Isso é o que se verifica, por exemplo, no art. 124, I, do CTN, que fixa a comunhão de interesses de duas ou mais pessoas na situação que constitui a hipótese de incidência do tributo como o evento que desencadeia a responsabilidade solidária. Por força dessa determinação, realizado o fato jurídico tributário por uma pluralidade de sujeitos e todas essas pessoas figurarão, desde o início, como sujeitos passivos solidários do tributo. A despeito da sensação de evento único, tecnicamente duas são as ocorrências, na medida em que dois foram os cortes conceituais promovidos no suporte fático: realizar "parcialmente" o fato tributado e ter interesse jurídico na sua integral realização.

Noutras situações, o fato ao qual se imputa a responsabilidade solidária é totalmente alheio ao fato jurídico tributário. Poderia servir de exemplo uma situação em que a lei responsabiliza solidariamente o sócio-administrador pelo pagamento do IRPJ, em virtude da prática de ato ilícito tendente a dificultar ou impedir a positivação da regra-matriz de incidência desse imposto. Apenas com a realização desses dois eventos totalmente estanques (a empresa auferir renda e o seu sócio-administrador fraudar a contabilidade, ocultando algumas receitas) é que passa a existir fundamento legal para ambos os sujeitos figurarem ao mesmo tempo como devedores da integralidade do tributo.

Luciano Amaro também chama à atenção para essas particularidades. Em suas palavras:

> O evento que provoca a solidariedade não integra a definição legal do fato gerador (hipótese de incidência ou fato gerador

abstrato). Mas esse evento pode matizar o fato gerador concreto, cujo elemento subjetivo, no polo passivo, nasce plúrimo. Vale dizer, ocorrido o fato gerador, tem-se desde logo mais de uma pessoa ocupando a posição de sujeito passivo, como se dá nas hipóteses de comunhão de interesses de duas ou mais pessoas na situação em que se traduza o fato gerador; realizado este, todas essas pessoas figuram como sujeitos passivos solidários.

Em outras circunstâncias, o evento que provoca a solidariedade é estranho ao fato gerador; este é realizado por uma pessoa, mas, em razão de evento (valorizado pela lei para tal efeito), outra pessoa é eleita como responsável solidário. É exemplo a situação em que a lei responsabiliza o usuário de um serviço pelo tributo devido pelo prestador do serviço, caso aquele efetue o pagamento sem exigir nota fiscal ou sem solicitar a prova de inscrição do prestador no cadastro de contribuintes. Se o contribuinte (prestador do serviço) não emite nota fiscal (ou não prova a sua inscrição no cadastro fiscal), o terceiro (usuário do serviço), que não é contribuinte nem sujeito passivo dessas obrigações acessórias, acaba definido como responsável solidário pela obrigação principal do prestador do serviço.[417]

Note-se que, a bem do rigor, os fatos a que fizemos referência desencadeiam uma única consequência jurídica: a obrigação do terceiro responder pelo débito tributário. Esta, por sua vez, existirá concomitantemente com a obrigação do contribuinte, sem qualquer ordem de preferência, uma vez que o legislador igualmente estabeleceu que o vínculo que os une é do tipo solidário. Insistimos, pois, que a solidariedade não é espécie de responsabilidade, mas, sim, de relação entre sujeitos passivos.

3.5.3.1.e Conclusões a respeito dos legitimados a pleitear a restituição nos casos de solidariedade

A digressão foi longa, mas se justifica na medida em que as premissas ora forjadas facilitam muito a definição dos legitimados para pleitear a devolução do indébito relativo às obrigações tributárias marcadas pela solidariedade. Com essas considerações, pensamos ter deixado evidente a

---

417. AMARO, Luciano. Op. cit., p. 301.

impossibilidade de apresentar uma resposta uniforme, única, para a presente questão. Tudo vai depender do tipo de sujeitos que se encontram vinculados por este específico laço, bem como da própria espécie de solidariedade de que se trata.

Diversamente do que se possa imaginar, a solidariedade na obrigação tributária não implica, necessariamente, solidariedade quanto aos titulares do direito à devolução do indébito tributário. Isso, por uma razão simples, mas decisiva: em se tratando de obrigações solidárias, perante o credor, todos devem o débito por inteiro, mas, entre si, o devedor pode o ser (i) apenas da fração correspondente à sua participação; (ii) da integralidade do débito ou; ainda, (iii) de nenhum percentual da dívida. Afinal, como acabamos de expor, é possível que seja compelido, por lei, ao pagamento do débito, sem, todavia, ter realizado o fato jurídico tributário que lhe deu causa.

Não se pode confundir as relações internas e as relações externas que se verificam nas obrigações marcadas pelo traço da solidariedade. Independentemente da dívida solidária ser do interesse de um só dos devedores, o credor pode havê-la integralmente de qualquer deles. Mas, internamente, se for do interesse exclusivo de um só, este deverá responder por toda a dívida para com aquele que a tenha pago (art. 285 do CC).

Assim, extinta a solidariedade pelo adimplemento da dívida, restabelece-se o princípio do benefício da divisão, o que importa na partilha da carga obrigacional entre os codevedores, na proporção daquilo que efetivamente lhe cabe no pagamento, mensurável em função do seu grau de participação no fato jurídico tributário. Isto, é claro, se se tratar de responsabilidade paritária, já que, reafirme-se, o adimplemento da prestação pelo coobrigado dependente produz efeitos jurídicos nitidamente diversos, na medida em que a dívida fora adquirida exclusivamente no interesse de um (ou alguns) deles.

São justamente essas nuanças, associadas ao fato do codevedor pertencer à classe dos contribuintes ou dos

RESTITUIÇÃO DO INDÉBITO TRIBUTÁRIO:
LEGITIMIDADE ATIVA NAS INCIDÊNCIAS INDIRETAS

responsáveis, que definirão se o codevedor solidário terá direito ou não a pleitear a devolução daquilo que fora pago (por ele ou por outrem) indevidamente a título de tributo. Essas referências deixam evidente que a correta resposta a estas questões está muito mais associada ao fato de a solidariedade ser classificada como paritária[418] ou dependente[419] e da classe a que o sujeito passivo pertença (contribuinte ou responsável), do que à circunstância de o pagamento indevido ter sido realizado por um ou alguns dos codevedores.[420]

Em outras palavras, a definição da legitimidade ativa nas hipóteses em que a obrigação tributária é marcada pela solidariedade dependerá da identificação da própria espécie de solidariedade de que se trata (paritária ou dependente), bem assim do tipo de sujeitos que vincula (contribuintes e/ou responsáveis). E nem poderia ser diferente, afinal, quando o pagamento é feito por um devedor solidário, mas em nome de outrem, aquele que o pagou (devida ou indevidamente) terá, desde o início, o direito de reaver o montante desembolsado, via retenção ou reembolso.

Tecidos esses esclarecimentos, podemos concluir que, tratando-se de solidariedade paritária, todos os codevedores originais do tributo são partes legítimas para pleitear a restituição do indébito tributário, independentemente de

---

418. Quando mais de um sujeito realiza diretamente o fato gerador do tributo.

419. Quando apenas um sujeito realiza diretamente o fato jurídico tributário, mas outra(s) pessoa(s), alheia(s) a este fato, se obriga(m) juntamente com ele ou exclusivamente ao pagamento do tributo.

420. Não é isto, todavia, que defende Marcelo Fortes de Cerqueira. Para este autor, o efetivo recolhimento do tributo indevido seria o elemento adequado para definir a legitimidade ativa para a restituição. Nas suas palavras: "Apenas aquele que concretizou o evento do pagamento indevido será titular do direito à repetição do indébito. Só haverá solidariedade na obrigação de devolução do indébito, quanto ao polo ativo, quando todas as pessoas, solidariamente obrigadas na obrigação tributária, efetuarem o pagamento indevido. Assim, a obrigação devolução só surge para o co-obrigado que efetuou o indébito". (CERQUEIRA, Marcelo Fortes de. *Repetição do indébito tributário*:... cit., p. 379).

334

ANDRÉA MEDRADO DARZÉ MINATEL

ter efetivado ou não o pagamento indevido.[421] Afinal, sobre a parte da dívida que efetivamente lhe competia, figura como contribuinte.

Não havendo regramento específico sobre o tema, entendemos que ele será parte legítima para requerer a devolução integral do indébito, ainda que não tenha sido o sujeito que efetivou o seu pagamento (total ou parcial) e ainda que haja posteriormente direito de regresso aos demais. Para tanto, basta demonstrar por meios de provas o indébito em si e sua condição de contribuinte (mesmo que sobre uma parte).

---

421. Não identificamos no E. Superior Tribunal de Justiça decisões tratando desta diferenciação. Entretanto, existem acórdãos que têm como questão de fundo obrigações solidárias paritárias, reconhecendo a legitimidade de todos os coobrigados para pleitear a devolução do tributo indevidamente recolhido aos cofres públicos: "TRIBUTÁRIO. IPTU. PAGAMENTO INDEVIDO EFETUADO PELOS ORA RECORRIDOS, QUE NA ÉPOCA FIGURAVAM COMO PROPRIETÁRIOS. LEGITIMIDADE PARA PLEITEAR A REPETIÇÃO DO INDÉBITO. (...) 2. Isso porque o Tribunal a quo não levou em consideração convenção particular utilizada para modificar a definição legal do sujeito passivo do IPTU para formar seu convencimento, mas o fato de que os autores (ora recorridos) eram proprietários do imóvel em 1996, exercício que foi objeto de nova cobrança. Ressalte-se que o art. 34 do CTN elege como contribuinte do IPTU, entre outros, "o proprietário do imóvel". 3. Nos termos do art. 165 do CTN, o sujeito passivo tem direito à restituição total ou parcial do tributo pago indevidamente. Não se nega que a sub-rogação prevista no art. 130 do CTN, que se opera de pleno direito, enseja a atribuição de responsabilidade aos sucessores (adquirentes), em relação a tributo cujo fato gerador seja a propriedade. Contudo, no caso concreto, os autores são titulares do direito material pleiteado, porquanto comprovaram que efetuaram o pagamento, de modo parcelado, da nova cobrança efetuada em 2001, referente ao exercício de 1996, época em que figuravam como proprietários. (...). (REsp 1209825/SC, Rel. Min. Mauro Campbell Marques, Segunda Turma, DJe 02/02/2012).
"REPETIÇÃO DE INDÉBITO. EMPRÉSTIMO COMPULSÓRIO SOBRE COMBUSTÍVEIS. CO-PROPRIEDADE DO VEÍCULO. POSSIBILIDADE. DIREITO DE REGRESSO. 1. Cinge-se a controvérsia em saber se o co-proprietário de automóvel pode receber na integralidade o empréstimo compulsório sobre combustíveis, ou se deverá receber apenas o equivalente ao seu quinhão na propriedade do veículo. 2. Sustenta a Fazenda que o veículo pertencia ao exequente e a um co-proprietário que não figura na ação e, portanto, a não-inclusão de outro proprietário autoriza ao exequente receber somente 50% do valor da restituição. 4. Forçoso concluir que o co-proprietário poderá pleitear integralmente a repetição do indébito, ainda que não expressamente autorizado pelos demais condôminos, pois trata-se de hipótese de solidariedade ativa. Agravo regimental improvido". (AgRg no REsp 850.437/PR, Rel. Min. Humberto Martins, Segunda Turma, DJe 03/02/2009).

RESTITUIÇÃO DO INDÉBITO TRIBUTÁRIO:
LEGITIMIDADE ATIVA NAS INCIDÊNCIAS INDIRETAS

Por outro lado, tratando-se de solidariedade dependente, legítimo para requerer a devolução dos valores indevidamente recolhidos aos cofres públicos será, a princípio, o realizador do fato jurídico tributário. Por conseguinte, se o laço obrigacional envolver contribuintes e responsáveis, apenas aquele primeiro figurará como parte legítima. Já, se a solidariedade envolver apenas responsáveis, sendo que nenhum deles realizou o fato jurídico tributário, retomam-se as regras definidas nos itens anteriores, figurando como parte legítima o denominado *contribuinte de fato*, ou seja, aquele que, apesar de não figurar no polo passivo da obrigação tributária, suporta, por determinação legal, o seu ônus.

Vale esclarecer que assim entendemos justamente por partir da premissa de que os responsáveis tributários típicos, ao menos sob o ponto de vista jurídico, jamais devem suportar o encargo financeiro do tributo em face da necessária existência de regras de reembolso ou retenção. Aplicam-se aqui, todavia, todas aquelas regras de exceção a que nos referirmos anteriormente.

3.5.4 Evolução da jurisprudência a respeito da legitimidade ativa para pleitear a restituição dos indébitos relativos a tributos e/ou incidências indiretas

Sem dúvidas, a definição do sujeito legitimado a pleitear a restituição dos indébitos relativos a tributos e/ou incidências indiretas é a questão que suscita as maiores e mais complexas divergências jurisprudenciais em torno do presente tema. Aliás, sequer é próprio falar em *evolução* da jurisprudência sobre a matéria. Isso porque, como veremos a seguir, não há uma linearidade nas decisões judiciais, as quais se mostram extremamente paradoxais e circulares. Com efeito, o Superior Tribunal de Justiça já passou por, no mínimo, três viradas substanciais de orientação, ora defendendo que o legitimado seria o *contribuinte de fato*, ora defendendo que seria o *contribuinte de direito* e, ainda, para situações específicas, voltando a adotar o entendimento de que seria o *contribuinte de fato*, por eles entendido como o *consumidor final*. Assim, a proposta deste item é analisar os

336

ANDRÉA MEDRADO DARZÉ MINATEL

precedentes do Superior Tribunal de Justiça na espinhosa tentativa de sistematizá-los.

Pois bem. Durante muitos anos, conviveram no Superior Tribunal de Justiça dois entendimentos bem definidos a respeito da legitimidade ativa para pleitear a restituição dos indébitos relativos a tributos e/ou incidências indiretas:[422]

Legitimidade do *contribuinte de fato*	Legitimidade do *contribuinte de direito*
	(desde que comprove que não repercutiu o tributo ao contribuinte de fato e/ou que estava por este autorizado a postulá-lo)
Precedentes: REsp 276469, Min. Humberto Gomes de Barros, Primeira Turma, DJ 01/10/2001; AgRg no Ag 709.915/SP, Rel. Min. Francisco Peçanha Martins, Segunda Turma, DJ 27/03/2006; REsp 817.323, Rel. Min. Teori Albino Zavascki, Primeira Turma, DJ 24/04/06; REsp 702.325/AL, Rel. Min. Denise Arruda, Primeira Turma, DJ 02/08/2007; REsp 964.256, Rel. Min. Castro Meira, Segunda Turma, DJ 20/09/2007; REsp 809.677, Rel. Min. Luiz Fux, Primeira Turma, DJ 08/10/2007; REsp 1019222, Rel. Min. José Delgado, Primeira Turma, DJe 04/06/2008; REsp 989.565, Rel. Min. Eliana Calmon, Segunda Turma, DJe 25/11/08; REsp 1039442, Rel. Min. Benedito Gonçalves, Primeira Turma, DJe 30/03/2009; AgRg no REsp 1108982, Rel. Min. Humberto Martins, Segunda Turma, DJe 19/05/2009.[423]	**Precedentes**: AgRg no REsp 436.894, Rel. Min. José Delgado, Primeira Turma, DJ 17/02/2003; REsp 641.593, Rel. Min. Luiz Fux, Primeira Turma, DJ 29/11/2004; REsp 478.200, Rel. Min. Eliana Calmon, Segunda Turma, DJ 13/12/04; REsp 472.162, Rel. Min. João Otávio de Noronha, Segunda Turma, DJ 09/02/2004; REsp 435.575, Rel. Min Eliana Calmon, Segunda Turma, DJ 04/04/2005; REsp 631.247, Rel. Min João Otávio de Noronha, Segunda Turma, DJ 04/12/2006; AgRg nos EREsp 480.593, Rel. Min. Humberto Martins, Primeira Seção, DJ 05/03/2007; RMS 27.911, Rel. Min. Benedito Gonçalves, Primeira Turma, DJe 03/12/2008; AgRg no Ag. 910.440, Rel. Min. Luiz Fux, DJ 21/02/2008; AgRg no REsp 1087831, Rel. Min. Francisco Falcão, Primeira Turma, DJe 12/03/2009; AgRg na Pet 6.555, Rel. Min. Humberto Martins, Primeira Seção, DJe 05/03/2009; AgRg nos EREsp 997.244, Rel. Min Francisco Falcão, Primeira Seção, DJe 06/04/2009; EDcl nos EDcl no REsp 1041296, Rel. Min Castro Meira, Segunda Turma, DJe 29/04/2009; REsp 931.685, Rel. Min. Eliana Calmon, Segunda Turma, DJe 04/06/2009; AgRg nos EDcl no Ag 1033977/SP, Rel. Min. Mauro Campbell Marques, Segunda Turma, DJe 23/06/2009.

---

422. Não é possível precisar, com segurança, o que cada um desses julgados entendia por tributos e/ou incidências indiretas, existindo as mais variadas posições.

423. Convém esclarecer que a maioria desses julgados se refere a situações de

337

RESTITUIÇÃO DO INDÉBITO TRIBUTÁRIO:
LEGITIMIDADE ATIVA NAS INCIDÊNCIAS INDIRETAS

Num primeiro momento, poder-se-ia entender que estes precedentes adotavam posicionamentos absolutamente opostos e excludentes. Entretanto, avançando na investigação, é possível concluir que o Superior Tribunal de Justiça, durante todo esse período, especialmente nas hipóteses de incidências indiretas (substituição tributária), legitimava tanto o *contribuinte de fato* como o *contribuinte de direito* para pleitear a restituição do indébito tributário, condicionando o direito deste segundo, todavia, à comprovação de que não o repercutiu ao *contribuinte de fato* e/ou que estava por este autorizado a postulá-lo.

Logo em seguida, a presente matéria foi submetida ao rito do art. 543-C do CPC, tendo o E. Superior Tribunal de Justiça decidido naquela oportunidade o seguinte:

> TRIBUTÁRIO. EMBARGOS À EXECUÇÃO. COBRANÇA DE DIFERENÇAS DE ICMS DECLARADO EM GIA E RECOLHIDO FORA DE PRAZO. CTN, ART. 166. INCIDÊNCIA. DENÚNCIA ESPONTÂNEA. INEXISTÊNCIA. AFASTAMENTO DA MULTA. SÚMULA 98/STJ. VERBA HONORÁRIA. ART. 21 DO CPC. SÚMULA 07/STJ. 1. A jurisprudência da 1ª Seção é no sentido de que o art. 166 do CTN tem como cenário natural de aplicação as hipóteses em que o contribuinte de direito demanda a repetição do indébito ou a compensação de tributo cujo valor foi suportado pelo contribuinte de fato (EREsp 727.003/SP, 1ª Seção, Min. Herman Benjamin, DJ de 24.09.07, AgRg nos EREsp 752.883/SP, 1ª Seção, Min. Castro Meira, DJ de 22.05.06 e EREsp 785.819/SP, 1ª Seção, Min. Eliana Calmon, DJ de 19.06.06). No caso, a pretensão da recorrente, se acolhida, importaria a restituição, mediante compensação, de um valor suportado pelo contribuinte de fato para abatê-lo de uma obrigação própria da contribuinte de direito. Incide, portanto, o art. 166 do CTN. (...) 5. Recurso especial parcialmente conhecido e, nessa parte, parcialmente provido. **Acórdão sujeito ao regime do art. 543-C do CPC.** (REsp 1110550/SP, Rel. Ministro Teori Albino Zavascki, Primeira Seção,

---

substituição tributária, nos quais restou definido, muito acertadamente, que o contribuinte de fato corresponde ao substituído (não o consumidor final).

ANDRÉA MEDRADO DARZÉ MINATEL

DJe 04/05/2009).

Como é possível perceber, mesmo sendo exatamente esta a matéria submetida ao regime do art. 543-C do CPC, referido acórdão não definiu claramente quem seria o sujeito legitimado para postular a restituição dos indébitos relativos a tributos e/ou incidências indiretas: se o *contribuinte de fato*, o *contribuinte de direito* ou, ainda, ambos. Pelo contrário, limitou-se a positivar o entendimento de que, *quando o contribuinte de direito demanda a repetição do indébito ou a compensação de tributo cujo valor foi suportado pelo contribuinte de fato*, incide o art. 166 do CTN.

Curioso notar que a referida decisão foi proferida justamente num processo de Embargos à Execução Fiscal, quando já prevalecia no âmbito daquele E. Tribunal o posicionamento de que o art. 166 do CTN não se aplica às situações em que a pretensão do sujeito passivo se restringe ao não pagamento ou à redução da quantia executada, que era exatamente o caso dos autos.

Menos de um ano após, muito provavelmente motivado pela ausência de equacionamento da matéria, a questão da legitimidade ativa para requerer a repetição dos indébitos relativos a tributos e/ou incidências indiretas foi novamente submetida à análise do Superior Tribunal de Justiça sob a sistemática dos recursos repetitivos:

> PROCESSO CIVIL. **RECURSO ESPECIAL REPRESENTATIVO DE CONTROVÉRSIA. ART. 543-C DO CPC.** TRIBUTÁRIO. IPI. RESTITUIÇÃO DE INDÉBITO. DISTRIBUIDORAS DE BEBIDAS. CONTRIBUINTES DE FATO. ILEGITIMIDADE ATIVA *AD CAUSAM*. SUJEIÇÃO PASSIVA APENAS DOS FABRICANTES (CONTRIBUINTE DE DIREITO). RELEVÂNCIA DA REPER-CUSSÃO ECONÔMICA DO TRIBUTO APENAS PARA FINS DE CONDICIONAMENTO DO EXERCÍCIO DO DIREITO SUBJETIVO DO CONTRIBUINTE DE JURE À RESTITUIÇÃO (ART 166 DO CTN). LITISPENDÊNCIA. PREQUESTIONAMENTO. AUSÊNCIA. SÚMULAS

RESTITUIÇÃO DO INDÉBITO TRIBUTÁRIO:
LEGITIMIDADE ATIVA NAS INCIDÊNCIAS INDIRETAS

282 E 356/STF. REEXAME DE MATÉRIA FÁTICO-PROBATÓRIA. SÚMULA 7/STJ. APLICAÇÃO. 1. O "contribuinte de fato" (*in casu*, distribuidora de bebida) não detém legitimidade ativa ad causam para pleitear a restituição do indébito relativo ao IPI incidente sobre os descontos incondicionais, recolhido pelo "contribuinte de direito" (fabricante de bebida), por não integrar a relação jurídica tributária pertinente. (...) 4. Em se tratando dos denominados "tributos indiretos" (aqueles que comportam, por sua natureza, transferência do respectivo encargo financeiro), a norma tributária (art. 166 do CTN) **impõe que a restituição do indébito somente se faça ao contribuinte que comprovar haver arcado com o referido encargo ou, caso contrário, que tenha sido autorizado expressamente pelo terceiro a quem o ônus foi transferido. 5. A exegese do referido dispositivo indica que: '...o art. 166 do CTN, embora contido no corpo de um típico veículo introdutório de norma tributária, veicula, nesta parte, norma específica de direito privado, que atribui ao terceiro o direito de retomar do contribuinte tributário, apenas nas hipóteses em que a transferência for autorizada normativamente, as parcelas correspondentes ao tributo indevidamente recolhido: Trata-se de norma privada autônoma, que não se confunde com a norma construída da interpretação literal do art. 166 do CTN.** É desnecessária qualquer autorização do contribuinte de fato ao de direito, ou deste àquele. Por sua própria conta, poderá o contribuinte de fato postular o indébito, desde que já recuperado pelo contribuinte de direito junto ao Fisco. **No entanto, note-se que o *contribuinte de fato* não poderá acionar diretamente o Estado, por não ter com este nenhuma relação jurídica. Em suma: o direito subjetivo à repetição do indébito pertence exclusivamente ao denominado contribuinte de direito.** Porém, **uma vez recuperado o indébito por este junto ao Fisco, pode o contribuinte de fato, com base em norma de direito privado, pleitear junto ao contribuinte tributário a restituição daqueles valores.** A norma veiculada pelo art. 166 não pode ser aplicada de maneira isolada, há de ser confrontada com todas as regras do sistema, sobretudo com as veiculadas pelos arts. 165, 121 e 123 do CTN. Em nenhuma delas está consignado que o terceiro que arque com o encargo financeiro do tributo possa ser contribuinte. Portanto, só o contribuinte tributário tem direito à repetição do indébito. Ademais, restou consignado alhures que o fundamento último da norma que

ANDRÉA MEDRADO DARZÉ MINATEL

estabelece o direito à repetição do indébito está na própria Constituição, mormente no primado da estrita legalidade. **Com efeito a norma veiculada pelo art. 166 choca-se com a própria Constituição Federal, colidindo frontalmente com o princípio da estrita legalidade, razão pela qual há de ser considerada como regra não recepcionada pela ordem tributária atual.** E, mesmo perante a ordem jurídica anterior, era manifestamente incompatível frente ao Sistema Constitucional Tributário então vigente.' (Marcelo Fortes de Cerqueira, in *Curso de Especialização em Direito Tributário - Estudos Analíticos em Homenagem a Paulo de Barros Carvalho*, Coordenação de Eurico Marcos Diniz de Santi, Ed. Forense, Rio de Janeiro, 2007, p. 390/393) 6. **Deveras, o condicionamento do exercício do direito subjetivo do contribuinte que pagou tributo indevido (contribuinte de direito) à comprovação de que não procedera à repercussão econômica do tributo ou à apresentação de autorização do "contribuinte de fato" (pessoa que sofreu a incidência econômica do tributo), à luz do disposto no art. 166 do CTN, não possui o condão de transformar sujeito alheio à relação jurídica tributária em parte legítima na ação de restituição de indébito. 7. À luz da própria interpretação histórica do art. 166 do CTN, dessume-se que somente o contribuinte de direito tem legitimidade para integrar o polo ativo da ação judicial que objetiva a restituição do "tributo indireto" indevidamente recolhido** (Gilberto Ulhôa Canto, *Repetição de Indébito*, in Caderno de Pesquisas Tributárias, nº 8, p. 2-5, São Paulo, Resenha Tributária, 1983; e Marcelo Fortes de Cerqueira, in "Curso de Especialização em Direito Tributário - Estudos Analíticos em Homenagem a Paulo de Barros Carvalho", Coordenação de Eurico Marcos Diniz de Santi, Ed. Forense, Rio de Janeiro, 2007, p. 390/393). 8. É que, na hipótese em que a repercussão econômica decorre da natureza da exação, "o terceiro que suporta com o ônus econômico do tributo não participa da relação jurídica tributária, razão suficiente para que se verifique a impossibilidade desse terceiro vir a integrar a relação consubstanciada na prerrogativa da repetição do indébito, não tendo, portanto, legitimidade processual" (Paulo de Barros Carvalho, in *Direito Tributário - Linguagem e Método*, 2 ed., São Paulo, 2008, Ed. Noeses, p. 583). (...)12. Malgrado as Turmas de Direito Público venham assentando a incompatibilidade entre o disposto no art. 14, § 2º, da Lei 4.502/65, e o art. 47, II, *a*, do CTN (indevida ampliação do conceito de valor da operação, base de cálculo do

RESTITUIÇÃO DO INDÉBITO TRIBUTÁRIO: LEGITIMIDADE ATIVA NAS INCIDÊNCIAS INDIRETAS

IPI, o que gera o direito à restituição do indébito), o estabelecimento industrial (*in casu*, o fabricante de bebidas) continua sendo o único sujeito passivo da relação jurídica tributária instaurada com a ocorrência do fato imponível consistente na operação de industrialização de produtos (arts. 46, II, e 51, II, do CTN), sendo certo que a presunção da repercussão econômica do IPI pode ser ilidida por prova em contrário ou, caso constatado o repasse, por autorização expressa do contribuinte de fato (distribuidora de bebidas), à luz do art. 166 do CTN, o que, todavia, não importa na legitimação processual deste terceiro. 13. Mutatis mutandis, é certo que: "1. Os consumidores de energia elétrica, de serviços de telecomunicação não possuem legitimidade ativa para pleitear a repetição de eventual indébito tributário do ICMS incidente sobre essas operações. 2. A caracterização do chamado contribuinte de fato presta-se unicamente para impor uma condição à repetição de indébito pleiteada pelo contribuinte de direito, que repassa o ônus financeiro do tributo cujo fato gerador tenha realizado (art. 166 do CTN), mas não concede legitimidade ad causam para os consumidores ingressarem em juízo com vistas a discutir determinada relação jurídica da qual não façam parte. 3. Os contribuintes da exação são aqueles que colocam o produto em circulação ou prestam o serviço, concretizando, assim, a hipótese de incidência legalmente prevista. 4. Nos termos da CF e da LC 86/97, o consumo não é fato gerador do ICMS. 5. Declarada a ilegitimidade ativa dos consumidores para pleitear a repetição do ICMS." (RMS 24.532/AM, Rel. Min. Castro Meira, Segunda Turma, DJe 25/09/2008) 14. Consequentemente, revela-se escorreito o entendimento exarado pelo acórdão regional no sentido de que "as empresas distribuidoras de bebidas, que se apresentam como contribuintes de fato do IPI, não detém legitimidade ativa para postular em juízo o creditamento relativo ao IPI pago pelos fabricantes, haja vista que somente os produtores industriais, como contribuintes de direito do imposto, possuem legitimidade ativa". 15. Recurso especial desprovido. Acórdão submetido ao regime do artigo 543-C, do CPC, e da Resolução STJ 08/08. (REsp 903394/AL, Rel. Min. Luiz Fux, Primeira Seção, DJe 26/04/2010).

Nesta segunda oportunidade, o E. Superior Tribunal de Justiça decidiu que (i) somente o *contribuinte de direito* tem legitimidade para postular a restituição do indébito, mesmo em se tratando de tributos ou incidências indiretas; (ii) o exercício desse direito subjetivo estaria condicionado à comprovação de que não procedera à repercussão econômica do tributo ou à apresentação de autorização do *contribuinte de fato*; (iii) o *contribuinte de fato* jamais poderá acionar diretamente o Estado, por não manter com este qualquer relação jurídica; e (iv) o *contribuinte de fato* estaria autorizado a postular o indébito, desde que já recuperado pelo contribuinte de direito junto ao Fisco, exclusivamente numa demanda de direito privado.

Em suma, de acordo com este novo direcionamento, o direito subjetivo à repetição do indébito pertence exclusivamente ao denominado *contribuinte de direito*. Porém, uma vez recuperado o indébito por este junto ao Fisco, poderá o *contribuinte de fato*, com base em norma de direito privado, pleitear do *contribuinte de direito* a restituição daqueles valores.

Convém esclarecer que, desde então, a grande maioria dos acórdãos do Superior Tribunal de Justiça passou a acatar esta orientação,[424] com exceção dos casos envolvendo res-

---

424. "TRIBUTÁRIO E PROCESSUAL CIVIL. INEXISTÊNCIA DE VIOLAÇÃO DO ART. 535 DO CPC. PPE. DISTRIBUIDORA DE COMBUSTÍVEIS – ILEGITIMIDADE AD CAUSAM PARA PROPOR A AÇÃO JUDICIAL - REsp 903.394/AL - ART. 543-C DO CPC. 1. Não ocorre ofensa ao art. 535, II, do CPC, se o Tribunal de origem decide, fundamentadamente, as questões essenciais ao julgamento da lide. 2. A partir do julgamento do REsp 903.394/AL, rel. Min. Luiz Fux, pela 1ª. Seção, esta Corte passou a entender pela ilegitimidade ativa ad causam do contribuinte de fato - distribuidora -, que suporta efetivamente o encargo tributário para discutir a relação obrigacional e pleitear a devolução do indébito. 3. Recurso especial não provido". (REsp 924.240/PE, Rel. Min. Eliana Calmon, Segunda Turma, DJe 17/08/2010). "(...) ILEGITIMIDADE ATIVA DA DISTRIBUIDORA DE COMBUSTÍVEIS (CONTRIBUINTE DE FATO) PARA REQUERER A RESTITUIÇÃO DO INDÉBITO. ART. 166 DO CTN. RECURSO REPRESENTATIVO DA CONTROVÉRSIA: RESP. 903.394/AL, REL. MIN. LUIZ FUX, DJE 26.4.10. IMPOSSIBILIDADE DE ANÁLISE DE SUPOSTA VIOLAÇÃO À CONSTITUIÇÃO FEDERAL. AGRAVO REGIMENTAL DA DISTRIBUIDORA DESPROVIDO. 1. O STJ, no julgamento do REsp. 903.394/AL, submetido ao rito do art. 543-C do CPC, firmou o entendimento de que, à luz da própria interpretação histórica do artigo 166 do CTN, dessume-se que somente o contribuinte de direito tem legitimidade para integrar o pólo ativo da ação judicial que objetiva a restituição do tributo indireto indevidamente recolhido. 2. No caso, a refinaria de petróleo é a contribuinte de direito da Parcela de Preço Específica - PPE. Assim, a distribuidora de combustíveis (contribuinte de fato) não

RESTITUIÇÃO DO INDÉBITO TRIBUTÁRIO:
LEGITIMIDADE ATIVA NAS INCIDÊNCIAS INDIRETAS

tituição de indébitos de **ICMS** sobre a demanda reservada de energia elétrica, os quais, como veremos a seguir, passaram a receber tratamento específico.

Entretanto, para nossa surpresa, continuaram sendo proferidas decisões reconhecendo também a legitimidade do *contribuinte de fato* para pleitear a restituição de indébitos relativos a tributos e/ou incidências indiretas, especialmente nos casos de substituição:[425]

> TRIBUTÁRIO. ICMS. REPETIÇÃO DE INDÉBITO. ENTIDADE ASSISTENCIAL. IMUNIDADE. LEGITIMIDADE ATIVA. LEGITIMIDADE PASSIVA. PRESCRIÇÃO. PRAZO. 1. De regra, a legitimidade para pleitear a devolução de tributo de imposição indireta é do consumidor de fato, quem sofre a diminuição patrimonial em razão da incidência do tributo. Precedentes. 2. O Estado de Minas Gerais tem legitimidade passiva para integrar a demanda repetitória porque é o titular da capacidade tributária ativa para a cobrança do ICMS realizada em seu território. (...) (REsp 932.647/MG, Rel. Min. Eliana Calmon, Segunda Turma, DJe 04/02/2011).

> TRIBUTÁRIO. PIS/COFINS SOBRE A COMERCIALIZAÇÃO DE COMBUSTÍVEL. COMERCIANTE VAREJISTA. LEGITIMIDADE PARA PLEITEAR A RESTITUIÇÃO. COMPROVAÇÃO DO NÃO REPASSE. ART. 166, CTN. 1. A Primeira Seção do STJ, no julgamento do **REsp 1068317/RJ**, Rel. Min. Napoleão Maia Nunes Filho, submetido ao rito dos recursos repetitivos (art. 543-C do CPC e Resolução 8/08 do STJ), consolidou entendimento segundo o qual tem legitimidade ativa o comerciante varejista de combustíveis, como substituído tributário nas ações de repetição de indébito, desde que demonstre nos autos que inexistiu o repasse do encargo tributário ao

---

possui legitimidade para figurar no pólo ativo de ação de repetição de indébito. Precedentes. (...) (AgRg no REsp 1319044/PE, Rel. Min. Napoleão Nunes Maia Filho, Primeira Turma, DJe 14/06/13).

425. Convém lembrar que o REsp 903.394/AL, submetido ao rito do art. 543-C do CPC, definiu justamente a legitimidade ativa para a repetição do indébito de tributo indireto, mas num contexto de substituição tributária. Assim, o que se vê é que alguns Ministros, ou em algumas situações (há Ministros que ora acompanham o precedente, ora não) simplesmente se ignora a decisão formada justamente para dirimir a controvérsia no âmbito daquele Tribunal. Isso só reforça a dificuldade (ou quase impossibilidade) de parametrizar a jurisprudência do STJ sobre a presente matéria.

ANDRÉA MEDRADO DARZÉ MINATEL

consumidor final, ou que possua autorização deste para recebê
-lo, conforme o disposto no art. 166 do CTN. (...) (AgRg no AREsp
244.088/PE, Rel. Min. Humberto Martins, Segunda Turma, DJe
04/12/2012). 426

TRIBUTÁRIO. AGRAVO REGIMENTAL NO AGRAVO
EM RECURSO ESPECIAL. PIS E COFINS. REGIME DE
SUBSTITUIÇÃO TRIBUTÁRIA PARA FRENTE. PEDIDO
DE RESTITUIÇÃO. AUSÊNCIA DE LEGITIMIDADE
DO VAREJISTA QUE NÃO COMPROVOU O REPASSE
TRIBUTÁRIO. ACÓRDÃO RECORRIDO EM CONSONÂNCIA
COM A ORIENTAÇÃO DESTA CORTE SUPERIOR. SÚMULA
83 DO STJ. AGRAVO REGIMENTAL DESPROVIDO. 1. A ju-
risprudência desta Corte entende que o comerciante varejista
de combustível, substituído tributário, no âmbito do regime de
substituição tributária, só terá legitimidade ativa para pleitear
a repetição do indébito tributário se demonstrar que não houve
o repasse do encargo tributário ao consumidor final, nos termos
do art. 166 do CTN, o que não é a hipótese dos autos. 2. Agravo
Regimental desprovido. (AgRg no AREsp 137.491/RJ, Rel. Min.
Napoleão Nunes Maia Filho, Primeira Turma, DJe 15/05/2015).[427]

---

426. Convém esclarecer que foi proferida decisão nos autos do REsp 1068317/RJ
desafetando-o como representativo de controvérsia, nos seguintes termos: "1. A
presente insurgência especial, que versa sobre a legitimidade ativa ad causam do
comerciante varejista de combustível para pleitear a restituição do indébito tributário referente ao PIS e à COFINS incidentes sobre o faturamento relativo ao comércio de derivados de petróleo e álcool etílico hidratado para fins carburantes foi submetida ao procedimento do art. 543-C do CPC e da Res. 08 desta Corte (fls. 537). 2.
Do exame dos autos, entretanto, verifica-se que, antes da apreciação do mérito, há
debate referente à possibilidade ou não de conhecimento do Recurso ante a incidência eventual da Súmula 7/STJ, sendo desaconselhável a aplicação à espécie do
disposto no art. 543-C do CPC. 3. Ante o exposto, proceda-se à retificação da autua-
ção do feito, desafetando-o como representativo de controvérsia; após, voltem os
autos conclusos." (Ministro Napoleão Nunes Maia Filho, DJe 08/02/2012). Portanto,
não é possivel afirmar, como o fez a decisão retro, que houve julgamento submetido
ao rito dos recursos repetitivos de controvérsia neste caso, tampouco que houve a
consolidação de qualquer entendimento pelo Tribunal, especialmente diante do
fato de a controvérsia ter sido resolvida no caso concreto com base na Súmula 07/
STJ.

427. No mesmo sentido: AgRg no REsp 1191469/AM, Rel. Min. Mauro Campbell
Marques, Segunda Turma, DJe 05/03/2013; AgRg no REsp 1068317/RJ, Rel. Min.
Napoleão Nunes Maia Filho, Primeira Turma, DJe 03/08/2012; AgRg no REsp
1237117/RJ, Rel. Min. Humberto Martins, Segunda Turma, DJe 26/04/2011.

RESTITUIÇÃO DO INDÉBITO TRIBUTÁRIO:
LEGITIMIDADE ATIVA NAS INCIDÊNCIAS INDIRETAS

Esses precedentes apenas reforçam a ausência de uniformidade e coerência das decisões do Superior Tribunal de Justiça sobre a matéria, mesmo após já terem sido proferidas duas decisões sob a sistemática dos recursos repetitivos representativos de controvérsia.

Não poderíamos finalizar este item sem deixar de reafirmar que o entendimento consolidado no REsp 903.394/AL carece do rigor que se espera de uma decisão julgada sob a sistemática do art. 543-C do CPC.

Sob o nosso ponto de vista, tal posicionamento representou um verdadeiro retrocesso na "evolução" da jurisprudência sobre o tema, que caminhava muito bem ao definir o *contribuinte de fato*, em especial nos casos de substituição tributária, como legitimado a pleitear a devolução dos valores indevidamente recolhidos ao Erário.

Numa atitude de redução injustificada de complexidades, preferiu o E. Tribunal entender que a caracterização do chamado *contribuinte de fato presta-se unicamente para impor uma condição à repetição de indébito pleiteada pelo contribuinte de direito, que repassa o ônus financeiro do tributo cujo fato gerador tenha realizado, mas não o concede legitimidade ad causam*, ressuscitando, assim, a figura do *contribuinte castrado*, a que se refere Ives Gandra Martins.

Ninguém ousaria ignorar que o *contribuinte de fato* não mantém relação jurídica com o Fisco (tomando-se como referência, por óbvio, a relação indevidamente tributada). Contudo, não nos parece que, diante das particularidades dos tributos e das incidências indiretas, esse argumento seja suficiente para afastar indistintamente a sua legitimidade ativa nas ações de repetição. E assim concluímos justamente por entender que, nessas situações, quem arca juridicamente com o ônus do tributo é o *contribuinte de fato*: o sujeito que se coloca no último elo da cadeia de incidências sobre a circulação ou a produção de bens tributados sob o regime da não cumulatividade exógena ou a pessoa que realiza o fato tributado,

346

nos tributos exigidos do responsável, jamais o consumidor final, é bom lembrar.

A sensação que fica é que, mais uma vez, colocou-se no mesmo plano a repercussão meramente econômica e a repercussão jurídica, o que não se justifica.

Assim, o que se nota, especialmente diante da grande dificuldade pragmática de realizar prova negativa de repercussão, é que o referido julgado restabeleceu entrave real à restituição de indébitos tributários, há tanto tempo ultrapassado pela jurisprudência daquele mesmo E. Tribunal.

3.5.4.1 A questão da legitimidade ativa nos pedidos de restituição de indébitos de ICMS sobre a demanda reservada de energia elétrica

Desde o primeiro momento, inusitadamente, a jurisprudência do Superior Tribunal de Justiça tendeu por conferir tratamento particular aos pedidos de restituição de indébitos de ICMS sobre a demanda contratada de energia elétrica.

Inicialmente, mesmo quando o posicionamento daquele E. Tribunal já se inclinava no sentido de que apenas o *contribuinte de direito* teria legitimidade para pleitear a repetição de indébitos relativos a tributos indiretos, era possível identificar uma série de precedentes entendendo que, nestes casos específicos, o legitimado seria o *contribuinte de fato* (sempre definido nesses julgados como o *consumidor final*). É o que demonstram as ementas abaixo transcritas:

> TRIBUTÁRIO. ICM. ENERGIA ELÉTRICA. LEGITIMAÇÃO DO CONTRIBUINTE DE FATO. PAGAMENTO ANTECIPADO. Recurso Especial improvido. (REsp 237.025/SP, Rel. Min. Eliana Calmon, Segunda Turma, DJ 02/06/2003).

> TRIBUTÁRIO. ICMS. ENERGIA ELÉTRICA. LEGITIMIDADE DO CONSUMIDOR. CONTRIBUINTE DE FATO. 1. Assentou a Primeira Turma que o contribuinte de fato tem legitimidade para propor ação em que

RESTITUIÇÃO DO INDÉBITO TRIBUTÁRIO:
LEGITIMIDADE ATIVA NAS INCIDÊNCIAS INDIRETAS

se discute cobrança de ICMS. 2. Precedentes. 3. Recurso não provido. (REsp 183.087/SP, Rel. Min. Milton Luiz Pereira, Primeira Turma, DJ 11/03/2002).

Com a crescente pacificação do entendimento do Superior Tribunal de Justiça a respeito da legitimidade ativa para a repetição dos indébitos dos tributos indiretos em geral, foi, paulatinamente, se modificando também o posicionamento jurisprudencial relativo a estes específicos pedidos de restituição:

> RECURSO ORDINÁRIO EM MANDADO DE SEGURANÇA. PROCESSO TRIBUTÁRIO. AÇÃO DECLARATÓRIA DE INEXIGIBILIDADE C/C REPETIÇÃO DE INDÉBITO. ICMS. TRIBUTO INDIRETO. CONSUMIDOR. 'CONTRIBUINTE DE FATO'. ILEGITIMIDADE ATIVA. RECURSO NÃO PROVIDO. 1. Os consumidores de energia elétrica, de serviços de telecomunicação não possuem legitimidade ativa para pleitear a repetição de eventual indébito tributário do ICMS incidente sobre essas operações. 2. A caracterização do chamado **contribuinte de fato presta-se unicamente para impor uma condição à repetição de indébito** pleiteada pelo contribuinte de direito, que repassa o ônus financeiro do tributo cujo fato gerador tenha realizado (art. 166 do CTN), **mas não concede legitimidade ad causam para os consumidores** ingressarem em juízo com vistas a discutir determinada relação jurídica da qual não façam parte. 3. Os contribuintes da exação são aqueles que colocam o produto em circulação ou prestam o serviço, concretizando, assim, a hipótese de incidência legalmente prevista. 4. Nos termos da Constituição e da LC 86/97, o consumo não é fato gerador do ICMS. 5. Declarada a ilegitimidade ativa dos consumidores para pleitear a repetição do ICMS. 6. Recurso ordinário não provido. (RMS 24.532/AM, Rel. Min. Castro Meira, Segunda Turma, julgado em 26/08/2008).

A sedimentação da matéria veio apenas com o julgamento do REsp 903.394/AL, submetido à sistemática do art. 543-C do CPC, no qual restou decidido que somente os *contribuintes de direito* têm legitimidade ativa para pleitear a restituição dos tributos indiretos em geral. A partir de então, passou-se a entender que a orientação adotada pela Primeira Seção do Superior Tribunal de Justiça no julgamento do referido precedente deveria se estender aos casos de restituição de indébitos de ICMS sobre a demanda reservada de energia elétrica, uniformizando, assim, o entendimento a respeito da matéria. Isso fica bem visível nos seguintes acórdãos:

> PROCESSUAL CIVIL. RECURSO ESPECIAL. TRIBUTÁRIO. ICMS. ENERGIA ELÉTRICA. DEMANDA DE POTÊNCIA. AÇÃO AJUIZADA PELO USUÁRIO DO SERVIÇO. ILEGITIMIDADE ATIVA AD CAUSAM. (...) 7. **Cumpre registrar que é aplicável, mutatis mutandis, a orientação adotada pela Primeira Seção/STJ no julgamento do REsp 903.394/AL (recurso submetido à sistemática prevista no art. 543-C do CPC, c/c a Resolução 8/08 - Presidência/STJ) que, interpretando o art. 166 do CTN, pacificou entendimento no sentido de que apenas o contribuinte de direito tem legitimidade para figurar no polo ativo de demandas nas quais se discute a legalidade da cobrança ou se pleiteia a repetição de tributos indiretos.** Na ementa do respectivo acórdão, foi citado precedente desta Segunda Turma, no qual foi consignado que: "Os consumidores de energia elétrica, de serviços de telecomunicação não possuem legitimidade ativa para pleitear a repetição de eventual indébito tributário do ICMS incidente sobre essas operações", sendo que "a caracterização do chamado contribuinte de fato presta-se unicamente para impor uma condição à repetição de indébito pleiteada pelo contribuinte de direito, que repassa o ônus financeiro do tributo cujo fato gerador tenha realizado (art. 166 do CTN), mas não concede legitimidade ad causam para os consumidores ingressarem em juízo com vistas a discutir determinada relação jurídica da qual não façam parte", pois "os contribuintes da exação são aqueles que colocam o produto em circulação ou prestam o serviço, concretizando, assim, a hipótese de incidência legalmente prevista" (RMS 24.532/AM, 2ª Turma, Rel. Min. Castro Meira, DJe de 25.9.08). 8. No caso concreto, reconhecida a ilegitimidade ativa ad causam da autora (ora recorrida) – impende destacar que o recurso especial origina-se de "Ação declaratória de inexistência de débito tributário com pedido de liminar de depósito c/c repetição de indébito mediante compensação" -, impõe-se a extinção do processo sem resolução de mérito, na forma do art. 267,

RESTITUIÇÃO DO INDÉBITO TRIBUTÁRIO: LEGITIMIDADE ATIVA NAS INCIDÊNCIAS INDIRETAS

VI, do CPC. 9. Recurso especial provido. (REsp 1245448/ SC, Rel. Min. Mauro Campbell Marques, Segunda Turma, DJe 31/05/2011).

PROCESSUAL CIVIL E TRIBUTÁRIO. ICMS. ENERGIA ELÉTRICA. DEMANDA RESERVADA DE POTÊNCIA. OPERAÇÃO INTERNA. AÇÃO DE RESTITUIÇÃO DO INDÉBITO TRIBUTÁRIO. CONSUMIDOR DA ENERGIA ELÉTRICA. LEI COMPLEMENTAR 87/96. ILEGITIMIDADE ATIVA *AD CAUSAM.* CARACTERIZAÇÃO DE CONTRIBUINTE DE FATO. RECURSO ESPECIAL REPRESENTATIVO DE CONTROVÉRSIA (RESP 903.394/AL). APLICAÇÃO ANALÓGICA. (...) 6. A **Primeira Seção, quando do julgamento de recurso especial representativo de controvérsia, consolidou a tese de que o "contribuinte de fato" não detém legitimidade ativa ad causam para pleitear a restituição do indébito relativo a "tributo indireto" recolhido pelo "contribuinte de direito", por não integrar a relação jurídica tributária pertinente (REsp 903.394/ AL, Rel. Ministro Luiz Fux, DJe 26.04.2010).**7. Assim é que: "No caso do ICMS sobre energia elétrica, a CF e a LC 87/96 não deixam dúvidas quanto ao contribuinte de direito, nas operações internas e interestaduais: - **nas operações internas com energia elétrica, contribuinte é quem fornece a energia elétrica,** nos termos do art. 4º da LC 87/96; e - nas operações interestaduais, há imunidade nos termos do art. 155, § 2º, X, da CF. Veja-se cada um dos casos, com atenção. 1.1 Contribuinte de direito nas operações internas com energia elétrica **Nas operações internas, não tem cabimento afirmar que o consumidor possa ser contribuinte de direito do ICMS.** Não existe lei que inclua o consumidor no polo passivo da relação tributária. Vale dizer, não compete a ele recolher o imposto ao Fisco estadual. **Em sentido inverso, a Fazenda não cogita promover Execuções Fiscais contra o consumidor, nessa hipótese, o que certamente seria rejeitado pelo Judiciário.** O consumidor, por definição, não promove a saída da mercadoria, o que torna impossível classificá-lo como contribuinte de direito (...). Destarte, **revela-se ultrapassado o entendimento jurisprudencial no sentido de que o consumidor final da energia elétrica é o sujeito passivo da obrigação tributária atinente ao ICMS, sobressaindo sua ilegitimidade ativa ad causam na ação de repetição de indébito do ICMS incidente sobre a operação interna de fornecimento de energia elétrica.** 9. Recurso

ANDRÉA MEDRADO DARZÉ MINATEL

especial desprovido. (REsp 1.191.860/SC, Rel. Min. Luiz
Fux, Primeira Turma, DJe 14/04/2011).[428]

Logo em seguida, todavia, o tema específico da legitimidade ativa para pleitear a restituição dos indébitos de ICMS
sobre a demanda reservada de energia elétrica foi novamente
submetido à análise do Superior Tribunal de Justiça, desta
vez sob o regime dos recursos repetitivos. A matéria restou
decidida da seguinte forma:

> RECURSO ESPECIAL. REPRESENTATIVO DA
> CONTROVÉRSIA. ART. 543-C CÓDIGO DE PROCESSO
> CIVIL. CONCESSÃO DE SERVIÇO PÚBLICO.
> ENERGIA ELÉTRICA. INCIDÊNCIA DO ICMS SOBRE
> A DEMANDA "CONTRATADA E NÃO UTILIZADA".
> **LEGITIMIDADE DO CONSUMIDOR PARA PROPOR
> AÇÃO DECLARATÓRIA C/C REPETIÇÃO DE
> INDÉBITO. Diante do que dispõe a legislação que dis-
> ciplina as concessões de serviço público e da peculiar
> relação envolvendo o Estado-concedente, a concessioná-
> ria e o consumidor, esse último tem legitimidade para
> propor ação declaratória c/c repetição de indébito na
> qual se busca afastar, no tocante ao fornecimento de
> energia elétrica, a incidência do ICMS sobre a demanda
> contratada e não utilizada.** O acórdão proferido no REsp
> 903.394/AL (repetitivo), da Primeira Seção, Ministro Luiz
> Fux, DJe 26.4.10, dizendo respeito a distribuidores de be-
> bidas, não se aplica ao casos de fornecimento de energia
> elétrica. Recurso especial improvido. Acórdão proferido
> sob o rito do art. 543-C do Código de Processo Civil. (REsp
> 1299303/SC, Rel. Min. Cesar Asfor Rocha, Primeira Seção,
> DJe 14/08/2012).

Como é possível perceber da simples leitura da ementa
acima transcrita, mais uma vez o Superior Tribunal de Justiça
entendeu por bem outorgar tratamento jurídico particular e

---

428. No mesmo sentido: AgRg no Ag 1.233.799/RS, 1ª Turma, Rel. Min. Arnaldo Es-
teves Lima, DJe 21/03/2011; AgRg no REsp 1.221.835/RJ, 1ª Turma, Rel. Min.
Hamilton Carvalhido, DJe 10/03/2011; AgRg nos EDcl no REsp 1.052.168/AC, 2ª Tur-
ma, Rel. Min. Humberto Martins, DJe 23/11/2010; REsp 1.147.362/MT, 2ª Turma,
Rel. Min. Castro Meira, DJe 19/08/2010; REsp 1.098.094/RS, 2ª Turma, Rel. Min.
Mauro Campbell Marques, DJe 19/11/2010.

RESTITUIÇÃO DO INDÉBITO TRIBUTÁRIO:
LEGITIMIDADE ATIVA NAS INCIDÊNCIAS INDIRETAS

diverso aos pedidos de restituição de indébito de ICMS sobre a demanda contratada e não utilizada de energia elétrica. Naquela oportunidade, definiu que, nestes casos específicos, o titular da ação seria o *consumidor final* e não o *contribuinte de direito*, conforme vinha e permanece decidindo em relação a todas as demais situações de repetição de indébito de tributos ou incidências indiretas.

Para os Ministros, algumas peculiaridades da relação que se estabelece entre Estado-concedente, concessionária e consumidor final justificariam a diferença no tratamento, quais sejam: (i) politicamente, nas relações contratuais estabelecidas com o Poder Público, a concessionária sempre evitará embates desgastantes e que gerem prejuízos aos serviços ou aos interesses públicos; (ii) no tocante à cobrança, ao cálculo e à majoração dos tributos, o poder concedente e a concessionária encontram-se, na verdade, lado a lado, ausente qualquer possibilidade de conflitos de interesses; (iii) a autorização legal para reajuste de tarifa diante de alteração da carga tributária coloca a concessionária numa situação absolutamente cômoda, inviabilizando, na prática, qualquer litígio em casos de cobrança indevida; (iv) diversamente da relação paradisíaca entre concedente/concessionária, o consumidor fica relegado, prejudicado e totalmente desprotegido; (v) esse quadro revela que a concessionária assume o papel de contribuinte de direito apenas formalmente, assim como o consumidor também assume a posição de contribuinte de fato em caráter meramente "formal".

Não nos parece, todavia, que os fundamentos acima apontados sejam suficientes para a outorga de tratamento diferenciado aos pedidos de restituição dos indébitos de ICMS sobre a demanda contratada e não utilizada de energia elétrica.[429] O que se vê, mais uma vez, é o uso de razões econômicas

---

429. Não é este, todavia, o entendimento que prevalece no Superior Tribunal de Justiça. De fato, os acórdãos mais recentes são todos no sentido de que, especificamente em relação à legitimidade ativa do consumidor de energia elétrica, deve-se aplicar o entendimento positivado no Resp nº 1.299.303 e não o do Resp nº 903.394:

e pragmáticas para definir a legitimidade ativa de pedidos de restituição de tributos *indiretos*, o que, em nosso sentir, não se justifica.

Não se nega que, em situações como o presente, o aumento do custo da energia elétrica decorrente da indevida elevação da carga tributária traz pouco ou quase nenhum impacto para a concessionária, afinal, (i) tratando-se de bem essencial, dificilmente haverá a redução do seu consumo e (ii) não se verificará qualquer alteração na sua margem de lucro, tendo em

---

"TRIBUTÁRIO. ICMS. LEGITIMIDADE AD CAUSAM DO CONSUMIDOR (CONTRIBUINTE DE FATO) PARA DEMANDAR O PODER PÚBLICO EM RAZÃO DE ICMS QUE ENTENDA INDEVIDO QUANDO O CONTRIBUINTE DE DIREITO É EMPRESA CONCESSIONÁRIA DE SERVIÇO PÚBLICO DE FORNECIMENTO DE ENERGIA ELÉTRICA. TEMA JÁ JULGADO EM RECURSO REPRESENTATIVO DA CONTROVÉRSIA. 1. Segundo o decidido no recurso representativo da controvérsia REsp. 903.394/AL, Primeira Seção, Rel. Min. Luiz Fux, DJe 26.04.2010, submetido ao rito do art. 543-C do CPC, em regra o contribuinte de fato não tem legitimidade ativa para manejar a repetição de indébito tributário, ou qualquer outro tipo de ação contra o Poder Público de cunho declaratório, constitutivo, condenatório ou mandamental, objetivando tutela preventiva ou repressiva, que vise a afastar a incidência ou repetir tributo que entenda indevido. 2. Excepcionalmente, tal precedente não se aplica para os casos em que a demanda é ajuizada pelo consumidor de energia elétrica (contribuinte de fato) para questionar o ICMS que entende indevido quando o contribuinte de direito é empresa concessionária de serviço público de energia elétrica. Precedente: recurso representativo da controvérsia REsp. 1.299.303/SC (...)" (RMS 29.475/RJ, Rel. Ministro Mauro Campbell Marques, Primeira Seção, DJe 29/04/2013).
"PROCESSUAL CIVIL. ICMS. ENERGIA ELÉTRICA. REPETIÇÃO DE INDÉBITO. LEGITIMIDADE DO CONTRIBUINTE DE FATO. 1. No tocante à legitimidade ativa, de acordo com a atual orientação desta Corte, fixada no julgamento do REsp 903.394/AL, sob o regime dos recursos repetitivos, somente o contribuinte de direito tem legitimidade ativa para a demanda relacionada aos tributos indiretos, ou seja, aqueles em que o ônus tributário, pela própria natureza e sistemática da exação, repercute-se no patrimônio do contribuinte de fato, nos termos do art. 166 do CTN. 2. No entanto, em relação à legitimidade ativa especificamente do consumidor de energia elétrica, a Primeira Seção desta Corte, em recurso julgado também sob a sistemática do art. 543-C do CPC, pacificou o entendimento de que, diante do que dispõe a legislação que disciplina as concessões de serviço público e da peculiar relação envolvendo o Estado-concedente, a concessionária e o consumidor, esse último mo tem legitimidade processual para questionar a incidência do ICMS sobre a energia elétrica, com fundamento no art. 7º, II, da Lei 8.987/95, não obstante as disposições do art. 166 do CTN, que veiculam regra geral de legitimidade apenas ao contribuinte de direito. (...)" (EDcl nos EDcl no AgRg no REsp 1270547/RS, Rel. Min. Eliana Calmon, Segunda Turma, DJe 11/06/2013).

RESTITUIÇÃO DO INDÉBITO TRIBUTÁRIO:
LEGITIMIDADE ATIVA NAS INCIDÊNCIAS INDIRETAS

vista a existência de expressa autorização legal para a revisão do preço da tarifa nessas circunstâncias.[430]Assim, é muito pouco provável que a concessionária tenha qualquer interesse em propor ação contra o Estado para afastar a cobrança ilegítima de ICMS nesses casos.

Ocorre que esses argumentos não são jurídicos. A lei não estabeleceu legitimidade ativa diversa para estes casos. Assim, não pode o Poder Judiciário atuar como legislador positivo, especialmente com base exclusivamente em razões econômicas e de ordem social. Em nossa singela opinião, dever-se-ia aplicar a estas situações o mesmo tratamento dispensado aos demais pedidos de restituição de indébitos relativos a tributos indiretos. Não há *discrímen* jurídico suficiente para a presente diferenciação.

Sequer é viável evocar a justiça tributária (se é que isso é efetivamente possível em alguma hipótese) como fundamento para o presente tratamento diferenciado. Isso porque existem outras tantas situações, não contempladas pela jurisprudência deste Tribunal como causa para a outorga de tratamento especial, nas quais igualmente não há interesse dos legitimados legais a pleitear a restituição do indébito.

A presente situação deveria motivar o Superior Tribunal de Justiça a repensar a solução geral dada para a questão da legitimidade ativa para pleitear a restituição dos indébitos relativos a tributos ou incidências indiretas. Não criar exceção injustificada, motivado, muito provavelmente, por pressões de determinados setores da Economia.

---

430. Art. 9º da Lei nº 8.987/95: "Art. 9º A tarifa do serviço público concedido será fixada pelo preço da proposta vencedora da licitação e preservada pelas regras de revisão previstas nesta Lei, no edital e no contrato. (...) § 2º Os contratos poderão prever mecanismos de revisão das tarifas, a fim de manter-se o equilíbrio econômico-financeiro. § 3º Ressalvados os impostos sobre a renda, a criação, alteração ou extinção de quaisquer tributos ou encargos legais, após a apresentação da proposta, quando comprovado seu impacto, implicará a revisão da tarifa, para mais ou para menos, conforme o caso".

ANDRÉA MEDRADO DARZÉ MINATEL

Ademais, convém esclarecer que a existência de autorização legal para a revisão da tarifa diante da alteração ou extinção de quaisquer tributos – exceção feita apenas ao Imposto sobre a Renda – em nada compromete a presente conclusão. Esta previsão visa, apenas e tão somente, à manutenção do equilíbrio financeiro dos contratos públicos que, diferentemente dos privados, somente podem ter seu preço alterado nas situações previstas em lei e não diante de meras modificações das condições de mercado.

Assim, o que se vê é que a presente regra não é idônea para chancelar a diferenciação no tratamento jurídico dispensado a estas situações. Assim como ocorre nos demais casos de tributos indiretos, o que o consumidor final paga é preço, não tributo, razão pela qual entendemos que ele jamais poderia figurar no polo ativo das demandas de restituição de indébitos tributários. Insistimos: a circunstância de a concessionária ter pouco interesse no manejo dessas ações não pode ser tomada como causa suficiente para afastar a aplicação, a estes casos, da regra específica da legitimidade ativa para requerer a repetição do indébito relativo a tributos ou incidências indiretas.

Não foi este, todavia, o entendimento dos Ministros, os quais registraram, categoricamente, no acórdão proferido em face da oposição de Embargos de Declaração contra o julgamento do REsp 1.299.30, que, em nenhum momento, se descaracterizou a concessionária como sujeito passivo da relação tributária, *"apenas se ponderou, à luz das circunstâncias específicas da relação entre o Estado, concessionária e o usuário/consumidor, ser possível ao contribuinte de fato postular a devolução do indébito tributário relativo à incidência do ICM sobre a demanda contratada de energia elétrica"*. Nada mais retórico.

RESTITUIÇÃO DO INDÉBITO TRIBUTÁRIO:
LEGITIMIDADE ATIVA NAS INCIDÊNCIAS INDIRETAS

3.5.4.2 Efeitos da não cumulatividade do PIS e da CO-FINS em relação aos serviços de distribuição de energia elétrica

Conforme explicado no item anterior, o art. 9º, § 3º, da Lei nº 8.987/95 determina, expressamente, a revisão das tarifas nas concessões ou permissões de serviços públicos, tais como o de energia elétrica, nas hipóteses de alteração ou extinção de quaisquer tributos ou encargos legais, exceto o Imposto sobre a Renda, após a apresentação da proposta, quando comprovado o seu impacto.

Ao assim dispor, o legislador deixou claro que os custos com o pagamento de todo e qualquer tributo – exceto o Imposto sobre a Renda – devem ser considerados na quantificação das tarifas de energia elétrica, o que, por óbvio, inclui os valores relativos à Contribuição ao PIS e à COFINS.

Ocorre que, a partir da entrada em vigor das Leis nº 10.637/2002 e 10.833/2003, as permissionárias e concessionárias de energia elétrica passaram, em regra, a se submeter à sistemática não cumulativa de apuração desses tributos.[431] Por conta disso, o montante devido por essas pessoas jurídicas a título desses tributos deixou de ser um percentual fixo sobre o total do faturamento (0,65% e 3%, respectivamente), passando a variar de acordo com os respectivos créditos a que têm direito.

Desde então, a apuração do valor efetivamente devido a título de Contribuição ao PIS e de COFINS pelas permissionárias e concessionárias de energia elétrica passou a depender não apenas das suas receitas, mas, também, da totalidade dos créditos apurados nas suas aquisições de mercadorias e

---

431. Exceção feita apenas aos contratos que preencham os seguintes requisitos: Art. 10 da Lei nº 10.833/2003: "Art. 10 . Permanecem sujeitas às normas da legislação da COFINS, vigentes (...) XI - anteriormente a esta Lei, não se lhes aplicando as disposições dos arts. 1º a 8º - as receitas relativas a contratos firmados anteriormente a 31 de outubro de 2003: (...) b) com prazo superior a 1 (um) ano, de construção por empreitada ou de fornecimento, a preço predeterminado, de bens ou serviços; (...)"

serviços, sofrendo variações, mês a mês. Tal modificação acarretou a necessidade de alterar-se a forma pela qual o ônus dessas contribuições é agregado ao preço da energia elétrica consumida. Afinal, não havia mais como antever o exato valor da carga tributária correspondente a essas contribuições.

Neste contexto, qual seria a sistemática adequada para cálculo e repercussão econômica dos mencionados tributos? Haveria previsão legal específica para tal? Ao enfrentar o presente tema, Paulo de Barros Carvalho nos explica:

> Uma alternativa seria a identificação da média de encargos relativos ao PIS e à COFINS, incluindo-os na tarifa de energia elétrica. Atitude dessa natureza, porém, não encontra suporte no ordenamento brasileiro, já que se estaria repassando ao consumidor um custo tributário incerto. Nem mesmo o art. 150, § 7º, da CF dá suporte a tal pretensão. Esse dispositivo presta-se conferir fundamento a situações em que o recolhimento do tributo é feito antes da ocorrência do fato jurídico tributário, a fim de centralizar a fiscalização e a arrecadação tributária no elo inicial da cadeia produtiva. É o caso da chamada substituição tributária para frente.
>
> Não autoriza esse dispositivo, porém, que se estipule, de forma presumida, a carga tributária de PIS e COFINS, embutindo-a na tarifa de energia elétrica. Procedimento desse jaez não se coaduna à previsão do art. 150, § 7º, da Carta Magna. E tal inadequação fica ainda mais evidente quando lembramos que o consumidor, por ser sujeito alheio ao vínculo obrigacional tributário, não possui legitimidade para pleitear a devolução dos valores que, embora incluídos na tarifa, superem o efetivo custo tributário.
>
> Considerando que a adoção de 'custo médio' de PIS e COFINS levaria às incongruências acima referidas, é preciso alterar o procedimento de repercussão econômica de tais custos. Esse o motivo pelo qual o Poder Concedente editou resoluções específicas para cada concessionária, determinando a **exclusão** dos valores de PIS e COFINS das tarifas homologadas, e autorizando a **inclusão** dos custos efetivos dessas contribuições nas faturas de energia elétrica. É o que se observa, a título exemplificativo, na Resolução ANEEL nº 227/2005:

RESTITUIÇÃO DO INDÉBITO TRIBUTÁRIO:
LEGITIMIDADE ATIVA NAS INCIDÊNCIAS INDIRETAS

'Art. 11. Fica a Bandeirante autorizada a incluir na fatura de energia elétrica a ser paga pelo consumidor, a partir da entrada em vigor dessa resolução, a exemplo do ICMS, as despesas do PIS/PASEP e da COFINS efetivamente incorridas pela concessionária no exercício da atividade de distribuição de energia elétrica.

Parágrafo único: Em função de eventual variação mensal da alíquota efetiva do PIS/PASEP e da COFINS, bem como, de defasagem entre o valor pago e o correspondente valor repassado para o consumidor, a BANDEIRANTE poderá compensar essas eventuais diferenças no mês subsequente.'

Como se vê, (i) antes, os valores correspondentes ao PIS e COFINS eram incluídos no valor das tarifas de energia elétrica; (ii) agora, o valor das contribuições foi *excluído* das tarifas de energia elétrica, sendo calculado pelos próprios concessionários e incluído nas contas de consumo.

Com efeito, a solução encontrada pela ANEEL diante das particularidades da apuração da Contribuição ao PIS e da COFINS foi determinar, de um lado, não fossem mais considerados os custos com as referidas contribuições na fixação do valor das tarifas de energia elétrica e, do outro, autorizar que as concessionárias ou permissionárias, em cada mês, calculem os referidos valores e os incluam no preço final das contas de consumo, com destaque. Isto fica bem evidente na Nota Técnica nº 115/2005-SFF/SER/ANEEL:

17. Assim devem ser excluídas as alíquotas do PIS/PASEP (0,65%) e da COFINS (3%) do cálculo das tarifas dos agentes de distribuição, competindo à ANEEL regular a metodologia para inclusão pelo agente no preço final praticado, bem como estabelecer critérios e procedimentos para apuração dos impactos incorridos a partir de dezembro/2002, até o início da nova sistemática de cobrança desses tributos fora das tarifas e, consequentemente, o reconhecimento nas tarifas de energia elétrica das diferenças apuradas.

18. Para efeito da operacionalização do anteriormente exposto, a ANEEL excluirá o percentual efetivamente incluído nas tarifas, que como regra geral é de 3,65%, relativo a PIS/PASEP e a COFINS, na primeira ocorrência de

ANDRÉA MEDRADO DARZÉ MINATEL

reajuste ou revisão de tarifas de cada agente de distribuição após a publicação da Resolução Normativa decorrente deste processo.

Em estreita síntese, determinou referido diploma normativo que as alíquotas nominais da Contribuição ao PIS e da COFINS sejam excluídas do cálculo da tarifa de energia elétrica, devendo ser apurado em separado o efetivo custo dessas contribuições e efetuado o destaque de tais valores na fatura de energia elétrica:

Preço final da energia = Tarifa (custos gerenciais e não gerenciais) + PIS e COFINS + ICMS

Observa-se, claramente, que, para o consumidor da energia elétrica, nada mudou em termos de ônus financeiro, tendo em vista que, sob a perspectiva econômica, estes sempre arcaram com todos os seus custos, dentre os quais se incluem os valores devidos a título de Contribuição ao PIS e COFINS. Pelo contrário, apenas ajustou-se o valor da tarifa à efetiva carga tributária incidente sobre a operação.

Nessa esteira e tendo em vista as premissas fixadas pelo Superior Tribunal de Justiça relativamente à repetição dos indébitos de ICMS sobre a demanda contratada e não utilizada de energia elétrica, poder-se-ia questionar se os pedidos de restituição de eventuais indébitos de Contribuição ao PIS e de COFINS sobre o consumo de energia elétrica mereceriam o mesmo tratamento determinado pelo REsp 1.299.303/SC, julgado sob a sistemática dos recursos repetitivos, especialmente diante do fato de os valores devidos a título dessas contribuições virem atualmente destacados na fatura, do mesmo modo que ocorre com o ICMS.

Parece-nos que não. Para além das críticas que já opomos ao referido julgado no item anterior, não podemos perder de vista que a Contribuição ao PIS e a COFINS, mesmo quando submetidas ao regime não cumulativo de apuração, continuam

RESTITUIÇÃO DO INDÉBITO TRIBUTÁRIO:
LEGITIMIDADE ATIVA NAS INCIDÊNCIAS INDIRETAS

sendo tributos diretos, o que, por si só, afasta qualquer possibilidade jurídica de outorgar legitimidade ao *contribuinte de fato*, por eles entendido como *consumidor final*, para pleitear a devolução dos valores indevidamente recolhidos a este título. Afinal, em se tratando de tributos diretos, nos termos da pacífica jurisprudência do Superior Tribunal de Justiça, nada justifica a aplicação do art. 166 do CTN, devendo a repetição ser invariavelmente regulada pela regra prescrita no art. 165 deste mesmo diploma legal.

Essa assertiva sequer é comprometida pelo fato de essas contribuições virem destacadas em nota fiscal. Tal procedimento, em si mesmo considerado corresponde a mera estipulação de dever instrumental, que nada interfere na natureza jurídica do tributo. Insistimos: a simples determinação de destaque do tributo em documento fiscal, quando não decorrente de regra de não cumulatividade exógena, não é fato suficiente para transmudar um tributo tipicamente direto em indireto.

Também foi este entendimento que prevaleceu no julgamento do REsp nº 976.836:

> (...) 33. É inquestionável que a tarifa pelos serviços telefônicos compreende uma remuneração destinada a compensar os valores desembolsados pela operadora a título de PIS e COFINS, tanto que sempre foi aplicada, desde o momento da outorga das concessões e autorizações. 34. A **ANATEL**, como *amicus curiae*, **manifestou-se no sentido de que a discriminação na fatura do valor atinente às contribuições para PIS e COFINS foi uma solução encontrada pela ANATEL para fazer face às variações do valor da tarifa, variações relacionadas com o regime jurídico do ICMS e essa prática não representa qualquer benefício para o prestador do serviço, nem prejuízo para o usuário, como afirmou a Agência Reguladora.** 35. A solução prática adotada pela ANATEL não significa uma elevação disfarçada do valor exigido dos usuários pelos serviços telefônicos. A tarifa continuou a abranger, como sempre ocorreu, a remuneração correspondente aos custos necessários à prestação do serviço. **A discriminação de um valor de tarifa líquida e de uma carga tributária representou apenas uma solução prática para superar a**

ANDRÉA MEDRADO DARZÉ MINATEL

dificuldade de determinar, de modo abrangente, o valor final máximo a ser cobrado dos usuários. Em consequência, restaria afirmar que incidindo PIS e COFINS sobre o faturamento, incabível fixar um valor correspondente a cada operação realizada com os usuários cabendo, assim, ao prestador do serviço o dever de calcular a fração de seu custo tributário em vista de cada usuário com relação ao PIS e a COFINS. 36. **A *vexata quaestio* posta nos autos não envolve controvérsia de direito tributário, tampouco versa sobre tributos diretos e indiretos, sobre a sujeição passiva das contribuições examinadas ou do seu fato gerador. O núcleo da disputa envolve o conceito e a abrangência da tarifa dos serviços públicos delegados ou autorizados.** 37. A previsão legal da obrigatoriedade da discriminação do valor devido a título de ICMS não envolve a composição tarifária e não é pró-consumidor, mas, antes, se relaciona com a sistemática de não-cumulatividade do referido tributo, razão porque determina-se que o valor correspondente ao referido tributo estadual deve ser destacado na documentação fiscal emitida de modo a assegurar a sua utilização para eventual compensação em operações posteriores. (...) 40. A Agência Nacional e Telecomunicações (ANATEL), na sua função específica e intervindo como *amicus curiae*, esclareceu que a tarifa líquida de tributos que homologa não impede que nela incluam-se os tributos; salvo os de repasse vedado pela lei, como o Imposto de Renda e seus consectários, porquanto essa metodologia empregada visa a evitar que a Agência Reguladora imiscua-se na aferição da economia interna das empresas concessionárias, sendo certo que, de forma inequívoca, atestou a juridicidade do repasse econômico do PIS e da COFINS sobre as faturas de serviços de telefonia, consoante se colhe do excerto, *verbis*: **'Com os argumentos assim ordenados e apoio na legislação supracitada, inexiste fundamento jurídico para a inconformidade da recorrente, pois cabível a transferência do ônus financeiro do PIS e da COFINS, bem como de tributos diretos, para o preço final da tarifa telefônica cobrada do contribuinte, por integrarem os custos na composição final do preço.'** 41. As questio iuris enfrentadas, matéria única reservada a esta Corte, permite-nos, no afã de cumprirmos a atividade de concreção através da subsunção das quaestio facti ao universo legal a que se submete o caso sub judice, concluir que: **(a) o repasse econômico do PIS e da COFINS nas tarifas telefônicas é legítimo porquanto integra os custos repassáveis legalmente para**

RESTITUIÇÃO DO INDÉBITO TRIBUTÁRIO:
LEGITIMIDADE ATIVA NAS INCIDÊNCIAS INDIRETAS

> **os usuários no afã de manter a cláusula pétrea das concessões, consistente no equilíbrio econômico financeiro do contrato de concessão; (...)** (REsp 976836/RS, Rel. Min. Luiz Fux, Primeira Seção, DJe 05/10/2010).

Assim, entendemos que, tratando-se de indébitos de Contribuição ao PIS e da COFINS, mesmo que relativos ao consumo de energia elétrica, legitimado a pleitear a sua restituição é, apenas e tão somente, o *contribuinte de direito*. Aliás, juridicamente, sequer há a figura do contribuinte de fato nesses casos, haja vista que a repercussão aqui é meramente econômica. Esta conclusão apenas poderá ser excepcionada nos casos de estabelecimento de regra de responsabilidade tributária. Isso porque nessas específicas hipóteses, haverá sim repercussão jurídica do tributo do responsável para o realizador do fato tributário e, como consequência, a existência de suporte fático suficiente para deslocar a aplicação do art. 165 para o art. 166 do CTN.

CAPÍTULO 4

OS TRIBUTOS QUE SE SUBMETEM AO ART. 166 DO CTN

Sumário: 4.1 Considerações iniciais. 4.2 Imposto sobre Produtos Industrializados – IPI – e Imposto sobre a Circulação de Mercadoria e Serviços – ICMS. 4.3 Imposto Predial e Territorial Urbano – IPTU. 4.4 Imposto sobre Serviços – ISS. 4.5 Imposto sobre Operações Financeiras – IOF. 4.6 Imposto sobre a Transmissão de Bens Imóveis – ITBI. 4.7 Imposto de Importação – II. 4.8 Imposto sobre a Renda – IR. 4.9 Contribuições Previdenciárias Patronais. 4.10 Contribuição ao Programa de Integração Social – PIS – e a Contribuição para Financiamento da Seguridade Social – COFINS.

4.1 Considerações iniciais

Realizada a decomposição analítica do direito à restituição do indébito tributário positivado no art. 166 do CTN, retoma-se a necessidade de identificar quais são efetivamente os *tributos que, por sua natureza, repercutem* e, como tais, têm seus pedidos de restituição submetidos a este especial regramento.

RESTITUIÇÃO DO INDÉBITO TRIBUTÁRIO:
LEGITIMIDADE ATIVA NAS INCIDÊNCIAS INDIRETAS

Oportuno relembrar que a despeito de a Primeira Seção do Superior Tribunal de Justiça ter pacificado, desde 1999,[432] o entendimento de que as disposições do art. 166 do CTN se aplicam exclusivamente aos *tributos que, por sua natureza, repercutem*, este consenso praticamente desaparece quando o assunto é fixar as linhas demarcatórias desta categoria tributária, separando o que efetivamente é tributo indireto do que não o é.

De fato, são muitas as posições a respeito da definição denotativa de *tributos indiretos*. Assim, o objetivo deste capítulo é justamente identificar as principais delas, para, por fim, apresentarmos nossa proposta interpretativa a respeito dos tributos que efetivamente podem ser incluídos neste conceito de classe.

4.2 Imposto sobre Produtos Industrializados – IPI – e Imposto sobre a Circulação de Mercadoria e Serviços – ICMS

É praticamente unânime na doutrina e na jurisprudência que o IPI e o ICMS[433] são tributos indiretos e, como tais, têm seus pedidos de restituição disciplinados pelo art. 166 do CTN.

---

432. "TRIBUTÁRIO. ICMS. REPETIÇÃO DE INDÉBITO. TRIBUTO INDIRETO. TRANSFERÊNCIA DE ENCARGO FINANCEIRO AO CONSUMIDOR FINAL. ART. 166 DO CTN. ILEGITIMIDADE ATIVA. SÚMULA 07/STJ. I - A respeito da repercussão, a Primeira Seção desta Corte, em 10/11/99, julgando os Embargos de Divergência 168.469/SP, Rel. para ac. Min. José Delgado, pacificou o entendimento de que não pode ser exigida quando se trata de repetição ou compensação de contribuições, tributo considerado direto, especialmente, quando a lei que impunha a sua cobrança foi julgada inconstitucional." (AgRg no REsp 758.267/MA, Rel. Min. Francisco Falcão, Primeira Turma, DJ 28/11/2005).

433. O Decreto nº 4.502/64, que disciplinava o extinto Imposto de Consumo – ICM, continha norma específica sobre a restituição dos pagamentosindevidos feitos a este título: "Art. 32. A restituição do impôsto indevidamente pago fica subordinada à prova, pelo contribuinte, de que o mesmo impôsto não foi recebido de terceiro. Parágrafo único. O terceiro, que faça prova de haver pago o impôsto ao contribuinte nos têrmos dêste artigo, sub-roga-se no direito daquele à respectiva restituição".

ANDRÉA MEDRADO DARZÉ MINATEL

Aliomar Baleeiro, por exemplo, é enfático ao afirmar que o art. 166 do CTN se aplica exclusivamente a duas situações bem definidas: o IPI e o ICMS. Este autor chega a essa conclusão justamente por partir da premissa de que, juridicamente, somente esses dois tributos seriam indiretos:

> Juridicamente, somente existem dois impostos 'indiretos' por presunção: o imposto sobre produtos industrializados – IPI – de competência da União, e o imposto sobre operações de circulação de mercadorias e prestação de serviços de transporte interestadual e intermunicipal e de comunicação – ICMS – de competência dos Estados. (...) Portanto, a presunção de transferência somente se coloca em relação àqueles impostos, cabendo ao solvens, que fez o pagamento indevido, demonstrar que tem legitimidade para pleitear a devolução, por ter suportado o encargo, relativamente ao ICMS e ao IPI. Tem assim o art. 166 aplicação muito restrita, pois juridicamente, apenas esses dois tributos presumem-se 'indiretos', ou seja, juridicamente transferíveis.[434]

Eduardo Domingos Bottallo alcança idêntica conclusão. Defende, todavia, que, no IPI, ocorreria repercussão jurídica por reembolso. Nas suas palavras:

> Tal é o caso do IPI, onde o fenômeno da translação, por expressa determinação legal – e só por isso – passou a ser considerado fato jurídico. Em razão deste regime, o tributo fica sujeito a processo de 'repercussão jurídica por reembolso', peculiaridade que justifica, no plano normativo a incidência do art. 166 do CTN.[435]

Na jurisprudência, em especial do Superior Tribunal de Justiça, também prevalece, há décadas, o entendimento de que o IPI e o ICMS[436] são tributos indiretos e, como conse-

---

434. BALEEIRO, Aliomar. Op. cit., p. 886.

435. BOTTALLO. Eduardo Domingos. *IPI* – Princípios e estrutura...cit., p. 112.

436. A despeito disso, é possível identificar diversos precedentes no sentido de que não se aplica o art. 166 do CTN em se tratando de restituição de ICMS em algumas operações, como as exportação de mercadoria cujo valor é fixado em bolsa: "EMBARGOS DE DECLARAÇÃO NOS EMBARGOS DE DECLARAÇÃO NOS EMBARGOS DE DECLARAÇÃO NO RECURSO ESPECIAL. ACOLHIMENTO DOS EMBARGOS. RESTITUIÇÃO DO INDÉBITO TRIBUTÁRIO. ICMS.

RESTITUIÇÃO DO INDÉBITO TRIBUTÁRIO:
LEGITIMIDADE ATIVA NAS INCIDÊNCIAS INDIRETAS

quência, que os pedidos de restituição dos indébitos pagos a estes títulos estão sujeitos às disposições do art. 166 do CTN:

> TRIBUTÁRIO. ICMS. REPETIÇÃO DO INDÉBITO. REPASSE. PROVA. NECESSIDADE. CTN, ART. 166. PRECEDENTES. Em se tratando de **tributo indireto**, a repetição do **ICMS** indevidamente recolhido, depende da prova do não repasse do respectivo encargo ao contribuinte de fato. (...) Recurso conhecido e provido. (REsp 120.680/RS, Rel. Min. Francisco Peçanha Martins, Segunda Turma, DJ 16/10/2000).

> TRIBUTÁRIO. ICMS. REPETIÇÃO DE INDÉBITO. TRIBUTO INDIRETO. TRANSFERÊNCIA DE ENCARGO FINANCEIRO AO CONSUMIDOR FINAL. ART. 166 DO CTN. ILEGITIMIDADE ATIVA. SÚMULA 07/STJ. (...) II - **O art. 166 do CTN** contém referência bem clara ao fato de que deve haver pelo intérprete, sempre, em casos de repetição de indébito, identificação se o tributo, por sua natureza, comporta a transferência do respectivo encargo financeiro para terceiro ou não, quando a lei, expressamente, não determina que o pagamento da exação é feito por terceiro, como é o caso do **ICMS e do IPI**. III - Essa posição consolidou-se por considerar que o art. 166 do CTN só tem aplicação aos **tributos indiretos, isto é, que se incorporam explicitamente aos preços, como é o caso do ICMS, do IPI** etc. (...) (AgRg no REsp 758.267/MA, Rel. Min. Francisco Falcão, Primeira Turma, DJ 28/11/2005).

> PROCESSUAL CIVIL E TRIBUTÁRIO. DESNECESSIDADE DE PRODUÇÃO DE PROVA. JULGAMENTO ANTECIPADO

MERCADORIA EXPORTADA COM COTAÇÃO EM BOLSA. AFASTAMENTO DA EXIGÊNCIA DO ART. 166 DO CTN. 1. "Em se tratando de restituição de ICMS em operação de exportação de mercadoria cujo valor é fixado em bolsa, não incide a norma do art. 166 do CTN. Precedentes: REsp 781285/RS, 2ª T., Min. Eliana Calmon, DJ 03.08.07; REsp 943119/SP, 1ª T., Min. José Delgado, DJ de 23.08.07." (REsp 511.036/MG, 1ª Turma, Rel. Min. Teori Albino Zavascki, DJe 05/06/2008) 2. Embargos de declaração acolhidos para dar parcial provimento ao recurso especial". (EDcl nos EDcl nos EDcl no REsp 973.491/RS, Rel. Min. Denise Arruda, Primeira Turma, DJe 12/11/2009).
"PROCESSUAL CIVIL E TRIBUTÁRIO. ICMS. EXPORTAÇÃO. FARELO DE SOJA. ART. 166 DO CTN. IMPERTINÊNCIA. JURISPRUDÊNCIA PACIFICADA À ÉPOCA DA DECISÃO RESCINDENDA. SÚMULA 343/STF. INAPLICABILIDADE. (...) 3. À época do acórdão rescindendo, a jurisprudência do STJ já afastava a aplicação do art. 166 do CTN aos pleitos de restituição relativos ao ICMS cobrado em relação à exportação de commodity cujo preço é fixado no mercado externo, não incidindo o disposto na Súmula 343/STF. 4. Recurso Especial provido". (REsp 1189349/SP, Rel. Min. Herman Benjamin, Segunda Turma, DJe 30/06/2010).

DA LIDE. LIVRE CONVENCIMENTO DO MAGISTRADO. ACERVO DOCUMENTAL SUFICIENTE. NÃO-OCORRÊNCIA DE CERCEAMENTO DE DEFESA. ICMS. EXECUÇÃO FISCAL. EMPRESAS AÉREAS. PREÇO CONTROLADO PELO GOVERNO FEDERAL (DAC). REPASSE DE ENCARGO FINANCEIRO AO CONSUMIDOR FINAL. INEXISTÊNCIA. ART. 166 DO CTN. NÃO-APLICAÇÃO, IN CASU. LEGITIMIDADE ATIVA. (...) 4. A jurisprudência do STJ é no sentido de que o art. 166 do CTN contém referência clara ao fato de que deve haver, pelo intérprete, sempre identificação se o tributo, por sua natureza, comporta a transferência do respectivo encargo financeiro para terceiro ou não, quando a lei, expressamente, não determina que o pagamento da exação é feito por terceiro, **como é o caso do ICMS e do IPI**. Esse entendimento consolidou-se por se considerar que o art. 166 do CTN só tem aplicação aos tributos indiretos, isto é, **que se incorporam explicitamente aos preços**, como é o caso do ICMS, do IPI, etc. (...) (REsp 902.327/PR, Rel. Min. José Delgado, Primeira Turma, DJ 10/05/2007).

TRIBUTÁRIO. AGRAVO REGIMENTAL NO RECURSO ESPECIAL. IPI. REPETIÇÃO DE INDÉBITO. LEGITIMIDADE. COMPROVAÇÃO DO NÃO REPASSE DA EXAÇÃO. NECESSIDADE. APLICAÇÃO DO ART. 166 DO CTN. PRECEDENTES. (...) 2. "A compensação ou restituição de **tributos indiretos (ICMS ou IPI)** exige que o contribuinte de direito comprove que suportou o encargo financeiro ou, no caso de tê-lo transferido a terceiro, estar por este expressamente autorizado a pleitear a repetição do indébito, nos termos do **art. 166, do CTN**" (AgRg no REsp 1058309/SC, Rel. Min. Luiz Fux, Primeira turma, DJe 14/12/10). No mesmo sentido: REsp 1.250.232/PR, Rel. Ministro Herman Benjamin, Segunda Turma, DJe 26/06/2013; AgRg no REsp 1.028.031/RJ, Rel. Ministro Teori Albino Zavascki, Primeira Turma, DJe 25/09/2012; AgRg no AgRg no REsp 752.367/SC, Rel. Ministro Mauro Campbell Marques, Segunda Turma, DJe 15/10/2009. 3. Agravo regimental não provido. (AgRg no REsp 1233729/SC, Rel. Min. Benedito Gonçalves, Primeira Turma, DJe 30/09/2014).

A despeito de ser este o entendimento que prevalece tanto na comunidade do discurso científico como na jurisprudência, alguns juristas se posicionam em sentido contrário.

Zelmo Denari, por exemplo, mesmo concordando que o ICMS e o ISS (não o IPI) sejam impostos indiretos que, como

RESTITUIÇÃO DO INDÉBITO TRIBUTÁRIO:
LEGITIMIDADE ATIVA NAS INCIDÊNCIAS INDIRETAS

tais, comportam transferência do encargo financeiro, conclui que o art. 166 do CTN não se lhes aplicam, uma vez que seriam tributos subsumidos no preço da mercadoria ou serviço, insuscetíveis de dissociação e, por via de consequência, de transferência do indébito:

> É justamente por ser repassado ao adquirente da mercadoria na venda do produto acabado que o IPI, rigorosamente, não participa dos custos da empresa, podendo até ser dissociado do preço o produto. Ao revés, o ICM grava internamente o preço da mercadoria que chega ao consumidor pelo valor final de 3.000. Trata-se, portanto, de um imposto incorporado ao preço e que compõe um dos itens das despesas operacionais da empresa. Feitas essas considerações e prosseguindo neste estudo comparativo, já podemos avançar importante conclusão relacionada ao sistema de incidência do ICM e do ISS. Ambos, em nosso sistema, gravam internamente o preço do bem ou serviço consumido, de tal suporte que, na fixação desse preço, o contribuinte leve em consideração valores expressivos de tributo que reputa devido. (...) De todo o exposto, se é possível classificar o ICM e o ISS como impostos que comportam transferência do encargo financeiro, não se deve extrair, sem reservas, a conclusão de que comportam transferência do indébito. (...) De quanto dissemos no título anterior, a disposição do art. 166 do CTN parece inaplicável ao ICM e ao ISS, pois, como visto, são tributos subsumidos no preço da mercadoria ou serviço, insuscetíveis de dissociação e, por via de consequência, de transferência do indébito.[437]

Hugo de Brito Machado, por outro lado, defende que nem o regime jurídico do IPI, tampouco o do ICMS contemplam regras autorizando a transferência do seu encargo financeiro, o que impediria a aplicação do art. 166 do CTN aos pedidos de repetição de indébitos pagos a estes títulos.

> Realmente considero que o art. 166 somente se aplica aos tributos cuja transferência seja legalmente autorizada, e tendo em vista que a legislação do IPI não autoriza tal transferência, que também não é autorizada pela legislação do ICM, poderíamos responder, aqui, negativamente.[438]

---

437. DENARI, Zelmo. Repetição dos tributos indiretos... cit., p. 122-127.

438. MACHADO, Hugo de Brito. Repetição do indébito... cit., p. 246.

ANDRÉA MEDRADO DARZÉ MINATEL

Em que pese o brilhantismo desses autores, neste ponto ousamos discordar de suas conclusões. Com efeito, como defendemos ao longo deste trabalho, a regra de não cumulatividade exógena, que integra o regime jurídico desses impostos, é hipótese legal de transferência do encargo financeiro do tributo, na medida em que é disciplinada pelo próprio Direito Tributário, que lhe imputa consequências jurídicas típicas. Por meio dela, autoriza-se juridicamente o sujeito passivo da obrigação tributária a repassar o impacto financeiro do tributo, a ser por ele pago, a um terceiro, que, nesses específicos casos, corresponde à pessoa (necessariamente contribuinte do imposto) que se coloca na etapa seguinte da cadeia de circulação ou produção. Além disso, igualmente por força da incidência dessa regra, esses sujeitos passam a ter autorização legal para abater dos tributos por eles devidos o montante que incidiu na etapa ou etapas anteriores da cadeia.

De fato, nos tributos marcados pela não cumulatividade exógena, por opção do próprio constituinte originário, a repercussão, que seria meramente econômica, transmuda-se em jurídica, propagando consequências que lhe são próprias. Necessário se faz reafirmar, contudo, que a juridicização do repasse financeiro do tributo ocorre, apenas e tão somente, nos casos em que o adquirente da mercadoria ou do serviço tem, por determinação legal, o direito de compensar o tributo por ele devido na sua operação com aquele que incidiu na etapa anterior. Afinal, esta consequência somente se mostra presente diante da realização do fato jurídico da transferência do encargo do tributo. O direito ao crédito do montante do imposto que incidiu na operação anterior é, portanto, o critério necessário e suficiente para divisar a repercussão meramente econômica da jurídica.

Convém, ainda, esclarecer que a mera circunstância de o sujeito arcar com o preço da mercadoria ou serviço, mesmo em operações plurifásicas, não é suficiente para se falar em repercussão jurídica do tributo. De igual forma, nem toda norma de não cumulatividade implica esta consequência

369

RESTITUIÇÃO DO INDÉBITO TRIBUTÁRIO:
LEGITIMIDADE ATIVA NAS INCIDÊNCIAS INDIRETAS

jurídica. É necessário que esta regra contemple o direito de abater exatamente o montante do tributo que incidiu na etapa anterior da cadeia de circulação ou produção. Do contrário, o que se tem é mero direito de crédito que não se confunde com translação do ônus tributário. Daí a razão de também não concordarmos com as considerações de Zelmo Denari, afinal repercussão jurídica se verificará apenas nas situações em que a transferência do encargo é disciplinada pelo direito positivo, implicando consequências jurídicas típicas, e não simplesmente quando os tributos *são subsumidos no preço da mercadoria ou serviço.*

São estas as razões pelas quais acompanhamos a doutrina e a jurisprudência majoritária sobre a matéria, que reconhecem que o IPI e o ICMS são tributos indiretos e como tais têm seus pedidos de restituição condicionados à observância dos requisitos do art. 166 do CTN.

4.3 Imposto Predial e Territorial Urbano – IPTU

A subsunção dos pedidos de restituição de indébitos de IPTU à regra prescrita no art. 166 do CTN, por mais inusitado que possa parecer, é tema que suscita muita divergência, em especial doutrinária. Com efeito, embora seja praticamente pacífico na comunidade do discurso científico e na jurisprudência[439] o entendimento de que a propriedade de bens é materialidade suscetível de tributação direta da capacidade contributiva daquele que a titulariza, nos casos de locação do imóvel, a questão ganha outros contornos, por entenderem tratar-se de hipótese típica de repercussão do ônus do tributo.

---

439. "TRIBUTÁRIO. IPTU. PRESCRIÇÃO. ARTIGO 166 DO CTN. (...) 2. O artigo 166 do CTN é inaplicável aos tributos diretos – como, de regra, são o IPTU, a TIP e a TCLLP –, que não comportam a transferência do encargo financeiro. Precedentes. 3. Recurso especial provido". (REsp 916.877/RJ, Rel. Ministro Castro Meira, Segunda Turma, DJ 08/05/2007).

370

ANDRÉA MEDRADO DARZÉ MINATEL

Hugo de Brito Machado é um dos autores que defendem que o *"IPTU, na situação do imóvel alugado, muitas vezes tem o ônus do imposto transferido para o inquilino"*.[440]

Em nosso sentir, a circunstância de o imóvel estar ou não alugado é irrelevante para fins de definição do sujeito legitimado a pleitear o indébito tributário ou, mais diretamente, para autorizar a aplicação do art. 166 do CTN. Isso por uma razão simples, mas decisiva: a lei do inquilinato não pode ser tomada como norma de repercussão jurídica, na medida em que ela (i) não estabelece a mudança do sujeito passivo do tributo; (ii) tampouco, implica efeitos tributários para a eventual inclusão do valor do tributo no preço dos aluguéis. A repercussão aqui é meramente econômica ou, no máximo, de direito privado, regulada pela lei do inquilinato.

Não se nega que a circunstância de o art. 25 da Lei nº 8.245/91[441] autorizar o locador a repassar ao locatário o valor do IPTU incidente sobre o imóvel poderia sugerir, num primeiro momento, a presença do requisito formal para a aplicação do art. 166 do CTN, qual seja, lei estabelecendo a transferência do encargo financeiro do tributo. Esta, porém, não nos parece ser a melhor interpretação a ser conferida à presente situação. A rigor, a lei do inquilinato não determina a transferência legal do encargo tributário, tão somente autoriza – havendo disposição contratual nesse sentido – o locador a incluir o montante de IPTU no preço do aluguel. Ao assim estabelecer, não altera a sujeição passiva do tributo, tampouco estipula qualquer efeito tributário decorrente deste repasse econômico.

Com efeito, há de ser realizada uma diferenciação fundamental: a lei do inquilinato não estabelece a transferência

---

440. MACHADO, Hugo de Brito. Imposto indireto, repetição do indébito e imunidade subjetiva. In: *Revista Dialética de Direito Tributário* - RDDT, n. 2, São Paulo, Dialética, p. 32-35, nov. 1995. p. 33.

441. Lei n.º 8.245/91: "Art. 25. Atribuída ao locatário a responsabilidade pelo pagamento dos tributos, encargos e despesas ordinárias de condomínio, o locador poderá cobrar tais verbas juntamente com o aluguel do mês a que se refiram".

RESTITUIÇÃO DO INDÉBITO TRIBUTÁRIO:
LEGITIMIDADE ATIVA NAS INCIDÊNCIAS INDIRETAS

jurídica do encargo financeiro do tributo, apenas permite que os particulares, por convenção, ajustem o repasse econômico do montante devido a título de imposto – assim como dos demais encargos relativos à propriedade locada, tais como as despesas ordinárias de condomínio – agregando-o ao *quantum* a ser pago, mensalmente, pelo locatário ao locador, que segue sendo o seu devedor. A translação é, assim, contratualmente ajustada e não legalmente estabelecida. Não é a lei, portanto, que "estabelece dita transferência", mas os particulares. E como se sabe, as convenções particulares, em si mesmas consideradas, não são hábeis para modificar as obrigações tributárias.

Quanto ao tema, são bastante elucidativas as lições Marco Aurélio Greco:

> De imediato, cabe dizer que este elemento que vincula as duas pessoas referidas (transferidor e quem suporta os efeitos da transferência) **decorre da lei tributária e não de uma simples convenção particular**, mesmo porque o artigo 123 do CTN é taxativo em excluir essa possibilidade, salvo previsão legal específica a respeito. Quer dizer, não é vontade das partes que determina a transferência a que se refere o art. 166 do CTN, posto que este dispositivo exige que a transferência seja de tributos que, por sua própria natureza, a comportem. A transferência, portanto, é algo que se liga ao tributo em si, e mais, decorre da sua própria natureza. A existência efetiva da transferência depende da possibilidade jurídica da mesma, a qual é dada pela natureza do tributo.[442]

Também é possível identificar inúmeros precedentes jurisprudenciais no sentido de que não se aplica o art. 166 do CTN, mesmo nas hipóteses de imóveis locados e em relação aos quais exista disposição contratual estipulando a inclusão do IPTU no valor dos aluguéis:

> PROCESSUAL CIVIL E TRIBUTÁRIO. EFEITOS DA CITAÇÃO VÁLIDA. INTERRUPÇÃO DA PRESCRIÇÃO.

---

442. GRECO, Marco Aurélio. Repetição do Indébito... cit., p. 280-285.

DEMORA POR CULPA DO AUTOR. REEXAME DE FATOS E PROVAS. SÚMULA 7 DO STJ. IPTU. REPETIÇÃO DE INDÉBITO. PROVA DE NÃO REPASSE. DESNECESSIDADE. (...) 2. Não é legítimo condicionar a repetição do indébito tributário relativo ao imposto sobre a propriedade predial e territorial urbana à comprovação de que o proprietário, e não eventual locatário, teria suportado o fardo da tributação. 3. Recurso especial parcialmente conhecido e, nessa parte, provido. (REsp 1382090/RJ, Rel. Ministra Eliana Calmon, Segunda Turma, DJe 28/08/2013).

PROCESSUAL CIVIL. AGRAVO REGIMENTAL. IPTU E TAXAS. REPETIÇÃO DE INDÉBITO. ART. 166 DO CTN. DESNECESSIDADE DE COMPROVAÇÃO DA INEXISTÊNCIA DE REPASSE DO IMPOSTO. LOCATÁRIO. PARTE ILEGÍTIMA. (...) 2. **"O art. 166 do CTN é inaplicável aos tributos diretos – como, de regra, são o IPTU, a TIP e a TCLLP –, que não comportam a transferência do encargo financeiro.** Precedentes." (REsp 916.877/RJ, Rel. Min. Castro Meira, Segunda Turma, DJ 8.5.2007) 3. Ademais, sendo o locatário parte ilegítima para litigar acerca de questões que envolvam pagamento de IPTU, não se pode exigir que o proprietário do imóvel comprove que não transferiu do encargo financeiro. 4. Agravo regimental não provido. (AgRg no REsp 791.261/RJ, Rel. Min. Mauro Campbell Marques, Segunda Turma, DJe 15/06/2009).

TRIBUTÁRIO. PROCESSUAL CIVIL. IPTU. AÇÃO DECLARATÓRIA DE INEXIGIBILIDADE E REPETIÇÃO DE INDÉBITO. ILEGITIMIDADE DO LOCATÁRIO. 1. Hipótese em que **o locatário não tem legitimidade** para postular a declaração de inexigibilidade parcial do IPTU e total da Taxa de Coleta de Lixo - TCDL **por não se enquadrar como contribuinte, nem como responsável tributário**. 2. Recurso Especial conhecido e provido. (REsp 552.468/RJ, Rel. Min. Herman Benjamin, Segunda Turma, DJ 08/02/2008).

REPETIÇÃO DE INDÉBITO TRIBUTÁRIO. IPTU, TIP E TCLLP. LEGITIMIDADE. ART. 166 DO CTN. PROPRIETÁRIO-LOCADOR. I - É pacífico o entendimento desta Corte no sentido de que o proprietário-locador tem legitimidade ativa para a ação de repetição de indébito em que se discute a legalidade de taxas e imposto incidentes sobre o imóvel, pois é o contribuinte e responsável pelas exações. Precedentes: EDcl no AgRg no REsp nº 633775/RJ, Rel. Min. Luiz Fux, DJ de 18.12.2006; REsp nº 818618/ RJ, Rel. Min. José Delgado, DJ de 02.05.2006; REsp nº 683397/RJ, Rel. Min. Castro Meira, DJ de 22.08.2005. II - Agravo regimental improvido. (AgRg no REsp 970.323/RJ, Rel. Min. Francisco Falcão, Primeira Turma, DJ 22/10/2007).

RESTITUIÇÃO DO INDÉBITO TRIBUTÁRIO:
LEGITIMIDADE ATIVA NAS INCIDÊNCIAS INDIRETAS

Entretanto, existem precedentes, é certo, em menor número, em sentido contrário:

> PROCESSUAL CIVIL E TRIBUTÁRIO. IPTU. REPETIÇÃO DE INDÉBITO. LEGITIMIDADE ATIVA DO LOCATÁRIO, QUE PAGOU O VALOR INDEVIDO. REPETIÇÃO DE INDÉBITO. LANÇAMENTO DE OFÍCIO. TERMO INICIAL DO PRAZO PRESCRICIONAL. DATA DE EXTINÇÃO DO CRÉDITO TRIBUTÁRIO PELO PAGAMENTO. 1. É certo que não se pode imputar ao locatário a condição de sujeito passivo direto do IPTU, pois "contribuinte do imposto", preceitua o art. 34 do CTN, "é o proprietário do imóvel, o titular do seu domínio útil, ou o seu possuidor a qualquer título". **Entretanto, não se pode negar ao locatário, que efetivamente recolheu a título de imposto um valor indevido, a legitimidade para propor demanda visando a haver a sua restituição. Tal legitimidade não decorre da sua condição de contribuinte, que não existe, mas da sua condição de credor do valor recolhido, que existe, já que o referido valor saiu indevidamente do seu patrimônio.** É esse o sentido normativo que subjaz ao art. 166 do CTN. (...) 3. Recurso especial desprovido. (REsp 797.293/SP, Rel. Ministro Teori Albino Zavascki, Primeira Turma, DJe 06/05/2009).

> TRIBUTÁRIO. IPTU PROGRESSIVO. TAXAS DE LIXO, ILUMINAÇÃO E LIMPEZA PÚBLICAS. QUESTÃO SOLUCIONADA EM AÇÃO DIRETA DE CONSTITUCIONALIDADE. DEVOLUÇÃO DO INDÉBITO. APLICAÇÃO DO ART. 166 DO CTN. 1. A cobrança do IPTU progressivo e das taxas de lixo, iluminação e limpeza, feita pelo município, foi considerada inconstitucional pelo STF em ação direta de inconstitucionalidade, o que dispensa o Tribunal de Apelação, ao verificar a tese, de maiores argumentações, bastando reportar-se ao decidido em controle concentrado. 2. O art. 166 do CTN restringe a devolução do imposto indevidamente recolhido ao sujeito passivo que tenha suportado o ônus, o que ocorre em relação aos impostos diretos, como o IPTU. (...). (REsp 933.234/RJ, Rel. Min. Eliana Calmon, Segunda Turma, DJe 08/05/2008).

Note-se que, a despeito desse último precedente reconhecer expressamente que o IPTU é um imposto direto, concluiu pela aplicabilidade do art. 166 do CTN aos pedidos de restituição de indébitos pagos a este título, o que é bastante inusitado, uma vez que subverte a racionalidade formada pelos próprios precedentes deste E. Tribunal ao longo de todos esses anos.

374

ANDRÉA MEDRADO DARZÉ MINATEL

4.4 Imposto sobre Serviços – ISS

Indiscutivelmente, o Imposto sobre Serviços é a espécie tributária que mais suscita discussões quanto à possibilidade de aplicação do art. 166 do CTN aos seus pedidos de restituição.

Isso porque, a despeito da existência de precedentes isolados em sentido contrário,[443] a jurisprudência vem se posicionando, há muito tempo, no sentido de que o ISS é uma espécie de tributo híbrido[444] que ora permitiria seu enquadra-

---

443. "REPETIÇÃO DO INDÉBITO. REPERCUSSÃO DO IMPOSTO. IMPOSTO SOBRE SERVIÇOS. SOCIEDADE PRESTADORA DE SERVIÇOS MÉDICOS. CÓDIGO TRIBUTÁRIO NACIONAL, ART-166 (INAPLICAÇÃO). Tratando-se, no caso, de ISS, lançado por declaração, não há que falar em transferência do encargo tributário, afastada a incidencia do art.166 do CTN. Recurso extraordinário não conhecido". (RE 93457, Rel. Min. Rafael Mayer, Primeira Turma, DJ 20/02/1981).

444. "(...) ISS. REPETIÇÃO DE INDÉBITO. TRIBUTO, IN CASU, INDIRETO. TRANSFERÊNCIA DE ENCARGO FINANCEIRO AO CONSUMIDOR FINAL. ART. 166 DO CTN. ILEGITIMIDADE ATIVA. PRECEDENTES. (...) 5. O art. 166 do CTN contém referência cristalina ao fato de que deve haver, pelo intérprete sempre, em casos de repetição de indébito, identificação se o tributo, por sua natureza, comporta a transferência do respectivo encargo financeiro para terceiro ou não, quando a lei, expressamente, não determina que o pagamento da exação seja feito por terceiro, como é o caso do ICMS e do IPI. A prova a ser exigida na primeira situação deve ser aquela possível e que se apresente bem clara, a fim de não se colaborar para o enriquecimento ilícito do poder tributante. Nos casos em que a lei expressamente estatui que o terceiro assumiu o encargo, há necessidade, de modo absoluto, que esse terceiro conceda autorização para repetir o indébito. 6. O tributo examinado (ISS), no caso concreto, é de natureza indireta. Apresenta-se com essa característica porque o contribuinte real é o consumidor da mercadoria objeto da operação (contribuinte de fato) e a empresa (contribuinte de direito) repassa, no preço da mercadoria, o imposto devido, recolhendo, após, aos cofres públicos o imposto já pago pelo consumidor de seus produtos. Não assume, pois, a carga tributária resultante dessa incidência. O fenômeno da substituição legal no cumprimento da obrigação, do contribuinte de fato pelo contribuinte de direito, em conseqüência, ocorre na exigência do pagamento do ISS. A repetição do indébito e a compensação do tributo questionado não podem ser deferidas sem a exigência do repasse. 7. 'O ISS é espécie tributária que pode funcionar como tributo direto ou indireto. 2. Hipótese dos autos que encerra espécie de tributo indireto, porque recolhido sobre as receitas oriundas de cada encomenda, sendo suportado pelo tomador do serviço. 3. Como imposto indireto, tem aplicações, em princípio, o teor do art. 166 do CTN e o verbete 71 do STF, atualmente 546.' (REsp nº 426179/SP, DJ 20/09/04, Rel. Min. Eliana Calmon) 8. Ilegitimidade ativa ad causam configurada para repetir o indébito. Precedentes desta Corte. 9. Recurso parcialmente conhecido e, nesta parte, pro-

375

RESTITUIÇÃO DO INDÉBITO TRIBUTÁRIO:
LEGITIMIDADE ATIVA NAS INCIDÊNCIAS INDIRETAS

mento como imposto indireto, ora como direto, a depender da sua base de cálculo. Assim, incidindo efetivamente sobre o valor do serviço prestado, receberia aquele primeiro qualificativo (indireto) e seus pedidos de restituição deveriam observância ao art. 166 do CTN.[445] Já nas situações de tributação fixa, classificar-se-ia como tributo direto, não se lhe aplicando o referido dispositivo legal.[446]

---

vido". (REsp 657.707/RJ, Rel. Min. José Delgado, Primeira Turma, DJ 16/11/2004).

445. "TRIBUTÁRIO. ISS. LOCAÇÃO DE BENS MÓVEIS. RESTITUIÇÃO. PROVA DA NÃO-REPERCUSSÃO DO ENCARGO FINANCEIRO. IMPRESCINDIBILIDADE. 1. O ISS é espécie tributária que pode funcionar como tributo direto ou indireto, a depender da avaliação do caso concreto. 2. Via de regra, a base de cálculo do ISS é o preço do serviço, nos termos do art. 7º da LC 116/03, hipótese em que a exação assume a característica de tributo indireto, permitindo o repasse do encargo financeiro ao tomador do serviço. 3. Necessidade de prova da não-repercussão do encargo financeiro do tributo, nos termos do art. 166 do CTN. 4. Agravo regimental a que se nega provimento". (AgRg no Ag 692.583/RJ, Rel. Min. Denise Arruda, Primeira Turma, DJ 14/11/2005).
"(...) TRIBUTÁRIO. ISS. LOCAÇÃO DE BENS MÓVEIS. REPETIÇÃO DE INDÉBITO. PROVA DA NÃO REPERCUSSÃO. EXIGIBILIDADE. ART. 166 DO CTN. (...) 2. A Primeira Seção desta Corte, ao apreciar o REsp n. 1.131.476/RS (recurso submetido à sistemática prevista no art. 543-C do CPC, c/c a Resolução 8/08 - STJ), pacificou entendimento no sentido de que a pretensão repetitória de valores indevidamente recolhidos a título de ISS incidente sobre a locação de bens móveis (hipótese em que o tributo assume natureza indireta) reclama da parte autora a prova da não repercussão, ou, na hipótese de ter transferido o encargo a terceiro, de estar autorizada por este a recebê-los". (AgRg no AREsp 404.249/SC, Rel. Min. Mauro Campbell Marques, Segunda Turma, DJe 04/12/2013).

446. "TRIBUTÁRIO. ARTS. 458 E 535 DO CPC. OMISSÃO. INOCORRÊNCIA. ISS. SERVIÇOS ADVOCATÍCIOS. ART. 9º, §§ 1º E 3º, DO DECRETO-LEI 406/68. SÚMULA 663/STF. REPERCUSSÃO ECONÔMICA. NÃO-TRANSFERÊNCIA DO ÔNUS OU AUTORIZAÇÃO DO CONTRIBUINTE DE FATO. ART. 166 DO CTN. PROVA DESNECESSIDADE. (...) 5. As sociedades de dvogados, qualquer que seja o conteúdo de seus contratos sociais, gozam do tratamento tributário diferenciado previsto no art. 9º, §§ 1º e 3º, do Decreto-lei nº 406/68 e não recolhem o ISS sobre o faturamento, mas em função de valor anual fixo, calculado com base no número de profissionais integrantes da sociedade. 6. Inexiste vinculação entre os serviços prestados e a base de cálculo do imposto municipal, sendo impróprio cogitar-se de transferência do ônus tributário e, conseqüentemente, da aplicação do art. 166 do CTN. 7. Recurso especial improvido". (REsp 724.684/RJ, Rel. Min. Castro Meira, Segunda Turma, DJ 01/07/2005).
"EMBARGOS DE DIVERGÊNCIA. SOCIEDADE UNIPROFISSIONAL DE ADVOGADOS. ISS. RECOLHIMENTO COM BASE EM VALOR FIXO ANUAL. INAPLICABILIDADE DO ART. 166 DO CTN. (...) 2. A sociedade uniprofissional de advogados de natureza civil, qualquer que seja o conteúdo de seu contrato social, goza do

A matéria foi, inclusive, pacificada, pelo Superior Tribunal de Justiça, no julgamento do Recurso Especial nº 1.131.476/RS, submetido ao rito dos recursos representativos de controvérsia. Naquela oportunidade, entenderam os Ministros que o ISS é espécie tributária que admite sua dicotomização como tributo direto ou indireto, consoante o caso concreto, devendo observância ao art. 166 do CTN apenas os pedidos de restituição nas situações em que ele assume a feição de tributo indireto:

> TRIBUTÁRIO. RECURSO ESPECIAL REPRESENTATIVO DE CONTROVÉRSIA. ART. 543-C DO CPC. ISS. LOCAÇÃO DE BENS MÓVEIS. REPETIÇÃO DE INDÉBITO. PROVA DA NÃO REPERCUSSÃO. EXIGIBILIDADE, IN CASU. ART. 166 DO CTN. 1. O ISS é espécie tributária que admite a sua dicotomização como tributo direto ou indireto, consoante o caso concreto. 2. A pretensão repetitória de valores indevidamente recolhidos a título de ISS incidente sobre a locação de bens móveis (cilindros, máquinas e equipamentos utilizados para acondicionamento dos gases vendidos), hipótese em que o tributo assume natureza indireta, reclama da parte autora a prova da não repercussão, ou, na hipótese de ter a mesma transferido o encargo a terceiro, de estar autorizada por este a recebê-los, o que não ocorreu *in casu*, consoante dessume-se do seguinte excerto da sentença, *in verbis*: "Com efeito, embora pudesse o autor ter efetuado a prova necessária, que lhe foi facultada, deixou de demonstrar que absorveu o impacto financeiro decorrente do pagamento indevido do ISS sobre a operação de locação de móveis, ou que está autorizado a demandar em nome de quem o fez. Omitiu **prova de que tenha deixado de repassar o encargo aos seus clientes ou que tenha autorização destes para buscar a repetição**, conforme exigência expressa inscrita no art. 166 do CTN." 3. Precedentes: REsp 1009518/RS, Rel. Min. Eliana Calmon, Segunda Turma, DJe 21/08/09; AgRg no AgRg no REsp 947.702/RJ, Rel. Min. Mauro Campbell Marques, Segunda Turma,

---

tratamento tributário diferenciado previsto no art. 9º, §§ 1º e 3º, do Decreto-Lei n. 406/68 não recolhendo o ISS com base no seu faturamento bruto, mas sim no valor fixo anual calculado de acordo com o número de profissionais que a integra, de maneira que não ocorre o repasse do encargo a terceiros a exigir o cumprimento do disposto no art. 166 do CTN nas ações de repetição de indébito da exação em comento. 3. Embargos de divergência não-providos". (EREsp 724.684/RJ, Rel. Min. José Delgado, Primeira Seção, DJ 16/06/2008).

RESTITUIÇÃO DO INDÉBITO TRIBUTÁRIO:
LEGITIMIDADE ATIVA NAS INCIDÊNCIAS INDIRETAS

DJe 17/08/09; AgRg no REsp 1006862/SC, Rel. Min. Humberto Martins, Segunda Turma, DJe 18/09/08; REsp 989.634/PR, Rel. Min. Luiz Fux, Primeira Turma, DJe 10/11/08; AgRg no REsp n.º 968.582/SC, Rel. Min. Francisco Falcão, DJU de 18/10/07; AgRg no Ag n.º 692.583/RJ, Rel. Min. Denise Arruda, DJU de 14/11/05; REsp nº 657.707/RJ, Rel. Min. José Delgado, DJU de 16/11/04). 4. Recurso especial desprovido. Acórdão submetido ao regime do art. 543-C do CPC e da Resolução STJ 08/2008. (REsp 1131476/RS, Rel. Min. Luiz Fux, Primeira Seção, DJe 01/02/2010).

Em seu voto, o Ministro Luiz Fux registrou o seguinte:

> Com efeito, o art. 166 do CTN contém nítida referência ao fato de que exigível do intérprete, nos casos de repetição de indébito, identificar previamente se o tributo, por sua natureza, comporta a transferência do respectivo encargo financeiro para terceiro ou não, quando a lei, expressamente, não determina que o pagamento da exação é feito por terceiro. **Esse entendimento consolidou-se por se considerar que o art. 166 do CTN só tem aplicação aos tributos indiretos, isto é, que se incorporam explicitamente aos preços, como é o caso do ICMS, do IPI, etc. O ISS, como de sabença, é espécie tributária que admite a sua dicotomização como tributo direto ou indireto, consoante o caso concreto.** In casu, a pretensão repetitória da ora recorrente consiste em reaver valores indevidamente recolhidos a título de ISS incidente sobre a locação de bens móveis (cilindros, máquinas e equipamentos utilizados para acondicionamento dos gases vendidos), hipótese em que o tributo assume natureza indireta. Apresenta-se com essa característica porque o contribuinte real é o consumidor (locador) da mercadoria objeto da operação (contribuinte de fato) e a empresa (contribuinte de direito) repassa, no preço da locação do bem, o imposto devido, recolhendo posteriormente os cofres públicos o imposto já pago pelo "consumidor" de seus produtos ou serviços. Não assume, portanto, a carga tributária resultante dessa incidência.

Note-se que, para adotar esse entendimento, o critério utilizado não é a circunstância do regime jurídico do tributo ser marcado ou não por regra de não cumulatividade ou qualquer outra que implique a repercussão jurídica do seu encargo. Pelo contrário, leva-se em consideração apenas o fato de tratar-se de tributo incidente sobre o consumo e existir vinculação entre os serviços prestados e a base de cálculo

ANDRÉA MEDRADO DARZÉ MINATEL

do imposto, o que, supostamente, permitiria o repasse do seu ônus, que se incorporaria explicitamente ao preço.

Ocorre que, para assim decidir, o E. Superior Tribunal de Justiça teve que desconsiderar a própria literalidade do art. 166 do CTN. Afinal, este dispositivo legal se refere com exclusividade aos tributos que, *por sua própria natureza* (jurídica), repercutem e não aos tributos que repercutem (financeiramente) conforme as circunstâncias peculiares do caso concreto. Trata-se, como é possível perceber, de claro exemplo de análise econômica e casuística do fenômeno jurídico, o que, em nosso sentir, não se justifica.

Em nossa singela opinião, o Imposto sobre Serviços é típico imposto direto na medida em que não é possível vislumbrar, dentre as normas gerais que integram o seu específico regime jurídico, qualquer determinação de repasse do seu ônus para terceiros. A repercussão que se verifica nessas situações é meramente econômica e, como tal, insuficiente para determinar a aplicação do art. 166 do CTN aos seus pedidos de restituição.

Francisco Pinto Rabello Filho também discorda que o ISS possa, em qualquer situação, ser classificado como *imposto indireto* e, consequentemente, ter seus pedidos de restituição disciplinados pelo art. 166 do CTN:

> É necessário arrematar: o **imposto sobre serviços de qualquer natureza (ISS) tem feição direta**, para ainda uma vez empregar o dito ao gosto da hoje em dia abandonada classificação. Este tributo, induvidosamente, não se inclui entre aqueles (IPI e ICMS) que por sua própria natureza jurídica comportam transferência do respectivo encargo financeiro, na medida em que a lei não determina que o ônus financeiro dessa exação (ISS) seja transferido a terceiro. Pela característica legal desse imposto (ISS), as qualidades de sujeito passivo de fato e sujeito passivo de direito estão concentradas na mesma pessoa, o prestador do serviço (contribuinte). É consideração de matiz exclusivamente econômica, completamente irrelevante no campo da repetição

RESTITUIÇÃO DO INDÉBITO TRIBUTÁRIO:
LEGITIMIDADE ATIVA NAS INCIDÊNCIAS INDIRETAS

do indébito, a que pretender argumentar com a circunstância de que de fato o prestador do serviço incorpora, no valor deste, o do imposto.[447]

No mesmo sentido se posiciona Marcelo Knoepfelmacher:

> E é esta justamente a hipótese de que se cuida, uma vez que o fato imponível do ISSQN 'por sua natureza', **ocorre independentemente da dualidade de contribuintes partícipes de uma mesma operação**, valendo realçar, ainda, que **eventual repercussão indireta do imposto, por meio de suposto acréscimo de preços, é irrelevante sob o aspecto jurídico,** situando-se no plano econômico, que não interessa ao direito tributário. Daí por que, no caso específico da repetição de indébito do ISSQN, não há que se falar, em princípio, na aplicação do artigo 166 do CTN.[448]

Esta sorte de considerações não fica comprometida sequer nos casos em que a legislação municipal determina o destaque do imposto em nota fiscal. Afinal, reafirme-se, o que se tem nessas situações é mera estipulação de dever instrumental, que, por si só, não tem o condão de tornar indireto um tributo que atinge diretamente a capacidade contributiva de seu sujeito passivo e em relação ao qual não há qualquer norma determinando que seu ônus financeiro seja transferido a terceiro (como é o caso da regra de não cumulatividade exógena).

Por fim, deve-se registrar que, mesmo para os casos em que o Superior Tribunal de Justiça entende que os pedidos de restituição de indébitos de ISS estão condicionados à observância dos requisitos do art. 166 do CTN, prevalece o posicionamento de que o legitimado é apenas o sujeito passivo do tributo:

---

447. RABELLO FILHO, Francisco Pinto. *Consideração do ISS como imposto direto ou indireto*, para efeito de repetição do indébito tributário: breve revisitação do tema. *Revista Tributária e de Finanças Públicas*, n. 55, São Paulo, Editora Revista dos Tribunais, p. 145-157, 2004. p. 156-157.

448. KNOEPFELMACHER, Marcelo. O artigo 166 do CTN e a repetição do indébito do ISSQN. In: CEZAROTTI, Guilherme (Coord.). *Repetição do indébito tributário*. São Paulo, Quartier Latin, 2005. p. 184-185.

ANDRÉA MEDRADO DARZÉ MINATEL

> PROCESSUAL CIVIL E TRIBUTÁRIO. ISS. REPETIÇÃO
> DE INDÉBITO. LEGITIMIDADE. SÚMULA 7/STJ.
> DESCABIMENTO. 1. A empresa locadora de bem móvel que
> repassa ao locatário o valor correspondente ao ISS não tem le-
> gitimidade para pleitear repetição de indébito desse tributo,
> quando não autorizada pelo locatário a requerer a restituição.
> 2. Afasta-se alegação de que não seria possível resolver a contro-
> vérsia e infirmar as conclusões a que chegou o tribunal de ori-
> gem, sem revolvimento do acervo fático-probatório. Julgamento
> proferido com fundamento exclusivo na moldura fática apresen-
> tada pelo tribunal de origem. Não incidência da Súmula 7/STJ.
> **3. Hipótese em que o Tribunal de origem, apesar de reconhe-
> cer a inclusão do ISS no preço da locação, decidiu pela legiti-
> midade do contribuinte de direito (locador).** Valoração jurídi-
> ca dos fatos em dissonância com o disposto no art. 166 do CTN.
> 4. Agravo regimental não provido. (AgRg no REsp 1264943/RN,
> Rel. Ministra Eliana Calmon, Segunda Turma, DJe 14/08/2013).

Fazendo súmula do que acabamos de expor, verifica-se que, de acordo com jurisprudência atual do Superior Tribunal de Justiça, em se tratando de ISS calculado sobre o valor do serviço prestado, os pedidos de restituição de indébitos devem observância ao art. 166 do CTN. Do contrário, ou seja, tratando-se de ISS exigido com base em valor fixo, a regra a ser aplicada é o art. 165 do CTN. E, em qualquer caso, legitimado a pleitear a restituição é exclusivamente o sujeito passivo do tributo. Nada mais absurdo.

Por fim, importa ressaltar que a presente análise e as respectivas críticas restringem-se às situações em que o ISS é pago pelo contribuinte. Nas hipóteses em que o sujeito passivo do tributo é o responsável tributário (o que inclui o substituto), independentemente do indébito se referir a tributo direto, justifica-se a aplicação do art. 166 do CTN, uma vez que se terá um contexto de incidência indireta.[449] Para estas

---

449. Algumas decisões jurisprudenciais se posicionam contrariamente ao nosso entendimento:
"PROCESSUAL CIVIL. REPETIÇÃO DO INDÉBITO. ADICIONAL DO IR. RESPONSÁVEL TRIBUTÁRIO. LEGITIMIDADE. INAPLICABILIDADE DO ART. 166 DO CTN. (...) O responsável tributário que recolheu o adicional do imposto de renda tem legitimidade para pleitear sua restituição, independentemente do

RESTITUIÇÃO DO INDÉBITO TRIBUTÁRIO:
LEGITIMIDADE ATIVA NAS INCIDÊNCIAS INDIRETAS

específicas situações, *vide* as considerações do item 3.5.3 deste trabalho.

4.5 Imposto sobre Operações Financeiras – IOF

Discussão muito similar à travada relativamente ao ISS se processa em relação ao IOF. Apesar de a jurisprudência não ter decidido, com tintas fortes, que o presente tributo comporta a sua *"dicotomização como tributo direto ou indireto, consoante o caso concreto"*,[450] como o fez relativamente ao ISS, o que se percebe analisando a maioria dos precedentes[451] sobre a matéria, é que é extremamente casuística a definição da necessidade ou não de observância do art. 166 do CTN aos pedidos de restituição dos indébitos deste imposto.

---

cumprimento da imposição contida no art. 166 do CTN, que se dirige, apenas, aos tributos de natureza indireta. Sendo o Adicional do Imposto de Renda espécie de tributo sujeito a lançamento por homologação, a decadência do direito de pleitear a restituição só ocorrerá após decorridos cinco anos. (...) Recurso da empresa conhecido e provido parcialmente. Recurso da Fazenda não conhecido". (REsp 203144/SP, Rel. Min. Francisco Peçanha Martins, Segunda Turma, DJ 05/11/2001).

450. Trecho do voto do Ministro Relator Luiz Fux, proferido no REsp 1.131.476/RS, Primeira Seção, DJe 01/02/2010.

451. Existem, todavia, precedentes no sentido de que não se aplica, indistintamente, o artigo 166 do CTN aos pedidos de restituição de indébitos de IOF:
"TRIBUTÁRIO. REPETIÇÃO DE INDÉBITO. IOF. CTN, ART. 166. INAPLICABILIDADE. PRECEDENTES STF E STJ. 1- Na repetição do indébito tributário, referente ao Imposto sobre Operações Financeiras, aquele que cumpriu a obrigação fiscal tem legitimidade para pleitear a restituição, por que o referido tributo não comporta a transferência do encargo financeiro. 2- Recurso não conhecido". (STJ, REsp 122.888/SP, Rel. Min. Peçanha Martins, Segunda Turma, DJ 02/03/1998).
"TRIBUTÁRIO. RESTITUIÇÃO DO INDÉBITO. IOF. CTN, ART. 166. No caso de pagamento indevido, o Imposto sobre Operações Financeiras deve ser restituído sem as restrições do art. 166, CTN. Precedente do Supremo Tribunal Federal. Recurso Especial conhecido e provido." (STJ, REsp 90.398/DF, Rel. Min. Ari Pargendler, Segunda Turma, DJ 03/02/1997).
"IOF. PEDIDO DE REPETIÇÃO FUNDADO NO PRINCÍPIO DA ANUALIDADE. INAPLICABILIDADE A ESPÉCIE DO ART. 166 DO CTN E DA SÚMULA 546. Quando o tributo não comporta a transferência do encargo financeiro, tem legitimidade para pleitear restituição aquele que, figurando como sujeito passivo, cumpriu a obrigação fiscal. re conhecido e provido." (STF, RE 105340, Rel. Min. Aldir Passarinho, Segunda Turma, DJ 14/03/1986).

ANDRÉA MEDRADO DARZÉ MINATEL

TRIBUTÁRIO. IOF. AÇÃO DE REPETIÇÃO. COMPROVAÇÃO DA AUSÊNCIA DE REPASSE DO ÔNUS TRIBUTÁRIO. ART. 166 DO CTN. Inaplicabilidade da referida norma legal, por versar repetição de **IOF pago em operação de crédito, hipótese em que inexiste a possibilidade de transferência do encargo econômico do tributo.** (REsp 43.258/SP, Rel. Ministro Américo Luz, Segunda Turma, DJ 20/03/1995).

TRIBUTÁRIO. IOF. REPETIÇÃO DE INDÉBITO. MATERIAL DESTINADO A PRODUÇÃO INDUSTRIAL. PROVA DA NÃO TRANSFERÊNCIA PARA TERCEIROS (ART. 166 DO CTN). INEXIGIBILIDADE. **Na hipótese de importação de material destinado a produção industrial, ao contribuinte do IOF, por suportar efetivamente a carga tributaria, nas operações de câmbio, inexige-se a comprovação da ausência de repasse do ônus a terceiros.** Precedentes do extinto TFR. Recurso desprovido, por unanimidade. (REsp 42.973/SP, Rel. Min. Demócrito Reinaldo, Primeira Turma, DJ 18/04/1994).

IOF. REPETIÇÃO DE INDÉBITO. NÃO TRANSFERENCIA DO ENCARGO FINANCEIRO A TERCEIROS. Comprovado que a Recorrente assumiu o encargo decorrente do recolhimento do IOF, não tendo-o transferido a terceiro, tem a mesma legitimidade para pleitear a restituição do tributo em causa. Recurso improvido. (REsp 45.814/SP, Rel. Ministro Garcia Vieira, Primeira Turma, DJ 23/05/1994).

Neste último julgado, o Ministro Relator Garcia Vieira deixou muito evidente o que acabamos de expor, ao afirmar categoricamente em seu voto que, *"em tese se pode admitir a possibilidade de que a importância paga a título de IOF seja incorporada aos preços e, com isso, haja transferência econômica"*.

Portanto, as críticas que opomos a este posicionamento são idênticas às apresentadas em relação ao ISS. Insistimos: o referencial para determinar a aplicação do art. 166 do CTN aos pedidos de restituição é o regime jurídico do tributo a restituir, não circunstâncias acidentais do seu recolhimento; afinal, é necessária a presença de regra jurídica determinando o repasse dos seus ônus e não a mera constatação pragmática de que houve a sua translação econômica.

RESTITUIÇÃO DO INDÉBITO TRIBUTÁRIO:
LEGITIMIDADE ATIVA NAS INCIDÊNCIAS INDIRETAS

Ives Gandra da Silva Martins, da mesma forma, entende que não é possível aplicar legitimamente o art. 166 do CTN aos pedidos de restituição dos indébitos de IOF em qualquer caso:

> O IOF funciona para o importador como o Imposto de Renda na Fonte ou como qualquer tributo direto, que venha a incidir sobre suas atividades, mas, uma vez arrecadado, esgota-se, como o próprio imposto de renda, sendo sua eventual repercussão apenas indireta sem qualquer relação de dualidade pessoal. (...) À evidência, o IOF não se assemelha ao IPI e o ICM na caracterização de hipótese expressa de repercussão direta.[452]

Também é este o posicionamento de Marcelo Magalhães Peixoto e Marcelo de Lima Castro Diniz:

> No IOF e no ITBI, conquanto suas hipóteses tributárias tenham por objeto negócios jurídicos, é impossível a repercussão jurídica do encargo financeiro, pois não se identifica terceiro, alheio à relação jurídica (isto é, o contribuinte de fato), para quem possa ser transferido o ônus do tributo. O Supremo Tribunal Federal decidiu que o IOF não configura tributo cuja natureza comporta o repasse do encargo financeiro (...)
>
> Enfim, o art. 166 do CTN se aplica aos tributos cuja hipótese tributária consiste num negócio jurídico em que um dos sujeitos não pode ser posto na qualidade de sujeito passivo, mas revela capacidade contributiva. Mas é necessário mais que isso: como veremos é preciso que haja regra jurídica prevendo o repasse do encargo financeiro do tributo para o terceiro fora da relação jurídica tributária.[453]

Vale ressaltar: que essas considerações voltam-se com exclusividade para as situações em que o IOF é pago pelo contribuinte. Nos casos de instituição de regra de responsabilidade tributária (o que inclui a substituição) merecem tratamento diferenciado, o que já fora analisado em item próprio – 3.5.3.

---

452. MARTINS, Ives Gandra da Silva. Repetição do indébito... cit., p. 47.

453. PEIXOTO, Marcelo Magalhães; DINIZ, Marcelo de Lima Castro. A regra do artigo 166 do código tributário nacional e a sua aplicação à Cofins – não-cumulativa e ao PIS não-cumulativo. In: CEZAROTTI, Guilherme (Coord.). *Repetição do indébito tributário*. São Paulo: Quartier Latin, 2005. p. 305-306.

4.6 Imposto sobre a Transmissão de Bens Imóveis – ITBI

Inicialmente, importa registrar que a aplicabilidade do art. 166 do CTN aos pedidos de restituição dos indébitos de ITBI é tema pouco tratado tanto pela doutrina, como pela jurisprudência. De fato, não identificamos sequer um acórdão no Superior Tribunal de Justiça ou no Supremo Tribunal Federal tratando diretamente desta matéria.

Entretanto, seguindo a linha das decisões relativas aos tributos que incidem sobre negócios jurídicos, é possível antever que o debate, também neste caso, muito provavelmente centrar-se-ia na velha problemática da repercussão econômica,[454] especialmente porque o Código Tributário Nacional autoriza o legislador ordinário a definir como contribuinte deste imposto qualquer das partes envolvidas na operação tributada.[455] Assim, na hipótese de a lei eleger o vendedor como tal, é bem possível que haja previsão de transferência do seu encargo financeiro na contratação, o que abriria espaço para a mesma discussão retratada em relação ao ISS.

Ocorre que, como já pontuado exaustivamente ao longo deste trabalho, é a repercussão jurídica do encargo financeiro

---

454. "TRIBUTÁRIO. ITBI. REPETIÇÃO DE INDÉBITO. 1. O sujeito passivo do ITBI é o comprador, de quem pode ser exigida a obrigação. 2. Se o vendedor, em nome do comprador paga o ITBI e por ele está autorizado a receber, em repetição de indébito, o que pagou, não pode se opor a isso o credor, que recebeu indevidamente. 3. A hipótese não é de substituição tributária, e sim de sub-rogação no direito de crédito (Precedente desta Corte, Primeira Turma, REsp 99.463/SP). 4. Recurso especial improvido." (REsp 362.375/SP, Rel. Ministra Eliana Calmon, Segunda Turma, DJ 02/12/2002).
Como é possível perceber, este precedente trata a questão de forma apenas incidental. Com efeito, o objeto de análise foi a existência de sub-rogação do direito de crédito na hipótese em que um sujeito pagou o ITBI em nome de outrem, com o seu consentimento e, como tal, foi autorizada a receber o que recolheu indevidamente. Entretanto, da sua análise infere-se que, para os julgadores, o ponto importante para determinar a legitimidade ativa para a repetição é identificar quem sofreu o ônus econômico do tributo. Isso fica bastante evidente quando a Ministra Relatora deixa assentado em seu voto que há nos autos prova de que a autora suportou a carga tributária.

455. Art. 42 do CTN: "Art. 42. Contribuinte do imposto é qualquer das partes na operação tributada, como dispuser a lei".

RESTITUIÇÃO DO INDÉBITO TRIBUTÁRIO:
LEGITIMIDADE ATIVA NAS INCIDÊNCIAS INDIRETAS

do tributo, e não a meramente econômica, que determina a incidência da referida regra de exceção. Assim, inexistindo, relativamente ao ITBI, norma autorizando o sujeito passivo a transferir o ônus financeiro deste imposto para um terceiro, ainda que, na prática esse valor seja usado como referência para a composição do preço do imóvel, a conclusão é única: é arbitrário e ilegal condicionar os eventuais pedidos de restituição de indébito de ITBI à observância dos requisitos do art. 166 do CTN.[456]

4.7 Imposto de Importação – II

Diversamente dos tributos já analisados, é praticamente pacífico na doutrina e na jurisprudência o entendimento de que os pedidos de restituição dos indébitos de Imposto de Importação não estão sujeitos à observância dos requisitos do art. 166 do CTN. É o que comprovam os precedentes abaixo transcritos:

---

456. A despeito de partirem de premissas diversas, também é este o posicionamento de Marcelo Magalhães Peixoto e Marcelo de Lima Castro Diniz: "Convém ressalvar que nem todos os tributos incidentes sobre negócios jurídicos apresentam-se como pertencentes à classe dos tributos indiretos. É o caso do imposto sobre transmissão de bens imóveis, cujo sujeito passivo pode ser qualquer das partes na operação tributada como dispuser a lei (art. 42 do CTN). Não se vê aí a figura da pessoa que está fora da relação jurídica tributária (contribuinte de fato), e que não poderia estar por força da competência tributária, mas que a norma jurídica tributária pretende alcançar visando à realização do princípio da capacidade contributiva. É que ambos, alienante e adquirente, revelam capacidade contributiva, e por isso tanto um como outro podem ser postos na condição de sujeito passivo, sem que se possa identificar naquele que foi excluído da relação jurídica tributária a condição de contribuinte de fato, assim considerada a pessoa que, conquanto ausente do vínculo tributário, revela riqueza na ocorrência do fato jurídico tributário. (...) Enfim, o art. 166 do CTN se aplica aos tributos cuja hipótese tributária consiste num negócio jurídico em que um dos sujeitos não pode ser posto na qualidade de sujeito passivo, mas revela capacidade contributiva. Mas é necessário mais que isso: como veremos é preciso que haja regra jurídica prevendo o repasse do encargo financeiro do tributo para o terceiro fora da relação jurídica tributária." (PEIXOTO, Marcelo Magalhães; DINIZ, Marcelo de Lima Castro. A regra do artigo 166 do Código Tributário Nacional... cit., p. 305-306).

386

ANDRÉA MEDRADO DARZÉ MINATEL

TRIBUTÁRIO. IMPOSTO DE IMPORTAÇÃO. RESTITUIÇÃO. ART. 166 DO CTN. INAPLICABILIDADE. INEXISTÊNCIA DE REPERCUSSÃO JURÍDICA. RECURSO DESPROVIDO. 1. A restituição de tributos na forma do art. 166 do CTN implica, inicialmente, verificar se o tributo comporta ou não transferência do encargo financeiro para terceiro. Em regra, todos os tributos trazem em si uma repercussão econômica nos preços finais dos produtos, mas esta se mostra irrelevante se não há previsão legal específica de que o ônus será suportado por terceiro. Desse modo, a repercussão meramente econômica não leva o tributo a ser classificado como indireto, sendo imprescindível, para que o tributo comporte essa natureza, a expressa previsão legal. Apenas em tais casos aplica-se a norma contida no referido dispositivo. 2. **Especificamente acerca do Imposto de Importação, considerando sua natureza, observa-se que, ainda que se admita a transferência do encargo ao consumidor final, tal repercussão é meramente econômica, decorrente das circunstâncias de mercado, e não jurídica, razão pela qual sua restituição não se condiciona às regras previstas no art. 166 do CTN.** 3. Recurso especial desprovido. (REsp 755.490/PR, Rel. Min. Denise Arruda, Primeira Turma, DJe 03/12/2008).

TRIBUTÁRIO. REPETIÇÃO DE INDÉBITO. TRIBUTO, IN CASU, DIRETO. TRANSFERÊNCIA DE ENCARGO FINANCEIRO AO CONSUMIDOR FINAL. ART. 166 DO CTN. 1. O E. STJ já pacificou o entendimento de que o artigo 166 do CTN tem aplicação ao tributo indireto. Para checar tal qualidade, o intérprete deve analisar a natureza da exação, verificando se ela permite a transferência do respectivo encargo financeiro. 2. A doutrina é unânime em indicar como paradigmas de tributos indiretos o IPI e o ICMS, não se referindo ao Imposto sobre a Importação. Tal tributo reúne, num único sujeito, o contribuinte de fato e de direito. **Não há mecanismo jurídico para repasse do encargo financeiro do importador a terceiro. Assim, ele é um imposto direto e inaplicável à espécie é o artigo 166 do CTN.** (TRF 4ª Região, AMS 2003.70.00.040557-0, Rel. Des. Federal Dirceu de Almeida Soares. Porto Alegre, DJe 07.12.2004).

Concordamos com a inaplicabilidade do art. 166 do CTN para os indébitos decorrentes de pagamentos indevidos de Imposto de Importação, na medida em que não há regra de repercussão jurídica que viabilize a transferência do seu encargo a terceiro. Curioso notar que os negócios jurídicos examinados pelo Tribunal nesses precedentes são muito

387

RESTITUIÇÃO DO INDÉBITO TRIBUTÁRIO:
LEGITIMIDADE ATIVA NAS INCIDÊNCIAS INDIRETAS

semelhantes àqueles que serviram para formar a convicção de que o IOF é um imposto direto ou indireto a depender do caso concreto, o que só reforça a falta de linearidade e coerência das decisões jurisprudenciais denunciada nesse trabalho.

4.8 Imposto sobre a Renda – IR

Da mesma forma que ocorre em relação ao Imposto de Importação, é praticamente unânime na doutrina e na jurisprudência a posição de que não se aplica art. 166 do CTN aos pedidos de restituição dos indébitos de Imposto sobre a Renda ou do seu adicional, por tratar-se de típico imposto direto:

> REPETIÇÃO DE INDÉBITO. IMPOSTO DE RENDA. DECLARAÇÃO DE INCONSTITUCIONALIDADE. TRIBUTO DIRETO. INAPLICABILIDADE DO ART. 166, DO CTN. ILEGITIMIDADE DO RESPONSÁVEL TRIBUTÁRIO LEVANTADA PELA FAZENDA. PRECLUSÃO. COISA JULGADA. 1. A norma do art. 166, do CTN, permite a restituição de tributos que comportem, por sua natureza, transferência do respectivo encargo exclusivamente àquele que demonstrou tê-lo assumido; ou, no caso de transferi-lo a terceiro, estar expressamente por este autorizado a fazê-lo. 2. No caso em tela, conforme explicitado no voto condutor do acórdão recorrido, **o imposto cobrado da autora da ação era direto e independia de transferência a terceiro, para efeito de assegurar a repetição que lhe foi garantida na sentença proferida na fase de conhecimento (fl. 63), o que afasta a aplicação do artigo 166 do CTN.** (...) Recurso especial improvido. (REsp 361.758/SP, Rel. Min. Humberto Martins, Segunda Turma, DJ 21/05/2007).

> PROCESSUAL CIVIL E TRIBUTÁRIO. RECURSO ESPECIAL. ADICIONAL DE IMPOSTO DE RENDA. REPETIÇÃO DE INDÉBITO. EMBARGOS INFRINGENTES PROVIDOS. PERDA DO OBJETO. RECURSO PREJUDICADO. TRIBUTO DIRETO. PROVA DO NÃO-REPASSE. DESNECESSIDADE. INAPLICABILIDADE DO ART. 166 DO CTN. JUROS DE MORA. APLICAÇÃO DA TAXA SELIC. VIOLAÇÃO DO ART. 535, II, DO CPC. INEXISTÊNCIA. ILEGITIMIDADE ATIVA DO RESPONSÁVEL TRIBUTÁRIO. PRECEDENTES. (...) 2. É pacífica a jurisprudência do Superior Tribunal de Justiça no sentido de que o adicional de imposto de renda, por se tratar de tributo direto, não comporta repercussão, sendo dispensável a

prova do não-repasse ao contribuinte de fato. 3. Para a restituição dos valores indevidamente recolhidos a título de adicional de imposto de renda, é inaplicável o teor do art. 166 do CTN, que se dirige aos tributos indiretos. (...) (REsp 255213/SP, Rel. Min. João Otávio de Noronha, Segunda Turma, DJ 01/02/2006).

TRIBUTÁRIO E PROCESSUAL CIVIL. AGRAVO REGIMENTAL. REPETIÇÃO DE INDÉBITO. ADICIONAL DO IMPOSTO DE RENDA. LEI Nº 6.352/88. TRANSFERÊNCIA DE ENCARGO FINANCEIRO. ART. 166, DO CTN. LEGITIMIDADE ATIVA. (...) 4. A respeito da repercussão, da mesma forma, a referida Seção, em 10/11/1999, julgando os Embargos de Divergência nº 168469/SP, nos quais fui designado relator para o acórdão, pacificou o posicionamento de que ela não pode ser exigida nos casos de repetição ou compensação de contribuições, tributo considerado direto, especialmente, quando a lei que impunha a sua cobrança foi julgada inconstitucional. 5. Os recolhimentos foram efetuados pela empresa em guia própria e unicamente utilizada para os pagamentos ao Fisco da exação discutida. **Tratando-se de tributo direto, conforme já deveras salientou esta Corte Superior, o mesmo não se submete às condições impostas pelo art. 166, do CTN,** id est, desnecessária se torna a comprovação de que o contribuinte não procedeu ao repasse do ônus do tributo para o custo do produto. 6. Legitimidade ativa ad causam da empresa recorrente, por ter a mesma arcado diretamente com a tributação, não havendo que se cogitar em transferência do ônus ao consumidor final. 7. Agravo regimental improvido. (AgRg no Ag 365348/SP, Rel. Min. José Delgado, Primeira Turma, DJ 20/08/2001).

Concordamos plenamente com este posicionamento, haja vista que, analisando as normas que compõem o regime jurídico deste tributo, não se identifica qualquer disposição legal determinando o repasse do seu ônus para um terceiro.

Entretanto, cabe mais uma vez reafirmar, ainda que em tom repetitivo, que esta conclusão se limita às situações em que o presente imposto é exigido da figura do contribuinte, assim entendido como aquele que figura no polo passivo da obrigação tributária e, cumulativamente, realiza o fato tributado (no caso, aufere a renda). Nas hipóteses em que o tributo é cobrado do responsável tributário (o que inclui as situações de retenção na fonte do imposto), os pedidos de restituição de

RESTITUIÇÃO DO INDÉBITO TRIBUTÁRIO:
LEGITIMIDADE ATIVA NAS INCIDÊNCIAS INDIRETAS

eventuais indébitos submetem-se às exigências do art. 166 do CTN, por se tratar de hipótese de incidência indireta.[457]

4.9 Contribuições previdenciárias patronais

Decididamente, a necessidade ou não de observância dos requisitos prescritos pelo art. 166 do CTN nos pedidos de restituição dos valores indevidamente pagos a título de contribuições previdenciárias patronais incidentes sobre a folha de salários e as remunerações pagas aos autônomos que lhe prestam serviços é o tema que conta com maior número de precedentes no Superior Tribunal de Justiça.

Inicialmente, identificavam-se naquele E. Tribunal dois posicionamentos bem definidos e completamente antagônicos: (i) para uns, tratava-se de tributo direto e, como tal, não sujeito às disposições do art. 166 do CTN; (ii) já para outros, apenas seria legítima a restituição destas parcelas caso fossem observadas as exigências do referido dispositivo legal. É o que fica bem evidente nas ementas abaixo transcritas:

> TRIBUTÁRIO. CONTRIBUIÇÃO SOCIAL. AUTÔNOMOS, EMPREGADORES E AVULSOS. COMPENSAÇÃO. REPETIÇÃO DE INDÉBITO. ART. 166 DO CTN. ART. 66 DA LEI 8.383/91. ART. 170 DO CTN. ART. 146, III, "B", CF/88. (...) **A contribuição previdenciária da responsabilidade do empregador é tributo direto. Não se lhe aplica, para fins de repetição**

---

457. Algumas decisões jurisprudenciais se posicionam contrariamente ao nosso entendimento:
"PROCESSUAL CIVIL E TRIBUTÁRIO. ADICIONAL DE IMPOSTO DE RENDA. LEI 6.352/88, DO ESTADO DE SÃO PAULO. AÇÃO DE REPETIÇÃO DE INDÉBITO. PROVA DO REPASSE. DESNECESSIDADE. TRIBUTO DE NATUREZA INDIRETA. LEGITIMIDADE ATIVA DO RESPONSÁVEL TRIBUTÁRIO. 1. O responsável tributário, que recolheu o adicional do imposto de renda, tem legitimidade para pleitear sua restituição, independentemente do cumprimento da imposição contida no art. 166 do CTN, que se dirige, apenas, aos tributos de natureza indireta. 2. Agravo regimental desprovido". (AgRg no REsp 621.556/SP, Rel. Min. Luiz Fux, Primeira Turma, DJ 02/05/05) No mesmo sentido: REsp 266.491/RS, Rel. Min. Franciulli Netto, Segunda Turma, DJ 19/05/2003; REsp 203.144/SP, Rel. Min. Francisco Peçanha Martins, Segunda Turma, DJ 05/11/2001; EREspn 201.225/SP, Rel. Min. Francisco Peçanha Martins, Primeira Seção, DJ 18/06/2001.

de indébito ou compensação, as regras do art. 166, do CTN. (...) (REsp 109.832/RS, Rel. Ministro José Delgado, Primeira Turma, DJ 19/05/1997).[458]

CONTRIBUIÇÃO SOCIAL. "PRO LABORE". FOLHA DE SALARIO. COMPENSAÇÃO. 1. **A compensação pleiteada pelo contribuinte submete-se às disposições do art. 166 do CTN** e da Súmula 546/STF. 2. Recurso Especial conhecido e provido por maioria de votos. (REsp 106.689/SC, Rel. Min. José Delgado, Rel. p/ Ac. Min. José de Jesus Filho, Primeira Turma, DJ 04/08/1997).[459]

A polêmica jurisprudencial se acentuou consideravelmente com a publicação da Lei nº 9.032/95, que alterou o texto do art. 89 da Lei nº 8.212/91, passando a assim dispor:

Art. 89. Somente poderá ser restituída ou compensada contribuição para a Seguridade Social arrecadada pelo Instituto Nacional do Seguro Social (INSS) na hipótese de pagamento ou recolhimento indevido.

§ 1º **Admitir-se-á apenas** a restituição ou a compensação de contribuição a cargo da empresa, recolhida ao Instituto Nacional do Seguro Social (INSS), **que, por sua natureza, não tenha sido transferida ao custo de bem ou serviço oferecido à sociedade.**

Posta nestes termos, resta evidente o propósito do legislador de restringir a restituição ou a compensação dos indébitos recolhidos a este título apenas às situações em que referidos valores não tenham sido comprovadamente transferidos ao custo de bem ou serviço oferecido à sociedade.

A estipulação de requisito legal desta natureza para a repetição dos indébitos relativos a contribuições previdenciárias

---

458. No mesmo sentido: REsp 109.859/SC, Rel. Min. José Delgado, Primeira Turma, DJ 11/05/1998; REsp 158.127/MG, Rel. Min. Adhemar Maciel, Segunda Turma, DJ 23/03/1998; AgRg no REsp 173.880/SP, Rel. Ministro Humberto Gomes De Barros, Primeira Turma, DJ 08/03/1999; REsp 192.391/SP, Rel. Min. Garcia Vieira, Primeira Turma, DJ 15/03/1999; REsp 198.766/SP, Rel. Min. Milton Luiz Pereira, Primeira Turma, DJ 31/05/1999.

459. No mesmo sentido: EDcl no REsp 190.940/SP, Rel. Min. Garcia Vieira, Primeira Turma, DJ 18/10/1999.

patronais despertou muita discussão a respeito da sua constitucionalidade e da sua própria legalidade.

Aroldo Gomes de Mattos, por exemplo, defende que a tentativa de ampliar a restrição imposta pelo art. 166 do CTN representa, de um lado, uma indevida *"imissão em matéria reservada à lei complementar (art. 146, III, b, da CF), de outro, uma perplexidade invencível em razão da ininteligibilidade do dispositivo"*. Por conta disso, conclui o autor: *"qual é a contribuição a cargo da empresa transferível e a qual não é? Ora, absolutamente todas têm a mesmíssima natureza e são intransmissíveis"*.[460]

Ricardo Mariz de Oliveira também[461] opõe severa crítica ao referido dispositivo legal. Para este autor, proibir a restituição de contribuições indevidamente pagas, pelo simples fato de terem sido computadas na formação do preço do bem ou serviço, representa verdadeira patologia letal que, evidentemente, requer uma interpretação conforme a Constituição e o próprio Código Tributário Nacional. Nas suas palavras:

> Curioso notar que, contrariamente ao que ocorre com o CTN, a Lei nº 8.212/91, art. 89, parágrafo 1º, em sua redação dada pela Lei nº 9.129, conduz à não restituição de contribuições indevidamente pagas, se aquele dispositivo for interpretado literal e isoladamente, e não em conformidade com a Constituição e com o próprio art. 166. Com efeito, lá está proibida a restituição, além da compensação, de contribuições para a seguridade social, arrecadadas pelo INSS, quando houver a sua transferência para o custo dos bens ou serviços oferecidos à sociedade. (...) Por conseguinte, trata-se de verdadeira patologia letal a vedação da restituição de contribuições indevidamente pagas, pelo simples fato de que tenham sido computadas na formação do preço, o

---

460. MATTOS, Aroldo Gomes de. Repetição do indébito, compensação e ação declaratória... cit., p. 52.

461. "É da melhor hermenêutica que se interprete o texto como querendo referir-se tão somente às possíveis incidências tributárias indiretas, com isto afastando possível exegese exageradamente literal que, ao largo do princípio da razoabilidade, viria transformar a regra em exceção, inviabilizando a restituição das contribuições notoriamente classificadas como diretas, e afronta direta, pois, aos arts. 165 e 166 do CTN e à própria Constituição". (MÖRSCHBÄCHER, José. Op. cit., p. 257).

ANDRÉA MEDRADO DARZÉ MINATEL

que, evidentemente, requer uma interpretação conforme à Constituição e ao próprio CTN, sob pena de se ter que declarar a inconstitucionalidade do referido dispositivo. [462]

A jurisprudência, num primeiro momento, se posicionou favoravelmente à legalidade do art. 89 da Lei nº 8.212/91 e, como consequência, pela necessidade de observância de suas determinações nos pedidos de restituição de indébitos relativos a contribuições previdenciárias patronais:

> TRIBUTÁRIO. COMPENSAÇÃO. TRANSFERÊNCIA DO ENCARGO FINANCEIRO. ART. 89 DA LEI 8.212/1991, NA REDAÇÃO QUE LHE DEU A LEI 9.032/1995. A lei aplicável, em matéria de compensação, é aquela vigente na data do encontro de créditos e débitos e, por isso, a partir da respectiva publicação, a restrição nela imposta incide e é eficaz. Considerando que a sentença e proferida com efeitos a partir da propositura da ação, isso se reflete em relação as demandas ajuizadas antes da lei 9.032/1995, do seguinte modo: a) todos os valores compensáveis até a data da respectiva publicação estão a salvo da exigência da prova da não repercussão; b) os créditos remanescentes que, para efeito da compensação, dependam de débitos a vencer posteriormente, **estão sujeitos aos ditames do art. 89, da Lei 8.212/1991, na redação que lhe deu a Lei 9.032/1995.** Recurso especial conhecido e provido. (REsp 120.438/RS, Rel. Min. Ari Pargendler, Segunda Turma, DJ 17/11/1997).

> EMBARGOS DE DIVERGÊNCIA. PREVIDENCIÁRIO. CONTRIBUIÇÕES. COMPENSAÇÃO. TRANSFERÊNCIA DO ENCARGO FINANCEIRO. ARTIGO 166 DO CÓDIGO TRIBUTÁRIO NACIONAL. ARTIGO 89 DA LEI Nº 8.212/91, NA REDAÇÃO ATUAL. EMBARGOS REJEITADOS. VOTOS VENCIDOS. Os valores recolhidos indevidamente devem ser restituídos ao contribuinte, podendo a restituição operar-se pela forma de compensação. Embora reconhecido o direito à compensação, tendo a **ação sido ajuizada na vigência da Le**i nº 9.032/95, que deu nova redação ao artigo 89, da Lei nº 8.212/91, **o benefício só poderá ser deferido se atendida a disposição legal, vale dizer, mediante a prova de que não houve transferência do encargo financeiro.** (EREsp 127.432/RS, Rel. Min. Garcia

---

462. OLIVEIRA, Ricardo Mariz de. Repetição do indébito, compensação e ação declaratória... cit., p. 359.

393

RESTITUIÇÃO DO INDÉBITO TRIBUTÁRIO:
LEGITIMIDADE ATIVA NAS INCIDÊNCIAS INDIRETAS

Vieira, Rel. p/ Ac. Min. Hélio Mosimann, Primeira Seção, DJ 03/05/1999).[463]

Entretanto, com o julgamento do EREsp nº 189.052/SP, em 12.03.2003, a Primeira Seção do Superior Tribunal de Justiça pacificou o entendimento de que deveriam ser afastadas as limitações impostas pela Lei nº 9.032/95, ou mesmo pelo art. 166 do CTN, aos pedidos de restituição dos indébitos em questão, em face da sua manifesta natureza de tributo direto:

> TRIBUTÁRIO. CONTRIBUIÇÃO PREVIDENCIÁRIA. AUTÔNOMOS, AVULSOS E ADMINISTRADORES. PROVA DA NÃO REPERCUSSÃO. DESNECESSIDADE. TRIBUTO DIRETO. PRECEDENTES. COMPENSAÇÃO. LIMITES INSTITUÍDOS PELAS LEIS 9032 E 9129 DE 1995. INAPLICABILIDADE. EXAÇÃO DECLARADA INCONSTITUCIONAL. EFEITOS DA DECLARAÇÃO. **A jurisprudência recente desta Corte adotou posicionamento de que a contribuição em tela possui natureza de tributo direto, sendo admissível a repetição do indébito e a compensação, sem a exigência de prova do não repasse.** (...) (EREsp 189.052/SP, Rel. Min. Paulo Medina, Primeira Seção, DJ 03/11/2003).[464]

---

463. No mesmo sentido: REsp 190.124/PR, Rel. Ministro Ari Pargendler, Segunda Turma, DJ 02/05/2000; REsp 198.695/SC, Rel. Ministro Hélio Mosimann, Segunda Turma, DJ 19/03/2001; Resp 177.793/RS, Rel. Min. Demócrito Reinaldo, Primeira Turma, DJ 10/05/1999.

464. "TRIBUTÁRIO. COMPENSAÇÃO. TRIBUTO DECLARADO INCONSTITUCIONAL PELO STF. CONTRIBUIÇÃO PREVIDENCIÁRIA SOBRE A REMUNERAÇÃO DE AUTÔNOMOS E DE ADMINISTRADORES. LEI 7.787/89. LIQUIDEZ E CERTEZA DOS CRÉDITOS. PROVA DO NÃO REPASSE DO ENCARGO FINANCEIRO. LIMITES PERCENTUAIS. COMPENSAÇÃO ENTRE TRIBUTOS DIFERENTES. CORREÇÃO MONETÁRIA. ÍNDICES. (...) 2. A 1ª Seção do STJ, por ocasião do julgamento do ERESP 189.052/SP, em 12.03.03, afastou a necessidade de comprovação da não transferência do encargo de que trata o art. 166 do CTN, relativamente às contribuições previdenciárias, por entender se tratar de tributo direto, que não comporta o repasse de seu ônus financeiro. 3. Restou pacificado, no âmbito da 1ª Seção, na apreciação do ERESP 432.793/SP, em 11.06.03, o entendimento segundo o qual os limites estabelecidos pelas Lei 9.032/95 e 9.129/95 não são aplicáveis quando se tratar de compensação de créditos por indevido pagamento de tributos declarados inconstitucionais pelo STF. Ressalva do posicionamento pessoal em sentido diverso (voto-vista proferido nos autos do ERESP 419.813/RS, 1ª Seção, Min. Franciulli Netto, julgado em 28.05.03). (...)" (REsp 529.733/PE, Rel. Min. Teori Albino Zavascki, Primeira Turma, DJ 03/05/2004). "PROCESSUAL CIVIL E TRIBUTÁRIO. CONTRIBUIÇÃO PREVIDENCIÁRIA.

ANDRÉA MEDRADO DARZÉ MINATEL

A despeito disso, continuaram sendo proferidas decisões isoladas no sentido de que o Fisco, provando que houve repercussão, estaria *"autorizado a recusar a repetição ou impugnar a compensação de valores pagos a título de tal contribuição"*. Curioso notar que essas mesmas decisões reconhecem expressamente que a presente contribuição não pode ser qualificada como tributo indireto. É o que fica evidente nas ementas abaixo transcritas:

> TRIBUTÁRIO. INSS. CONTRIBUIÇÃO PREVIDENCIÁRIA SOBRE PRÓ-LABORE PAGO A AUTÔNOMOS E ADMINISTRADORES. REPETIÇÃO DE INDÉBITO. PROVA NEGATIVA DE REPERCUSSÃO. LEI 8.212/91, ART. 89, § 1º. **A Contribuição Previdenciária sobre remuneração paga a autônomos não é daqueles tributos que, por sua natureza jurídica, transfere-se a contribuinte de fato.** Pode, entretanto, o INSS, comprovando que houve repercussão, recusar a repetição ou impugnar a compensação de valores pagos a título de tal contribuição. (REsp 221.726/PA, Rel. Min. Garcia Vieira, Rel. p/ Ac. Min. Humberto Gomes de Barros, Primeira Turma, DJ 08/03/2000).

Em seguida, muito provavelmente motivado pela crescente consolidação do entendimento jurisprudencial a respeito da ilegalidade e da inconstitucionalidade das restrições ao direito à restituição dos indébitos das contribuições previdenciárias em análise, impostas pelo § 1º do art. 89 da Lei nº 8.212/91, com a redação dada pela Lei nº 9.032/95, o legislador entendeu por bem revogá-lo.

RESTITUIÇÃO DE INDÉBITO. PRESCRIÇÃO. COMPROVAÇÃO DA REPERCUSSÃO DO ÔNUS TRIBUTÁRIO. DESNECESSIDADE. INEXISTÊNCIA DE VIOLAÇÃO DO ART. 89, I, DA LEI Nº 8.212/91. COMPENSAÇÃO. LEI N. 8.383/91. POSSIBILIDADE. CORREÇÃO MONETÁRIA. ÍNDICES APLICÁVEIS. JUROS MORATÓRIOS. TAXA SELIC. INCIDÊNCIA. PRECEDENTES. (...) 3. A teor da reiterada orientação jurisprudencial desta Corte, a contribuição previdenciária incidente sobre a remuneração dos autônomos, avulsos e administradores caracteriza-se como tributo direto. Desse modo, não se afigura necessário comprovar a não repercussão do ônus tributário daí advindo para a declaração do direito à restituição de indébito dos valores pagos indevidamente, não configurando tal entendimento violação ao disposto no art. 89, I, da Lei n. 8.212/91. (...)." (REsp 224.213/RS, Rel. Min. João Otávio de Noronha, Segunda Turma, DJ 07/06/2004).

RESTITUIÇÃO DO INDÉBITO TRIBUTÁRIO:
LEGITIMIDADE ATIVA NAS INCIDÊNCIAS INDIRETAS

O item 17.11 da Exposição de Motivos da Medida Provisória nº 449/2008 convertida na Lei nº 11.941/2009, deixa claro o objetivo do legislador de equiparar o tratamento jurídico das presentes contribuições ao dos demais tributos.

> 17.11. Art. 89:
>
> a) o caput foi alterado para determinar que as regras de compensação serão nos termos e condições estabelecidos pela Secretaria da Receita Federal do Brasil, à semelhança dos demais tributos internos; (...)

Como se vê, foi acertada a decisão do legislador de revogar o § 1º do art. 89 da Lei nº 8.212/91, ante a sua flagrante invalidade. Da mesma forma, caminhou muito bem a jurisprudência ao consolidar o entendimento de que as referidas contribuições sociais são tributos diretos que, como tais, não podem ter seus pedidos de restituição limitados à prova da repercussão jurídica, muito menos, econômica, do seu ônus.

4.10 Contribuição ao Programa de Integração Social – PIS – e a Contribuição para Financiamento da Seguridade Social – COFINS

Registramos, em diversas passagens deste trabalho, que a mera circunstância de um terceiro arcar com o preço da mercadoria ou serviço, mesmo em operações plurifásicas, não é suficiente para se falar em repercussão jurídica do tributo. De igual forma, pensamos ter deixado claro que nem toda norma de não cumulatividade implica esta consequência jurídica. É necessário que se trate de regra que contemple o direito de abater exatamente o montante do tributo que incidiu na etapa ou etapas anteriores da cadeia de circulação ou produção. Do contrário, o que se tem é mera outorga de crédito, que não se confunde com a translação do ônus tributário. Em estreita síntese, concluímos que repercussão jurídica nos tributos não cumulativos e plurifásicos se verifica apenas nas situações em que a transferência do encargo é disciplinada pelo direito positivo, implicando consequência jurídica típica, que corresponde justamente ao direito de abater do tributo devido o montante que incidiu nos elos anteriores do ciclo de produção ou comercialização e não simplesmente quando os tributos são subsumidos no preço da mercadoria ou serviço ou mesmo quando a lei autoriza determinados abatimentos levando em conta qualquer outro critério que não o tributo que incidiu anteriormente.

Neste contexto, não resta dúvidas de que a Contribuição ao PIS e a COFINS, mesmo quando submetidas ao regime não cumulativo de apuração, continuam sendo tributos diretos. A despeito da presença de norma autorizando o creditamento de alguns custos e despesas, não se identifica no regime jurídico dessas contribuições qualquer regra determinando a transferência do encargo financeiro do tributo que incidiu na etapa anterior da cadeia. Isso por uma razão simples, mas decisiva: em se tratando de PIS e COFINS não cumulativos, o montante do crédito não se afere com base no tributo incidente na etapa anterior do ciclo econômico, mas a partir da própria alíquota de saída aplicável ao contribuinte.

Com efeito, nos tributos marcados pela não cumulatividade endógena, como é o caso do PIS e da COFINS, diversamente do que se verifica nos casos de não cumulatividade exógena, a repercussão, caso existente, permanece sendo meramente financeira. Como vimos, o direito ao crédito do montante do tributo que efetivamente incidiu na operação anterior é o critério necessário e suficiente para divisar a repercussão econômica da jurídica. Afinal, apenas nesses casos o crédito é efeito jurídico do repasse do tributo que incidiu previamente. Insistimos: repercussão jurídica tributária ocorre, apenas e tão somente, quando há a translação, via retenção ou reembolso, do impacto financeiro do tributo devido pelo sujeito passivo a um terceiro, e não de qualquer outro valor.

Acompanhando este entendimento, Marcelo Magalhães Peixoto e Marcelo de Lima Castro Diniz pontuam:

RESTITUIÇÃO DO INDÉBITO TRIBUTÁRIO:
LEGITIMIDADE ATIVA NAS INCIDÊNCIAS INDIRETAS

> A aplicação da <u>não-cumulatividade</u> para as citadas contribuições é incapaz de conferir o caráter de tributo indireto para a COFINS e o PIS. A regra da não-cumulatividade não integra a natureza do tributo, uma vez que está fora da regra-matriz de incidência tributária. Ademais, a não-cumulatividade não confere, por si só, o caráter de tributo indireto à COFINS e ao PIS; como vimos, tributo indireto é aquele incidente sobre negócios jurídicos nos quais, por força de lei, ocorre o repasse do encargo financeiro do tributo ao 'contribuinte de fato'. Logo, não constitui fundamento hábil para que se admita a incidência da norma prevista pelo art. 166 do CTN. (...) Conquanto seja admissível a transferência dos ônus tributários (isto é, de qualquer tributo) aos preços dos produtos, mercadorias e serviços, é importante ressalvar que, em matéria de restituição, o art. 166 do CTN, por se aplicar exclusivamente a tributos incidentes sobre negócios jurídicos que visam à tributação do 'contribuinte de fato' e cuja legislação prevê a repercussão jurídica, não se aplica a tributos que não tenham essas características, como é o caso da COFINS e do PIS.[465]

A presente matéria não tem sido enfrentada diretamente pela jurisprudência dos Tribunais Superiores. É bem verdade que existem muitos acórdãos do Superior Tribunal de Justiça tratando da aplicação do art. 166 do CTN aos pedidos de restituição do PIS e da COFINS. Ocorre que todos eles foram proferidos num contexto de substituição tributária e, portanto, de incidência indireta, não servindo, pois, para apresentar respostas para a presente especulação.

Como sustentamos ao longo deste trabalho, é acertada a exigência dos requisitos do art. 166 do CTN, nas situações de responsabilidade tributária. Isso porque, independentemente da natureza do tributo a restituir (se direto ou indireto), a simples existência de regra de responsabilidade é suficiente para transmudar a mera e eventual repercussão econômica em jurídica. Afinal, trata-se de condição de validade da própria instituição da regra de responsabilidade. Assim, andou bem a jurisprudência ao considerar que os pedidos de restituição da

---

465. PEIXOTO, Marcelo Magalhães; DINIZ, Marcelo de Lima Castro. A regra do artigo 166 do Código Tributário Nacional... cit., p. 318.

398

ANDRÉA MEDRADO DARZÉ MINATEL

Contribuição ao PIS e da COFINS, quando marcados pelo regime da substituição tributária estão sujeitas aos pressupostos prescritos por referido enunciado legal.

Identificamos apenas alguns precedentes reconhecendo a natureza direta do FINSOCIAL, contribuição antecessora à COFINS:

> TRIBUTÁRIO. FINSOCIAL. PRESCRIÇÃO. TERMO INICIAL. REPERCUSSÃO FINANCEIRA. ART. 166 DO CTN. COMPENSAÇÃO COM OUTROS TRIBUTOS FEDERAIS. POSSIBILIDADE. ART. 74 DA LEI Nº 9.430/96, COM REDAÇÃO DADA PELA LEI Nº 10.637/02. JUROS DE MORA. TAXA SELIC. INCIDÊNCIA. (...) 2. Pacificou-se nesta Corte o entendimento segundo o qual, por tratar-se de tributo de natureza direta, não há necessidade de comprovação da não-repercussão financeira das contribuições previdenciárias. Precedentes. (...). (REsp 661.121/PE, Rel. Min. Castro Meira, Segunda Turma, DJ 16/11/2004).

> TRIBUTÁRIO. FINSOCIAL. DECLARAÇÃO DE INCONSTITUCIONALIDADE PELO STF. COMPENSAÇÃO. TRANSFERÊNCIA DO ENCARGO. ART. 166 DO CTN. INAPLICABILIDADE. Declarada a inconstitucionalidade da alteração do regime legal do Finsocial, promovida a partir do art. 9º da Lei 7.689/88, com implicações sobre a sucessiva majoração das alíquotas, a partir da Lei nº 7.787/89, os valores a esse título recolhidos, ao serem compensados, **não estão sujeitos ao fenômeno da repercussão ou repasse, haja vista não se tratar de tributo indireto**. Recurso especial conhecido e provido. (REsp 352.468/SP, Rel. Min. Francisco Peçanha Martins, Segunda Turma, DJ 19/12/2005).

São estas as razões pelas quais entendemos que a Contribuição ao PIS e a COFINS são tributos diretos e, como tais, não podem ter seus pedidos de restituição condicionados à observância dos requisitos do art. 166 do CTN. Isso é claro, desde que não sejam cobradas do responsável tributário, já que nessas situações é válida e jurídica a necessidade de observância dos pressupostos prescritos neste enunciado normativo, reafirme-se.

399

CONCLUSÕES

1. Como decorrência lógica do princípio hermenêutico da máxima efetividade da norma constitucional, o princípio da estrita legalidade tributária não pode ser interpretado como mera proibição para que o Estado adote medidas no sentido de exigir tributos sem amparo legal, mas também como comando que impõe, diante da realização de pagamento indevido, a sua imediata restituição ao particular.

2. O direito à restituição do indébito tem sua origem na Constituição da República, em face da existência de princípios jurídico-tributários (estrita legalidade, vedação ao confisco, direito de propriedade, repartição constitucional da competência etc.) que imprimem, ainda que implicitamente, a obrigação de devolver aquilo que fora cobrado sem fundamento de validade. Por conseguinte, ainda que não tivessem sido positivadas as normas gerais dos arts. 165 e 166 do CTN, persistiria existindo o direito à devolução dos valores indevidamente recolhidos aos cofres públicos.

2.1 Quando o Código Tributário Nacional trouxe disposições específicas e expressas sobre a restituição de tributos indevidamente pagos (arts. 165 a 169), não o fez com o intuito de conferir direitos novos aos particulares. Sem dúvidas, seu objetivo foi estabelecer regras gerais nesta matéria, fixando limites procedimentais e materiais mínimos, de observância obrigatória por todos os entes federativos.

401

RESTITUIÇÃO DO INDÉBITO TRIBUTÁRIO:
LEGITIMIDADE ATIVA NAS INCIDÊNCIAS INDIRETAS

3. O texto do art. 166 do CTN admite interpretação conforme a Constituição da República.

4. Deslocar a legitimidade ativa da regra geral do direito à restituição nos casos de tributos que repercutem juridicamente ou mesmo exigir prova da ausência de repercussão nas hipóteses em que há presunção legal da sua existência não implica, necessariamente, limitação ou restrição do direito à restituição. A Constituição Federal assegura o direito à restituição, mas não diz quem poderá exercitar esse direito.

4.1 Bem interpretado, o art. 166 do CTN não é apenas constitucional, mas instrumento para evitar em situações específicas e bem definidas de repercussão jurídica que a própria restituição de indébitos tributários, seja causa de novos pagamentos indevidos no sistema.

4.2 Isso porque, se aquele que pagou tributo sem fundamento de validade, a maior ou por erro, pede de volta o indébito, e isso se verifica no meio da cadeia de circulação de bens, cuja tributação está submetida à regra de não cumulatividade exógena, por exemplo, tem-se que o sujeito seguinte do elo terá se creditado de valor a maior ou simplesmente indevido. Da mesma forma, se a devolução é autorizada, sem ressalvas apenas ao responsável tributário (sujeito passivo), aquele que, por lei, suportou o encargo financeiro do tributo, ou seja, o realizador do fato tributado, permanecerá sofrendo as consequências da exigência indevida.

5. A obrigação de observar a norma que veda a tributação com efeitos de confisco atua nas situações de repercussão jurídica com ainda mais vigor.

6. Não se pode condicionar o direito à repetição do indébito tributário à prova do efetivo empobrecimento do sujeito passivo tributário ou de qualquer outra pessoa envolvida, de forma

mais ou menos direta, com o pagamento de tributo sem fundamento de validade.

6.1 O *empobrecimento do particular x enriquecimento do Fisco* são elementos estranhos à estrutura normativa da regra de restituição, irrelevantes, por este mesmo motivo, para o surgimento deste direito subjetivo.

6.2. Defender a aplicabilidade do princípio do enriquecimento sem causa, sob a justificativa de que, entre o enriquecimento injustificado do Estado ou do administrado, aquele deva prevalecer, não tem sustentação jurídica na medida em que o bem de todos só é respeitado quando há estrita observância das leis.

6.3 O enriquecimento injustificado por parte do administrado, embora possa ser imoral, não será, necessariamente, ilícito. Já para o Estado, além de imoral, será sempre ilícito, pois constitucionalmente vedado. Isso, por si só, impede que o Fisco se aproprie de qualquer importância fora dos parâmetros legais, ainda que isso não represente qualquer impacto no patrimônio do sujeito passivo.

7. O indébito tributário tem natureza jurídica de tributo.

8. O rol apresentado pelo art. 165 do CTN é meramente exemplificativo, havendo outras tantas hipóteses que não podem exatamente ser reconduzidas aos seus incisos, mas que geram, igualmente, o direito à restituição do indébito tributário.

9. Para que surja o direito à restituição, o sistema exige extinção "indevida" da obrigação tributária, via satisfação do crédito, o que inclui tanto a figura do pagamento em sentido estrito, como do pagamento antecipado, da compensação, da dação em pagamento em bens, da conversão em renda do depósito, da transação, da consignação em pagamento ou qualquer outra modalidade que venha a ser acrescida a este rol.

RESTITUIÇÃO DO INDÉBITO TRIBUTÁRIO:
LEGITIMIDADE ATIVA NAS INCIDÊNCIAS INDIRETAS

10. Especialmente após a restrição interpretativa do art. 168, I, do CTN, promovida pela LC nº 118/2005, não mais se sustenta a posição de que a configuração do indébito tributário nos tributos constituídos por ato do particular depende da prévia homologação.

11. As hipóteses que configuram o pagamento indevido podem ser decompostas analiticamente da seguinte forma:

11.1 Descompasso entre a NIC e a NGA: a incompatibilidade entre a norma individual e concreta (lançamento de ofício ou por homologação) pode ser tanto com a norma geral e abstrata que, supostamente, seria seu fundamento de validade imediato (RMIT em cotejo com as normas de responsabilidade e de isenção) como com as normas de superior hierarquia (normas gerais e CF).

11.2 Descompasso entre a NIC e o evento tributário: nesses casos a incompatibilidade é entre a efetiva ocorrência do mundo e o seu relato no antecedente da norma individual e concreta que constitui o crédito tributário.

11.3 Descompasso entre a NIC e a norma de pagamento: a incompatibilidade pode se configurar, ainda, entre o valor apurado no lançamento de ofício ou por homologação e o montante efetivamente recolhido pelo particular.

12. Os vícios que implicam o pagamento indevido são de duas ordens: *"erro de fato"* e *"erro de direito"*.

12.1 A lei, relativamente ao direito à repetição do indébito tributário, não estabeleceu consequências diferentes em função de o pagamento indevido decorrer de *erro de fato* ou de *erro de direito*.

13. É condição para a válida instituição de qualquer espécie de responsável tributário o estabelecimento de mecanismo jurí-

dico que assegure a repercussão econômica dos valores pagos a título de tributo para o sujeito que realizou o fato tributado. Esta condição pode ser afastada, apenas e tão somente, nos casos em que a responsabilidade tem como causa um ato ilícito.

13.1 A exigência de vinculação do responsável ao suporte fático do tributo ou ao sujeito que o realizou – ou, excepcionalmente, que virá a realizá-lo – foram as duas alternativas eleitas pelo legislador para assegurar que a carga financeira do tributo possa vir a repercutir sobre a própria manifestação de riqueza tomada como causa da tributação. Nessas duas situações, em regra, a prescrição do vínculo constitui o próprio mecanismo jurídico que viabiliza a transferência do encargo, o qual, por sua vez, assegura que a riqueza que está sendo apropriada pelo Poder Público corresponda a um percentual do fato tomado como causa para a incidência do tributo, independentemente do sujeito colocado no polo passivo da relação tributária.

14. A despeito de o legislador ter usado o gênero *sujeito passivo* no art. 165 do CTN, a presente regra volta-se, com exclusividade, para as situações em que a satisfação do tributo é realizada por pessoas qualificadas juridicamente como contribuintes, ou seja, que reúnam cumulativamente os seguintes predicados: (i) figurem no polo passivo da relação tributária e (ii) mantenham relação pessoal e direta com o fato tributado, justamente por ter realizado o verbo tomado como núcleo do critério material da hipótese de incidência.

14.1 Nas situações em que o tributo é devido pela figura do responsável, a legitimidade para a restituição do indébito é definida nos termos do art. 166 do CTN, tendo em vista que, nestes casos, tem-se um contexto de incidência tributária indireta.

15. Não se sustenta a posição que defende que o próprio art. 166 do CTN teria juridicizado toda e qualquer hipótese de repercussão econômica, transmudando-a em jurídica.

RESTITUIÇÃO DO INDÉBITO TRIBUTÁRIO:
LEGITIMIDADE ATIVA NAS INCIDÊNCIAS INDIRETAS

15.1 A existência de norma de repercussão é critério de *discrímen* jurídico, legítimo e suficiente para definir a titularidade ativa do direito à restituição do indébito, o que se mostra extremamente necessário para adequar a presente norma a outros valores prestigiados pelo sistema, em especial, pela própria Constituição, tais como o direito de propriedade, a capacidade contributiva e a própria repartição constitucional de competência.

16. Nas operações realizadas com o consumidor final, não se tem juridicamente *contribuinte de fato*. Nesses casos, a repercussão é meramente econômica.

17. Não há qualquer lei obrigando o adquirente de mercadorias ou de prestação de serviços a estornar os créditos nos casos de reconhecimento do indébito relativo a tributos não cumulativos. Além disso, temos sérias dúvidas se efetivamente seria possível legitimamente operacionalizar esta determinação, na medida em que ela pressupõe a aplicação extensiva dos efeitos de uma decisão judicial, ou mesmo administrativa, que constitui o indébito, a um terceiro que não participou da lide, o que não nos parece crível.

18. A despeito de constar no texto do art. 166 do CTN apenas o signo *restituição*, este enunciado legal se aplica também às declarações de compensação relativas a indébitos de tributos ou incidências indiretas, tendo em vista que a restituição é pressuposto legal do direito à compensação.

18.1 A presente conclusão não se estende às situações em que o crédito do sujeito passivo a compensar tenha outra origem que não o indébito, como é o caso de ressarcimento de crédito presumido, saldo credor de tributos não cumulativos etc., por lhes faltar um elemento essencial, que é justamente o pagamento indevido.

406

19. Não se aplicam as disposições do art. 166 do CTN aos pedidos de levantamento de depósito, judicial ou administrativo, em face da ausência de um dos seus pressupostos: a existência de prévia extinção da obrigação tributária pelo desaparecimento do crédito.

20. Os pedidos exclusivos para deixar de pagar o tributo (preventivos ou repressivos) também não são suportes fáticos suficientes para legitimar a aplicação do art. 166 do CTN, uma vez que inexiste nesses casos prévia extinção do crédito tributário.

21. Não se aplica o art. 166 do CTN aos requerimentos de apropriação de créditos, extemporâneos ou tempestivos, de tributos não cumulativos, na medida em que estes créditos não têm natureza de tributo, mas de moeda escritural contra a Fazenda Pública.

22. O fato gerador do tributo não é índice seguro para aferir tratar-se de percussão que, por sua natureza, comporta a transferência do seu encargo, tendo em vista que (i) nem sempre a pessoa que transfere o ônus e a que o suporta participam da hipótese de incidência do tributo; podem apenas estar presentes no contexto do fato da responsabilidade tributária, por exemplo, e (ii) a hipótese de incidência do tributo pode envolver uma dualidade de sujeitos sem que o repasse do encargo seja juridicamente relevante, como é o caso do ISS, IOF, ITBI, ITCMD etc.

23. *Repercussão jurídica* é norma de direito positivo que imputa consequências jurídicas típicas ao impacto financeiro de determinados tributos ou incidências tributárias, seja por autorizar o responsável tributário a transferi-lo à pessoa que realizou o fato gerador do tributo; seja, ainda, por autorizar, nas situações de não cumulatividade exógena (ICMS e IPI), o contribuinte que se coloca na etapa seguinte da cadeia de circulação ou produção a se apropriar de crédito a ele equivalente.

RESTITUIÇÃO DO INDÉBITO TRIBUTÁRIO:
LEGITIMIDADE ATIVA NAS INCIDÊNCIAS INDIRETAS

23.1 Não há qualquer fundamento jurídico que sustente a posição de que apenas nas hipóteses de substituição haveria a repercussão jurídica do tributo. Isso porque (i) a substituição tributária não passa de uma espécie de responsabilidade e (ii) toda e qualquer instituição de responsabilidade tributária decorrente de ato lícito pressupõe, como condição mesma de sua validade, o estabelecimento de regra – ostensiva ou não – de repercussão jurídica do ônus do tributo para o realizador do fato tributado.

23.2 A norma de repercussão não integra a estrutura da regra-matriz de incidência tributária. Trata-se de comando externo que entra, todavia, em cálculo de relações com esta norma, seja afetando a sua base de cálculo, seja interferindo apenas na apuração do débito tributário, seja ainda modificando o sujeito passivo do tributo.

24. O legislador pode se apropriar de situações que, no seu entender, são indiciárias de repasse do ônus financeiro para o sujeito que realizou a materialidade do tributo (nos casos de responsabilidade) ou da outorga de crédito a ele equivalente para o próximo integrante da cadeia de circulação ou produção (não cumulatividade exógena). O que não se pode admitir é que a escolha recaia sobre fatos que, por sua própria natureza, indiquem justamente o contrário, ou seja, que não haverá a transferência ou a neutralização da carga tributária.

24.1 É indispensável previsão normativa expressa autorizando a repercussão jurídica (reembolso ou retenção) apenas quando, para operacionalizá-la, o particular tiver que mitigar direito alheio.

25. No direito brasileiro vigente, identifica-se apenas o método de não cumulatividade *imposto contra imposto*, ainda que, em se tratando especificamente das contribuições sociais, seja possível identificar peculiaridades que refogem um pouco da definição tradicional que se lhe costuma atribuir.

25.1 O presente método pode ser classificado em função do parâmetro usado para a outorga do crédito, se relativo ou não ao tributo cobrado nas etapas anteriores da cadeia produtiva. Quando o abatimento autorizado pela lei toma como referência o tributo que efetivamente incidiu nos elos anteriores, teremos técnica de não cumulatividade por nós intitulada *imposto contra imposto exógena ou externa*. Já quando o crédito é fixado independentemente do valor do tributo que incidiu nas etapas antecedentes, mas com base em critérios da própria operação, a não cumulatividade será classificada como *endógena, interna*.

25.2 Repercussão jurídica não é, necessariamente, nota típica da não cumulatividade.

25.3 Para que haja repercussão jurídica do tributo não cumulativo impõe-se que o direito ao crédito corresponda precisamente ao valor da dívida tributária devida por outrem.

25.4 Apenas a modalidade *externa*, *exógena* de não cumulatividade configura hipótese de translação jurídica do ônus tributário.

25.5 Nas demais situações de tributos não cumulativos, o que se verifica é a mera outorga de crédito que, a despeito de gerar efeitos práticos muito próximos no que diz respeito à apuração do tributo devido, não se perfaz com a translação do ônus do tributo.

26. O direito ao crédito é autônomo em relação ao cumprimento da obrigação tributária pelo sujeito que se coloca na etapa anterior da cadeia de circulação ou industrialização.

26.1 O termo *cobrado*, presente no Texto Supremo, deve ser interpretado como imposto incidente na operação anterior, sendo irrelevante, para fins de legitimação do crédito, se o estabelecimento remetente efetivamente recolheu, na integralidade, o valor destacado na nota fiscal de saída.

409

RESTITUIÇÃO DO INDÉBITO TRIBUTÁRIO:
LEGITIMIDADE ATIVA NAS INCIDÊNCIAS INDIRETAS

26.2 É a própria regra da não cumulatividade exógena e não o mero destaque em documento fiscal que juridiciza a repercussão econômica. Afinal, é por força dela que o repasse do encargo do tributo que efetivamente incidiu nas etapas anteriores da cadeia passa a ser regulado pelo direito positivo a propagar consequências jurídicas.

26.3 O direito ao crédito do montante do tributo que incidiu na operação anterior é, portanto, o critério necessário e suficiente para divisar a repercussão meramente econômica da jurídica.

27. A não cumulatividade não atinge a capacidade contributiva do consumidor final. Mesmo nesses casos, a tributação continua gravando a manifestação de riqueza denotada pela prática do fato jurídico tributário pelo contribuinte (ou pelo mero realizador do fato jurídico tributário nas situações de responsabilidade, por exemplo). Prova disso é que a base de cálculo do tributo permanece sendo o valor daquela operação tomada como hipótese de incidência tributária. A circunstância de tais quantias usualmente agregarem o preço da mercadoria em nada prejudica esta afirmação.

28. Na regra de não cumulatividade do PIS e da COFINS, o montante do crédito não é aferido com base no tributo incidente na etapa anterior do ciclo econômico, mas sim a partir de uma alíquota previamente determinada, no caso a de saída, aplicada sobre o valor das operações de compra (custos e algumas despesas).

28.1 A não cumulatividade dessas contribuições implica a mera outorga de créditos fiscais, sendo instrumentalizada pelo método imposto contra imposto interno, endógeno.

28.2 O método de não cumulatividade aplicável ao PIS e à COFINS não pode ser qualificado como hipótese de transferência do respectivo encargo financeiro do tributo a um terceiro, já

410

que o abatimento autorizado não corresponde exatamente ao montante que incidiu na fase anterior ou anteriores da cadeia.

29. Sinteticamente são as seguintes as consequências que decorrem da existência de norma de repercussão:

29.1 1º caso: regras de responsabilidade. A repercussão jurídica, nesses casos, autoriza o sujeito passivo da obrigação tributária a abater ou acrescer ao preço da relação negocial que mantém com o realizador do fato tributado, tomada como a própria hipótese de incidência da regra de responsabilidade, o valor do tributo a ser por ele (responsável) pago.

29.2 2º caso: não cumulatividade externa ou exógena. Nessas hipóteses, a repercussão não impacta diretamente na relação jurídica de direito privado relativa à compra e venda de mercadorias ou produtos industrializados ou, ainda, à prestação de serviços. O efeito é outro. Consiste na autorização para que o sujeito seguinte da cadeia, ao calcular o tributo por ele devido, abata o valor que incidiu na etapa anterior.

30. Tributos que comportam, por sua natureza, transferência do respectivo encargo financeiro, definitivamente, não são aqueles que repercutem difusamente do ponto de vista econômico, como se dá com toda e qualquer exigência tributária.

31. Nos casos de repercussão jurídica do tributo, a relação que se estabelece entre o terceiro e o sujeito passivo tributário não é meramente de Direito Civil, mas, também, de direito público, mais especificamente de Direito Tributário, na medida em que gera efeitos tributários típicos.

32. Analisando o direito positivo tributário brasileiro, constata-se que ele efetivamente comporta a classificação dos tributos em diretos e indiretos, desde que sejam utilizados elementos exclusivamente jurídicos. O problema, portanto, não está na

RESTITUIÇÃO DO INDÉBITO TRIBUTÁRIO:
LEGITIMIDADE ATIVA NAS INCIDÊNCIAS INDIRETAS

classificação em si, mas na definição que se costuma atribuir a seus termos e ao enfoque que se dá à sua análise.

32.1 As teorias fisiocrática, da contabilidade nacional e da capacidade contributiva se utilizam exclusivamente de critérios econômicos e pré-jurídicos para classificar os tributos em diretos e indiretos, não servindo, pois, aos propósitos de uma análise estritamente dogmática do presente fenômeno.

32.2 As teorias do lançamento e do cadastro administrativo limitam-se a destacar um elemento formal para diferenciar os tributos em diretos e indiretos, sem, contudo, analisar a sua específica natureza. Além disso, o fator de *discrímen* por elas utilizado não é estável ou seguro, tampouco possui aplicação prática nos dias atuais.

32.3 A teoria da natureza do fato gerador parte de premissas vazias de sentido e que implicam em seus próprios termos. Isso porque todo e qualquer fato é instantâneo, acontece em certas condições de espaço e de tempo.

32.4 Prevalece na doutrina nacional a classificação dos tributos em diretos e indiretos que toma como base a investigação do sujeito que suporta em definitivo o ônus financeiro do tributo. Esta teoria, entretanto, não se sustenta juridicamente, na medida em que, ao generalizar as situações de repercussão, resvala na análise de dados exclusivamente econômicos.

33. Diferentemente do que se verifica em relação aos tributos diretos, a restituição dos indébitos relativos a tributos ou incidências que, por sua natureza, repercutem, independentemente do sujeito escolhido como legitimado para tal, não é suficiente para neutralizar todas as consequências jurídicas decorrentes da exigência ilegal. Nestes casos, o que se verifica é que algumas normas minimizam substancialmente essas consequências indesejadas. Entretanto, ainda assim, será necessário conviver com uma certa dose de distorção no sistema, mesmo que reflexa.

412

34. A legitimidade para pleitear a restituição dos tributos ou incidências indiretas é concorrente entre o contribuinte de fato e o contribuinte de direito. Entretanto, para exercer esta prerrogativa, cada uma dessas pessoas está sujeita a observância de requisitos diferentes.

34.1 A classificação dos contribuintes em de direito e de fato, na forma como é **usualmente proposta, representa confusão dos planos jurídico e econômico, o que não se justifica**, na medida em que essas ciências apresentam critérios de uso diametralmente diversos para o signo *contribuinte*.

34.2 Juridicamente, *contribuinte de fato* somente pode ser definido como a pessoa que, a despeito de não figurar como devedor do tributo, suporta seu encargo nas situações de repercussão jurídica do tributo. Ou seja, é o destinatário legal e final da norma de repercussão.

34.3 Para fins de legitimidade ativa para a repetição do indébito relativo a tributos marcados pela não cumulatividade exógena, *contribuinte de fato* é, apenas e tão somente, o sujeito que se coloca no último elo da cadeia de incidências tributárias. Isso porque, a despeito de todos os outros contribuintes serem também destinatários da regra de repercussão jurídica, apenas sobre aquele recai também a presunção de ausência de novo repasse jurídico, já que realiza operação com o consumidor final, não contribuinte dos impostos.

34.4 Já nos casos de responsabilidade tributária, *contribuinte de fato* é o realizador do fato jurídico tributário.

34.5 *Contribuintes de direito* **são apenas** aqueles sujeitos referidos no art. 121 do CTN (contribuinte propriamente dito ou responsável).

35. O *contribuinte de fato* terá legitimidade para repetir o indébito tributário, independentemente da efetiva comprovação de

RESTITUIÇÃO DO INDÉBITO TRIBUTÁRIO:
LEGITIMIDADE ATIVA NAS INCIDÊNCIAS INDIRETAS

que suportou o seu ônus. Basta a demonstração do indébito tributário em si mesmo considerado e a sua condição de destinatário legal da regra de repercussão. Afinal, a favor desses sujeitos *milita presunção legal de existência ou de veracidade* da repercussão do encargo financeiro do tributo para sua pessoa e de impossibilidade jurídica de novo repasse para outras pessoas, o que dispensa a apresentação de provas, nos termos do art. 334, IV, do CPC.

35.1 Adotar a presente posição não equivale, todavia, a considerar que a *prova de haver assumido o referido encargo* seja inexigível em qualquer caso. Quando o direito à repetição do indébito tributário for exercido pelo *contribuinte de direito* (o responsável tributário ou os contribuintes que se colocam nas etapas iniciais ou intermediárias da cadeia de incidências tributárias sobre a circulação de mercadoria ou produtos submetidos à regra de não cumulatividade exógena), a referida condição deve ser observada, sob pena de ilegitimidade ativa.

35.1.1 Portanto, o *contribuinte de direito* para pleitear a restituição dos valores indevidamente pagos terá que demonstrar, por meio de provas cabais e concludentes, que, a despeito de existir lei lhe autorizando a proceder à transferência do ônus do tributo por ele pago, esta não se verificou na realidade dos fatos ou, ainda, que está autorizado pelo contribuinte de fato para tal.

35.1.2 Referida autorização equivale a uma cessão de direito. Com isso duas finalidades são simultaneamente alcançadas: (i) evita-se a indesejada sobreposição de legitimados (ii) ao passo em que potencializa-se o próprio direito à repetição do indébito, afinal são dois e não apenas um os sujeitos legitimados para tal (ainda que se tratem de legitimidades excludentes).

35.1.3 A presente regra não se limita ao direito à restituição. Pelo contrário, reforça a possibilidade de devolução, já que, diante da inércia ou da falta de interesse daquele que experimentou o encargo, o outro sujeito, que figurou como devedor da relação jurídica, pode exercitá-lo, desde que obtenha autorização daquele.

35.1.4 A prova exigida com exclusividade do *contribuinte de direito* não é arbitrária ou diabólica. A dificuldade decorre justamente da circunstância dela se destinar a afastar fato presumido pela lei como de existência de repercussão do encargo financeiro.

35.2 A manutenção de preços habituais praticados pelo *contribuinte de direito* e o tabelamento oficial de preços são provas indiciárias da ausência de repercussão econômica, mas não concludentes. Isso porque o preço das mercadorias ou serviços pode variar por inúmeros fatores, não se podendo afirmar, com segurança, que nesses casos houve efetiva assunção do ônus pelo *contribuinte de direito*.

35.3 A permanência de produtos em estoque, quando muito, é indiciária da ausência de repercussão do ônus do tributo relativamente às etapas intermediárias de circulação. Isso porque, para que se possa falar em assunção do encargo nesses casos, é necessário que haja ao menos uma incidência prévia indevida. Não bastasse isso, trata-se de prova de difícil ou quase impossível produção, especialmente em relação aos bens fungíveis.

35.4 Há indício forte de ausência de repercussão do ônus tributário nas situações em que o *contribuinte de direito* pede a devolução do indébito pago em decorrência de lançamento de ofício lavrado após as operações que ensejaram a incidência do tributo, para exigir supostas diferenças do tributo, em relação às quais não houve destaque nas respectivas notas fiscais.

35.5 A demonstração de que o indébito decorreu de erro no recolhimento do tributo em si, os quais não foram refletidos na sua apuração, tampouco na sua contabilização ou escrituração, é prova quase que absoluta da ausência do repasse do encargo

RESTITUIÇÃO DO INDÉBITO TRIBUTÁRIO:
LEGITIMIDADE ATIVA NAS INCIDÊNCIAS INDIRETAS

do ônus tributário. Isso porque, nessas situações não se verifica qualquer impacto decorrente do recolhimento a maior do tributo nas etapas seguintes da cadeia de circulação ou produção, já que o adquirente das mercadorias ou bens não terá justo título para se apropriar de crédito maior do que o devido.

35.6 A inadimplência do adquirente das mercadorias ou serviços nada prova a respeito da repercussão do ônus em se tratando de pedido de repetição do indébito de tributos marcados pela não cumulatividade exógena.

35.6.1 Diversamente, nas hipóteses de responsabilidade tributária, a inadimplência do terceiro funciona como prova cabal da ausência de repasse do ônus do tributo pago pelo responsável, na medida em que, sem o pagamento do preço, não há como operacionalizar o reembolso, muito menos a retenção dos valores relativos aos tributos devidos. Além disso, nesses casos, não há outros efeitos jurídico-tributários decorrentes da simples realização do negócio jurídico.

35.7 As mercadorias entregues em bonificação são parcelas redutoras de custo e, como tais, não se prestam para transladar o encargo financeiro do tributo, em especial, sob a perspectiva jurídica.

37. O *consumidor final* jamais poderá pleitear o valor indevidamente recolhido aos cofres públicos, tendo em vista que não é contribuinte de direito, tampouco contribuinte de fato, afinal não mantém vínculo com o Erário, muito menos é destinatário da regra de repercussão jurídica.

37.1 Interpretação diversa rui a própria racionalidade do art. 166 do CTN, na medida em que a devolução das quantias indevidamente pagas ao consumidor final não neutraliza os efeitos jurídicos da cobrança indevida, afinal o que o consumidor paga é preço, jamais tributo. Se sob a perspectiva econômica o problema poderia ser resolvido com tal atitude, do ponto de vista jurídico a questão permanece inalterada.

38. Em face da necessária existência de norma de repercussão nas hipóteses de instituição de regra de responsabilidade, quem sofre efetivamente (ou, ao menos, presumidamente) o impacto do pagamento indevido do tributo nesses casos é o realizador do fato tributado, devendo, por esta mesma razão, ser ele, em princípio, o titular do direito subjetivo à devolução e não o responsável tributário.

38.1 A legitimidade do responsável para pleitear a restituição de tributos indevidamente pagos se configura apenas em situações excepcionalíssimas, nas quais, a despeito de ter realizado corretamente a constituição do crédito tributário e o seu respectivo repasse ao sujeito que realizou o fato jurídico do tributo, efetuou pagamento a maior ao Fisco; ou nos casos de ausência de repasse do ônus; ou, ainda, de obtenção de expressa autorização do realizador do fato tributado.

38.2 Quando a responsabilidade de que se trata é da espécie *por sucessão*, justamente pelo fato do patrimônio do sucedido (com suas parcelas positivas e negativas) ser absorvido pelo sucessor, há verdadeira sucessão de todos os direitos e deveres relativos ao patrimônio transferidos, o que inclui o direito de pleitear a devolução dos valores que foram indevidamente pagos a título de tributo.

39. As obrigações solidárias podem ser classificadas em paritária e dependente, a partir do grau de participação dos sujeitos no seu suporte factual. A primeira delas se dá quando dois ou mais sujeitos realizam ou participam da situação base, de sorte que há equivalência dos interesses convergentes no momento da constituição da obrigação. Já na segunda, a prestação é devida por um sujeito, partícipe direto da situação-base, mas outra pessoa, alheia a este fato, se obriga juntamente com o primeiro.

RESTITUIÇÃO DO INDÉBITO TRIBUTÁRIO:
LEGITIMIDADE ATIVA NAS INCIDÊNCIAS INDIRETAS

39.1 A solidariedade passiva encerra tantas relações jurídicas quantos forem os devedores envolvidos. Identidade só há em relação ao seu objeto.

39.2 Estão positivados no art. 124 do CTN, dois enunciados sobre a solidariedade: (i) o primeiro deles (inciso I) se dirige à norma que regula o lançamento do crédito tributário, obrigando o fiscal ou o próprio particular a constituir norma individual e concreta em face de todas as pessoas que tenham interesse jurídico comum no fato tributário; (ii) já o segundo (inciso II) interfere diretamente na norma de competência para instituir tributos, estabelecendo expressa permissão para o ente político definir denotativamente outros vínculos de solidariedade, inclusive entre sujeitos passivos distintos daqueles enumerados no próprio Código Tributário Nacional.

39.3 Apenas o interesse jurídico comum autoriza a aplicação do art. 124, I, do CTN. Se a materialidade do tributo corresponder a uma situação jurídica, configura-se o interesse comum apenas quando mais de uma pessoa concorre para a sua realização. Tratando-se de negócio jurídico, dá-se entre as pessoas situadas no mesmo polo da relação jurídica de direito privado tomada pelo legislador como suporte factual da incidência do tributo.

39.4 Por conta do disposto no art. 124, I, do CTN, configura-se situação de sujeição passiva híbrida, já que, ao mesmo tempo, reúnem-se numa única pessoa as condições de contribuinte e responsável. Se não houvesse regra de solidariedade entre as pessoas que têm interesse jurídico comum no evento tributário, apenas seria possível exigir-lhes, legitimamente, o valor proporcional à sua efetiva participação no fato tomado como antecedente do tributo.

39.5 A solidariedade por interesse comum não se aplica às situações em que mais de um sujeito pratica o suporte factual das próprias regras de responsabilidade. Afinal, o art. 124, I, do

418

ANDRÉA MEDRADO DARZÉ MINATEL

CTN, refere-se apenas às hipóteses de ser mais de um o realizador do fato tributário em sentido estrito.

39.6 Nesses casos, todos os sujeitos ficarão individualmente obrigados ao pagamento do tributo, sem, todavia, que se estabeleça entre eles qualquer vínculo.

40. A solidariedade na obrigação tributária não implica, necessariamente, solidariedade quanto aos titulares do direito à devolução do indébito tributário.

40.1 A definição da legitimidade ativa nas hipóteses em que a obrigação tributária é marcada pela solidariedade dependerá da identificação da própria espécie de solidariedade de que se trata (paritária ou dependente), bem assim do tipo de sujeitos que vincula (contribuintes e/ou responsáveis) e não da investigação do sujeito que efetivamente realizou o recolhimento do tributo indevido.

40.2 Tratando-se de solidariedade paritária, todos os codevedores originais do tributo são partes legítimas para pleitear a restituição do indébito tributário, independentemente de ter efetivado o pagamento indevido. Isso porque (i) todos esses sujeitos se enquadram na definição legal de contribuinte e (ii) a lei não estabeleceu tratamento diferenciado para estas específicas situações.

40.3 Por outro lado, tratando-se de solidariedade dependente, legítimo para requerer a devolução dos valores indevidamente recolhidos aos cofres públicos será o realizador do fato jurídico tributário. Por conseguinte, se o laço obrigacional envolver contribuintes e responsáveis, apenas aquele primeiro figurará como parte legítima. Já, se a solidariedade envolver apenas responsáveis, sendo que nenhum deles realizou o fato jurídico tributário, retomam-se as regras definidas nos itens anteriores, figurando como parte legítima o denominado contribuinte de fato, ou seja, aquele que, apesar de não figurar no polo pas-

RESTITUIÇÃO DO INDÉBITO TRIBUTÁRIO:
LEGITIMIDADE ATIVA NAS INCIDÊNCIAS INDIRETAS

sivo da obrigação tributária, suporta, por determinação legal, o seu ônus.

41. Os argumentos apresentados no REsp 1299303/SC, julgados sob o rito do art. 543-C do CPC, para definir a legitimidade ativa do consumidor final para pleitear a repetição do indébito de ICMS sobre a demanda contratada e não utilizada de energia elétrica, não são jurídicos. A lei não estabeleceu legitimidade ativa diversa para estes casos, assim não poderia o Poder Judiciário atuar como legislador positivo, especialmente com base exclusivamente em razões econômicas e de ordem social.

41.1 A autorização legal para a revisão do preço da tarifa diante da alteração ou extinção de quaisquer tributos (à exceção do IR) não é idônea para chancelar a diferenciação no tratamento jurídico dispensado a estas situações. Assim como ocorre nos demais casos de tributos indiretos, o que o consumidor final paga é preço, não tributo, razão pela qual entendemos que ele jamais poderia figurar no polo ativo das demandas de restituição de indébitos tributários. Insistimos: a circunstância de a concessionária ter pouco interesse no manejo dessas ações não pode ser tomada como causa suficiente para afastar a aplicação, a estes casos, da regra específica da legitimidade ativa para requerer a repetição do indébito relativo a tributos ou incidências indiretas.

42. Tratando-se de indébitos de PIS ou de COFINS, mesmo que relativos ao consumo de energia elétrica, legitimado a pleitear a sua restituição é o contribuinte de direito. Aliás, juridicamente, sequer há a figura do contribuinte de fato nesses casos, haja vista que a repercussão aqui é meramente econômica.

42.1 Esta conclusão apenas poderá ser excepcionada nos casos de estabelecimento de regra de responsabilidade tributária. Isso porque, nessas específicas hipóteses, haverá sim repercussão jurídica do tributo do responsável para o realizador do fato tributário.

420

43. O ICMS e o IPI são tributos indiretos justamente por conta de seus regimes jurídicos contemplarem regra de repercussão jurídica: a não cumulatividade exógena. Por conta disso, os pedidos de restituição desses indébitos se sujeitam às condições do art. 166 do CTN.

44. O IPTU é espécie de tributo direto. A circunstância de o imóvel estar ou não alugado é irrelevante para fins de definição do sujeito legitimado a pleitear a restituição de indébitos de IPTU, já que a lei do inquilinato não pode ser tomada como norma de repercussão jurídica, na medida em que ela (i) não estabelece a mudança do sujeito passivo do tributo; (ii) tampouco, implica efeitos tributários para a eventual inclusão do valor do tributo no preço dos aluguéis.

45. A despeito de o Superior Tribunal de Justiça ter pacificado entendimento em sentido diverso, o ISS e o IOF são típicos impostos diretos, na medida em que não é possível vislumbrar, dentre as normas que integram os seus específicos regimes jurídico, qualquer determinação (jurídica) de repasse do seu ônus para terceiros.

45.1 Essa realidade não muda sequer nos casos em que a legislação determina o destaque do imposto em nota fiscal (ISS). Afinal, trata-se de mero dever instrumental, que, por si só, não tem o condão de mudar a natureza do tributo.

45.2 Esta conclusão apenas poderá ser excepcionada nos casos de estabelecimento de regra de responsabilidade tributária. Isso porque, nessas específicas hipóteses, haverá um contexto de incidência indireta.

46. Concordamos com a jurisprudência do Superior Tribunal de Justiça no sentido de que não se aplica o art. 166 do CTN aos pedidos de restituição de indébitos relativos ao II e ao IR. Entretanto, ressalvamos que esta conclusão se limita às situações em que o imposto é exigido da figura do contribuinte (enten-

RESTITUIÇÃO DO INDÉBITO TRIBUTÁRIO:
LEGITIMIDADE ATIVA NAS INCIDÊNCIAS INDIRETAS

dido como aquele que figura no polo passivo da obrigação tributária e, cumulativamente, aufere a renda ou realiza a importação, respectivamente). Nas hipóteses em que o tributo é cobrado do responsável tributário, os pedidos de restituição de eventuais indébitos submetem-se às exigências do art. 166 do CTN, uma vez que se terá um contexto de incidência indireta.

47. Foi acertada a decisão do legislador de revogar o § 1º do art. 89 da Lei nº 8.212/91, ante a sua flagrante invalidade. Da mesma forma, caminhou muito bem a jurisprudência ao definir que as contribuições sociais patronais são tributos diretos, portanto, cujos pedidos de restituição não podem ser limitados à prova de repercussão jurídica, muito menos econômica, do seu ônus.

48. A Contribuição ao PIS e a COFINS, mesmo quando submetidas ao regime não cumulativo de apuração, continuam sendo tributos diretos. A despeito da presença de norma autorizando o creditamento de alguns custos e despesas, não se identifica no regime jurídico dessas contribuições regra determinando a transferência do encargo financeiro do tributo que incidiu na etapa anterior da cadeia. Isso porque, nesses casos, o montante do crédito não se afere com base no tributo incidente na etapa anterior do ciclo econômico, mas a partir da própria alíquota de saída aplicável ao contribuinte.

REFERÊNCIAS BIBLIOGRÁFICAS

ABBAGNANO, Nicola. *Dicionário de filosofia*. Tradução de Alfredo Bosi. São Paulo: Martins Fontes, 2000.

ADEODATO, João Maurício Leitão. *Filosofia do direito*: uma crítica à verdade à ética na ciência. São Paulo: Saraiva, 1996.

AFTALIÓN, Enrique R.; VILANOVA, José; RAFFO, Julio. *Introducción al derecho, conocimiento y conocimiento científico, historia de las ideas jurídicas, teoría general del derecho, teoría general aplicada*. 3. ed. Buenos Aires: Abeledo-Perrot, 1988.

ALCHOURRÓN, Carlos E.; BULYGIN, Eugenio. *El Lenguaje del Derecho*. Buenos Aires: Abeledo-Perrot, 1983.

_____. *Análisis lógico y derecho*. Madrid: Centro de Estudios Constitucionales, 1991.

_____. *Introducción a la metodología de las ciencias jurídicas y sociales*. Buenos Aires: Astrea, 2002.

_____. *Definiciones y normas. El lenguaje del derecho*. Argentina: Abeledo-Perrot, 1983.

ALVES, Alaôr Caffé. Lógica. *Pensamento formal e argumentação*: elementos para o discurso jurídico. 3. ed. São Paulo: Quartier Latin, 2003.

ALVIM, Agostinho. *Da inexecução das obrigações e suas conseqüências*. 4. ed. São Paulo: Saraiva, 1972.

AMARO, Luciano. *Direito tributário brasileiro*. 11. ed. São Paulo: Saraiva, 2005.

RESTITUIÇÃO DO INDÉBITO TRIBUTÁRIO:
LEGITIMIDADE ATIVA NAS INCIDÊNCIAS INDIRETAS

_____. *Curso de direito tributário*. 12. ed. São Paulo: Saraiva 2006,

ANTÓN, Fernando Serrano. *Las devoluciones tributarias*. Madri: Marcial Pons, 1996.

ARAÚJO, Clarice von Oertzen de. *Semiótica do direito*. São Paulo: Quartier Latin, 2005.

ASSIS, Emanuel Carlos Dantas de. Arts. 134 e 135 do CTN: Responsabilidade dolosa e culposa dos sócios administradores de empresas por dívidas tributárias da pessoa jurídica. In: FERRAGUT, Maria Rita; NEDER, Marcos Vinicius (Coords.). *Responsabilidade tributária*. São Paulo: Dialética, 2007.

_____. *Hipótese de incidência tributária*. 6. ed. São Paulo: Malheiros, 2000.

_____. IPTU – Progressividade. *Revista de Direito Público*, n. 93, São Paulo, Revista dos Tribunais, jan./mar. 1990, p. 55-70.

_____. Limitações constitucionais ao poder de tributar. *Revista de Direito Tributário*, n. 62, São Paulo: Malheiros, 1993, p. 87-103.

_____. *República e constituição*. 2. ed. São Paulo: Malheiros, 1998.

_____. Sistema tributário na Constituição de 1988. *Revista de Direito Tributário*, v. 51, São Paulo: Revista dos Tribunais, jan./mar. 1990, p. 100-118 .

_____. ICMS na Constituição. *Revista de Direito Tributário*, n. 57, ano 15, São Paulo, Revista dos Tribunais, jul.-set, 1991, p. 91-104.

_____. *Sistema constitucional tributário brasileiro. Relatório Geral da VIII Jornadas Hispano Luso-americanas de Derecho Tributário*. 1968.

_____. *Relatório Geral da VIII Jornadas Hispano Luso-americanas de Derecho Tributário*. Buenos Aires, 1978.

_____; BARRETO, Aires F. Substituição e responsabilidade tributária. *Revista de Direito Tributário*. Cadernos de Direito Tributário, n. 49, São Paulo: Revista dos Tribunais, p. 73-99, 1989.

_____; GIARDINO, Cleber. *ICMS* – Diferimento – Estudo Teórico-Prático – Estudos e Pareceres nº 1. São Paulo: Resenha Tributária, 1980.

ATALIBA, Geraldo. ICMS na Constituição. *Revista de Direito Tributário*, n. 57, ano 15. São Paulo, jul.-set. 1991, p. 100-101.

ANDRÉA MEDRADO DARZÉ MINATEL

AYALA, José Luis Pérez de. *Explicación de la técnica de los impuestos*. 3. ed. Madrid: Editoriales de Derecho Reunidas, 1981.

BALEEIRO, Aliomar. *Limitações constitucionais ao poder de tributar*. 21. ed. Atualizada por Misabel Abreu Machado Derzi. Rio de Janeiro: Forense, 2006.

_____. Uma introdução à ciência das finanças. 13. ed. Rio de Janeiro: Forense, 1981.

_____. *Uma introdução à ciência das finanças*. 16.ed. Atualizada por Dejalma Campos. Rio de Janeiro: Forense, 2006. p. 281.

_____. *Direito tributário brasileiro*. 12. ed. Atualizada por Misabel Abreu Machado Derzi. Rio de Janeiro: Forense, 2013.

BALERA, Wagner. Repetição do indébito tributário e compensação. *Revista de Direito Tributário*. Cadernos de Direito Tributário, n. 79, São Paulo, Malheiros, p. 97-106, 2001.

BARRETO, Aires F. *Base de cálculo, alíquota e princípios constitucionais*. São Paulo: Max Limonad, 1998.

_____. ISS – Consórcio para execução de obras de construção civil – Solidariedade passiva das empresas consorciadas. *Revista Dialética de Direito Tributário – RDDT*, São Paulo, Dialética, n. 43, p. 164-184, abr. 1999.

_____. ISS e responsabilidade tributária. *Revista Dialética de Direito Tributário – RDDT*, n. 122, São Paulo, Dialética, p. 7-24, nov. 2005.

_____; BARRETO, Paulo Ayres. *Imunidades tributárias*: limitações constitucionais ao poder de tributar. 2. ed. São Paulo: Dialética, 2001.

ÁVILA, Humberto. ICMS como imposto sobre o consumo. Inocorrência de prestação de serviço de comunicação no caso de inadimplemento do consumidor. *Revista Dialética de Direito Tributário – RDDT*, n. 186, São Paulo, Dialética, p. 110-125, 2011.

BARRETO, Paulo Ayres. *Contribuições*: regime jurídico, destinação e controle. São Paulo: Noeses, 2006.

_____. *Imposto sobre a renda e preços de transferência*. São Paulo: Dialética, 2001.

_____. Não-cumulatividade das contribuições e sua vinculação à forma de tributação do imposto sobre a renda. *Revista do Advogado*, v. 94, São Paulo, 2007, p. 130-135.

RESTITUIÇÃO DO INDÉBITO TRIBUTÁRIO:
LEGITIMIDADE ATIVA NAS INCIDÊNCIAS INDIRETAS

_____. *Contribuições*: Classificação, destinação e limites. *Revista de Direito Tributário*, v. 98, São Paulo, Revista dos Tribunais, 2007, p. 193-198.

_____. Contribuições sociais. São Paulo: *Revista de Direito Tributário*, v. 94, 2006, p. 209-225.

BECHO, Renato Lopes. *Sujeição passiva e responsabilidade tributária*. São Paulo: Dialética, 2000.

_____. Comentários dos artigos 121 a 137. In: PEIXOTO, Marcelo Magalhães; LACOMBE, Rodrigo Santos Masset (Coords.). *Comentários ao Código Tributário Nacional*. 2. ed. revisada e atualizada. São Paulo: MP, 2008.

_____; MARTINS, Ives Gandra. Responsabilidade tributária e o novo código civil. In: BORGES, Eduardo de Carvalho (Coord.) *Impacto tributário do novo código civil*. Capítulo 2. São Paulo: Quartier Latin, 2004.

BECKER, Alfredo Augusto. *Teoria geral do direito tributário*. 4. ed. São Paulo: Noeses, 2007.

BERLIRI, Antonio. *Corso istituzionale di diritto tributario*. Milano: Giuffrè, 1965.

BEVILÁQUA, Clovis. *Código Civil Comentado*. 10. ed. São Paulo: Saraiva, 1956.

BOBBIO, Norberto. *Teoria da norma jurídica*. 2. ed. Tradução de Fernando Pavan Baptista e de Ariani Bueno Sudatti. São Paulo: Edipro, 2003.

_____. *Teoria do ordenamento jurídico*. 10. ed. Tradução de Maria Celeste C. J. Santos Brasília: Universidade de Brasília, 1999.

_____. *Da estrutura à função*: novos estudos de teoria do direito. Barueri: Manole, 2007.

_____. *Teoria della scienza giuridica*. Torino: G. Giappichelli, 1950.

BONILHA. Paulo Celso B. *Da prova no processo administrativo tributário*. São Paulo: Revista dos Tribunais, 1995.

BORGES, José Souto Maior. *Lançamento tributário*. 2. ed. São Paulo: Malheiros, 1999.

_____. *Isenções tributárias*. 2. ed. São Paulo: Sugestões Literárias, 1980.

426

ANDRÉA MEDRADO DARZÉ MINATEL

_____. *Obrigação tributária*: uma introdução metodológica. 2. ed. São Paulo: Malheiros, 1999.

_____. Sistema tributário na Constituição de 1988. *Revista de Direito Tributário*, (13) 47, São Paulo, Revista dos Tribunais, p. 132-142, 1989.

_____. *Lei complementar tributária*. São Paulo: Revista dos Tribunais, 1975.

_____. *Teoria geral da isenção tributária*. 3. ed. 2. tir. São Paulo: Malheiros, 2007.

_____. *Tratado de direito tributário brasileiro*. v. IV. Lançamento tributário. Rio de Janeiro: Forense, 1981.

BOTTALLO, Eduardo Domingos. *IPI – Princípios e estrutura*. São Paulo: Dialética, 2009.

_____. Repetição do indébito tributário e o art. 166 do Código Tributário Nacional. *Revista de Direito Tributário*. Cadernos de Direito Tributário, n. 75, São Paulo, Malheiros, p. 219-225, 1999.

_____. Restituição de impostos indiretos. *Revista de Direito Público*, v. 5, n. 22, São Paulo, Revista dos Tribunais, 1972, p. 319.

_____. Restituição dos impostos indiretos, Revista de Direito Público nº 22, p. 330.

CAMPILONGO, Celso Fernandes. *O direito na sociedade complexa*. São Paulo: Max Limonad, 2000.

_____. *Política, sistema jurídico e decisão judicial*. São Paulo: Max Limonad, 2002.

CAMPOS, Dejalma de. Repetição do indébito e compensação tributária. In: MACHADO, Hugo de Brito (Coord.). *Repetição do indébito e compensação no direito tributário*. São Paulo: Dialética; Fortaleza: Instituto Cearense de Estudos Tributários – ICET, p. 115-119, 1999.

CANOTILHO, José Joaquim Gomes. *Direito constitucional e teoria da constituição*. 2. ed. Almedina: Coimbra, 1998.

_____. *Direito constitucional*. 5. ed. Coimbra: Almedina, 1991.

CANTO, Gilberto Ulhôa. Presunções no direito tributário. In: MARTINS, Ives Gandra da Silva (Coord.). *Caderno de pesquisas tributárias*, v. 9, São Paulo, Resenha Tributária, p. 1-34, 1984.

RESTITUIÇÃO DO INDÉBITO TRIBUTÁRIO:
LEGITIMIDADE ATIVA NAS INCIDÊNCIAS INDIRETAS

_____. Natureza jurídica da taxa de despacho aduaneiro – repetição de imposto indireto. *Revista de Direito Administrativo*, v. 75, São Paulo, Revista dos Tribunais, 1980, p. 98-114.

_____. Repetição do indébito. In: MARTINS, Ives Gandra da Silva (Coord.). Caderno de Pesquisas Tributárias, n. 8 – *Repetição do Indébito*. São Paulo: Coedição Centro de Estudos de Extensão Tributária e Resenha Tributária, p. 1-16, 1983.

CARMO, Laura do; HOUAISS, A.; VILLAR, M. S. *Dicionário Houaiss da língua portuguesa*. Rio de Janeiro: Objetiva, 2001.

CARREIRO, Luciano Dórea Martinez; FILHO, Rodolfo Pamplona. Repensando a exegese do art. 455 da CLT. *Revista Ciência Jurídica do Trabalho*, ano 1, Belo Horizonte, Nova Alvorada Edições, 1998, p. 89-112.

CARRAZZA, Elizabeth Nazar. *IPTU e Progressividade* – Igualdade e Capacidade Contributiva. Curitiba: Juruá, 1992.

CARRAZZA, Roque Antônio. *Curso de direito constitucional tributário*. 23. ed. São Paulo: Malheiros, 2007.

_____. *ICMS*. 9. ed. São Paulo: Malheiros, 2002.

CARVALHO, Paulo de Barros. *Teoria da norma tributária*. São Paulo: Max Limonad, 2003.

_____. *Curso de direito tributário*. 25. ed. São Paulo: SaMACraiva, 2013.

_____. *Direito tributário*: fundamentos jurídicos da incidência. 6. ed. Saraiva: São Paulo, 2008.

_____. *Direito tributário: Linguagem e método*. 3 ed. São Paulo: Noeses, 2009.

_____. Formalização da linguagem - proposições e fórmulas. Direito. *Revista do programa de pós-graduação em direito - PUC/SP*. São Paulo: Max Limonad, 1995.

_____. O direito positivo como sistema homogêneo de enunciados deônticos. *Revista de Direito Tributário*, n. 45, São Paulo, Revista dos Tribunais, 1988, p. 32-36

_____. *Dificuldades jurídicas emergentes da adoção dos chamados "tributos fixos"*. São Paulo: Resenha Tributária, 1975.

ANDRÉA MEDRADO DARZÉ MINATEL

_____. Sujeição passiva e responsáveis tributários. *Revista do Programa de Pós Graduação em Direito Tributário – PUC/SP*, n. 2, São Paulo, Max Limonad, 1995.

_____. Limitações constitucionais ao poder de tributar. *Revista de Direito Tributário*, n. 62, São Paulo: Malheiros, p. 111-132, out./dez. 1993.

_____. Sobre os princípios constitucionais tributários. *Revista de Direito Tributário*, n. 55, ano 15, São Paulo: Revista dos Tribunais, jan./mar. 1991.

_____. Hipótese de incidência tributária e normas gerais de direito tributário. In: MORAIS, Bernardo Ribeiro et al. *Interpretação no direito tributário*. São Paulo: Saraiva, EDUC, 1975.

CASSONE, Vittorio. *Direito tributário*: Fundamentos constitucionais, análise dos impostos, incentivos à exportação, doutrina, prática e jurisprudência. 12. ed. São Paulo: Atlas, 2000.

_____. *Aspectos práticos do ICM em sua atualidade*. DCI de 10.01.1983, São Paulo.

CAVALCANTI, Temístocles Brandão. *Teoria dos atos administrativos*. São Paulo: Revista dos Tribunais, 1973.

CAVALIERI FILHO, Sérgio. *Programa de responsabilidade civil*. 7. ed. 3. reimp. São Paulo: Atlas, 2007.

CERQUEIRA, Marcelo Fortes de. *Repetição do indébito tributário*: delineamentos de uma teoria. São Paulo: Max Limonad, 2000.

CHIESA, Clélio. *A competência tributária do Estado brasileiro*. Desonerações nacionais e imunidades condicionadas. São Paulo: Max Limonad, 2002.

COÊLHO, Sacha Calmon Navarro. *Curso de direito tributário brasileiro*. 12. ed. Rio de Janeiro: Forense, 2012.

_____. *Comentários à Constituição de 1988*: Sistema tributário. 8. ed. Rio de Janeiro: Forense, 1999.

_____. *O controle da constitucionalidade das leis e do poder de tributar na Constituição de 1988*. 3. ed. Belo Horizonte: Del Rey, 1999.

_____; DERZI, Misabel Abreu Machado. IRRF, CPMF e IOF – Responsabilidade tributária de correntistas e instituições financeiras. *Revista Dialética de Direito Tributário - RDDT*, n. 133, São Paulo, Dialética, p. 121-141, out. 2006.

429

RESTITUIÇÃO DO INDÉBITO TRIBUTÁRIO:
LEGITIMIDADE ATIVA NAS INCIDÊNCIAS INDIRETAS

CONRADO, Paulo César. Responsabilidade Tributária e o Novo Código Civil. Debates. In: BORGES, Eduardo de Carvalho (Coord.). *Impacto Tributário do Novo Código Civil*. Capítulo 2. São Paulo: Quartier Latin, 2004.

COPI, Irving. *Introdução à lógica*. 2. ed. Tradução de Álvaro Cabral. São Paulo: Mestre Jou, 1981.

COSSIO, Carlos. *La Teoría Egológica Del Derecho y el concepto jurídico de libertad*. Segunda Edición. Buenos Aires: Abeledo-Perrot: 1964.

COSTA, Alcides Jorge. *ICM na Constituição e na Lei Complementar*. São Paulo: Resenha Tributária, 1979.

_____. ICM - Créditos - Natureza Jurídica - Correção Monetária. *Revista de Direito Tributário*, n. 45, São Paulo, Revista dos Tribunais, jul.-set. 1988, p. 37-44.

COSTA, Mário Júlio de Almeida. *Direito das obrigações*. 7. ed. Coimbra: Almedina, 1999.

COSTA ARAÚJO, Juliana Furtado. O prazo prescricional para o redirecionamento da ação de execução fiscal ao representante da pessoa jurídica. In: FERRAGUT, Maria Rita; NEDER, Marcos Vinícius Neder (Coords.). *Responsabilidade tributária*. São Paulo: Dialética, 2007.

COSTA, Regina Helena. *Princípio da capacidade contributiva*. Coleção Estudos de Direito Tributário. São Paulo: Malheiros, 1993.

DARZÉ, Andréa Medrado. Os limites da responsabilidade tributária dos adquirentes de bens imóveis. In: FERRAGUT, Maria Rita; NEDER, Marcos Vinícius Neder (Coords.). *Responsabilidade tributária*. São Paulo: Dialética, 2007.

_____. *Responsabilidade tributária*: Solidariedade e subsidiariedade. São Paulo: Noeses, 2010.

_____. O procedimento e o prazo para a constituição do crédito tributário em face dos responsáveis solidários. Direito Tributário e os Conceitos Privados. VII Congresso Nacional de Estudos Tributários. São Paulo, Editora Noeses, 2010, v. 1, p. 55-94.

_____. O ônus da prova do fato da responsabilidade tributária e o atual posicionamento do Superior Tribunal de Justiça: enfoque nas hipóteses em que o nome do responsável é incluído na Certidão da Dívida Ativa sem lastro em prévio ato de constituição contra a sua pessoa. v. 1. In: NEDER, Marcos Vinícius; SANTI, Eurico Marcos

ANDRÉA MEDRADO DARZÉ MINATEL

Diniz de; FERRAGUT, Maria Rita. (Orgs.). *A prova no direito tributário*. São Paulo: Dialética, 2010.

_____. Preclusão da prova no processo administrativo tributário: um falso problema. v. 1. In: ROSTAGNO, Alessandro (Org.). Contencioso administrativo tributário: questões polêmicas - Comissão do Contencioso Administrativo Tributário da OAB-SP. São Paulo: Noeses, 2011.

DELLEPIANE, Antonio. *Nova teoria da prova*. Tradução de Erico Maciel. Campinas: Minelli, 2004.

DE FOVILLE, Alfred. *La Monnaie*. Charleston: BiblioBazaar, 2008.

DE PLÁCIDO E SILVA, Oscar Joseph. *Noções práticas de direito comercial*. 13. ed. atualizada por Waldir Vitral. Rio de Janeiro: Forense, 1998.

_____. *Vocabulário jurídico*. 24. ed. Atualizado por Nagib Slaibi Filho e por Geraldo Magela Alves. Rio de Janeiro: Forense, 2004.

DENARI, Zelmo. *Solidariedade e sucessão tributária*. São Paulo: Saraiva, 1977.

_____. Responsabilidade tributária. In: *Caderno de Pesquisas Tributárias*, n. 5, São Paulo, Resenha Tributária – CEEU, 1980.

_____. Repetição dos tributos indiretos. In: MARTINS, Ives Gandra da Silva (Coord.). Caderno de Pesquisas Tributárias n.º 8. *Repetição do Indébito*. São Paulo: Coedição Centro de Estudos de Extensão Tributária e Resenha Tributária, p. 105-153, 1983.

DERZI, Misabel Abreu Machado. *Direito tributário brasileiro*. Comentários à obra de Aliomar Baleeiro. 11. ed. Rio de Janeiro: Forense, 2005.

_____. Nota de atualização. In: BALEEIRO, Aliomar. *Limitações constitucionais ao poder de tributar*. 21. ed. Rio de Janeiro: Forense, 2006.

_____. Aspectos essenciais do ICMS, como imposto de mercado. In: SCHOUERI, Luis Eduardo; ZILVETI, Fernando Aurélio (Coords.) *Direito Tributário* – Estudos em Homenagem a Brandão Machado, São Paulo, Dialética, p. 116-142, 1998.

DIAS, Karem Jureidini. Aspectos Polêmicos da Contribuição ao Pis e da Cofins. In: MARTINS, Ives Gandra da Silva (Coord.). *Aspectos polêmicos do PIS-COFINS*. São Paulo: Coedição LEX; Magister, p. 225-246, 2013.

RESTITUIÇÃO DO INDÉBITO TRIBUTÁRIO: LEGITIMIDADE ATIVA NAS INCIDÊNCIAS INDIRETAS

DINIZ, Marcelo de Lima Castro. Substituição tributária e repetição do indébito: Legitimidade processual. *Revista de Direito Tributário*. Cadernos de Direito Tributário, n. 112, São Paulo, Malheiros, p. 82-91, 2011.

DINIZ, Maria Helena. *Curso de direito civil brasileiro*. v. 2. 23. ed. Teoria das obrigações. São Paulo: Saraiva, 2008.

_____. *Curso de direito civil brasileiro*. v. 7. Responsabilidade Civil. 16. ed. São Paulo: Saraiva, 2002.

_____. *Compêndio de introdução à ciência do direito*. 5. ed. São Paulo: Saraiva, 1994.

_____. *Conflito de normas*. 5. ed. São Paulo: Saraiva, 2003.

_____. *Norma constitucional e seus efeitos*. 6. ed. São Paulo: Saraiva, 2003.

DÓRIA, Antônio Roberto Sampaio. *Direito constitucional tributário e "due process of law"*. 2. ed. Rio de Janeiro: Forense, 1986.

_____. Restituição de imposto indireto e produto tabelado. *Revista de Direito Tributário* n. 6, São Paulo, Revista dos Tribunais, out-dez 1978, p. 41-52.

DUCROT, Oswald; TODOROV, Tzvetan. *Dicionário enciclopédico das ciências da linguagem*. Lisboa: Dom Quixote, 1991.

DUE, John F. *Indirect Taxation in Developing Economies*. Baltimore, London: Johns Hopkins, 1970.

ECO, Umberto. *Tratado geral de semiótica*. 4. ed. São Paulo: Perspectiva, 1995.

ENGISCH, Karl. *Introdução ao pensamento jurídico*. 3. ed. Tradução de João Baptista Machado. Lisboa: Fundação Calouste Gulkbenkian, 1972.

FALCÃO, Amílcar Araújo. *Introdução ao direito tributário*. Rio de Janeiro: Rio, 1976.

_____. *Fato gerador da obrigação tributária*, 2. ed. Atualizado por Geraldo Ataliba. São Paulo: Revista dos Tribunais, 1971.

_____. *Fato gerador da obrigação tributária*. 6. ed. Rio de Janeiro: Forense, 1999.

FANUCCHI, Fábio. *Curso de direito tributário brasileiro*. 4. ed. São Paulo: Resenha Tributária, 1980.

FERNANDES, Luiz Dias. *Repetição do indébito tributário*: o inconstitucional artigo 166 do CTN. Rio de Janeiro: Renovar, 2002.

FERRAGUT, Maria Rita. *Presunções no direito tributário*. São Paulo: Dialética, 2001.

_____. *Responsabilidade tributária e o Código Civil de 2002*. São Paulo: Noeses, 2005.

_____; NEDER, Marcos Vinicius (Coords.). *Responsabilidade tributária*. São Paulo: Dialética, 2007.

FERRAZ JÚNIOR, Tércio Sampaio. *Teoria da norma jurídica*. 3. ed. Rio de Janeiro: Forense, 2003.

_____. *Conceito de sistema no direito positivo*. São Paulo: Revista dos Tribunais, 1976.

_____. Contribuições (2) – mesa de debates. *Revista de Direito Tributário*. São Paulo: Malheiros, 1994.

_____. *Introdução ao estudo do direito*: técnica, decisão, dominação. 2. ed. São Paulo: Atlas, 1994.

_____. *Direito, retórica e comunicação*: subsídios para uma pragmática do discurso jurídico. 2. ed. São Paulo: Saraiva, 1997.

_____. *Estudos de filosofia do direito*: reflexões sobre o poder, a liberdade, a justiça e o direito. São Paulo: Atlas, 2002.

_____. Da inexistência de fundo de comércio nas sociedades de profissionais de engenharia. *Revista de Direito Mercantil, Industrial, Econômico e Financeiro*, n. 111,. Nova Série, Ano XXXVI, São Paulo, Malheiros, jul./set. 1998.

FERREIRA FILHO, Manoel Gonçalves. *Do processo legislativo*. 5. ed. São Paulo: Saraiva, 2002.

FIORIN, José Luiz. *Linguagem e ideologia*. 8. ed. São Paulo: Ática, 2005.

FLUSSER, Vilém. *Língua e realidade*. 2. ed. São Paulo: Annablume, 2004.

_____. Para uma teoria da tradução. *Revista Brasileira de Filosofia*, n. 73, São Paulo: Instituto Brasileiro de Filosofia, v. 19, 1969.

GAGLIANO, Pablo Stolze; FILHO, Rodolfo Pamplona. *Novo curso de direito civil*. v. II. Obrigações. 9. ed. São Paulo: Saraiva, 2008.

RESTITUIÇÃO DO INDÉBITO TRIBUTÁRIO:
LEGITIMIDADE ATIVA NAS INCIDÊNCIAS INDIRETAS

GAMA, Tácio Lacerda. *Contribuições de intervenção no domínio econômico*. São Paulo: Quartier Latin, 2003.

_____. *Competência tributária*. Fundamentos para uma teoria da nulidade. São Paulo: Noeses, 2009.

_____. *Contribuições especiais*. Natureza e regime jurídico. Estudos Analíticos em Homenagem a Paulo de Barros Carvalho. Curso de Especialização em Direito Tributário. Rio de Janeiro: Forense, 2005.

GARCÍA BELSUNCE, Horacio A. *El concepto de crédito en la doctrina y en el derecho tributario*. Buenos Aires: Depalma, 1967.

GIANNINI, Achille Donato. *Istituzioni di diritto tributario*. Milano: Giuffrè, 1965.

_____. *I concetti fondamentali del diritto tributario*. Torino: Torinese, 1956.

GIARDINA, Emilio. *Le basi teoriche del principio della capacita contributiva*. Milano: Giuffrè, 1961.

_____. *Isonomia na norma tributária*. São Paulo: Malheiros, 1993.

GOMES, Marcus Lívio; ANTONELLI, Leonardo Pietro (Coords.). *Curso de direito tributário brasileiro*. 3. ed. São Paulo: Quartier Latin, 2010.

GOMES, Orlando. *Introdução ao direito*. 19. ed. Rio de Janeiro: Forense, 2007.

_____. *Obrigações*. 12. ed. Rio de Janeiro: Forense, 1999.

_____. *Contratos*. 12. ed. Rio de Janeiro: Forense, 1999.

GONÇALVES, José Artur Lima. *Imposto sobre a renda* – Pressupostos Constitucionais. 1. ed. 2. tir. São Paulo: Malheiros, 2002.

_____. Princípios informadores do "critério pessoal" da regra-matriz de incidência tributária. *Revista de Direito Tributário*, n. 23-24, São Paulo, Revista dos Tribunais, 1983, p. 253-265.

_____; MARQUES, Márcio Severo. O direito à restituição do indébito tributário. In: MACHADO, Hugo de Brito (Coord.). *Repetição do indébito e compensação no direito tributário*. São Paulo: Dialética; Fortaleza: Instituto Cearense de Estudos Tributários – ICET, 1999, p. 198-231.

GRAU, Eros Roberto. *Ensaio e discurso sobre a interpretação/aplicação do direito*. São Paulo: Malheiros, 2002.

_____. *O direito posto e o direito pressuposto*. 5. ed. São Paulo: Malheiros, 2003.

GRECO, Marco Aurélio. *Contribuições*: uma figura "sui generis". São Paulo: Dialética, 2000.

_____. Repetição do indébito. In: MARTINS, Ives Gandra da Silva (Coord.). Caderno de Pesquisas Tributárias n. 8. *Repetição do indébito*. São Paulo: Coedição Centro de Estudos de Extensão Tributária; Resenha Tributária, p. 277-291, 1983.

_____. Conceito de insumo à luz da legislação de PIS/COFINS. *Revista Fórum de Direito Tributário* – RFDT, n. 34, ano 6, Belo Horizonte, p. 9-30, jul./ago. 2008.

_____; PONTES, Helenilson Cunha. *Inconstitucionalidade da lei tributária – Repetição do indébito*. São Paulo: Dialética, 2002.

GRINOVER, Ada Pellegrini. O contencioso administrativo na Emenda nº 7 de 1977. *Revista da Procuradoria Geral do Estado de São Paulo*. 41-42:55, São Paulo: Revista dos Tribunais, 1977.

GUASTINI, Riccardo. *Das fontes às normas*. Tradução de Edson Bini. São Paulo: Quartier Latin, 2005.

GUIBOURG, Ricardo A. *Teoría general del derecho*. Buenos Aires: La Ley, 2003.

_____; GHIGLIANI, Alejandro; GUARINONI, Ricardo. *Introducción al conocimiento científico*. Buenos Aires: EUDEBA, 1985.

GUIMARÃES, Lucia Paoliello. *Não-cumulatividade tributária*: Aspectos constitucionais. 2012. Dissertação (Mestrado em Direito Tributário) – Pontifícia Universidade Católica de São Paulo Trabalho, São Paulo, 2012.

GUIMARÃES, Ylves José de Miranda. Repetição do Indébito. In: MARTINS, Ives Gandra da Silva (Coord.). Caderno de Pesquisas Tributárias n.º 8. *Repetição do Indébito*. São Paulo: Coedição Centro de Estudos de Extensão Tributária e Resenha Tributária, p. 379-405, 1983.

HART, Herbert. *O conceito de direito*. 3. ed. Lisboa: Fundação Calouste Gulbenkian, 2001.

HOFFMANN, Suzy Gomes. *Prova no direito tributário*. São Paulo: Copola, 1999.

HORVATH, Estevão. *Lançamento tributário e "autolançamento"*. São Paulo: Dialética, 1997.

HOSPERS, Jonh. *Introducción al análisis filosófico*. 2. ed. Tradução Espanhola de Julio César Armero San José. Madrid: Alianza Universidad Textos, 1984.

INGROSSO, Gustavo. *Instituzioni di diritto finanziario*. v. II. Napoli: Jovene, 1937.

IVO, Gabriel. *Norma jurídica*: produção e controle. São Paulo: Noeses, 2006.

JAKOBSON, Roman. *Lingüística e comunicação*. São Paulo: Cultrix, 2003.

103 JUSTEN FILHO, Marçal. *Sujeição tributária passiva*. Belém: CEJUP, 1986.

KANT, Immanuel. *Lógica*. 3. ed. Rio de Janeiro: Tempo Brasileiro, 2003.

KELSEN, Hans. *Teoria pura do direito*. 6. ed. 5. tir. Tradução de João Baptista Machado. São Paulo: Martins Fontes, 2003.

_____. *Teoria geral das normas*. Tradução de Jose Florentino Duarte. Porto Alegre: SafE, 1986.

_____. *Jurisdição constitucional*. São Paulo: Martins Fontes, 2003.

_____. *O problema da justiça*. 3. ed. São Paulo: Martins Fontes, 1998.

_____. *Teoria geral do direito e do estado*. 3. ed. São Paulo: Martins Fontes, 2000.

KNOEPFELMACHER, Marcelo. O artigo 166 do CTN e a repetição do indébito do ISSQN. In: CEZAROTTI, Guilherme (Coord.). *Repetição do indébito tributário*. São Paulo, Quartier Latin, 2005.

LANGER, Suzanne K. *An introduction to symbolic logic*. 3. ed. New York: Dover, 1967.

LAPATZA, José Juan Ferreiro. *Direito tributário*: teoria geral do tributo. Barueri: Manole; Madrid: Marcial Pons, 2007.

_____. *Curso de derecho financiero español*. 12. ed. Madrid: Marcial Pons, 1990.

LASSAR, Gerhard. *Der erstattungsanspruch im verwaltung und finanzrecht*. Berlin: O. Liebmann, 1921.

ANDRÉA MEDRADO DARZÉ MINATEL

LEAL, Hugo Barreto Sodré. *Responsabilidade tributária na aquisição de estabelecimento empresarial*. São Paulo: Quartier Latin, 2008.

LIMA, Alvino. *Culpa e risco*. 2. ed. Revista e atualizada pelo professor Ovídio Rocha Barros Sandoval. São Paulo: Revista dos Tribunais, 1999.

LINS, Robson Maia. *Controle de constitucionalidade da norma tributária*. Decadência e prescrição. São Paulo: Quartier Latin, 2005.

LOTUFO, Renan. *Código civil comentado*. Obrigações: parte geral (arts. 233 a 420). v. 2. São Paulo: Saraiva, 2003.

LUNARDELLI, Maria Rita G. Sampaio. Repetição do indébito nos casos de autolançamento: Da viabilidade de ajuizamento antes da respectiva homologação. In: CONRADO, Paulo Cesar (Coord.). *Processo analítico tributário*. São Paulo: Dialética, 2011.

LUHMANN, Niklas. *Teoría política en el estado de bienestar*. Madrid: Alianza, 1997.

_____. *Sociologia do direito I*. Rio de Janeiro: Tempo Brasileiro, 1983.

_____. *Sociologia do direito II*. Rio de Janeiro: Tempo Brasileiro, 1985.

MACCORMICK, Neil. *Argumentação jurídica e teoria do direito*. São Paulo: Martins Fontes, 2006.

MACHADO, Brandão. Repetição do indébito no direito tributário. In: _____ (Coord.). *Direito Tributário* – Estudos em homenagem ao Prof. Ruy Barbosa Nogueira. São Paulo: Saraiva, 1984.

MACHADO, Celso Cordeiro. *Limites e conflitos de competência tributária no sistema brasileiro*. Belo Horizonte: [s.n.], 1968.

MACHADO, Hugo de Brito. *Curso de direito tributário*. 26. ed. rev. atual. e ampl. São Paulo: Malheiros, 2005.

_____. Tributação indireta no direito brasileiro. In: MACHADO, Hugo de Brito (Coord.). Tributação indireta no direito brasileiro. São Paulo: Malheiros; Fortaleza: Instituto Cearense de Estudos Tributários – ICET, 2013, p. 181-211.

_____. *Comentários ao código tributário nacional*. v. 3. 2. ed. São Paulo: Atlas, 2009.

437

RESTITUIÇÃO DO INDÉBITO TRIBUTÁRIO:
LEGITIMIDADE ATIVA NAS INCIDÊNCIAS INDIRETAS

_____. Execução fiscal e responsabilidade de sócios e diretores de pessoas jurídicas. Revista de Estudos Tributários: *Síntese*, v. 23, jan./ fev. 2002.

_____. *Uma introdução ao estudo do direito*. São Paulo: Dialética, 2000.

_____. Apresentação e análise crítica. In: MACHADO, Hugo de Brito (Coord.). *Repetição do indébito e compensação no direito tributário*. São Paulo: Dialética; Fortaleza: Instituto Cearense de Estudos Tributários – ICET, 1999, p. 7-32.

_____. Imposto indireto, repetição do indébito e imunidade subjetiva. In: *Revista Dialética de Direito Tributário* - RDDT, n. 2, São Paulo, Dialética, p. 32-35, nov. 1995.

_____. Repetição do indébito. In: MARTINS, Ives Gandra da Silva (Coord.). Caderno de Pesquisas Tributárias n. 8. *Repetição do indébito tributário*. São Paulo: Coedição Centro de Estudos de Extensão Tributária; Resenha Tributária, p. 231-251, 1983.

_____. Responsabilidade tributária. In: *Caderno de Pesquisas Tributárias*. n. 5, São Paulo: Resenha Tributária; CEEU, 1980.

MACHADO SEGUNDO, Hugo de Brito. *Repetição do tributo indireto:* incoerências e contradições. São Paulo: Malheiros Editores, 2011.

_____. *Nomos*: Revista do Programa de Pós-Graduação em Direito da UFC. v. 33.1, jan./jun. 2013.

_____; RAMOS, Paulo de Tarso Vieira. Repetição de indébito tributário e compensação. In: MACHADO, Hugo de Brito (Coord.). *Repetição do indébito e compensação no direito tributário*. São Paulo: Dialética; Fortaleza: Instituto Cearense de Estudos Tributários – ICET, p. 146-165, 1999.

MACHADO, Schubert de Farias. *Tributação indireta no direito brasileiro*. In: MACHADO, Hugo de Brito (Coord.). Tributação indireta no direito brasileiro. São Paulo: Malheiros; Fortaleza: Instituto Cearense de Estudos Tributários – ICET, 2013, p. 401-431.

_____. O direito à repetição do indébito tributário. In: MACHADO, Hugo de Brito (Coord.). *Repetição do indébito e compensação no direito tributário*. São Paulo: Dialética; Fortaleza: Instituto Cearense de Estudos Tributários – ICET, p. 399-422, 1999.

MAIA, Mary Elbe Gomes Queiroz. *Do lançamento tributário* – execução e controle. São Paulo: Dialética, 1999.

ANDRÉA MEDRADO DARZÉ MINATEL

MARINONI, Luiz Guilherme; ARENHART, Sérgio Cruz. *Curso de processo civil* – Execução. v. 3. São Paulo: Revista dos Tribunais, 2007.

MARQUES, Márcio Severo. *Classificação constitucional dos tributos*. São Paulo: Max Limonad, 2000.

MARQUEZI JUNIOR, Jorge Sylvio. Uma análise conforme a Constituição Federal do artigo 166 do Código Tributário Nacional e a jurisprudência do STJ. *Revista Dialética de Direito Tributário – RDDT,* n. 211, *São Paulo, Dialética,* p. 91-106, abr. 2013.

MARTINS, Ives Gandra da Silva (Coord.). *Caderno de pesquisas tributárias.* v. 9. São Paulo: Resenha Tributária, 1991.

_____. Aspectos polêmicos da contribuição ao Pis e da Cofins. In: MARTINS, Ives Gandra da Silva (Coord.). *Aspectos polêmicos do PIS-COFINS.* São Paulo: Coedição LEX; Magister, 2013.

_____. (Coord.). Caderno de Pesquisas Tributárias. n. 4 (nova série) – *Sanções Tributárias.* São Paulo: Resenha Tributária/Centro de Extensão Universitária, 1990.

_____. Repetição do indébito. In: CEZAROTTI, Guilherme (Coord.). *Repetição do indébito tributário.* São Paulo: Quartier Latin, 2005.

_____. *O sistema tributário na Constituição de 1988.* São Paulo: Saraiva, 1998.

_____. Responsabilidade tributária. In: *Caderno de Pesquisas Tributárias.* n. 5. São Paulo: Resenha Tributária – CEEU, 1980.

_____. Responsabilidade tributária à luz do artigo 135 do CTN. In: SCHOUERI, Luís Eduardo; ZILVETI, Fernando Aurelio (Coords.). *Direito tributário:* estudos em homenagem a Brandão Machado. São Paulo: Dialética, 1998.

_____. Repetição do indébito. In: MARTINS, Ives Gandra da Silva (Coord.). Caderno de Pesquisas Tributárias n.º 8. *Repetição do indébito.* São Paulo: Coedição Centro de Estudos de Extensão Tributária e Resenha Tributária, p. 155-194, 1983.

_____. *Teoria da imposição tributária.* São Paulo: Saraiva, 1983.

_____. *Curso de direito tributário.* São Paulo: Saraiva, 1982.

_____. *Comentários ao Código Tributário Nacional.* v. II. 3. ed. São Paulo: Saraiva, 2002.

MATTOS, Aroldo Gomes de. Repetição do indébito, compensação e ação declaratória. In: MACHADO, Hugo de Brito (Coord.). *Repetição*

RESTITUIÇÃO DO INDÉBITO TRIBUTÁRIO:
LEGITIMIDADE ATIVA NAS INCIDÊNCIAS INDIRETAS

do indébito e compensação no direito tributário. São Paulo: Dialética; Fortaleza: Instituto Cearense de Estudos Tributários – ICET, p. 47-72, 1999.

MAXIMILIANO, Carlos. *Hermenêutica e aplicação do direito.* 16. ed. Rio de Janeiro: Forense, 1996.

MAYER, Otto. *Derecho Administrativo Alemán.* t. II. Traduzido para o espanhol por Horacio H. Heredia e Ernesto Krotoschin. Editorial Depalma, 1950.

MCNAUGHTON, Charles William. LOUBET, Leonardo. A prova na percussão tributária. In: SALOMÃO, Marcelo Viana; PAULA JUNIOR, Aldo de. (Orgs.) *Processo administrativo tributário.* São Paulo: APET; MP 2005, p. 265-298.

_____. *Hierarquia e sistema tributário.* São Paulo: Quartier Latin, 2011.

_____. O princípio constitucional da presunção de inocência e a responsabilidade fiscal de terceiros. In: JOBIM, Eduardo; MATINS, Ives Gandra da Silva. (Org.). *O processo na Constituição.* São Paulo: Noeses, 2008.

MEIRELLES, Hely Lopes. *Direito administrativo brasileiro.* 22. ed. São Paulo: Malheiros, 1997.

MELLO, Celso Antônio Bandeira de. *Curso de direito administrativo.* 30. ed. São Paulo: Malheiros, 2013.

_____. *Discricionariedade e controle jurisdicional.* 2. ed. 10. tir. São Paulo: Malheiros, 2010.

_____. *Conteúdo jurídico do princípio da igualdade.* 3. ed. São Paulo: Malheiros, 1995.

_____. (Org.). *Estudos em homenagem a Geraldo Ataliba*: direito tributário. São Paulo: Malheiros, 1997.

MELLO, Gustavo Miguez; TROIANELLI, Gabriel Lacerda. Decisões judiciais e tributação. In: MARTINS, Ives Gandra. Decisões judiciais e tributação. São Paulo: Resenha Tributária, 1994.

MELLO, Oswaldo Aranha Bandeira de. *Princípios gerais de direito administrativo.* v. 1. 3. ed. São Paulo: Malheiros, 2007.

MELO, José Eduardo Soares de. *ICMS*: teoria e prática. 9. ed. São Paulo: Dialética, 2006.

ANDRÉA MEDRADO DARZÉ MINATEL

_____. *Curso de direito tributário*. 8. ed. São Paulo: Dialética, 2008.

_____. Repetição do indébito e compensação. In: MACHADO, Hugo de Brito (Coord.). *Repetição do indébito e compensação no direito tributário*. São Paulo: Dialética; Fortaleza: Instituto Cearense de Estudos Tributários - ICET, p. 232-252, 1999.

MENDONÇA, Christine. *A não-cumulatividade do ICMS*. São Paulo: Quartier Latin, 2005.

MENDONÇA, Cristiane. *Competência tributária*. São Paulo: Quartier Latin, 2004.

MENDONCA, Daniel. *Exploraciones normativas*: hacia una teoría general de las normas. Cidade do México: Fontamara, 1999.

_____. *O problema fundamental do conhecimento*. Campinas: Bookseller, 1999.

MILL, John Stuart. *Princípios de economia política*. Com algumas de suas aplicações à filosofia social. v. 2. Tradução de Luiz João Baraúna. São Paulo: Nova Cultural, 1996.

MINATEL, Gustavo Froner. *Lançamento por homologação* – regime jurídico para a constituição do crédito tributário. 2011. Dissertação (Mestrado em Direito Tributário) – Pontifícia Universidade Católica de São Paulo, São Paulo, 2011.

_____. Regra da Decadência Contida no art. 45 da Lei nº 8.212/91. *Revista de Direito Tributário da APET*, v. 12, São Paulo, MP Editores, 2006, p. 53-65.

MINATEL, José Antonio. *Conteúdo do conceito de receita e regime jurídico para sua tributação*. São Paulo: MP, 2005.

_____. *PIS/COFINS*: Conceito de receita e faturamento e regimes contábeis de caixa e competência. Tributação do setor industrial. v. 1. São Paulo: Saraiva, 2013.

_____. *PIS-COFINS*: Não Cumulatividade e Registro de Crédito nas "Comissões sobre Vendas" Devidas à pessoa Jurídica. Pis e Cofins à Luz da Jurisprudência do CARF. v. 2. São Paulo: MP, 2013.

_____. *Conceito de receita e implicações na apuração do Pis e da Cofins*. PIS e COFINS na Prática. Porto Alegre: Ineje, 2012, v. 01, p. 115-127.

_____. Conceito de receita e critério jurídico para definir ingresso de titularidade de terceiro. v. 1. In: PEIXOTO, Marcelo Magalhães;

RESTITUIÇÃO DO INDÉBITO TRIBUTÁRIO:
LEGITIMIDADE ATIVA NAS INCIDÊNCIAS INDIRETAS

MOREIRA JÚNIOR, Gilberto de Castro. (Orgs.). *PIS e COFINS à luz da jurisprudência do CARF*. São Paulo: MP, 2011.

MONTEIRO, Washington de Barros. *Curso de direito civil.* Direito das obrigações. 1ª Parte. Das modalidades das obrigações. Dos efeitos das obrigações. 14. ed. São Paulo: Saraiva: 1979.

MONTEIRO NETO, Nelson. Problemas da repetição do indébito. *Revista Dialética de Direito Tributário* – RDDT, n. 104, São Paulo: Dialética, p. 55-61, maio. 2004.

MORCHÓN, Gregório Robles. *El derecho como texto:* cuatro estudios de teoría comunicacional del derecho. Madrid: Civitas, 1998.

MOREIRA, André Mendes. *A não-cumulatividade dos tributos.* 2. ed. São Paulo: Noeses, 2012.

MÖRSCHBÄCHER, José. *Repetição do indébito tributário indireto.* 3. ed. São Paulo: Dialética, 1998.

_____. Repetição de indébito tributário e compensação. In: MACHADO, Hugo de Brito (Coord.). *Repetição do indébito e compensação no direito tributário.* São Paulo: Dialética; Fortaleza: Instituto Cearense de Estudos Tributários – ICET, p. 253-280,1999.

MOSCHETTI, Franchesco. *Il principio della capacità contributiva.* Padova: CEDAM, 1973.

MOUSSALLEM, Tárek Moysés. *Fontes do direito tributário.* São Paulo: Max Limonad, 2001.

_____. *Revogação em matéria tributária.* São Paulo: Noeses, 2005.

MUSSALIM, Fernanda; BENTES, Anna Christina (Orgs.).*Introdução à linguística:* domínios e fronteiras. 6. ed. São Paulo: Cortez, 2006.

NABAIS, José Casalta. *Direito fiscal.* 2. ed. Coimbra: Almedina, 2004.

NASCIMENTO, Octávio Bulcão. *Responsabilidade tributária dos sucessores.* 1999. Dissertação (Mestrado em Direito Tributário) – Pontifícia Universidade Católica de São Paulo – São Paulo, 1999.

NEDER, Marcos Vinícius. *Responsabilidade solidária no lançamento tributário.* 2008. Dissertação (Mestrado em Direito Tributário) – Pontifícia Universidade Católica de São Paulo – São Paulo, 2008.

_____; LÓPEZ, Maria Teresa Martínez. *Processo administrativo fiscal federal comentado.* 2. ed. São Paulo: Dialética, 2004.

442

ANDRÉA MEDRADO DARZÉ MINATEL

NELLIS, Joseph; PARKER, David. *Princípios de economia para os negócios*. Tradução de Bazan Tecnologia e Linguística. São Paulo: Futura, 2003.

NEVES, Marcelo. *Teoria da inconstitucionalidade das leis*. São Paulo: Saraiva, 1998.

NEVIANI, Tarcisio. *Dos tributos indevidos, seus problemas, suas incertezas*. São Paulo: Resenha Tributária, 1983.

_____. Repetição do indébito. In: MARTINS, Ives Gandra da Silva (Coord.). Caderno de Pesquisas Tributárias n.º 8. *Repetição do Indébito*. São Paulo: Coedição Centro de Estudos de Extensão Tributária e Resenha Tributária, p. 303-337, 1983.

NOGUEIRA, Johnson Barbosa. *O contribuinte substituto do ICM*. Tese aprovada no I Congresso Internacional de Direito Tributário, realizado em São Paulo, 1989.

NOGUEIRA, Julia de Menezes. *Imposto sobre a renda na fonte*. São Paulo: Quartier Latin, 2007.

NOGUEIRA, Paulo Roberto Cabral. Estudo sobre o ICM. Direito tributário, estudos de problemas de casos tributários. In: NOGUEIRA, Ruy Barbosa (Coord.). São Paulo: Bushatsky, 1959.

NOGUEIRA, Ruy Barbosa. *Curso de direito tributário*. 14. ed. São Paulo: Saraiva, 1995.

_____. *Novo código tributário alemão*: com índices sistemático e analítico. Apresentação do Professor Ruy Barbosa Nogueira. Tradução de Alfred J. Schmid et al. Rio de Janeiro: Forense; São Paulo: Instituto Brasileiro de Direito Tributário, 1978.

NOVOA, Cesar Garcia. *La devolucion de ingressos tributarios indebidos*. Madri: Instituto de Estudios Fiscales – Marcial Pons, Ediciones Juridicas S.A, 1993.

_____. Repetição do indébito. In: *Caderno de Pesquisas Tributárias* n. 08. São Paulo: Resenha Tributária; co-edição Centro de Estudos de Extensão Universitária, 1983, p. 303-337.

OLIVEIRA, Manfredo Araújo de. *Reviravolta lingüístico-pragmática na filosofia contemporânea*. São Paulo: Loyola, 2006.

OLIVEIRA, Ricardo Mariz de. Repetição do indébito, compensação e ação declaratória. In: MACHADO, Hugo de Brito (Coord.). *Repetição do indébito e compensação no direito tributário*. São Paulo: Dialética;

RESTITUIÇÃO DO INDÉBITO TRIBUTÁRIO:
LEGITIMIDADE ATIVA NAS INCIDÊNCIAS INDIRETAS

Fortaleza: Instituto Cearense de Estudos Tributários – ICET, 1999. p. 355-398.

PAULA JÚNIOR, Aldo de. *Responsabilidade por infrações tributárias*. 2007. Dissertação (Mestrado em Direito Tributário) - Pontifícia Universidade Católica de São Paulo, São Paulo, 2007.

PEIRCE, Charles Sanders. *Semiótica*. 3. ed. São Paulo: Perspectiva, 2000.

PEIXOTO, Daniel Monteiro. *Competência administrativa na aplicação do direito tributário*. São Paulo: Quartier Latin, 2006.

PEIXOTO, Marcelo Magalhães; LACOMBE, Rodrigo Santos Masset (Coords.). *Comentários ao Código Tributário Nacional*. 2. ed. revisada e atualizada. São Paulo: MP, 2008.

_____; DINIZ, Marcelo de Lima Castro. A regra do artigo 166 do código tributário nacional e a sua aplicação à Cofins – não-cumulativa e ao PIS não-cumulativo. In: CEZAROTTI, Guilherme (Coord.). *Repetição do indébito tributário*. São Paulo: Quartier Latin, 2005.

PEREIRA Caio Mário da Silva. *Instituições de direito civil*. v. II. 20. ed. Rio de Janeiro: Forense, 2005.

PFÄNDER, A. Lógica. 3. ed. Buenos Aires: Espasa-Calpe, 1945.

PINTO, José Aparecido Alves. *Restituição do indébito tributário*. Cuiabá: Albuquerque Editores Associados. Coedição Oásis Jurídico, 2003.

PIMENTA, Paulo Roberto Lyrio. *Contribuições de intervenção no domínio econômico*. São Paulo: Dialética, 2002.

_____. Tributos indiretos. In: MACHADO, Hugo de Brito (Coord.). Tributação indireta no direito brasileiro. São Paulo: Malheiros; Fortaleza: Instituto Cearense de Estudos Tributários – ICET, p. 353-365, 2013.

PONTES DE MIRANDA, Francisco Cavalcanti. *Tratado de direito privado*. Parte Geral. T. I, II, IV. Campinas: Bookseller, 2000.

_____. *O problema fundamental do conhecimento*. Campinas: Bookseller, 1999.

POTHIER, Robert Joseph. *Tratado das obrigações*. Tradução de Adrian Sotero de Witt Batista e de Douglas Dias Ferreira. Campinas: Servanda, 2001.

PUGLIESE, Mario. *Istituzioni di diritto finanziario*. Padova: Cedam, 1937.

RABELLO FILHO, Francisco Pinto. *Consideração do ISS como imposto direto ou indireto*, para efeito de repetição do indébito tributário: breve revisitação do tema. *Revista Tributária e de Finanças Públicas*, n. 55, São Paulo, Editora Revista dos Tribunais, p. 145-157, 2004.

REALE, Miguel. *Paradigmas da cultura contemporânea*. São Paulo: Saraiva, 1999.

_____. *Filosofia do direito*. 17. ed. São Paulo: Saraiva, 1996.

_____. *Lições preliminares de direito*. 22. ed. São Paulo: Saraiva, 1995.

REQUIÃO, Rubens. *Curso de direito comercial*. v. 1. São Paulo: Saraiva, 2003.

RIBEIRO, Ricardo Lodi. A não-cumulatividade das contribuições incidentes sobre o faturamento na constituição e nas leis. *Revista Dialética de Direito Tributário* – RDDT, n. 111, São Paulo: Dialética, 2004, p. 100-110.

ROBLES, Gregório. *O direito como texto*: quatro estudos de teoria comunicacional do direito. São Paulo: Manole, 2005.

_____. *Las reglas del derecho y las reglas de los juegos* – Ensayo de teoría analítica del derecho. 2. ed. México: Universidad Nacional Autónoma de México, 1988.

RODRIGUES, Silvio. *Direito civil*. Responsabilidade civil. v. 4. 27. ed. São Paulo: Saraiva, 1999.

_____. *Direito civil*. Parte geral das obrigações. v. 2. 30. ed. São Paulo: Saraiva, 2002.

ROSS, Alf. *El concepto de validez y otros ensayos*. México: Fontamara, 2001.

_____. *Lógica de las normas*. Madrid: Tecnos, 1971.

_____. *Direito e justiça*. São Paulo: Edipro, 2003.

RODRIGUES, Valter Piva. A regularidade da legitimação do contribuinte no ajuizamento da ação de repetição do indébito fiscal. In: CEZAROTTI, Guilherme (Coord.). *Repetição do indébito tributário*. São Paulo: Quartier Latin, 2005.

RESTITUIÇÃO DO INDÉBITO TRIBUTÁRIO:
LEGITIMIDADE ATIVA NAS INCIDÊNCIAS INDIRETAS

RUGGIERO, Roberto de. *Instituições de direito civil.* v. 3. Campinas: Bookseller, 1999.

SALOMÃO, Marcelo Viana; JÚNIOR, Aldo de Paula. *Processo administrativo tributário*: Federal e Estadual. São Paulo: MP, 2005.

SAMPAIO, Alcides da Fonseca. Contribuições Sociais. Responsabilidade Subsidiária das empresas. Retenção de 11%. Lei 9.711. *Revista Dialética de Direito Tributário*, n. 96, set. 2003.

SANTI, Eurico Marcos Diniz de. Classificações no sistema tributário Brasileiro. In: *Justiça tributária*: 1º congresso internacional de direito tributário – IBET. São Paulo: Max Limonad, 1998.

_____. *Lançamento tributário*. 2. ed. 2. tir. São Paulo: Max Limonad, 2001.

SARTIN, Agostinho. Sujeição Passiva no ICM. *Revista de Direito Tributário*, v. 7, n. 25-26, São Paulo, Malheiros, p. 176-196, jun./dez. 1983.

SAVATIER, René. *Traité de la responsabilité civile en droit français.* v. I. n. 4. Paris: Droit et Jurisprudence, 1939.

SCHMILL, Ulisses. *La derogación y la anulación como modalidades del ámbito temporal de validez de las normas jurídicas.* 19. ed. Doxa – Publicaciones periódicas. Alicante: Biblioteca Virtual Miguel de Cervantes, 1996.

SILVA, Eric Castro e. Definição de "insumos" para fins de PIS e COFINS não cumulativos. *Revista Dialética de Direito Tributário* – RDDT, nº 170, p. 23-30, nov. 2009.

SILVA, José Afonso da. *Aplicabilidade das normas constitucionais.* São Paulo: Revista dos Tribunais, 1968.

_____. *Curso de direito constitucional positivo.* 19. ed. São Paulo: Malheiros, 2001.

SOUZA, Hamilton Dias de; FUNARO, Hugo. A Desconsideração da personalidade jurídica e a responsabilidade tributária dos sócios e administradores. *Revista Dialética de Direito Tributário – RDDT*, São Paulo, n. 137, p. 38-64, fev. 2007.

SOUZA, Rubens Gomes de. *Compêndio de legislação tributária.* Coordenação: IBET, Instituto Brasileiro de Estudos Tributários. Obra póstuma. São Paulo: Resenha Tributária, 1975.

ANDRÉA MEDRADO DARZÉ MINATEL

_____. Sujeito passivo das taxas. *Revista de Direito Público*, n. 16, São Paulo, Revista dos Tribunais, 1971.

_____. *Compêndio de direito tributário*. Rio de Janeiro: Forense, 1987.

SPAAK, Torben. *The concept of legal competence*: an essay in conceptual analysis. Tradução de Robert Carroll. Vermont: Dartmouth, 1994.

TEUBNER, Gunther. *O direito como sistema autopoiético*. Lisboa: Fundação Calouste Gulbenkian, 1989.

THEODORO JÚNIOR, Humberto. *Processo de execução*. 6. ed. São Paulo: Universidade de Direito, 1981.

TIPKE, Klaus; LANG, Joachim. *Direito tributário (Steuerrecht)*. v. 1. Tradução da 18. ed. Alemã, totalmente refeita, de Luiz Doria Furquim. Porto Alegre: Sergio Antonio Fabris Ed., 2008.

TOMÉ, Fabiana Del Padre. *A prova no direito tributário*. 2. ed. São Paulo: Noeses, 2008.

_____. Defesa e provas no processo administrativo tributário federal: momento para a sua produção, espécies probatórias possíveis e exame de sua admissibilidade. In: SALOMÃO, Marcelo Viana; JÚNIOR, Aldo de Paula (Coords.). *Processo administrativo tributário*: Federal e Estadual. São Paulo: MP, 2005.

TORRES, Ricardo Lobo. *Curso de direito financeiro e tributário*. 6. ed. Rio de Janeiro: Renovar, 1999.

_____. *Normas de interpretação e integração do direito tributário*. 3. ed. Rio de Janeiro: Renovar, 2000.

_____. *Sistemas constitucionais tributários*. v. 2. t. 2. Rio de Janeiro: Forense, 1986.

_____. *Restituição dos tributos*. Rio de Janeiro: Forense, 1983.

TRASK, Robert Lawrence. *Dicionário de linguagem e lingüística*, 2. ed. Trad. Rodolfo Ilari; revisão técnica Ingedore Villaça Koch, Thaïs Cristófaro Silva. São Paulo: Contexto, 2006.

TROIANELLI, Gabriel Lacerda. *Compensação do indébito tributário*. São Paulo: Dialética, 1998.

_____. Repetição do indébito, compensação e ação declaratória. In: MACHADO, Hugo de Brito (Coord.). *Repetição do indébito*

RESTITUIÇÃO DO INDÉBITO TRIBUTÁRIO:
LEGITIMIDADE ATIVA NAS INCIDÊNCIAS INDIRETAS

e compensação no direito tributário. São Paulo: Dialética; Fortaleza: Instituto Cearense de Estudos Tributários – ICET, 1999, p. 130.

_____. Cadernos de Direito Tributário e Finanças Públicas nº 9. São Paulo: Revista dos Tribunais, 1994.

VALLADO BERRÓN, Fausto E. *Teoría general del derecho*. México: UNAM Textos Universitários, 1972.

VARELA, João de Matos Antunes. *Direito das obrigações*. Rio de janeiro: Forense, 1977.

_____. *Das obrigações em geral*. v. I. 9. ed. Coimbra: Almedina, 1996.

VAZ, Carlos. Repetição do indébito, compensação e ação declaratória. In: MACHADO, Hugo de Brito (Coord.). *Repetição do indébito e compensação no direito tributário*. São Paulo: Dialética; Fortaleza: Instituto Cearense de Estudos Tributários – ICET, p. 87-114, 1999.

VIEIRA, Maria Leonor Leite. *A suspensão da exigibilidade do crédito tributário*. São Paulo: Dialética, 1997.

VILANOVA, Lourival. *Causalidade e relação no direito*. 4. ed. São Paulo: Revista dos Tribunais, 2000.

_____. *Escritos jurídicos e filosóficos*. v. 1-2. São Paulo: Axis Mundi; IBET, 2003.

_____. *Direito tributário*: Fundamentos jurídicos da incidência tributária. 6. ed. Saraiva: São Paulo, 2008.

_____. *Estruturas lógicas e o sistema de direito positivo*. São Paulo: Max Limonad, 1997.

_____. Norma jurídica – proposição jurídica (significação semiótica). *Revista de Direito Público*, n. 61, São Paulo, Revista dos Tribunais, 1982, p. 97-128.

_____. *Sobre o conceito de direito*. Recife: Imprensa Oficial, 1947.

VILLEGAS, Hector Belisario. Destinatário legal tributário – Contribuinte e sujeitos passivos na obrigação tributária. *Revista de Direito Público*, n. 30, São Paulo, Revista dos Tribunais, p. 271-279, jul./ago. 1974.

_____. *Curso de finanzas, derecho financiero y tributario*. 8. ed. Buenos Aires: Astrea, 2003.

_____. *Curso de direito tributário*. São Paulo: Revista dos Tribunais, 1980.

ANDRÉA MEDRADO DARZÉ MINATEL

VITA, Jonathan Barros. (Re)definindo o conceito de encargo financeiro no âmbito do artigo 166 do CTN. In: *Revista de Direito Internacional Econômico e Tributário*. Brasília: Fortium, v. 6, n. 2, p. 191-211, jul.-dez. 2011.

VON WRIGHT, George Henrik. *Norma y acción*. Una investigación lógica. Madrid: Editorial Tecnos, 1970.

_____. *Normas, verdad y lógica*. 2. ed. México: Fontamara, 2001.

WAGNER, José Carlos Graça. Restituição de tributos e repercussão econômica. In: MARTINS, Ives Gandra da Silva (Coord.). Caderno de Pesquisas Tributárias n° 8. *Repetição do indébito*. São Paulo: Coedição Centro de Estudos de Extensão Tributária e Resenha Tributária, p. 87-103, 1983.

_____. Imposto sobre Produtos Industrializados – IPI – Sistemática. In: MARTINS, Ives Gandra da Silva (Coord.). *Curso de direito tributário*. São Paulo: Saraiva, 1982.

WALD, Arnoldo. *Curso de direito civil brasileiro*. Obrigações e contratos. v. II. 12. ed. rev., amp. e atual. com a colaboração de Semy Glanz. São Paulo: Revista dos Tribunais, 1995.

WARAT, Luis Alberto. *O direito e sua linguagem*. 2. ed. Porto Alegre: Sergio Fabris, 1995.

_____. A sentença como fato criador de normas. In: PRADO, Luis Régis; KARAM, Munir (Coords.). *Estudos de filosofia do direito*: uma visão integral da obra de Hans Kelsen. São Paulo: Revista dos Tribunais, 1985.

WITTGENSTEIN, Ludwig. *Tratado lógico-filosófico*: investigações filosóficas. 2. ed. Lisboa: Fundação Calouste Gulbenkian, 1995.

WONNACOT, Paul; WONNACOT, Ronald. *Introdução à economia*. Tradução de Yeda Crusius e de Carlos Augusto Crusius. São Paulo: McGraw-Hill do Brasil, 1985.

XAVIER, Alberto Pinheiro. *Conceito e natureza do acto tributário*. Coimbra: Almedina, 1972.

_____. *Tipicidade da tributação, simulação e norma antielisiva*. São Paulo: Dialética, 2001.

_____. *Conceito e natureza do lançamento tributário*. São Paulo: Juriscredi, 1972.

RESTITUIÇÃO DO INDÉBITO TRIBUTÁRIO:
LEGITIMIDADE ATIVA NAS INCIDÊNCIAS INDIRETAS

_____. Contribuinte responsável no imposto de renda sobre juros pagos a residentes no exterior. *Revista de Direito Tributário*, n. 55, v. 15, São Paulo, Revista dos Tribunais, p. 82-114, jan./mar. 1991.

_____. *Os princípios da legalidade e tipicidade da tributação*. São Paulo: Revista dos Tribunais, 1978.

XEREZ, Rafael Marcílio. Direito ao ressarcimento do indébito tributário. In: MACHADO, Hugo de Brito (Coord.). *Repetição do indébito e compensação no direito tributário*. São Paulo: Dialética; Fortaleza: Instituto Cearense de Estudos Tributários – ICET, p. 337-354, 1999.

Impressão e Acabamento
Intergraf Indútria Gráfica Eireli